大学预科系列教材

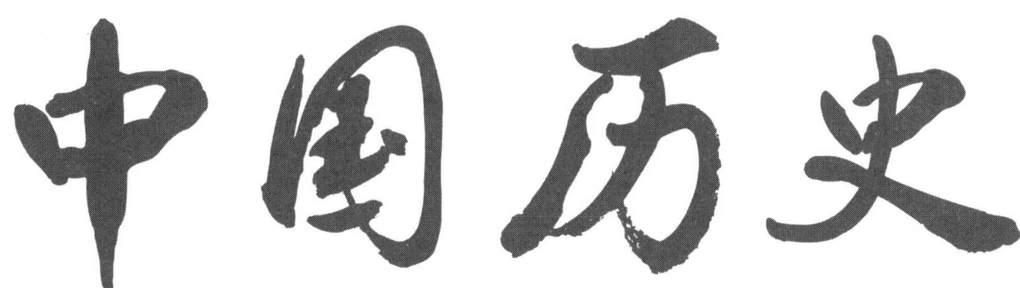

中国历史

ZHONGGUOLISHI

暨南大学华文学院预科部 编

主　编：唐景阳

副主编：崔英超

暨南大学出版社
JINAN UNIVERSITY PRESS

中国·广州

图书在版编目（CIP）数据

中国历史／暨南大学华文学院预科部编．—广州：暨南大学出版社，2024. 3
大学预科系列教材
ISBN 978－7－5668－3799－8

Ⅰ．①中…　Ⅱ．①暨…　Ⅲ．①中国历史—高等学校—教材　Ⅳ．①K2

中国国家版本馆 CIP 数据核字（2023）第 209325 号

中国历史

ZHONGGUO LISHI

编　者：暨南大学华文学院预科部

出 版 人：阳　翼
策划编辑：李　战
责任编辑：曾小利
责任校对：孙劭贤　许碧雅
责任印制：周一丹　郑玉婷

出版发行：暨南大学出版社（511434）
电　　话：总编室（8620）31105261
营销部（8620）37331682　37331689
传　　真：（8620）31105289（办公室）　37331684（营销部）
网　　址：http：//www. jnupress. com
排　　版：广州市新晨文化发展有限公司
印　　刷：佛山市浩文彩色印刷有限公司
开　　本：787mm×1092mm　1/16
印　　张：19. 75
字　　数：550 千
版　　次：2024 年 3 月第 1 版
印　　次：2024 年 3 月第 1 次
审 图 号：GS（2024）3371 号
定　　价：78. 00 元

前　言

暨南大学华文学院预科部，是暨南大学一个有着悠久历史的教育教学机构，长期以来承担着学校大学预科教学和研究的重任。几十年以来经过大家的不懈努力，预科部向学校及国内其他高校输送了大量合格的港澳台侨青年学生，在人才培养方面取得了极为丰硕的成果。

教书育人离不开教材。教材是学科知识体系和能力要求的集中体现，是编写者专业水平和学科智慧的结晶，是课程的核心教学材料，是教师“教”和学生“学”的具体依据。《大学预科系列教材》作为大学预科课程标准的规范文本，除了要符合上述特点外，还须具备一项非常重要的功能：切实贯彻和落实港澳台侨学生教育理念，将他们培养成为我们所需要的人。——编好这样的教材，其重要性不言而喻。

我们编写的《大学预科系列教材》，第一版出版于2000年，包括《语文》《数学》《历史》《地理》《物理》《化学》《生物》共7个科目。在使用十年后的2010年，我们又出了第二版。在第一版7个科目的基础上，第二版增加了《通识教育读本》和《英语》；原《地理》也改为《中国地理》。现在，又过去了十几年，为实现暨南大学侨校发展战略及“双一流”和高水平大学建设的宏伟目标，结合新形势下对港澳台侨学生教育的要求和各个学科发展的具体情况，我们对第二版《大学预科系列教材》进行了认真的研究和分析，对教材内容进行了必要的增、删、调整或更新。在此基础上，我们出版了这套全新的《大学预科系列教材》。

这套新版《大学预科系列教材》，符合港澳台侨预科学生身心发展规律和认知特点，体现了各学科的最新知识和研究成果，在理解和尊重多元文化的同时，力争突出中华优秀文化的源远流长和博大精深，彰显其强大的影响力和感召力。通过这套教材，我们希望进一步加强港澳台侨预科学生的国家、民族和文化认同教育，为维护“一国两制”和祖国统一，为“一带一路”的文化交流，为粤港澳大湾区的建设，培养具有高度政治素养、文化素养和专业基础素养的合格人才。

这套新版教材，由《语文》《高等数学基础》《英语》《通识教育》《中国历史》《中国地理》《物理》《化学》《生物》9个科目构成。原来的《数学》在新版改成《高等数学基础》，《通识教育读本》改成《通识教育》，《历史》改成《中国历史》。

这套新版教材的编写工作以预科部教师为主，暨南大学华文学院应用语言学系的部分英语教师也参与了这项工作。对大家在教材编写过程中付出的辛勤劳动，我们在此表示衷心的感谢！

由于时间仓促，书中难免存在问题，希望广大师生能对这套教材提出宝贵的意见。

温宗军

2024年3月

目 录

CONTENTS

前 言 …… 1

政治史

第一章 中国古代的朝代沿革 …… 2
第一节 先秦 /2
第二节 秦汉 /9
第三节 魏晋南北朝 /17
第四节 隋唐 /22
第五节 五代辽宋夏金元 /29
第六节 明清（清前期） /38

第二章 中国古代的政治制度 …… 46
第一节 传说中的禅让制与最初的国家政治 /46
第二节 周代分封制、诸侯争霸与变法运动 /49
第三节 大一统与秦朝中央集权制度的确立 /53
第四节 古代政治制度的逐步完善 /56
第五节 中央集权的加强与君主专制的强化 /61

第三章 中国古代的对外交流 …… 67
第一节 秦汉魏晋南北朝时期的对外交流 /67
第二节 隋唐时期的对外交流 /73
第三节 宋元时期的对外交流 /77
第四节 明清时期的对外交流 /83

附 中国古代史知识专题线索 …… 90

第四章 近代政治危机与中华民族自强之路的探索 …… 100
第一节 两次鸦片战争及其影响 /100
第二节 农民反封建反侵略运动的兴起 /105
第三节 一败再败的反侵略战争 /109
第四节 孙中山与中华民国的建立 /115
第五节 中国近代政体的变革 /121

第五章 国共合作与中国革命 …… 126
第一节 五四爱国运动与中国共产党的诞生 /126
第二节 国共第一次合作 /131
第三节 中国共产党救国道路的新探索 /135
第四节 国共第二次合作与抗日战争的胜利 /140
第五节 中华人民共和国的诞生与新民主主义革命的胜利 /150

第六章 中华人民共和国的政治建设与祖国统一 …… 158
第一节 新中国初期社会主义政治建设 /158
第二节 社会主义新时期政治制度的日趋完善 /162
第三节 新中国的民族大团结与祖国统一大业 /164
第四节 新中国的外交 /170

经济史

第七章 中国古代社会经济的发展 …… 176
第一节 中国古代的农耕经济 /176
第二节 中国古代的土地和赋税制度 /185
第三节 农耕时代的手工业 /195
第四节 农耕时代的商业与城市 /200

第八章 中国近代社会经济的发展 …… 205
第一节 中国近代社会经济结构的变动 /205
第二节 中国近代资本主义的产生和发展 /211
第三节 中国近代社会的变迁 /218
第四节 中国近代主要经济思想 /223

第九章 中国社会主义建设发展道路的探索 …… 231
第一节 中国社会主义经济建设的曲折发展 /231
第二节 经济体制改革 /237
第三节 对外开放格局的形成 /242

第四节　社会主义经济建设的成就　/246

文化史

第十章　中国古代思想、科技与文学艺术 …… 252
第一节　中国古代思想　/252
第二节　中国古代科技　/265
第三节　中国古代文学艺术　/270

第十一章　中国近现代的先进思想 …… 281
第一节　西学东渐　/281
第二节　新文化运动　/285
第三节　孙中山的民主追求　/289
第四节　毛泽东思想与马克思主义的中国化　/293

第十二章　新中国的科技、教育与文化 …… 298
第一节　新中国的科技成就　/298
第二节　国运兴衰，系于教育　/301
第三节　百花齐放、百家争鸣　/304

参考文献　/308

后　记　/309

政治史

第一章　中国古代的朝代沿革

中国是历史悠久的文明古国，如果按社会发展形态对中国历史的分期进行划分的话，从170万年前元谋人出现，到公元前2070年夏朝建立之前，为原始社会；从公元前2070年夏朝建立，中经殷商、西周，到公元前476年春秋时期结束，为奴隶社会；从公元前475年战国时期开始到1840年清朝中期鸦片战争爆发，为封建社会；从1840年鸦片战争爆发到1949年中华人民共和国成立前，为半殖民地半封建社会；从1949年中华人民共和国成立至今，为社会主义初级阶段。我们把中国的原始社会、奴隶社会和封建社会的历史划为“中国古代史”；把中国的半殖民地半封建社会的历史划为“中国近代史”；把中华人民共和国成立以后的历史划为“中国现代史”。

中国古代史除了漫长的原始社会时期之外，包括夏、商、西周、东周（春秋战国）时期，即先秦时期，以及秦、汉、三国、两晋、南北朝、隋、唐、五代、辽宋夏金元、明、清诸朝代。

第一节　先秦

先秦是指我国在秦朝统一以前的漫长历史时期。距今二三百万年的时候，地球上出现了古人类；我国是人类的发祥地之一，已知最早的古人类遗址和化石，距今约一百七十万年。继两河流域文明、尼罗河流域文明、印度河流域文明出现之后，我国黄河流域文明——华夏文明勃兴，先后经历了夏、商、西周奴隶制王朝。在欧洲希腊半岛以雅典城邦为代表的文化繁荣之时，我国也处在春秋战国学术发展、文化昌盛的时代。中国是世界四大文明古国之一。

一、原始社会和传说时代

我国的远古居民　我国历史悠久，是世界上发现早期人类化石和遗址最丰富的国家之一。已知我国最早的远古居民是元谋人，他们生活的时代，距今约一百七十万年。发现于北京西南周口店龙骨山的北京人，距今约七十万至二十万年。北京人遗址是世界上出土古人类化石、石器和用火遗迹最为丰富的古人类遗址。北京人遗址从20世纪20年代开始考古发掘，至今已发现珍贵的古人类头盖骨化石6个，石器、石制品十万件以上，被世界称为“北京人之家”。第一个完整的北京人头盖骨化石，是1929年由我国古人类学家裴文中发现的。

元谋人和北京人已学会制造石器和使用天然火。他们制造的打制石器，称为旧石器，这一时期的文化称为“旧石器时代文化”。元谋人、北京人主要靠采集和狩猎获取食物。他们生活的时代，自然环境险恶。为了求得生存，人们共同劳动，共同享用食物，过着群居生活，构成最早的人类社会。原始社会从此开始了。

北京人以后，距今约三万年，在周口店龙骨山山顶的洞穴中，生活着山顶洞人。山顶洞人处在旧石器时代晚期，已进入氏族公社时代。他们使用打制石器，会在小件器物上磨光钻孔，有爱美观念，已懂得人工取火。山顶洞人处于母系氏族公社时期，女性在社会生活中起主导作用，按母系血统确立亲属关系。那时，氏族内没有贫富贵贱之分，氏族成员共同劳动和消费。

河姆渡文化和半坡文化　距今七千年至五千年，我国长江流域的河姆渡文化和黄河流域的半坡文化，进入到母系氏族公社的繁荣阶段。这一时期，人们已过着定居生活，进入原始农耕时期。河姆渡原始居民已经开始种植水稻。半坡原始居民掌握了种植粟的技术，还会种植蔬菜和麻。我国是世界上最早培植水稻和粟的国家，对人类有杰出贡献。

河姆渡原始居民和半坡原始居民已经普遍使用磨制石器，进入了新石器时代。半坡原始居民有较高的制陶技术。他们制造的陶器，上面有各种彩绘的图案花纹，是我国原始社会精美的工艺品，称为彩陶。半坡原始居民还有较高的纺织技能，会织麻布、制麻衣。

大汶口文化中晚期　距今约四五千年，我国一些地区相继进入父系氏族公社时期，黄河下游的大汶口文化中晚期，为这一时期的典型。

那时候，社会经济有很大发展，生产工具更加进步，骨器、石器种类很多。陶器有了新品种——黑陶和白陶。黑陶是大汶口文化晚期的典型器物，乌黑光亮、工艺水平很高。白陶胎薄质硬，色泽明丽。那时玉器生产的工艺水平相当高，有抛光、雕刻等技术。这一时期，已养蚕缫丝，纺织技术有新的进步。我国是世界上最早发明养蚕和丝织的国家。

父系氏族公社时期，已有贫富和贵贱的分化。大汶口一座富人大墓，出土的随葬品有一百多件，其中有不少玉器。而四座穷人墓，一共只有陶器十多件，鲜明地反映出这一时期的贫富分化。随着贫富分化的加剧，阶级和国家就要出现了。

炎帝、黄帝和尧、舜、禹的传说　炎帝、黄帝是距今四五千年的黄河流域的部落联盟首领。炎帝部落后与黄帝部落联合，与东方的蚩尤部落大战于涿鹿之野，蚩尤战败被杀。炎黄部落在黄河流域长期生息、繁衍，构成了后来华夏族的主体部分。

尧、舜、禹是黄帝以后黄河流域的几位部落联盟首领。那时候，部落联盟实行各部落首领推选联盟首领的制度。尧年老时，召集部落首领民主推举舜做继承人。舜年老时，又用同样的方式让位给治水有功的禹。这种制度称为“禅让”。

传说中的尧、舜、禹时代，正处于我国原始社会向奴隶社会过渡的时期。氏族、部落首领逐步转变为有权势的氏族贵族和奴隶主，一些贫苦氏族成员和战俘沦为奴隶。奴隶主和奴隶两个阶级形成了，部落民主选举的禅让制度再也不能继续下去了。原始社会即将被奴隶社会所代替。

二、夏、商、西周

夏朝（约前2070—约前1600年）　约公元前2070年，禹建立夏朝，相传都城在阳城（今河南登封市一带）。禹死后，他的儿子启登上王位。从此，“公天下”变为“家天下”，王位世袭制代替了禅让制。

夏朝的统治中心在河南西部和山西南部一带，势力和影响达到黄河南北和长江流域。夏朝的统治者拥有强大的武装，设置了官职、监狱，制定了刑法，国家机构初具规模。在河南偃师二里头，发现了夏朝都城的遗址。遗址东西长达2.5公里，南北宽约1.5公里。遗址里面有陶器等大小器物7 000余件；最重要的是中部的宫殿建筑遗址，达一万平方米左右。宫殿周围有许多当时人们用过的窖穴。

夏朝末代国王桀，暴虐无道，狂妄自大。他自比太阳说："天之有日，犹吾之有民。日有亡哉？日亡吾亦亡矣。"人民恨透了他，诅咒说："时日曷丧，予及汝皆亡。"百姓不断反抗夏桀的统治。黄河下游的商部落在其首领汤的领导下，乘机起兵讨伐夏桀。约公元前1600年夏桀兵败，夏朝灭亡。

商朝（约前1600—前1046年） 约公元前1600年，商汤在反对夏桀暴政的战争中建立了商朝，以亳为都城。商朝不断征战，统治区域扩大，东临大海，西达陕西西部，南至湖北及淮河以南，北抵河北北部。

商朝前期，曾屡迁国都。约公元前1300年，商王盘庚把都城迁到殷（今河南安阳），从此稳定下来，所以商朝也称殷朝。商朝是当时世界上的大国，周围还有一些属国。

商朝晚期，社会矛盾日趋尖锐，最后一个王纣，是有名的暴君。他修建许多宫殿苑囿，终日饮酒作乐，过着腐朽的生活，还作炮烙之刑残害人民。公元前11世纪中期，商朝的属国周逐渐强大。周本是今陕西渭水流域的商朝属国，到周文王时逐渐强盛起来。文王任用姜尚、周公旦等改革政治和军事，发展经济，到武王时成为西部强国。商朝末年，周武王带领一些小国、部落举兵伐纣，史称"武王伐纣"。公元前1046年，双方在商都郊外牧野展开激战。阵前，纣王临时凑集的军队倒戈，引导周军攻进商都，纣王自焚而死，商朝灭亡。

西周（前1046—前771年） 公元前1046年，周武王灭商建立周朝，定都镐京（镐，hào，在今西安西），史称西周。

西周实行井田制。井田制是我国奴隶社会的一种土地国有制，周朝的一切土地都属于周王所有，周王把土地分赐给王族、诸侯及臣下，让他们世代享用，但是不得转让和买卖，并要交一定的贡赋。这些土地，被纵横交错的田间阡陌和沟渠划分成"井"字形状，所以叫作井田。奴隶主强迫奴隶在井田上集体耕种。

公元前9世纪，周厉王贪财好利，残酷剥削百姓。他令人监视百姓，使得"国人莫敢言，道路以目"。这种做法引起一些大臣的反对，召公进谏说："防民之口，甚于防川。川壅而溃，伤人必多，民亦如之。"厉王不听。公元前841年，终于爆发"国人暴动"。周厉王惊惶逃跑，后来死在外地。

西周末年，周幽王宠信美女褒姒，为博其一笑，竟烽火戏诸侯，导致朝政不治。周幽王废掉王后申氏和太子宜臼，改立褒姒之子伯服为太子，宜臼逃至母家申侯处避难。申侯联合少数民族犬戎起兵。宜臼就是后来的周平王。公元前771年，犬戎攻破镐京，杀死周幽王，西周灭亡。

三、东周（春秋战国）

春秋五霸 周王室东迁后，势力一落千丈，王畿（指王城周边千里的地域，由周王室直接控制）之地只剩下洛阳周围二百来里。诸侯不再听从天子的命令，不再朝觐和纳贡。一些较大的诸侯国，为了争夺土地和人口以及支配其他诸侯，不断进行兼并战争，取得霸主地位。当时先后称霸的有齐桓公、宋襄公、晋文公、秦穆公、楚庄王，历史上称为"春秋五霸”。位于长江下游和钱塘江流域的吴国和越国也参加了争霸战争，吴王阖闾及越王勾践也跻身于霸主行列，所以历史上也有“春秋五霸”的另一种说法，即齐桓公、晋文公、楚庄王、吴王阖闾及越王勾践。

公元前7世纪前期，齐桓公任用管仲为相，改革经济、政治、军事，“通工商之业，便鱼盐之利”，齐国很快成为东方强国。齐国打着“尊王攘夷”的口号，联合黄河中游诸侯国，北御夷狄，南制楚蛮。公元前7世纪中期，齐桓公在葵丘会盟，成为霸主。周王室派代表参加，承认齐桓公在中原的霸主地位。

齐桓公死后，齐国渐衰。晋文公和楚庄王先后称霸中原，相互争夺两国之间较小的诸侯国。公元前7世纪后期，晋军在城濮之战中大败楚军。其后，晋国大会诸侯，晋文公成为中原霸主。公元前6世纪初，楚军大败晋军，楚庄王称霸中原。

楚国强盛后，楚庄王曾率军到周都洛邑郊外示威，向周王的代表询问鼎之大小轻重，史称“楚王问鼎”。鼎是王位的象征，说明楚庄王有替代周王号令天下的野心。春秋晚期，吴、越先后在南方称霸。吴王阖闾和越王勾践，是春秋后期的霸主。吴是长江下游的诸侯国，越为钱塘江流域国家。吴王阖闾先攻入楚都，成为长江中下游的霸主。公元前5世纪初，吴王夫差灭越。越王勾践立志复国，卧薪尝胆，二十年后终于灭吴，并出兵中原，成为春秋时期最后一个霸主。

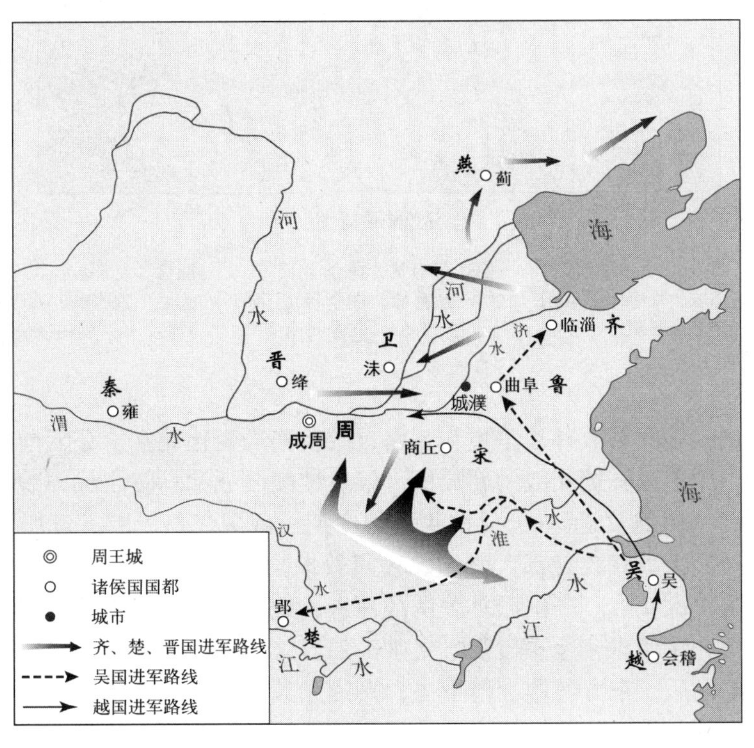

春秋争霸形势图

周　王城在今河南洛阳	晋　都城在今山西翼城	齐　都城在今山东淄博
宋　都城在今河南商丘	楚　都城在今湖北荆州	秦　都城在今陕西宝鸡
吴　都城在今江苏苏州	越　都城在今浙江绍兴	鲁　都城在今山东曲阜
城濮（pú）　今山东鄄（juàn）城		燕　都城在今北京

战国七雄 春秋后期至战国前期，不少诸侯国内的卿大夫逐渐取代国君掌握了大权。公元前403年，晋国的韩、赵、魏三家分晋。后来，齐国大夫田氏废掉原来的姜氏而为诸侯。三家分晋和田氏代齐，形成了战国七雄争霸的格局。七雄指齐、楚、燕、韩、赵、魏、秦七个强盛的诸侯国。七国之间为了争夺土地和人口，不断进行战争。人民饱受战乱之苦，渴望统一。

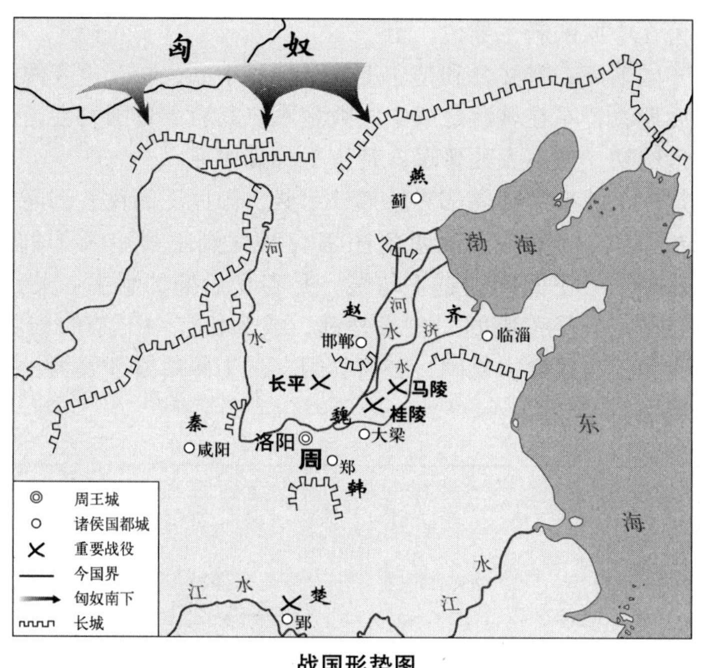

战国形势图

临淄	齐都城，在今山东淄博	蓟	燕都城，在今北京	邯郸	赵都城，在今河北邯郸
咸阳	秦都城，在今陕西咸阳	郢	楚都城，在今湖北江陵	大梁	魏都城，在今河南开封
桂陵	在今河南长垣	郑	韩都城，在今河南新郑	马陵	在今山东郯城
长平	在今山西高平				

战国时期，诸侯之间的兼并战争更为频繁，政治格局变化无常。公元前4世纪中期，齐国、魏国强盛，中原形成齐魏交战的新局面。经过桂陵之战和马陵之战，魏国大为削弱。

桂陵之战又称“围魏救赵”。公元前4世纪中期，魏国伐赵，围其都城邯郸。齐国派田忌和孙膑前往救援，引兵直攻魏都大梁。魏兵回救本国，齐军乘其疲惫，在桂陵大败魏军。后来，魏国与齐国再次交战。齐国派孙膑诱敌深入，魏国大将庞涓带兵十万进入齐国。魏军在狭窄的马陵道遭齐军伏击，全军覆没，主帅庞涓自杀身亡。

公元前3世纪以后，东方各国衰落下去，秦国无敌于天下。公元前260年，秦赵在长平交战。秦军大获全胜，被俘赵军四十多万人绝大部分被秦军活埋。这是战国时期兼并战争中规模最大、杀伤最多的一次战役。

长平战后，秦着手进行统一战争，公元前256年灭西周君（公元前367年，周王室内乱，分裂为东周君和西周君，西周君仍都洛阳，东周君的政治中心在巩），之后不久，灭东周君，周王朝统治的最后象征被消灭。

练习题

一、选择题

1. 传说是人们世代口耳相传保留下来的历史叙述。龙是中华民族的象征，其形象是远古众多部落崇拜物的综合体。与龙形象的形成密切相关的传说是（　　）

A. 盘古开天　B. 炎黄传说　C. 伏羲八卦　D. 女娲造人

2. 传说中的尧舜禹时期大致处在（　　）

A. 秦汉时期　B. 父系氏族公社时期　C. 春秋战国时期　D. 母系氏族公社时期

3. 相传，造出衣裳、舟车、宫室等，被称为中华文明创始者的“人文初祖”是（　　）

A. 黄帝　B. 舜　C. 禹　D. 启

4. 中国历史上出现的早期国家政权，按照时间顺序依次是（　　）

A. 商夏周　B. 夏周商　C. 商周夏　D. 夏商周

5. 尧、舜、禹三位部落首领的更替方式是（　　）

A. 察举制　B. 科举制　C. 禅让制　D. 皇帝任命制

6. 据目前所知，商朝出现的成熟文字是（　　）

A. 甲骨文　B. 小篆　C. 隶书　D. 大篆

7. 周王将子弟、功臣和臣服的先代贵族封于各地，“制其畿疆而沟封之”，封国成为王朝的屏障。这一制度正确的是（　　）

A. 井田制　B. 分封制　C. 宗法制　D. 礼乐制

8. 在周代的封国中，得到宝物最多、权力最大、血缘关系最为密切的是（　　）

A. 齐国　B. 郑国　C. 宋国　D. 鲁国

9. 周武王病死后，成王年幼，周公旦辅政，“封建亲戚，以藩屏周”。据此可知，周公推行分封制的主要目的是（　　）

A. 进行有效统治　B. 推翻商朝政权　C. 更好地收取赋税　D. 扩大周朝疆域

10. 公元前 770 年，周平王把都城迁到洛邑。这一时间也可表述为（　　）

A. 公元前 6 世纪前期　B. 公元前 6 世纪后期

C. 公元前 8 世纪前期　D. 公元前 9 世纪前期

11. 有学者认为，“华夏”并不是自古有之，它形成于一定的历史阶段。这个历史阶段是（　　）

A. 炎黄时期　B. 夏商周时期　C. 春秋战国时期　D. 秦汉时期

12. 不忘亡国之耻，卧薪尝胆，立志报仇的是（　　）

A. 吴王夫差　B. 越王勾践　C. 楚庄王　D. 晋文公

13. 春秋战国时期，问鼎中原的国君是（　　）

A. 吴王夫差　B. 越王勾践　C. 楚庄王　D. 晋文公

14. 春秋战国时期，齐桓公首先成为霸主，主要任用的改革家是（　　）

A. 韩非子　B. 商鞅　C. 范蠡　D. 管仲

15. 下列诸国中，不属于战国七雄的是（　　）

A. 齐国　B. 楚国　C. 晋国　D. 秦国

16. 下列内容中，不属于商鞅变法措施的是（　　）

A. 废井田，开阡陌　　B. 改革军制，设常备军

C. 奖励耕战　　D. 建立县制

17. 促使春秋时期井田制瓦解的根本原因是（　　）

A. 铁器的使用和牛耕的出现　　B. 诸侯争霸使田地荒芜

C. 私田的出现　　D. 封建剥削方式的出现

18. “商君死，秦法未败。”造成这种现象的最根本因素是（　　）

A. 变法顺应了封建制代替奴隶制的历史潮流

B. 变法得到新兴地主阶级的支持和拥护

C. 变法促进了封建经济的发展

D. 变法顺应了从诸侯割据走向全国统一的需要

19. 商鞅变法实行奖励农耕政策的根本目的是（　　）

A. 废除旧贵族特权　　B. 限制商业活动

C. 发展农业生产　　D. 增强秦国实力

20. 《史记》载：“商君相秦十年，宗室贵戚多怨望。”这主要是因为（　　）

A. 规定按军功授爵赐田　　B. 承认土地归私人所有

C. 准许土地自由买卖　　D. 允许工商者入仕为官

二、材料分析题

阅读材料，回答问题。

材料一　修旧法，择其善者而业（创）用之，遂滋（培育）民，与无财（穷人），而敬百姓。

——《国语·齐语》

材料二　春以蒐振旅（军队），秋以狝治兵……卒伍整于里（乡里）。军旅整于效……（士兵）居同乐，行同和，死同哀。

——《国语·齐语》

（1）材料一中，管仲采取了何种措施？

（2）据材料二，指出管仲采取了哪些措施？有何作用？

三、问答题

1. 商朝时期内外服制具体内容是什么？

2. 战国兼并战争与春秋争霸战争的异同？

第二节　秦汉

秦朝、两汉是我国封建社会确立和初步发展的时期。秦朝是我国历史上第一个统一的多民族的中央集权制的封建国家。秦始皇创立了封建专制主义中央集权制，采取了一系列巩固统一的措施。但是，秦的暴政导致了陈胜、吴广领导的农民起义，秦也被农民起义所推翻。西汉是国力强盛的王朝。汉初统治者采取了休养生息的政策，恢复和发展了社会经济，出现了“文景之治”的局面和汉武帝时期的全盛。西汉末年，王莽篡汉，建立新朝。东汉初期，出现了“光武中兴”的局面。东西方交通有了新的发展。东汉中期以后，外戚和宦官专权，政治黑暗，终于爆发了黄巾起义，东汉政权瓦解。

一、秦朝（前221—前206年）

秦的统一　秦王嬴政即位时，统一条件基本成熟。那时，社会生产力不断提高，民族之间、地域之间联系加强，为统一提供了必要的社会基础；春秋战国长期战乱，给社会经济、人民生活带来巨大灾难，人民渴望统一；秦国地处富饶的关中地区，军事上易守难攻，在商鞅变法以后，国富兵强，逐渐成为战国七雄中的头号强国，具备了进行统一战争的条件。

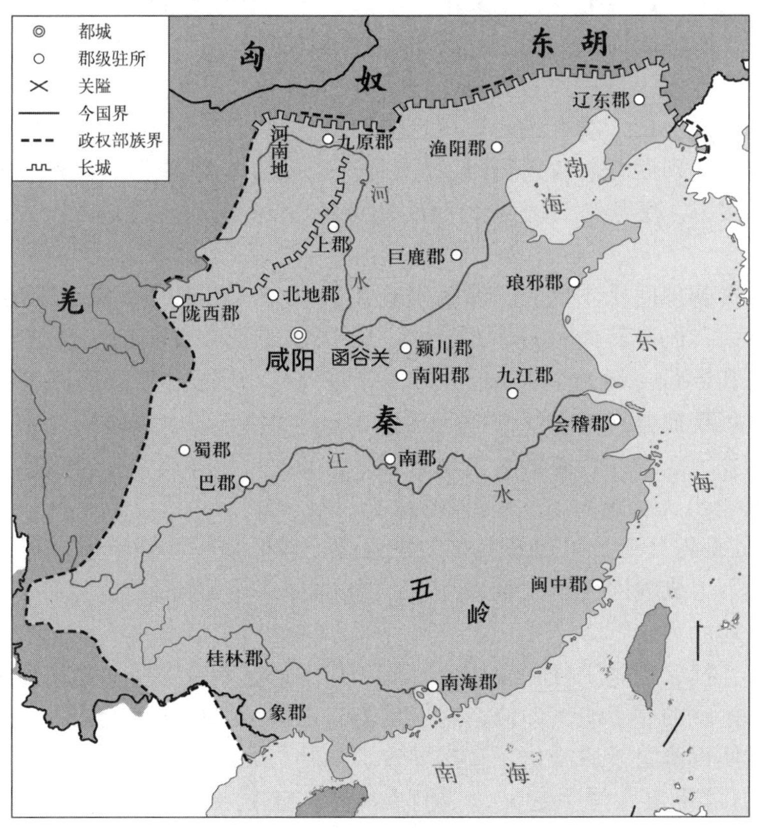

秦朝形势图

战国晚期，秦国先后打败韩国、魏国、楚国，夺取了大片土地。公元前260年的长平之战，秦国一举击败六国中最强大的赵国，从此，六国再不能抵挡秦国的进攻了。秦王嬴政在位时，广泛搜罗任用外来人才，部署统一全国的战略和策略，将六国各个击破，从公元前230年至公元前221年，秦先后灭掉了韩、赵、魏、楚、燕、齐六国，统一全国，定都咸阳。

秦的统一，具有划时代的历史意义。它结束了春秋战国以来诸侯割据称雄的战乱局面，符合历史发展的要求，为我国统一多民族国家的建立与发展奠定了基础；同时，为社会经济的恢复与发展，为各族人民的安定生活和相互交往，提供了有利条件，符合各族人民的共同愿望。

秦始皇的统治 秦王嬴政统一全国以后，采取了一系列的措施来巩固统一：

政治方面。建立专制主义中央集权制度，确立至高无上的皇权，建立“皇帝”制度。建立从中央到地方的官制和行政机构，在中央，设三公九卿制度；在地方，废除分封制，推行郡县制。颁布通行全国的秦律。

经济方面。实行土地私有制，按亩纳税。统一度量衡，统一货币，统一车轨，修驰道。

文化方面。书同文，把小篆作为标准字体，通令全国使用。焚书坑儒，加强思想控制。以法为教，以吏为师。规定教育由官府举办，严禁私学。

军事方面。北伐匈奴、南征越族，巩固边疆。

以上措施的实施，加强了专制主义中央集权，有利于封建经济的进一步发展及各地经济文化的交流，对祖国疆域的初步奠定和巩固发展国家的统一，以及形成以华夏族为主体的中华民族，起了重要作用，对后世也有深远的影响。但是，秦朝地主阶级凭借皇帝的专制权威，大大加强了统治力量，使人民处境日趋恶劣。

秦朝的疆域，东到大海，西到陇西，北到长城一带，南到象郡。在这个范围之内，生活着各族人民两千多万。秦朝是我国历史上第一个统一的多民族的封建国家，也是当时世界上最大的国家之一。

秦的灭亡 秦朝采用暴政统治。暴政表现在：第一，沉重的赋税。秦朝赋税十分沉重，有田租，有人口税，还有其他种种苛捐杂税。农民需要把收获物的三分之二交给政府。第二，繁重的兵役和徭役。秦始皇大兴土木，修阿房宫，筑骊山墓；筑长城，开灵渠，戍边塞，修驰道等，每年被迫当兵服役的不下三百万人。丁男不足，又征丁女，大量的人口脱离生产，田地多荒芜。在陕西临潼秦始皇陵东侧出土的大批形体高大、排列严整的兵马俑，就是当时劳动人民付出无数血汗修建陵墓的历史见证。第三，苛酷的刑法。秦朝有“族诛”（一人犯罪，亲族都得处死）、“连坐”（一家犯法，邻里都要受到牵连）以及伤肢残体的肉刑等酷刑。数十万人成为囚徒，大量农民“亡逃山林，转为盗贼”。第四，土地兼并严重，大量农民失去土地。

秦始皇末年，社会矛盾十分尖锐。公元前210年，秦始皇在巡游途中死去，李斯、赵高篡改遗诏，让秦始皇的次子胡亥即位，这就是秦二世，秦二世的统治更为昏庸残暴。

秦朝的暴政使得阶级矛盾激化，直接导致了陈胜、吴广领导的农民起义。公元前209年7月，陈胜、吴广在蕲县大泽乡起义，他们提出了“王侯将相，宁有种乎！”的口号，队伍迅速壮大，不久在陈县建立了张楚政权，不到半年，农民军在秦军进攻下，遭到巨大挫折，吴广和陈胜先后被部下杀害。参与反秦起义的刘邦、项羽成为秦末农民战争的主将。

不久，赵高杀秦二世，另立子婴为秦王。公元前207年，项羽率军在巨鹿（今河北境内）与秦将章邯决战，项羽“破釜沉舟”，勇不可当，一举歼灭秦军主力。刘邦则率军攻入函谷关，直捣咸阳，子婴投降，秦朝灭亡。陈胜、吴广发动的中国历史上第一次大规模农民战争，用武力推翻了秦朝的暴虐统治，沉重打击了封建地主阶级，迫使后来汉初统治者采取一些休养生息的政策。

刘邦

二、汉朝（前202—220年）

楚汉之争与西汉建立　推翻秦朝以后，项羽自封为西楚霸王，封刘邦为汉王，刘邦和项羽为了争夺最高权力，展开了长达四年的战争，历史上叫作楚汉战争。战争前期刘邦失利，但由于刘邦入关后与民约法三章，“杀人者死，伤人及盗抵罪”，赢得了民心；而项羽在巨鹿之战后坑杀秦军降卒几十万人，入关后又纵兵烧杀抢掠，大失民心。刘邦善于用人，军营内人才济济，文官武将都尽力为他效命；而项羽骄傲自大，主观武断，不会用人。加上刘邦拥有富饶的关中地区作根据地，后方稳固；而项羽却缺乏可靠的根据地，后方动荡不安。刘邦能顺应秦以来的统一形势，而项羽对大一统缺乏正确认识，最终刘邦反败为胜。公元前202年初，垓下之战，项羽“四面楚歌”，陷入众叛亲离的悲惨境地，最后，乌江自刎，全军覆没。

> （汉武帝初年）太仓之粟陈陈相因，充溢露积于外，至腐败不可食。众庶街巷有马，阡陌之间成群。
> ——《史记》

公元前202年，楚汉战争结束，刘邦称帝，建立汉朝，定都长安（今陕西西安）。历史上叫作西汉，刘邦就是汉高祖。

汉初休养生息和文景之治　经过秦末的动乱，西汉初年，国家贫穷，经济萧条，百废待兴，刘邦吸取秦朝暴政速亡的教训，“反秦之弊，与民休息”。他一面致力于铲除异姓诸侯王、稳定边疆局势，一面采纳了大臣陆贾的建议，对农民实行轻徭薄赋慎刑的“休养生息”政策。刘邦采取的重农抑商政策包括：让士兵复员回家生产，归乡兵士按爵级高低授予田宅，并免除一定的赋税和徭役，使得少数爵高的军吏成为地主，大部分兵士成为拥有一份土地的自耕农。“复故爵田宅”，恢复秦朝地主小吏原有的爵位和田宅；让战争期间逃亡的人回家，恢复原有的田宅。把因饥饿而卖身为奴婢的人释放为平民。减轻田租，规定十五税一。抑制商人，汉初规定：商贾及其子孙禁止出仕做官；商贾不得拥有土地，且要加倍征收人口税；商人不得穿名贵纺织品，不得乘骑车马、携带武器，以期限制商贾势力的过度膨胀。上述政策的实行，增加了农业劳动力，调动了农民的积极性。

汉惠帝时期，继续推行休养生息政策。到汉文帝、汉景帝时期，休养生息政策又增加了新的内容：第一，重视农业生产。文帝认为农业是立国之本，时常提醒百官劝课农桑，奖励努力耕田的人；景帝下诏说：农业是天下的根本；开放山林川泽，鼓励农民进行副业生产，活跃商业市场。第二，减免田租赋役。文帝两次把田租减为三十税一，甚至十多年不收田租；景帝时定田租为三十税一。这样，农业得到较大发展，粮价大幅降低。汉初米一石值五千钱，文景时降到一石仅值十余钱至数十钱。第三，提倡节俭，反对侈靡，减省财政支出。第四，减轻刑罚。文帝废除秦朝的株连，用笞刑取代某些伤残肢体的肉刑，景帝又继续减轻刑罚，各级官吏亦断狱从轻。

经过汉初的休养生息，人民生活安康，经济繁荣，社会稳定，国力日盛，中国封建社会出现第一个治世“文景之治”。休养生息的政策执行了六七十年，历经四代皇帝，到汉武帝时，人口增殖，国库充盈，西汉经济的发展达到鼎盛。

汉武帝的大一统 汉武帝刘彻（前140—前87年在位）是西汉时期一位很有作为的皇帝。他即位时，西汉国库中积蓄了大量的粮食和钱财，国家实力相当雄厚，有条件加强中央集权。同时，国家也存在土地兼并、商贾膨胀、边境不宁等问题。在这种背景下，汉武帝推行了一系列有利于封建大一统的措施。

政治方面：第一，改革官制，组成内朝和外朝，加强皇权。第二，大量选拔人才，重视官吏的任用与考核，实行刺史制度，加强朝廷对地方官僚的控制。第三，颁布“推恩令”，进一步削弱王国势力，加强中央对地方的控制。第四，强化完善封建法制，打击豪强地主势力，维护封建社会秩序。

军事方面：在国力强盛的基础上，改变了汉初对匈奴的和亲政策，对匈奴展开了长期的战争。汉匈战争中，大规模的战役有三次，其中公元前119年的最后一次战争具有决定性的意义。汉武帝派大将卫青、霍去病率兵几十万，分道深入蒙古大沙漠进攻匈奴，歼灭匈奴主力，取得了重大胜利，从而安定了北部边郡；此外还进军南越，设置南海等九郡。

汉武帝时西汉与匈奴的三次大战简表

时间	内容	结果
公元前127年	匈奴南进，汉派将军卫青击匈奴	汉收复河南地
公元前121年	汉派将军霍去病北击匈奴	匈奴退出河西走廊
公元前119年	匈奴南进，杀掠无度。汉以卫青、霍去病出征	汉大破匈奴军，匈奴北徙漠北

民族关系方面：汉武帝还派张骞出使西域（狭义的西域，指玉门关、阳关以西，葱岭以东的天山南北地区，即今新疆地区），加强了汉朝同西域的经济、文化交流；又派人到西南少数民族地区，在四川西南、贵州、云南等地，建立郡县，加强了内地同西南的联系。

经济方面：改革币制，铸造五铢钱，作为通行全国的法定货币；盐铁官营，由国家垄断盐铁的生产和销售；平抑物价、征收工商业者的营业税和财产税；兴修许多水利工程，治理黄河；等等。

思想方面：“罢黜百家，独尊儒术。”汉武帝采纳儒生董仲舒的建议，尊崇儒家学说，提倡政治上和思想上的“大一统”，儒家思想逐渐成为封建社会的统治思想。汉武帝还创建了中央太学与地方郡国学两级官学，确立了中国封建官学制度。尊儒的同时，他还崇尚法制。尊儒尚法是他实行统治的根本思想。

汉武帝是一位具有雄才大略的封建皇帝，在他的大一统之下，专制主义中央集权空前加强，西汉统治达到鼎盛。

张骞出使西域 张骞出使西域是汉朝时期中西交通史上的重大事件。汉武帝为了解除匈奴的威胁，联络大月氏夹击匈奴，于公元前138年派张骞出使西域。张骞到过大宛、大月氏等国，获得大量前所未闻的西域资料，也向各国介绍了汉朝的情况。司马迁将此行称为“凿空”。公元前119年，张骞第二次出使西域，诸国也纷纷派使者回访，汉朝终于与西域各国建立起友好关系。

西域交通畅通以后，天山南北地区第一次与内地联成一体。中原同西域乃至更远地区之间的经济文化联系日益密切，促进了西域社会的进步，丰富了中原的物质生活。中原的丝绸、铁器、凿井技术传入西域，西域的大宛马、骆驼、葡萄、石榴、苜蓿、胡豆、胡麻、胡瓜、胡桃等传入中原。西汉末年，印度的佛教亦通过西域传入中国。公元前60年，西汉设西域都护，管理西域，保护商旅往来。西域都护的设置，标志着西域开始正式归属中央政权。

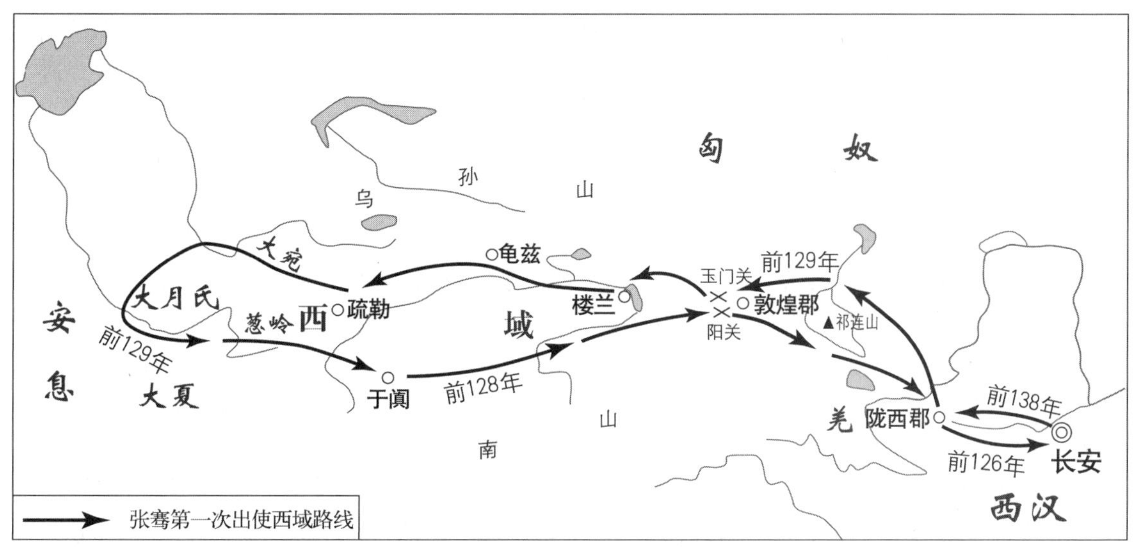

张骞通西域路线图

长安	在今陕西西安	陇西	在今甘肃临洮	龟兹	在今新疆库车
疏勒	在今新疆喀什	楼兰	在今新疆罗布泊西	大宛	在今中亚费尔干纳盆地
安息	在今伊朗高原和两河流域			大月氏	在今阿姆河流域
葱岭	在今帕米尔高原和喀喇昆仑山			于阗	在今新疆和田
乌孙	在今伊犁河和伊塞克湖一带			玉门关	在今甘肃敦煌
大夏	在今兴都库什山与阿姆河之间			阳关	在今甘肃敦煌

对西南夷和百越的管辖 汉朝时，我国西南地区分布着数十个语言不同、风俗各异的少数民族，主要的如夜郎等，当时统称为“西南夷”。汉武帝时，先后在西南夷地区设郡。西汉末年，夷人起兵反抗。东汉初，西南夷重新并入汉朝版图。

两汉在西南夷地区，既任命郡太守、县令，又封当地部族君长为王侯、邑长，改变了各自为政的弊端，有利于当地社会的发展。

汉朝时，华东、华南地区的越人总称“百越”。其中，温州一带的越人称东越；两广地区的越人称南越。汉武帝时，汉朝在南越设南海等九郡，进行有效的管辖。

王莽改制 西汉后期，皇帝重用外戚和宦官，政局混乱，国家权力削弱。公元8年，外戚王莽趁政局动荡之机篡位称帝，改国号为“新”，西汉灭亡。王莽为了限制土地兼并，缓和阶级矛盾，稳固自己的统治，宣布实行“改制”，规定：全国田地改称王田，私家奴婢改称私属，都不许买卖；对土地占有数量进行限制；还多次改变币制，掠夺人民的财富；并对周围少数民族发动战争，引起社会的动荡不安。

王莽改制因为不切实际，遭到地主贵族的反对。沉重的赋役，战争的破坏，残酷的刑法，使农民完全丧失了活路，终于导致了公元17年、18年的绿林、赤眉农民起义。公元23

年，王莽政权被推翻。

东汉建立与光武中兴 公元25年，曾参加过农民起义的西汉皇族刘秀自称皇帝，重新建立汉政权，定都洛阳，历史上称为东汉，刘秀就是光武帝。

东汉初年，经济凋敝，社会动荡。刘秀采取安抚的统治方法，即以“柔道”治天下。为缓和阶级矛盾，光武帝调整了统治政策。

政治方面：对开国的武将，给予优厚待遇，但不给实权；整顿吏治，惩处贪官酷吏，重用节操高尚、熟悉典章而又有治国之才的文臣；扩大尚书台权力（东汉时，尚书台实际上成为最高决策施政机构），加强监察制度，集军权于中央，进一步加强中央集权。

经济方面：多次颁布释放奴婢和禁止残害奴婢的诏令；恢复西汉三十税一的田租制度；鼓励流民返乡垦荒种地；提倡节俭，裁并地方官衙，削减官吏，复员军队，让大批劳动力回乡从事农业生产。

公元26—38年，光武帝六次下令释放奴婢，还三次下令禁止虐杀奴婢。这样，大量沦为奴婢的人成为国家的劳动力，西汉以来就存在的奴婢问题得到缓和。

经光武帝多年努力，社会安定下来，经济得到恢复，户口增加，史称“光武中兴”。

豪强地主势力的发展 东汉政权是在豪强地主支持下建立起来的。追随刘秀的开国功臣，既是朝廷新贵，又是地方豪强。大姓豪强在政治上、经济上享有特权，他们占有大量田地人口，形成自成一体的田庄。田庄规模宏大，经济上自给自足，拥有家兵，筑有坞堡、壁垒、望楼。豪强地主驱使大量被限制了人身自由的依附农民和家内奴婢，在田庄内养鱼、畜牧，种植谷物蔬菜，栽种花草竹木，从事纺织等手工业，制作酒、糖等各色食品。收获物大部分供自己消费，少量拿出去卖。庄主不向国家交纳租赋。这些“累世公卿”的豪强地主把持着东汉从中央到地方的政权。成为一种地方割据势力。

班超出使西域 汉武帝大败匈奴之后，匈奴内部混战不已。其中呼韩邪单于一部归附汉朝，其他各部有的仍游牧于漠北，有的西迁。汉元帝将宫女王昭君作为公主，远嫁呼韩邪单于。昭君出塞，密切了汉匈关系，互市兴旺起来，文化往来增多。四十多年间双方和睦相处。东汉初年，匈奴分裂为南北二部。南匈奴向汉称臣，与汉人杂居。北匈奴退居漠北，仍然威胁着中原及河西、西域。东汉前期，大将窦固、窦宪先后出击，大败北匈奴。北匈奴政权瓦解。

东汉初年，西域各国重新被匈奴控制。自从大将窦固、窦宪击败北匈奴后，东汉恢复了对西域的统治以及与西域各国的交往。公元73年，汉明帝派曾“投笔从戎”参加对匈奴作战的班超出使西域。班超在西域活动了30年，帮助西域各族摆脱了匈奴的控制，再次打通汉朝和西域断绝了60多年的商路，西域与内地的联系加强。东汉任命班超为西域都护，管辖西域。公元97年，班超派甘英去大秦，甘英到达了波斯湾，没有到达大秦，但熟悉了沿途的地理和风貌，为以后中西交通发展打下了基础。据《后汉书》记载，166年，大秦王安敦派使臣从海道来华，这是中国同欧洲国家直接友好往来的最早记载。

外戚宦官专权 东汉中期以后，外戚和宦官交替专权，政治日益黑暗。从汉和帝开始，由于皇帝即位时年龄很小，朝政常由太后把持，太后则依靠父兄，形成外戚专权。小皇帝长大后，依靠身边的宦官向外戚夺权，导致宦官逐渐掌握了实权。外戚和宦官，是封建地主阶级中的腐朽势力。外戚、宦官权力的起伏消长，成为东汉后期政治的一大特点。

桓帝以后，东汉朝政长期被宦官把持。一些正直的官员、士大夫和太学生形成反对宦官专权的政治势力。他们品评公卿，裁量执政，形成“清议”之风。对宦官垄断仕途，他们讽刺道：“举秀才，不知书；察孝廉，父别居。寒素清白浊如泥，高第良将怯如鸡。”他们上书揭露宦官罪行，惩办贪赃枉法的宦官党羽，利用舆论抨击宦官，产生巨大影响。宦官诬告大臣李膺等与太学生结党营私，诽谤朝政，并将他们定为“党人”，逮捕后判处终身禁锢，永不录用。几年后，宦官再次以结党之罪逮捕党人，并扩大禁锢范围，李膺等一百多人惨死狱中，史称“党锢之祸”。

东汉的衰亡　东汉后期，土地兼并现象严重，统治越来越腐朽。皇帝大造宫室，广选宫女，后宫之费每日数百万钱。汉灵帝公开卖官，高低官品各有定价。如公 1 000 万，卿 500 万。地方官属肥缺，定价更高。州郡长官卖到 2 000 万。富者纳钱即可上任，贫者先到官后纳钱，但价钱要提高一倍。官府对百姓搜刮无度，加上连年灾荒，广大农民无衣无食，于是纷纷起义。

太平道的领袖张角借传教和医病来宣传和组织群众，以“苍天已死，黄天当立，岁在甲子，天下大吉”作号召，组织全国几十万人同时起义。184 年起义爆发。由于起义军头裹黄巾，故称为“黄巾军”。黄巾军一度攻占了许多郡县，但是，在地主武装联合进攻下，起义军九个月的英勇战斗失败了。黄巾起义是一次有准备、有组织的农民起义。经过黄巾起义的沉重打击，东汉政权土崩瓦解，名存实亡。

练习题

一、选择题

1. 秦朝三公九卿和郡县长官产生的方式是（　　）

A. 分封制　　B. 禅让制　　C. 察举制　　D. 皇帝任命

2. 秦朝御史大夫的职责不包括（　　）

A. 执掌群臣奏章　　B. 下达皇帝诏令

C. 处理军国事务　　D. 兼理国家监察事务

3. 下列措施属于秦始皇首创的是（　　）

A. 皇帝制度　　B. 分封诸侯　　C. 编户齐民　　D. 郡国并行

4. 《三国志》称秦始皇：“罢侯置守，设官分职，不与古同。”这是指秦朝实行了（　　）

A. 郡国并行　　B. 郡县制　　C. 察举制　　D. 科举制

5. 秦始皇推行“书同文”的措施（　　）

A. 成为秦朝灭亡的根本原因　　B. 用行书取代其他文字

C. 导致秦朝实行焚书坑儒　　D. 适应了政治统一的需要

6. 秦始皇“焚书坑儒”的直接原因是（　　）

A. 儒生主张“非攻”，反对兼并战争

B. 儒生攻击郡县制、非议秦始皇

C. 儒家的仁爱主张不利于秦始皇横征暴敛

D. 秦的暴政与儒家仁政思想相抵触

7. 秦始皇统一货币，有利于（　　）

A. 促进经济的发展和国家的统一　　B. 消除地方割据政治实力

C. 促进各个民族文化交流与发展　　D. 消除地方割据军事实力

8. 秦朝专制主义中央集权制度的核心是（　　）

A. 统一货币、度量衡　　B. 中央设置三公九卿

C. 地方推行郡县制　　D. 规定皇权至高无上

9. 陈胜、吴广领导的农民战争的斗争口号是（　　）

A. 王侯将相，宁有种乎　　B. 清君侧

C. 均田免粮　　D. 反清复明

10. 秦朝修筑的万里长城成为中华民族精神的象征，秦长城的起止点是（　　）

A. 临洮——函谷关　　B. 陇西——山海关

C. 临洮——辽东　　D. 临洮——山海关

11. 西汉时的刺史，代表中央行使（　　）

A. 司法权　　B. 监察权　　C. 推荐权　　D. 财权

12. 汉武帝削弱相权的主要措施是（　　）

A. 设立中外朝　　B. 设立刺史　　C. 察举征辟制　　D. 科举制

13. 从现有史料来看，深圳市南头古城一带是汉武帝时期番禺盐官的驻地。由此可印证汉武帝（　　）

A. 实施郡国并行制　　B. 实行盐铁专卖

C. 实施察举制　　D. 实行郡县制

14. 东汉光武帝改革中央政治制度，决策和发号施令的中枢机构是（　　）

A. 内阁　　B. 五军都督府　　C. 政事堂　　D. 尚书台

15. “宗室权落，外戚兴起；外戚势衰，而宦官又盛。”材料反映了东汉时期的政治状况是（　　）

A. 土地兼并现象严重　　B. 中央和地方矛盾的加剧

C. 外戚和宦官交替专权　　D. 挟天子以令诸侯

16. “欲天下之治安，莫若众建诸侯而少其力，力少则易使以义，国小则亡（无）邪（反叛）心。”下列与这一思想最相似的是（　　）

A. 世袭制　　B. 宗法制　　C. 察举制　　D. “推恩令”

17. 汉武帝时期，为了巩固大一统王朝，在经济方面采取的措施有（　　）

①统一度量衡　　②统一调配物资，平抑物价

③把煮盐、冶铁等经营权收归国有　　④铸造五铢钱

A. ②③④　　B. ①②③　　C. ①③④　　D. ①②④

18. 汉武帝时期，为适应和平年代的需要，中央和地方官府向社会征聘人才的制度是（　　）

A. 按军功授爵　　B. 世袭制　　C. 征辟制　　D. 分封制

19. 秦至汉初，“丞相旧位在长安时，府有四出门，随时听事……国每有大议，天子车驾亲幸其殿……王者待之以殊礼”。然汉昭帝时，“政事壹决于光（霍光，大司马、大将军）”；成帝时，正式置三公官，确立起大司马、大司空和丞相鼎足而立的三公制。秦汉时期丞相职权的变化（　　）

A. 保证了丞相决策正确　　B. 提高了丞相的行政效率

C. 有利于完善中枢机制　　D. 强化了秦汉时期中央集权

20. “汉承秦制”的主要表现不包括（　　）

A. 地方行政区划　　B. 官吏的控制和管理

C. 中央机构的建制　　D. 严刑峻法统治人民

二、材料分析题

阅读材料，回答问题。

材料一 汉兴……天下既定，民亡盖藏，自天子不能具钧驷，而将相或乘牛车。

——《汉书·食货志》

材料二 民以饥饿自卖为人奴婢者，皆免为庶人。

——《汉书·高帝纪》

（1）材料一反映了西汉初年怎样的社会状况？统治者有何对策？

（2）材料二是哪位帝王采取的措施？

三、问答题

1. 秦朝灭亡的具体原因是什么？

2. 汉武帝的大一统具体措施是什么？

第三节 魏晋南北朝

三国、两晋、南北朝时期，是我国历史上的封建国家分裂和民族大融合时期。黄巾起义以后，东汉政权名存实亡，出现了不少割据一方的军事集团。官渡之战，曹操打败了袁绍，为统一北方奠定了基础。赤壁之战中，孙权和刘备联合打败了曹操，三国鼎立的局面形成。280 年，西晋灭吴，重新统一中国。但是，西晋内部矛盾和民族矛盾很尖锐，导致西晋很快灭亡。317 年，西晋皇族司马睿在江南建立政权，史称东晋。与东晋同时存在的，还有各民族建立的十六国。淝水之战后，南北对峙局面形成。南方先后建立了宋、齐、梁、陈四个朝代，史称南朝；北方则先有了北魏，之后北魏又分裂为东魏和西魏，东魏演变为北齐，西魏演变为北周，北方这五个朝代，史称北朝。南北朝时期，南北经济都有了发展，北方出现了民族大融合的趋势。北魏孝文帝的改革加速了各民族的融合和北方的封建化过程。

一、三国鼎立（220—280 年）

官渡之战 在镇压黄巾起义的过程中，东汉的一些州郡长官和豪强地主扩充武装，积蓄力量，形成许多大小割据势力。他们之间相互攻杀，几年后，黄河中下游的袁绍和曹操逐渐发展成为北方两个强大的割据军阀。200 年，曹操和袁绍为争夺对黄河中下游的统治权，在官渡（今河南中牟一带）进行决战，曹操采取正确的战略战术（如偷袭乌巢，焚毁袁军的粮仓，致使袁绍军心大乱，实力大减等），以少胜多，大败袁绍，为统一北方打下了基础。几年以后，曹操彻底消灭了袁绍的残余势力及一些军阀，基本上统一了北方，而后积极为统一全国作准备。

赤壁之战 官渡之战中，刘备投奔荆州牧刘表。为谋求霸业，刘备边组建军队，边延揽人才。他三顾茅庐，从隆中请出诸葛亮，势力迅速壮大，发展成为群雄角逐中的一股重要力量。

东汉末年，孙权继承父兄基业，以江东为根据地，竭力向长江以南扩展，占据今广东、福建及湖南大部分地区。

208 年，曹操率兵南下，想乘胜统一全国。占据了江东一带的孙权和驻军荆州的刘备联合起来，利用曹军大部分不习水战且军中瘟疫流行、军心不稳的弱点，火烧赤壁，以不足五万的兵力大败二十余万曹军，曹操被迫退守北方。

赤壁之战是我国历史上以少胜多的著名战例，它促成三国鼎立格局的初步形成。战后，孙权巩固了在长江中下游的地位，刘备占据湖北、湖南和四川，曹操的势力局限在黄河流域并向西北扩大统治区域。

三国鼎立 220 年，曹操的儿子曹丕废汉献帝，自称帝，国号魏，史称曹魏，定都洛阳，东汉灭亡。221 年，刘备在成都称帝，国号汉，史称“蜀汉”或“蜀”。229 年，孙权在建业（今江苏南京）称帝，建立吴国，史称“孙吴”。至此，三国鼎立的局面形成。

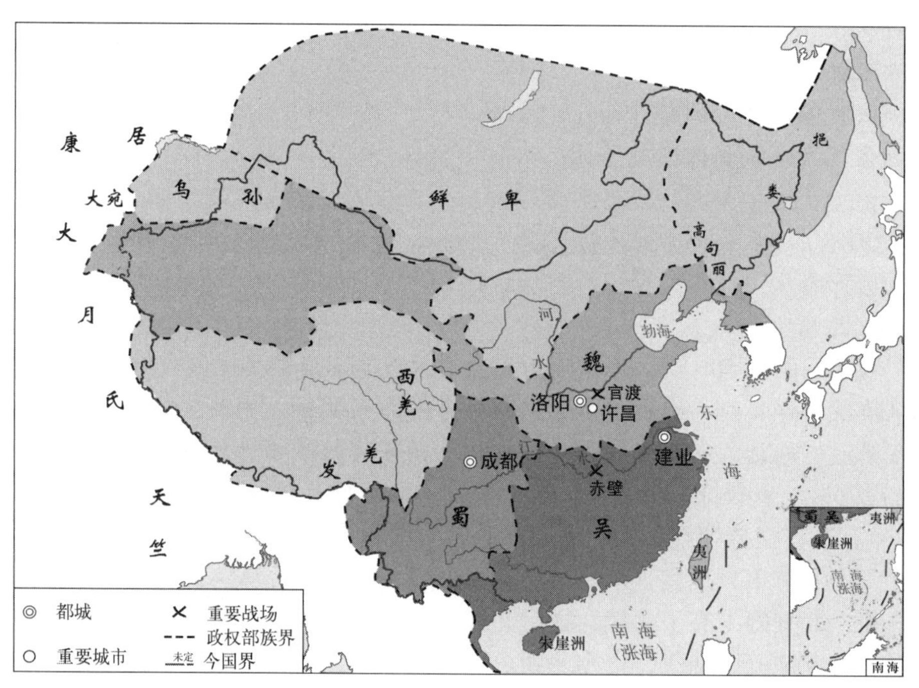

三国鼎立形势图

洛阳 今河南洛阳　许昌 今河南许昌　官渡 今河南中牟　成都 今四川成都
建业 今江苏南京　赤壁 今湖北嘉鱼　夷洲 今台湾

二、两晋（265—420 年）

西晋的短暂统一 随着北方社会经济的恢复和发展，魏国的力量日益强大，蜀、吴的力量日趋衰落。263 年，魏灭蜀。265 年，魏国权臣司马炎篡魏称帝，建立晋朝，定都洛阳，历史上叫作西晋。280 年，西晋灭吴，重新统一了中国。西晋的统一，只是昙花一现。晋武帝司马炎死后，继承者惠帝昏庸无能，动乱迭起。

八王之乱 晋惠帝时，八个分封为王的皇族，为了争夺中央政权，从 291 年到 306 年，进行了长达 16 年的战争，历史上称“八王之乱”，战争给人民带来沉重灾难，社会矛盾非常严重。

少数民族的内迁 匈奴、鲜卑、羯、氐、羌等族原居住在我国北部和西部地区，从东汉末年开始陆续内迁，旧史上称之为“五胡”。西晋初年，内迁各族人民达到几百万，居住在今甘肃、陕西、山西以至河北、辽宁长城以南的广大地区。内迁各族人民遭到西晋统治者的残酷剥削和压迫，他们不但要纳税，还要当兵，甚至被掠卖为奴婢。不少人破产，沦为流民。虽然他们与汉族人民有了日益增多的联系，但大多还保留自己的语言、习惯和部落组织。西晋末年，战乱频繁，中原人口剧减，少数民族加快了内迁速度。

八王之乱，将各族人民推向了极端困苦的境地。为躲避战乱、灾荒、饥饿和疾疫，中原人口大量南迁，掀起了前所未有的移民浪潮。近者迁到四川和长江中下游地区，远的流向福建、两广边地，流徙人口在九十万人以上。流民在逃难过程中继续受到种种迫害，被迫起义。与此同时，北方内迁少数民族也展开了反晋斗争。304 年，匈奴贵族刘渊起兵反晋，逐渐控制了今山西南部广大地区。与此同时，羯族人石勒攻占河北许多郡县，队伍发展到十万人以上。311 年，刘渊之子刘聪与羯族等联军攻陷洛阳，俘虏晋怀帝，史称“永嘉之乱”。316 年，匈奴贵族攻破长安，俘虏晋愍帝，西晋灭亡。

西晋速亡，有其深刻的内在原因。首先，以晋武帝为代表的贵族官僚奢侈腐化，政治日趋败坏。其次，分封宗室导致争权夺利的“八王之乱”爆发。随之而来的少数民族人民的反晋斗争等，加速了西晋的灭亡。

东晋与十六国 317 年，西晋皇族司马睿在南方建立政权，定都建康，史称东晋。司马睿即晋元帝。东晋建立之初，为立足江南，抵御北方匈奴、鲜卑等的进攻，统治者一方面加强内部团结，一方面实行休养生息，安抚北方南迁的流民。不久，江南出现“荆扬晏安，户口殷实”的局面。由于生活安逸舒适，一些原来还想返回中原的南渡士族，包括东晋最高统治者，再也无意北返，偏安于东南一隅。

东晋后期，土地兼并严重，农民赋税沉重。统治者为了遏制地方割据势力，大肆征兵，导致农民起义爆发，东晋统治名存实亡。420 年，掌握实权的东晋大将刘裕，废晋帝自立，东晋灭亡。

东晋时期，南北官僚、大地主肆意占夺土地和人口。例如，谢安之孙谢混一家拥有“田业十余处，僮仆千人”。谢混夫妇死后，留下“资产巨万，园宅十余所”。孔灵符产业本来就雄厚，后来又在永兴（今浙江萧山）立墅，周围 30 里，水陆田地 265 顷，圈占两座山，有九处果园。士族地主的庄园里，不仅种植粮食作物，还栽培蔬菜、桑麻、药草等，从事养殖和各种手工业。

东晋统治南方的时候，黄河流域各族的统治者先后建立了 15 个国家，连同西南地区的成汉政权，总称为“十六国”。十六国时期，各国彼此攻战，北方经济遭到严重破坏。但是，各民族通过长期交往和互相影响，加速了民族融合。

淝水之战 4 世纪下半叶，氐族建立前秦，统一了黄河流域。383 年，前秦皇帝苻坚强征 80 多万人进攻东晋。东晋派谢石、谢玄带兵 8 万迎战。双方决战于淝水，东晋以少胜多，击败前秦。淝水之战东晋以少胜多的主要原因是东晋军队战斗力较强，军队成员大部分由富有战斗经验的农民组成，官兵齐力抗敌；而前秦统治地位不稳固，国人厌战，各族人心不一，充满民族矛盾。苻坚军队虽然号称百万，但十之八九是被强迫征发而来的少数民族和汉人，他们根本不愿意作战。鲜卑族、羌族的首领甚至想乘机脱离前秦统治，恢复自己的势力。淝水之战以后，前秦统治瓦解了。北方再次陷于分裂和混乱状态。东晋乘机收复了黄河以南的许多失地，使东晋得以偏安南方几十年，形成南北对峙的局面。

三、南北朝（420—589 年）

南北朝的兴替 420 年，东晋大将刘裕强迫东晋皇帝让位，自称皇帝，国号宋。此后 160 多年间，南方经历了宋、齐、梁、陈四个朝代，都城都在建康，历史上总称为南朝。

刘裕灭晋后，建国号宋，他就是宋武帝，在位时较有作为。刘宋 30 年间轻徭薄赋，江南民殷国富，进入南朝国力最强盛的时期。陈朝末年，陈后主不思治理，赋税繁重，百姓流亡，他依然纵情享乐。589 年，陈朝灭亡。

386 年，北方的鲜卑族拓跋珪建立了北魏政权。439 年，北魏统一了黄河流域。十六国分裂局面结束。5 世纪中期，北魏将南部边界推进到江淮一带，实力开始超过南方。535 年，北魏分裂为东魏和西魏，后来，东魏和西魏分别为北齐和北周所代替。北方这五个朝代总称为北朝。北朝与南朝长期对峙，合称南北朝。

6 世纪后期，北周武帝进行了一系列改革：政治上，加强中央集权，整顿吏治。经济上，释放奴婢，严惩隐瞒田地、户口的官僚大族；强制大批僧尼还俗从事农业生产。军事上，扩大兵源，灭北齐，统一黄河流域。周武帝死后，朝政日益混乱，大权落入外戚杨坚之手。

士族制度 魏晋以来，在地主阶级中有了士族和庶族的划分，形成了士族制度。到了东晋，士族制度得到充分发展。士族制度的特点是：政治上，按门第高低分享政治权力；经济上，士族占有很多土地和劳动力；社会上，士族为了保持自己的特殊地位，非常讲究身份和门第的高低。士族是一群极端腐朽的社会寄生虫。

北魏孝文帝的改革 北魏统一黄河流域以后，各族人民共同生活，互相影响，出现民族大融合的趋势。顺应这一趋势，从 485 年开始，孝文帝（拓跋宏）实行了政治、经济的改革，主要内容包括：

第一，整顿吏治。制定俸禄制度（北魏前期官吏没有俸禄，官吏所需全凭到任后搜刮百姓），杜绝官吏贪赃枉法。

第二，颁布均田令（按人口分配土地的制度，但仅分配国家掌握的土地，不触动地主原有的土地），实行租调制。这有利于农业生产的恢复和发展，保证赋税收入和徭役征发。

第三，迁都洛阳。为加强对中原的控制，494 年将都城从平城迁到洛阳。

第四，学习汉族文化。迁都洛阳以后，孝文帝仿照汉族的典章制度和生活方式，提倡鲜卑人说汉话，以消除民族间交往的语言障碍；改鲜卑复姓为汉字单姓；禁穿夹领小袖的胡服，仿南朝服装制定官吏、妇女冠服；提倡与汉族通婚；等等。

北魏孝文帝是我国历史上有作为的政治家、改革家。他顺应历史发展潮流，锐意改革，采取一系列促进民族融合的措施，促进了北方经济的发展，加速了北方各少数民族封建化的过程，加强了北方民族的大融合。

民族大融合的出现 东汉末年以后不断迁居中原的匈奴、鲜卑、羯、氐、羌等少数民族，经过与汉族四百年左右的通婚杂居，相互学习，生产互补，至北朝末年，胡汉差异逐渐消失，实现了民族大融合。我国南方以及西南、西北等地也不同程度地出现了民族融合现象。蜀国诸葛亮注意改善同西南地区各少数民族的关系，积极发展当地经济，加速了西南少数民族的封建化。吴国征服、招降和笼络越族，越族同汉族的生活方式已经差别不大。大批中原人口南迁，也在客观上促进了民族融合的进程。民族融合的实现，为隋唐时期的统一繁荣准备了条件。

练习题

一、选择题

1. 下列人物中，不属于三国时期的是（　　）

A. 刘秀　B. 孙权　C. 曹丕　D. 诸葛亮

2. 曹操统一北方的决定性战役是（　　）

A. 逐鹿之战　B. 官渡之战　C. 淝水之战　D. 赤壁之战

3. 与诸葛亮有关的历史事件是（　　）

A. 官渡之战　B. 长平之战　C. 三顾茅庐　D. 马陵之战

4. 孙权称帝，建立吴国的时间是（　　）

A. 222 年　B. 227 年　C. 228 年　D. 229 年

5. 三国建立的先后顺序是（　　）

A. 魏、蜀、吴　B. 吴、蜀、魏　C. 蜀、魏、吴　D. 蜀、吴、魏

6. 赤壁之战三方的主要人物是（　　）

A. 诸葛亮、袁绍、孙权　B. 诸葛亮 、袁绍、曹操

C. 曹操、孙权、刘备　D. 诸葛亮 、袁绍、曹植

7. 230 年，卫温带领船队到达台湾，台湾当时称（　　）

A. 澎湖　B. 瀛洲　C. 琉球　D. 夷洲

8. 结束三国鼎立的局面，统一全国的是（　　）

A. 秦国　B. 西晋　C. 东晋　D. 隋朝

9. 为争夺中央政权，西晋皇室间发生了长期的混战，史称（　　）

A. 七国之乱　B. 八王之乱　C. 永嘉之乱　D. 靖康之难

10. 迁都洛阳，建立北魏的少数民族是（　　）

A. 鲜卑　B. 匈奴　C. 羯　D. 羌

11. “草木皆兵”的成语源于（　　）

A. 桂陵之战　B. 官渡之战　C. 淝水之战　D. 巨鹿之战

12. 淝水之战时，与东晋宰相抗衡的前秦将领是（　　）

A. 苻坚　B. 谢玄　C. 谢石　D. 谢安

13. 九品中正制得以创制并发展的朝代是（　　）

A. 曹魏　B. 西晋　C. 东晋　D. 南朝

14. 北魏孝文帝改革的根本目的是（　　）

A. 恢复和发展北方的经济和文化　B. 接受鲜卑的游牧文化

C. 加速鲜卑和匈奴族封建化的进程　D. 加强对黄河流域各族人民的统治

15. 北魏孝文帝迁都洛阳，易汉服、改汉姓、说汉话、通汉婚。这些措施（　　）

A. 推动了北魏统一南方　B. 弱化鲜卑族之间的隔阂

C. 促进了民族间的交融　D. 消除了华夷之别观念

16. 华夏族是汉族的旧称。《左传》注疏有云：“中国有礼仪之大，谓之夏；有服章之美，谓之华。”华夏民族的称谓正是来源于服饰文明。以下历史事件反映古代少数民族“易服学礼，融入华夏”的是（　　）

A. 回族的形成　B. 管仲改革

C. 金城公主入藏　　　　D. 孝文帝改革

17. “商相孝公，为秦开帝业”“孝文卓尔不群，迁都……衣冠号令，华夏同风。”材料所述两次改革的共同作用是（　　）

A. 促进各地区经济快速发展　　　　B. 为全国军事统一奠定了基础

C. 加快了封建化的进程　　　　D. 促进了北方各少数民族大交融

18. 东晋时期，琅邪王氏家族位高权重，与皇室势均力敌。当时百姓称之为“王与马，共天下”。材料主要说明东晋门阀政治（　　）

A. 取代皇帝的政治　　　　B. 是对皇帝统治有益补充

C. 确保中央政权的稳固　　　　D. 一定程度上分散了皇权

19. 魏晋时期，在物质生活上崇尚奢华，讲究打扮，甚至“熏衣剃面，傅粉施朱”的社会阶层是（　　）

A. 皇族　　B. 宦官　　C. 士族　　D. 外戚

20. 下列四个朝代，按时间顺序先后排列，正确的次序应是（　　）

A. 曹魏、北魏、东魏、西晋　　　　B. 曹魏、西晋、北魏、东魏

C. 东魏、西晋、曹魏、北魏　　　　D. 西晋、曹魏、北魏、东魏

二、材料分析题

阅读材料，回答问题。

自董卓已来，豪杰并起，跨州连郡者不可胜数。曹操比于袁绍，则名微而众寡。然操遂能克绍，以弱为强者，非惟天时，抑亦人谋也。今操已拥百万之众，挟天子而令诸侯，此诚不可与争锋。孙权据有江东，已历三世，国险而民附，贤能为之用，此可以为援而不可图也。

——《三国志·蜀书·诸葛亮传》

（1）根据材料以及所学知识，简述一下三国具体是指哪三国？

（2）根据材料并结合所学知识，说明三国鼎立的局面是如何形成的？又是何时结束的？

三、问答题

1. 北魏孝文帝改革的具体内容及其影响是什么？

2. 曹操能够统一北方的原因是什么？

第四节　隋唐

隋唐时期，是我国封建社会的繁荣时期。经过长期分裂以后，589 年，隋统一了中国。隋朝进行了政治经济改革，创立了一些新的政治制度，封建经济也有较大的发展。由于隋炀帝的残暴统治，618 年，隋朝被农民起义所推翻。隋朝存在时间虽然短暂，但是它为唐朝的繁荣奠定了基础。唐朝是我国封建社会空前繁荣的朝代。唐朝前期，统治者能够吸取隋亡的教训，善于用人和纳谏，调整统治政策，出现了政治比较清明、经济空前繁荣、阶级矛盾相

对缓和、民族关系比较和谐、对外交往频繁的“贞观之治”和“开元盛世”的鼎盛局面；唐朝中期的安史之乱，是唐朝由强盛走向衰弱的转折点；唐朝后期，藩镇割据，宦官专权，朋党之争，政治腐败，经济衰退，最终导致黄巢起义，直至灭亡。

一、隋朝（581—618 年）

隋朝的统一　581 年，北周外戚杨坚代周称帝，改国号隋，年号开皇，定都长安。杨坚即隋文帝。隋文帝进行了一系列的改革，国力日强。589 年，他派杨广率军攻入建康灭陈，统一了南北。

隋统一的原因主要有：第一，经过长期的分裂，人民渴望实现全国的统一；第二，北方民族的大融合，使南北对峙的民族矛盾逐步化解；第三，南方经济的发展、北方农业的恢复与发展，使南北经济的差距逐渐缩小，为隋的统一奠定了经济基础；第四，隋文帝加强军队建设，做好了渡江作战的准备；第五，陈朝君臣生活腐化，政治腐败，军队纪律松弛，不堪一击。

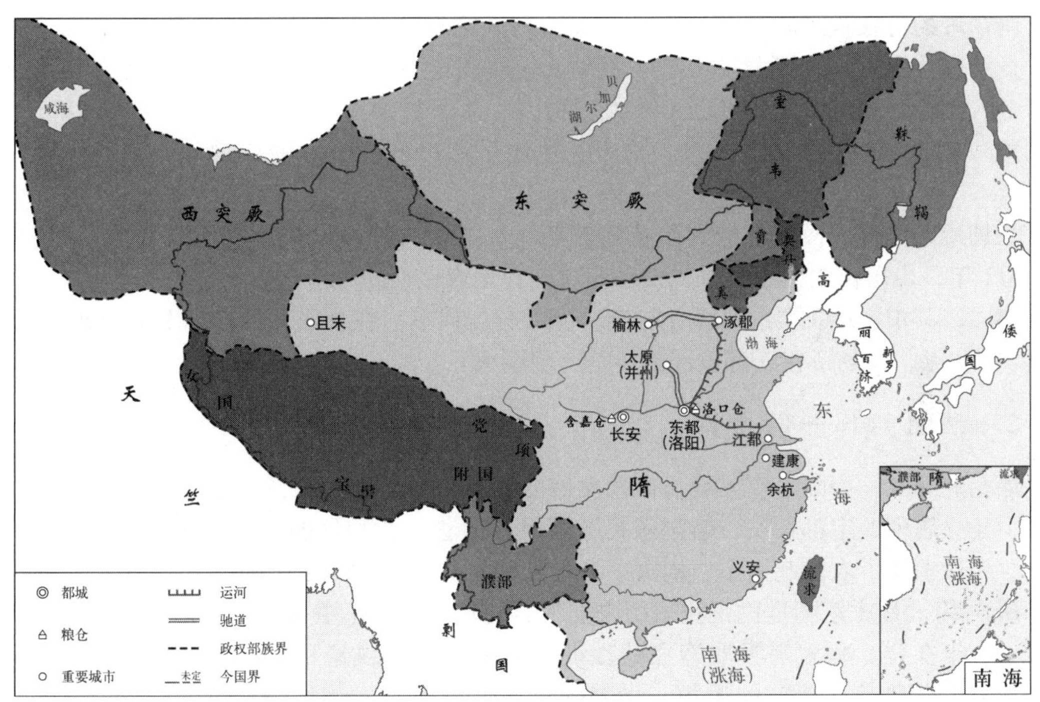

隋朝的疆域

含嘉仓	在今河南洛阳	长安	在今陕西西安	东都	在今河南洛阳	余杭	在今浙江杭州
洛口仓	在今河南巩义	江都	在今江苏扬州	涿郡	在今北京	流求	今台湾

隋朝的建设　隋文帝在立国初年开始了多项建设。隋炀帝杨广时，建设规模更加扩大。隋朝重要的建设项目有：

（1）兴建两都：隋初，文帝令著名建筑师宇文恺主持营建大兴城。炀帝时，又令宇文恺营建东都洛阳城。两都宏伟壮丽，是当时世界上闻名的大都市。

长安城始建于西汉，到隋初已残破不堪。文帝下令在长安城东南营建新都大兴城，习惯上仍称长安。新都布局整齐，街道宽阔。后来，唐朝大诗人白居易写诗赞道："百千家似围棋局，十二街如种菜畦。"

（2）广设仓库。隋朝在两都和地方广设仓库，有洛口仓、含嘉仓等。仓库规模之大，积储之多，前所未有。含嘉仓在洛阳城内，约有粮窖四百座。其中，大窖储粮可达一万多石，小窖也能储粮数千石。唐朝建立20年时，隋朝的库藏尚未用尽。

（3）开通运河。为了加强南北交通，巩固隋朝的统治，隋炀帝于605年至610年开通了永济渠、通济渠、邗沟和江南河，连成了一条贯通南北的大运河。大运河全长二千多公里，以洛阳为中心，北通涿郡（今北京），南达余杭（今浙江杭州）。大运河开通以后，"运漕商旅，往来不绝"，成为南北交通的大动脉，有力地促进了南北经济的交流，是我国古代人民的伟大功绩，也是世界上最早、最长的大运河。

（4）修筑驰道。隋炀帝为了巡游，令人在北方修筑了两条大道，改善了北方的交通状况。

隋朝的时候，内地同边疆的经济联系加强了。隋炀帝三次派人去流求（今台湾），又派人去西域。长安和洛阳有不少西域商人，他们受到隋朝政府的礼遇。

隋炀帝的暴政和隋的灭亡　隋炀帝统治后期施行暴政，奢侈腐化，滥用民力。丁男不足，征调妇女服役。他好大喜功，三征高丽（即朝鲜），士兵死亡大半。营建东都洛阳时，炀帝令人修建豪华宫殿，耗费巨大人力、物力。他三次乘大龙舟通过大运河到江都（今江苏扬州）巡游，动用了大批人力、物力。他还采用严刑酷法。隋律规定，凡反抗朝廷者，皆斩。

隋炀帝的暴政，使生产遭到严重的破坏，加之天灾严重，民不聊生。百姓被迫起而反抗。611年，山东长白山农民首先发动起义，各地农民纷纷响应。起义军逐渐汇合成几个强大的集团，其中，最主要的是翟让、李密领导的瓦岗军。在农民军的打击下，隋朝统治风雨飘摇。618年，隋炀帝在江都被部将所杀，隋朝灭亡。

二、唐朝（618—907年）

唐朝的建立　当隋末农民起义蓬勃发展的时候，隋朝的太原留守李渊乘机起兵，618年称帝，建立唐朝，定都长安，李渊就是唐高祖。接着李渊和他的儿子李世民，用了近10年时间，先后镇压了农民起义军，消灭了各地的割据势力，统一了全国。

唐太宗　唐太宗李世民是我国历史上著名的政治家和军事家，最杰出的帝王之一，627年至649年在位。唐太宗吸取隋亡的教训，经常与大臣议论历代兴亡，反复强调"存百姓"的思想，励精图治。他在位时，政治较清明，社会稳定，经济恢复发展较快，国力逐步增强，百姓生活有所改善，史称"贞观之治"。唐太宗的主要政绩有：

唐太宗

政治方面：一是知人善任，虚怀纳谏。唐太宗认为"为政之要，惟在得人"，令臣下"广开耳目，求访贤哲"。他用人不避仇怨，不拘门第、民族，兼收并用，"量才受职"。因此，贞观一朝，人才济济。贤相有房玄龄、杜如晦等，名将有李靖、李勣等。太宗虚怀纳谏，朝臣进谏成风，著名谏臣有魏征等。二是革新政治。贞观时期，在隋制基础上，进一步革新、完善制度。在政治上，推行三省六部制、府兵制，完善科举制，以加强中央集权，巩固统治；在经济上，实行均田制和租庸调制，以缓和阶级矛盾，发展社会生产。

经济方面：一是轻徭薄赋，劝课农桑。贞观时，多次减免租税，兴修水利，促进生产发展。二是戒奢从简。贞观前期，唐太宗力倡节俭，不准修建台榭，禁止地方官进贡珍奇宝货。

文化方面：兴科举，以儒为师，大办学校。唐太宗广招各地儒士，赐给路费，令他们来长安任国学教师。贞观时，四方儒士怀抱典籍，云集京师，多达千人。聚众讲学的，甚至达到几万人，儒学的兴盛，前所未有。

民族关系方面：实行开明的民族政策，尽量减少民族之间的战争，任用少数民族首领，及时处理民族矛盾，注意改善民族关系，加强各民族之间的经济、文化交流。

对外关系方面：促进对外经济、文化交流，实行较为开放的对外政策。对中外交往采取积极友好的态度，那时和唐朝交往的国家有 70 多个。唐朝在国际上享有很高的声望。

但唐太宗晚年，日渐骄矜，奢侈益盛，营建宫室，战争增多，加重了人民的负担。

武则天　唐太宗死后，高宗李治即位。唐高宗懦弱多病，皇后武则天在帮助其处理政事的过程中，显示出她的才能，逐步掌权。唐高宗去世几年后，武则天先后废掉中宗李显、睿宗李旦，自立为帝，改国号为周。武则天成为我国历史上唯一的女皇帝（690—705 年在位）。她在位期间，奖励农业生产，使社会经济进一步发展，进一步改革科举制度，首创殿试和武举。她能破格用人，大量选用出身低微而有才能的人做官。为广揽人才，她创立“自荐”求官的制度。许多有才能的庶人，被破格录用，如名相狄仁杰、姚崇等。武则天当权半个世纪，社会经济继续发展，国力不断上升。她发展了贞观以来的大好形势，维持了唐朝的稳定，为后来的“开元盛世”奠定了基础。

但是，武则天重用武氏家族，晚年大兴告密之风，纵容酷吏，错杀了许多人。705 年被迫退位，同年去世。

唐玄宗　武则天之后最有名的皇帝是唐玄宗李隆基。唐玄宗（712—756 年在位）统治期间，前期年号叫“开元”，后期年号叫“天宝”。唐玄宗统治前期，力图改革，很有魄力，主要政绩有：

第一，选贤任能，改革吏治。他选拔德才兼备、年富力强、敢进谏的人担任宰相，如姚崇、宋璟等。那时官吏多而滥，他采取精简官吏、定期考核等措施。他重视地方官的选任，曾亲自考核县令，斥退不合格的人。第二，平息最高统治集团的动乱，稳定了政局。第三，大力发展生产。第四，限制佛教。裁汰僧尼，禁建新佛寺。第五，实行募兵制。第六，大兴文治。发展科举，设集贤院，广聚学者。

在唐太宗、武则天两代经营的基础上，唐玄宗统治前期，政治较为清明，国家强盛，经济空前繁荣，唐朝进入全盛时期，中国封建社会呈现出前所未有的盛世景象，史称“开元之治”或“开元盛世”。这是我国历史上继西汉前期之后出现的第二个盛世局面。

安史之乱　唐玄宗统治后期，即天宝末年，唐朝爆发了安史之乱，其原因主要在两方面：

一方面，政治腐败。唐玄宗统治后期，“渐肆奢欲，怠于政事”，每日与杨贵妃饮酒作乐。宠信奸臣李林甫、杨国忠，委以宰相要职，政治十分黑暗。

另一方面，军事举措失当。一是外重内轻。开元年间，唐玄宗为加强边防，在边境重地增置军镇，称为藩镇，长官叫作节度使。边镇节度使兵力不断扩大，有的节度使兼管几个边镇，如安禄山，兵力更大。这就出现了外重内轻的局面。二是军备废弛。唐朝中央的兵士多是市井之徒，不能作战；地方的兵器大都腐朽，不能使用。

唐初的边将功名卓著的，往往入朝为相。李林甫为了长期做宰相，就想杜绝“边帅入相之路”。他认为胡人不识字，不可能夺取他的相位，就对唐玄宗说，不如用胡人为将，胡人勇敢善战，又孤立无党羽。唐玄宗信以为然。自此，各地的节度使不少都用胡人，安禄山也因此受重用，担任三镇节度使。

755 年，安禄山趁唐朝政治腐败、内地兵力空虚，在范阳（在今北京）发动叛乱。叛军很快攻下洛阳、长安，唐玄宗仓皇逃往成都。

叛军占领长安后，太子在灵武即位，就是唐肃宗。他任用大将郭子仪、李光弼率兵平叛，同时借回纥兵帮助，收复了长安、洛阳。战争期间，先后称帝的安禄山、史思明都被自己的儿子所杀。内部的争夺削弱了叛军的力量。叛军到处烧杀抢掠，也遭到军民的顽强抗击。唐军逐步转败为胜。763 年唐军最后打败叛军。这场持续八年的战争，历史上叫作“安史之乱”。

安史之乱严重削弱了唐朝的统治力量，唐朝从此由强盛走向衰落。

唐朝的衰落　藩镇割据、宦官专权和朋党之争是唐朝后期走向衰落的突出表现。藩镇割据的局面持续了一百多年，藩镇之间，藩镇和中央之间，不断争战，一直到唐朝灭亡。藩镇割据的局面，严重削弱了唐朝的统治力量，也给人民带来深重的灾难，加速了唐朝的衰落和灭亡。

安史之乱后，唐朝中央政府出现了宦官专权的局面。宦官的权力越来越大，甚至国策的制定，朝臣、节度使的任免，皇帝的废立，几乎都由他们把持，国家政治腐败黑暗。唐朝的宦官专权远甚于东汉。安史之乱后，朝廷的高官相互结成朋党，排斥异己，或因政见不同，或因私利彼此争斗，其中最突出的是“牛李党争”。李党以李德裕为首，多出身于世代公卿；牛党以牛僧孺为首，多出身于进士。两党斗争长达四十多年。宦官专权和朋党之争，进一步削弱唐朝统治力量，促使唐朝衰落。

黄巢起义和唐朝的灭亡　唐朝后期，从皇帝到各级官吏腐朽贪婪，他们大肆兼并土地，灾荒年月照旧催交赋税。各地节度使对百姓大都残暴压榨，加之藩镇之间战火连绵，广大农民困苦不堪，终于揭竿而起。875 年，山东、河南农民几千人，在王仙芝、黄巢的领导下先后起义。王仙芝发布檄文，指责唐朝吏贪赋重，赏罚不平，自称“天补平均大将军”。几年以后，王仙芝战死，起义军由黄巢领导，黄巢自称“冲天太保均平大将军”，采取流动作战的方针，转战大半个中国。后来，起义军攻入洛阳，881 年，占领长安，黄巢称帝，国号“大齐”。唐僖宗逃往成都。起义军没有乘胜追击唐军，唐僖宗得以集结力量反扑。883 年，长安被唐军围困，义军内无粮草，外无救兵，黄巢被迫突围，兵败自杀，起义最终失败。

黄巢起义奋战近十年，行程几万里，波及大半个中国，沉重打击了地主阶级的统治，是中国历史上一次大规模的农民战争。这次起义使腐朽的唐王朝从此分崩离析，名存实亡；农民军首次提出平均思想，反映了广大农民均产、均田的要求；黄巢起义进一步摧垮了魏晋以来腐朽的士族势力，推动了历史的前进。

907 年，节度使朱温废掉唐朝皇帝，自立为帝，存在了 290 年的唐朝由此灭亡。

练习题

一、选择题

1. 581 年，夺取北周政权，建立隋朝的是（　　）

A. 杨广　　B. 杨坚　　C. 李世民　　D. 李隆基

2. 隋朝统一的历史条件是（　　）

①广大人民渴望实现全国统一

②北方民族大融合，使南北对峙的民族矛盾逐步消失

③南方经济的发展，南北经济发展水平的差距逐步缩小

④社会秩序安定，封建经济繁荣

A. ①②③　　B. ①③④　　C. ②③④　　D. ①④

3. 下列制度属于隋朝开创的是（　　）

A. 分封制、行省制　　B. 分封制、礼乐制

C. 郡县制、科举制　　D. 三省六部制、科举制

4. 隋朝大运河连接五大水系，其中连接黄河和淮水的是（　　）

A. 江南河　　B. 通济渠　　C. 永济渠　　D. 邗沟

5. 隋朝开凿大运河的重大意义在于（　　）

A. 满足隋炀帝游江都的愿望　　B. 南水北调

C. 大大加强了南北经济的交流　　D. 便利对少数民族的战争

6. 下列关于隋朝时期的洛阳的表述，不正确的是（　　）

A. 大运河的中心　　B. 隋朝定为东都

C. 商业盛极一时　　D. 李渊在此起兵反隋

7. 在隋朝大运河中，最南面的一段运河称为（　　）

A. 灵渠　　B. 江南河　　C. 广通渠　　D. 永济渠

8. 隋朝灭亡的主要原因是（　　）

A. 奢侈腐化，滥用民力　　B. 土地兼并严重

C. 宦官专权　　D. 法律严酷

9. 汉承秦制，唐袭隋规，都出现了盛世，然而秦与隋却二世而亡。其主要原因是（　　）

A. 宦官专权外戚临朝　　B. 周边少数民族入侵

C. 统治集团内讧　　D. 横征暴敛苛政黩武

10、秦隋是两个短命王朝，却分别为汉唐盛世奠定了基础，它们共同的历史贡献是（　　）

A. 修筑了大规模的军事防御工事

B. 开辟了沟通南北经济交流的水上运输通道

C. 制定了有利于巩固统一的制度与政策

D. 推行了以思想统一服务于政治统一的统治方法

11. 唐朝建立于（　　）

A. 581 年　　B. 221 年　　C. 589 年　　D. 618 年

12. 历史上把唐太宗统治时期称为（　　）

A. 贞观之治　　B. 文景之治　　C. 开元盛世　　D. 开皇之治

13. 发现并提拔名臣姚崇、宋璟的皇帝是（　　）

A. 汉高祖　　B. 武则天　　C. 唐太宗　　D. 唐玄宗

14. 人们基本上肯定武则天的统治，主要是因为（　　）

A. 她能重用一些有才能的人　　B. 她替多病的高宗处理朝政

C. 她是我国历史上唯一的女皇帝　　D. 她统治期间社会经济继续发展

15. “忆昔开元全盛日，小邑犹藏万家室”描写的是什么时期的情况（　　）

A. “文景之治”时期　　B. “光武中兴”时期

C. “开元盛世”时期　　D. “贞观之治”时期

16. 唐朝三省六部制中的尚书省，掌管的是（　　）

A. 政令的执行　　B. 政令的审批　　C. 政令的草拟　　D. 监察

17. 通过农民战争建立的新王朝是（　　）

① 唐朝　　②隋朝　　③西晋　　④ 西汉

A. ①②　　B. ②③　　C. ③④　　D. ①④

18. 唐太宗说：“舟所以比人君，水所以比黎庶，水能载舟，亦能覆舟。”下列与之含义最接近的是（　　）

A. 重视人才，扩充国学　　B. 勤于政事，戒奢从简

C. 轻徭薄赋，发展生产　　D. 任用贤才，虚心纳谏

19. 郭沫若所说的“政启开元、治宏贞观”所赞的人物是（　　）

A. 汉高祖　　B. 唐玄宗　　C. 唐太宗　　D. 武则天

20. “文景之治”“贞观之治”两个盛世出现的共同原因有（　　）

① 吸取前朝灭亡的教训　②实行科举取士　③提倡节俭　④减轻赋税，发展农业生产

A. ①②④　　B. ①②③　　C. ①③④　　D. ②③④

二、材料分析题

阅读材料，回答问题。

材料一　太宗曰：“如秦始皇，亦是英雄之主，平定六国以后，才免其身，至子便失其国。桀、纣、幽、厉，亦皆丧亡。朕为此不得不惧。”

——摘自《魏郑公谏录》

材料二　“观近古帝王，有传位十代者，有一代两代者，亦有身得身失者，朕所以常怀忧惧”。

——摘自《贞观政要》

（1）太宗是什么人？贞观之治的具体表现是什么？

（2）列举太宗之后的两位皇帝。

三、问答题

1. 隋朝为什么是一个继往开来的朝代？

2. 安史之乱为什么是唐朝的历史转折点？

第五节　五代辽宋夏金元

五代十国、辽、宋、夏、金时期（907—1279 年），是我国封建割据政权彼此混战，几个民族政权并立，民族融合进一步加强和封建经济继续发展的时期。从 907 年到 960 年是五代十国时期。这个时期，中国出现了分崩离析的局面，是唐中期以来藩镇割据发展的结果。从 960 年北宋建立到 1279 年元灭南宋，统一中国，曾出现几个民族政权并立的局面。前期主要是辽、北宋、西夏的并立；后期主要是南宋与金、西夏的并立。民族政权间不断进行战争，但同时，各民族之间的经济、文化联系又不断加强。元朝时期（1271—1368 年），国家统一，民族融合进一步发展，专制主义中央集权制度有了新发展。

一、五代十国（907—960 年）

五代十国的更迭　五代十国从 907 年至 960 年，黄河流域先后出现后梁、后唐、后晋、后汉、后周五个朝代，史称五代。那时候，南方和山西先后存在 10 个割据政权，即前蜀、吴、闽、吴越、楚、南汉、南平、后蜀、南唐和北汉，史称十国。这一时期总称为“五代十国”。五代十国是唐末藩镇割据局面的继续和发展。

五代十国时期，北方政权更迭频繁，混战不已，社会经济遭到严重破坏。

统一趋势的加强和周世宗改革　五代十国后期，统一趋势不断加强。人民渴望统一，迫切需要一个安定的生产、生活环境。分裂割据局面以及随之而来的关卡林立、商税苛重等，已成为各地区经济交流和发展的严重阻碍。因此，实现国家统一，是社会经济发展的必然要求。各国统治者为巩固自身的统治，都设法削弱地方势力。

周世宗柴荣在位期间，努力革除五代的弊政，采取了下列改革措施：

在政治上，严明法纪，惩治贪官；抑制藩镇，加强中央政权的力量。

在经济上，招抚流民，垦种荒田；核定田亩，均定租赋，减免苛敛；裁汰僧尼，使政府控制的土地和劳动力大为增加。

在军事上，大力整顿军队，加强训练，严肃军纪，淘汰老弱。这样，后周的军事力量大大超过其他割据政权。

周世宗是一位有作为的政治家，他的改革顺应了当时的形势，增强了后周的实力，为后来北宋的统一奠定了基础。

二、北宋（960—1127 年）

北宋的建立和分裂局面的结束　960 年，后周统领禁军的大将赵匡胤，在东京（今河南开封）东北的陈桥驿发动兵变。他手下的将士把一件黄袍披在赵匡胤的身上，拥立他做皇帝，史称“陈桥兵变”。赵匡胤废去后周皇帝，建立宋朝，年号建隆，定都东京，历史上称为北宋。赵匡胤就是宋太祖。

宋太祖

北宋建立以后，宋太祖采取“先南后北”“先易后难”的战略方针，进行统一南北的战争，基本上削平了南方的割据势力。979 年，宋太祖的弟弟宋太宗消灭最后一个割据政权北汉，结束了五代十国的分裂局面。

在北宋军队的强大攻势面前，后蜀、南汉相继灭亡。接着，北宋十万大军征讨南唐。南唐后主李煜派人乞宋缓师，赵匡胤厉声说道："卧榻之侧，岂容他人鼾睡！"宋军终于攻破金陵，俘李后主，南唐灭亡。几年后，宋军征讨北汉，包围太原数十天，城中粮尽援绝，北汉投降。

北宋中期的社会危机 北宋中期，统治集团面临着严重的社会危机，主要表现在以下几个方面：

第一，土地兼并现象严重。北宋统治者实行"不抑兼并"的政策，加快了土地集中的速度，出现了"富者有弥望之田，贫者无立锥之地"的尖锐对立。

第二，农民的反抗斗争。宋仁宗时，农民不断起来反抗，遍及中原边地。

第三，冗官、冗兵、冗费。北宋时期，统治者用"分化事权"的办法，防止文官武将专权，结果形成冗官局面。统治者用募兵、养兵的办法，缓和农民的反抗，造成兵员剧增。扩编后的军队，素质低下，临阵多败，形成"积弱"的局面。伴随冗官、冗兵而来的是国用大增，每年还要给辽、西夏大量银绢。宋仁宗时国家财政入不敷出，形成"积贫"的局面。

宋初实行新官制，而旧官制并未全部废除，致使官员数量增加。除科举取士外，大官僚的子孙、亲属、门客还能以"恩荫"受官；功臣死后，推恩可达二十余人。宋仁宗时内外官员近两万人，比宋真宗时增加一倍。

北宋政府为防止"内患"，奉行养兵政策。宋太祖认为，"可以利百代者，唯养兵也。方凶年饥岁，有叛民而无叛兵"。每逢荒年，政府就派人到灾区募饥民当兵。宋仁宗时全国军队的总数比宋太祖时增加了两倍多。

第四，辽、西夏的威胁。北宋中期，西夏、辽国不断侵扰北宋的边境，民族危机空前严重。

统治集团内部一些人，为了摆脱危机、巩固封建统治，提出了变法的主张。

庆历新政 1043年，宋仁宗任用范仲淹为参知政事，以改革时弊。范仲淹向宋仁宗提出了以整顿吏治为中心的改革主张。宋仁宗采纳大部分意见，施行新政。此事发生在庆历年间，史称"庆历新政"。新政的主要内容有：严格官吏升迁考核制度；限制官僚子弟及亲友通过"恩荫"做官；加强各级长官的保举和选派；裁并州县，减轻徭役；严肃中央政令，取信于民。

新政触犯了保守派官僚的利益，遭到他们的阻挠。仅一年左右，范仲淹等改革派相继被排挤出朝廷，改革措施也被废止。

王安石变法 1069年，宋神宗任用王安石为参知政事，主持变法，希望实现富国强兵，缓和阶级矛盾，以挽救统治危机。王安石变法包括三个方面：

第一，经济措施。

青苗法。每年青黄不接时，政府贷款或谷物给农民，等收获以后偿还，加收20%的利息。这样既能使农民免受高利贷盘剥，又能增加政府的收入。

募役法。政府向应服役而不愿服役的人户，收取免役钱，雇人服役。不服役的官僚、地主也要出钱。这就减轻了农民的差役负担，保证了生产时间。

农田水利法。政府鼓励兴修水利，开垦荒地。

方田均税法。政府重新丈量土地，按照每户占有土地的多少和肥瘠收取赋税，官僚、地主不得例外。这样就增加了封建国家的田赋收入。

市易法。政府设立市易务，出钱收购滞销货物，市场短缺时再卖出。这就限制了大商人对市场的控制，有利于稳定物价和商品交流，国家收入也有所增加。

第二，军事措施。

保甲法。政府把农村住户组织起来，十家编为一保。保丁在农闲时练兵，平时种田、维持社会秩序，战时编入军队作战。这既可以加强对人民的控制，又可以抵御辽和西夏的进攻，同时减少了军费开支。

将兵法。把禁军固定在一定辖区，由固定的将官加以训练。这样就加强了军队训练，充实了边防力量。

第三，教育措施。

改革科举制度。废除死记硬背的明经诸科，进士科不再考诗赋，专考经义和时务策。设明法科，专考律令、断案等。

整顿太学。重新编纂教科书，内容为儒家经典。对考试成绩优秀者，可直接授官，以资鼓励。这就使学校成为为变法造舆论、育人才的地方。

通过王安石变法，政府的财政收入大为增加，各地兴修了许多水利工程，不少荒地被辟为良田，军事实力也有所增强，对西夏作战取得一些胜利。这在一定程度上扭转了积贫积弱的局面。

但是，新法在推行的过程中，由于用人不当，出现了一些危害百姓的现象；更主要的是，新法在一定程度上触犯了大地主、大官僚的利益，因此遭到他们的强烈反对。有些地方官拒绝执行新法。宋神宗死后，保守派司马光当政，新法被废除。

王安石变法，是在北宋中期阶级矛盾和国内民族间矛盾非常尖锐的情况下进行的改革运动。王安石是我国古代杰出的政治家、改革家。

三、辽、西夏、金的建立及与宋的和战

北宋时期，在我国辽阔的土地上，同北宋并立的少数民族政权，主要有契丹族建立的辽，后来取代辽的女真族建立的金，以及党项族建立的西夏。此外，在我国的新疆、西藏、云南等地也有少数民族政权存在。

契丹的兴起和建国 契丹族原来居住在辽河上游一带，过着游牧和渔猎生活。唐朝末年，契丹族的势力发展起来，一些汉族农民为了躲避战祸，迁到长城以北，同契丹族杂居。契丹人逐渐学会种植庄稼、织布、建造城郭房屋。部分契丹人开始了农耕生活。

10世纪初，契丹族的首领耶律阿保机统一契丹各部。阿保机提倡农业，逐步接受汉族封建文化。916年，阿保机称帝，建立契丹国，定都上京（今内蒙古巴林左旗附近）。阿保机就是辽太祖。契丹人仿照汉字偏旁创制了契丹文字。阿保机的儿子耶律德光统治时期，契丹得到幽云十六州（今北京、天津和河北、山西北部一带）。后来，契丹改国号为辽。

辽统治者采取“蕃汉分治”的政治制度，中央设置南面官和北面官。南面官（其办事衙署设在皇帝宫帐之南）由汉人和契丹人担任，沿用唐以来的官制，统治汉人和渤海人，权力不及北面官大。北面官（其办事衙署设在皇帝宫帐之北）均由契丹人担任，统治契丹人和其他少数民族。

宋辽的和战 宋太宗统一中原和南方以后，为了夺取幽云等州，亲自率兵向辽进攻。宋军包围了幽州城，并在高梁河同辽的援军展开激战，宋军大败。几年以后，宋军再次征辽，

结果大部被歼。从此宋军由进攻转为防御，宋统治者确立了“守内虚外”的政策，把主要力量转向对人民的防范和镇压。这反映了北宋统治者的虚弱。

北宋停止北伐以后，辽统治者不断发兵南下，威胁宋的安全。1004 年，辽军大举南征，逼近东京，宋廷大为震惊。宰相寇准坚决主张抵抗，并力劝宋真宗亲征。此时，据守澶州的宋军射死在阵前视察的辽军统帅，大挫辽军锐气。宋真宗到达澶州前线，宋军士气大振。辽方有所惧怕，提出议和要求，宋真宗接受。第二年初，双方订立和议：宋每年送给辽“岁币”（银 10 万两、绢 20 万匹）；辽撤兵；双方约为兄弟之国，各守边界。史称澶渊之盟。

澶渊之盟以后，宋辽对峙局面形成。在一个世纪中，双方基本上维持了和平局面。宋辽边境安定，使者往来不断，双方在边境地区设置榷场（一种收税贸易市场），进行贸易，边境贸易十分兴旺。澶渊之盟加强了汉族与契丹族的友好关系，促进了民族融合，但“岁币”成为北宋人民长期沉重的负担。

西夏鎏金铜牛

西夏的建立和宋夏的和战 党项是羌族的一支，唐中期以来居住在宁夏、甘肃、陕西西北一带，过着游牧生活。1038 年，党项族首领元昊称大夏国皇帝，都城在兴庆（今宁夏银川）。夏在宋的西北，史称西夏。

西夏仿效唐宋王朝建立政治制度，中央设中书省、枢密院等机构，分掌行政、军事等大权。元昊推行科举制，以选拔官吏；还命人仿照汉文楷书字体，创制了西夏文字。

西夏既吸收了汉文化，又保留了党项族的风俗。如各部酋长行猎，有所获则围坐而饮，割鲜而食。西夏的官职分为汉制官职和党项官职两个系统。汉制官职由党项人和汉人分别担任，党项官职专授党项人。军事制度仍保持部落兵制，全民皆兵，军队不脱离生产。带兵的官就是部落首领，有很高的威信。

元昊称帝以后，与宋不断交兵，双方损失都很严重，于是元昊请和。1044 年，双方订立和议：元昊取消帝号，北宋册封元昊为夏国主，夏对宋称臣；宋每年送给西夏“岁币”（银 7 万两，绢 15 万匹，茶叶 3 万斤）；重开边境贸易。

从此以后，宋夏之间基本上维持了和平局面，北宋在边界设置榷场，进行贸易，双方经济文化联系加强。

金的建立 女真族由黑水靺鞨发展而来，长期居住在松花江、黑龙江下游一带。北宋中后期，女真族的完颜部强盛起来，逐渐统一女真各部。

> 金太祖说：“辽以宾铁为号，取其坚也。宾铁虽坚，终亦变坏，惟金不变不坏。金之色白，完颜部色尚白。”于是国号大金，改元收国。
>
> ——《金史》

为解除民族压迫，1114 年，女真族的杰出首领完颜阿骨打举兵抗辽，取得初步的胜利。次年，阿骨打称帝，建立金朝，定都会宁（今黑龙江省哈尔滨市阿城区东南）。阿骨打就是金太祖。为了加强统治力量，阿骨打推行猛安谋克制。猛安谋克作为基本社会组织，既是军事组织，又是地方行政组织。各户壮丁平时从事生产，战时出征。这种兵农合一的制度，对金的社会发展起了重要作用。

猛安谋克原是女真族的氏族部落组织，诸部落成年男子都是战士。猛安谋克制主要在女真族内实行。随着军事扩张，领土不断扩大，大量谋克户南迁至华北地区，金统治者将夺取的大量田地分给他们耕种。不久以后，谋克户自己不再耕种田地，而是役使汉人种地，他们成为地主。这就加深了女真族的封建化。

辽和北宋的灭亡 阿骨打建国以后，国力迅速增强。那时的辽政权由于政治腐朽，剥削苛重，各族人民不断起来反抗。阿骨打屡次兴兵攻辽，削弱了辽的力量。金与北宋联合夹击辽。1125 年辽天祚帝为金军所俘，辽朝灭亡。

灭辽之后，金军继续南下进攻北宋。1126 年春，金军渡过黄河，围困北宋都城东京。东京军民在主战派大臣李纲的领导下，取得了东京保卫战的胜利。但是，北宋统治集团腐朽不堪，没有抵抗的决心，金军退却之后，宋钦宗听信谗言罢免了李纲，且不作战守准备。结果金军再度南下，攻破京城。1127 年（宋钦宗靖康二年），金军掳走宋徽宗和宋钦宗，北宋灭亡，史称“靖康之变”。

南宋初年的抗金斗争 1127 年，北宋康王赵构在应天府（今河南商丘）称皇帝，年号建炎，后来定都临安（今浙江杭州），史称南宋。赵构就是宋高宗。

那时候，金军控制了北方大片土地。他们把许多汉人掠去服苦役，甚至当作奴隶出卖。南宋初年，北方各地人民组成的抗金义军十分活跃，著名的有太行山的八字军等。

南宋著名抗金将领岳飞，率领宋军采取“连结河朔（泛指黄河以北）”义军的正确方针，给金军以重大打击。他的军队作战勇敢，纪律严明，被称为“岳家军”，是当时抗金力量的中坚。金军中流传着“撼山易，撼岳家军难”的说法。

1140 年，金军以兀术为统帅，大举攻宋。岳飞率军在郾城（今河南境内）迎击金军主力，取得著名的郾城大捷。岳家军乘胜进逼开封。金军受到致命打击，准备撤退。

在郾城之战中，兀术指挥他的“铁浮图”和“拐子马”从三面向岳家军进攻。铁浮图是重甲骑兵，又叫铁塔兵，头戴塔形铁盔，身穿铠甲，为正面部队；拐子马是分列左右两翼的骑兵。作战时，金军以铁浮图为中锋，拐子马在两翼配合。岳家军奋勇冲入敌阵，上砍敌头，下砍马脚，把金军打得大败。岳家军收复郑州、洛阳等许多要地，截断金军的运输线。

正当岳飞准备“直捣黄龙”夺取抗金战争的最后胜利时，以宋高宗和宰相秦桧为首的投降派，害怕抗金力量壮大对他们的统治不利，合谋向金求和，命令岳飞班师。继而解除岳飞的兵权，并以“莫须有”的罪名把他杀害。

其他著名的抗金将领还有宗泽、韩世忠和王彦（八字军首领）等。

宋金对峙局面的形成 1141 年，南宋与金订立和议，规定东起淮水、西至大散关以北的土地归金朝统治；南宋皇帝向金称臣；每年向金输纳“岁币”。当时，宋高宗的年号为绍兴，史称“绍兴和议”。

绍兴和议使南宋与金对峙的局面确定下来。后来，宋金之间又进行了几次战争，但金始终不能灭亡南宋，双方政治、军事力量基本上处于均衡状态。后来，金把都城迁到燕京，并将其改名为中都（今北京）。

四、元朝（1271—1368 年）

蒙古的兴起 蒙古族是我国北方一个古老的少数民族，分布在蒙古高原，过着游牧生活。12 世纪中后期，蒙古高原上各部彼此争战不已，人民长期处在战争的苦难中。蒙古族的杰出首领铁木真，通过十多年的战争，打败周围各部，结束了混乱局面，统一了蒙古草原。

成吉思汗

1206年，铁木真在斡难河（今鄂嫩河）源召开大会，蒙古贵族推举他为大汗，尊称他为“成吉思汗”（意为威力无比的汗，拥有四海的汗），蒙古汗国建立。

蒙古汗国建立后，成吉思汗及其子孙们对周围地区发动了大规模的征服战争。蒙古军队向西一直打到中亚、俄罗斯，前锋部队一度打到多瑙河边，向南打到印度河流域。成吉思汗还不断向南进攻西夏和金。

元世祖忽必烈

忽必烈建立元朝和统一全国 1227年，蒙古灭西夏，1234年灭金。后来又招降吐蕃。金灭亡以后，蒙古军队继续南下攻宋。成吉思汗的孙子忽必烈率军攻占了西南的大理，对南宋形成包围之势。1260年，忽必烈继承汗位，1271年，忽必烈改国号为元，忽必烈就是元世祖。次年，定都燕京，称为大都。元朝的统治中心向中原转移。

元军继续进攻南宋，1276年攻破临安，俘获南宋皇帝，南宋灭亡。临安陷落后，南宋大臣文天祥和张世杰、陆秀夫等继续在东南沿海一带坚持抗元。不久，文天祥被俘。他以“被俘之臣，一死之外，别无他求”的气概，多次拒绝元的劝降，他在《过零丁洋》一诗中写下了“人生自古谁无死，留取丹心照汗青”的不朽诗句，表现出崇高的气节。后来，文天祥被押解到大都，四年之后英勇就义。

1279年，元军追击南宋幼帝，在广东崖山（今广东新会南）与南宋残余的军队决战，南宋军队全军覆没，大臣陆秀夫背负幼帝投海而死。至此，元统一了中国。

统一多民族国家的发展 元朝的疆域，空前广阔，今天的新疆、西藏、云南，东北广大地区，台湾及南海诸岛，都在元朝的统治范围之内。

元的统一，结束了我国历史上自五代以来分裂割据和南北长期对峙的局面，促进了民族融合，加快了我国统一的多民族国家的发展。主要表现在：第一，汉族人民大量迁居到边疆地区，带去了先进生产技术，开发了边疆经济。边疆各族大量迁入中原和江南，同汉族杂居，加强了民族融合。第二，辽金时期入居黄河流域的契丹人和女真人，与汉族相融合，在元朝已被视为“汉人”。第三，唐朝以来不少信仰伊斯兰教的波斯人、阿拉伯人在我国一些地区定居。元朝时更有大量波斯人和阿拉伯人迁入中国。他们和汉、蒙、畏兀儿等民族长期杂居、通婚，开始形成一个新的民族——回族。第四，元朝时，西藏正式成为元朝的行政区。元朝在澎湖设巡检司，加强了对琉球（即台湾）的管辖。

元世祖时首次在澎湖岛设立了巡检司，管辖澎湖和琉球，大大密切了台湾岛和大陆的关系。元朝时中央和藏族地区经济文化联系也大大加强。元政府在中央设置了宣政院，管理全国佛教和吐蕃地区的行政事务，元政府在吐蕃地区委派官吏，驻扎军队，清查户口，征收赋税，实行了有效的管辖。从此，西藏地区正式成为元朝的一个行政区域。蒙藏两族共同信仰西藏地区的佛教，元朝政府封其首领八思巴为“国师”。忽必烈还请八思巴创制了蒙古文字，称为“八思巴蒙字”。蒙藏两族的关系更密切了。

元朝的民族分化政策 元朝统治者实行民族分化和民族压迫的政策，把全国各族人分成四等，即蒙古人、色目人（包括西域各族和原来的西夏人）、汉人和南人。蒙古人是特权阶层，汉人和南人地位低下。元朝统治者和各族地主阶级紧密勾结，共同压迫各族人民。

元朝的行省制度 为加强中央集权，元世祖健全了统治机构。在中央，设中书省、枢密院和御史台。中书省上承天子、下总百司，为最高行政机关，行使宰相职权；枢密院，为中央最高军事管理机关；御史台，为最高监察机关。另外，设宣政院，统领宗教事务和管辖西藏地区。在地方，实行行省制度。为了有效地控制地方，除河北、山西、山东由中书省直接管理外，元统治者在地方设置行中书省，简称行省或省，由中央委派官员管理。元朝常设行省 10 个，包括辽阳、陕西、甘肃、四川、河南、云南、江浙、江西、湖广、岭北。其中辽阳行省辖区直至库页岛，岭北行省达到西伯利亚地区。元朝行省的范围一般比现在的省大，有的包括现在的几个省，边远地区也设置了行省。元朝的行省制度，对后世有深远影响。

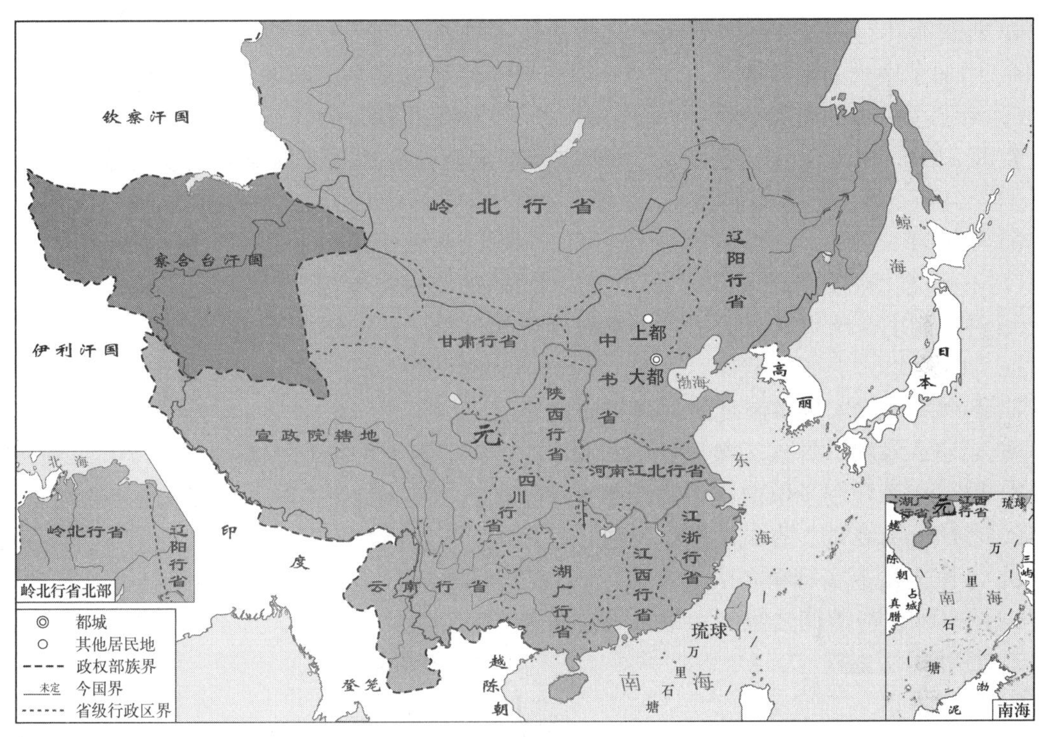

元朝的疆域

上都　在今内蒙古正蓝旗　　大都　在今北京

元朝灭亡　元朝中后期，腐败的政治、沉重的徭役负担和统治阶级的经济掠夺，使阶级矛盾空前尖锐，加上民族歧视和民族压迫，终于导致农民大起义。

1351 年，刘福通领导农民三千余人在颍州起义。起义军头包红巾，称为红巾军。起义军很快发展到数万人。各地农民纷纷响应。刘福通起义军转战数年，遭元军镇压。佃农出身的红巾军将领朱元璋率领的队伍，逐渐强大起来。1368 年，朱元璋在应天府（今江苏南京）称帝，建立明朝。同年，朱元璋率军攻入大都，元朝灭亡。

练习题

一、选择题

1. 五代十国是个大混乱、大破坏时期。这一时期内，上有暴君，下有酷吏，再加上常年战争征伐不断，名都长安和洛阳都曾被毁。但这又是走向统一安定的时期，为北宋统一北方奠定了基础。“五代十国”分裂并存局面形成的历史根源是（　　）

A. 藩镇割据　　B. 宦官专权　　C. 安史之乱　　D. 唐末农民战争

2. 我国的四大发明，对以后世界市场的形成作用最大的是（　　）

A. 火药用于军事　　B. 造纸术的广泛传播

C. 活字印刷术的发明　　D. 指南针应用于航海

3. 北宋加强了中央对地方控制的措施是（　　）

A. 设立御史大夫　　B. 增设太尉

C. 设州通判　　D. 宦官掌握禁军

4. 北宋派转运使管理地方财政，其政治作用是（　　）

A. 增加了中央的财政收入　　B. 使地方丧失了割据条件

C. 消除了中央的财政危机　　D. 确保边疆少数民族文化发展

5. 据记载，宋太祖立“更戍法”，规定禁军定期更换防地，将领不随军调动。其目的是（　　）

A. 杯酒释兵权　　B. 士兵政治地位上升

C. 士兵文化素质提高　　D. 防止武将专权

6. 科举制度在历史上经历了一个发展变化的过程，北宋创立了（　　）

A. 明经　　B. 武举　　C. 糊名法　　D. 进士科

7. 下列关于北宋科举制度的叙述错误的是（　　）

A. 始建武举科，并成为最主要的科目

B. 殿试成为定制录取由皇帝直接掌握

C. 考试分为乡试、省试、殿试三级

D. 考试方法上实行糊名法

8. 绍兴和议与澶渊之盟的相似之处是两宋（　　）

A. 割让司法主权　　B. 丧失财政主权

C. 贡纳岁币　　D. 丧失领土主权

9. 耶律阿保机、元昊、完颜阿骨打的相同政绩是（　　）

A. 学会制造与使用铁器　　B. 建立了本民族的政权

C. 采用宋朝的典章制度　　D. 设置榷场进行边境贸易

10. 宋金和议后，金都迁到燕京，改名中都。其主要目的是（　　）

A. 加速封建化进程　　B. 学习汉族先进的生产技术

C. 便于南下灭掉南宋　　D. 加强对黄河流域的统治

11. 辽、夏、金三个政权的相似之处有（　　）

① 创造本民族的文字　②受汉族文化影响　③与宋朝有战有和　④与宋朝并立

A. ①②　　B. ②④　　C. ①②③　　D. ①②③④

12. 导致南宋与金对峙局面出现的原因是（　　）

A. 金都都城迁到燕京，使南宋无法控制黄河流域

B. 宋议和后，金获得淮河以北的广大地区

C. 蒙古势力的兴起，牵制了金的许多兵力

D. 南宋对金称臣

13. 铁木真一生中最主要的功绩是（　　）

A. 建立统一的蒙古政权　　B. 结束辽宋夏金并立的局面

C. 率领蒙古骑兵西征取得胜利　　D. 领导蒙古部落反抗金的统治

14. 元朝能统一中国并维持近百年根本的原因是（　　）

A. 推行民族分化政策

B. 蒙古族善于骑射，军事力量强大

C. 重用“汉人”“汉法”，接受先进社会经济意识形态

D. 成吉思汗忽必烈等善于谋略，统治经验丰富

15. 元朝民族融合加强的主要原因是（　　）

A. 少数民族进入中原与江南地区　　B. 民族迁徙与杂居

C. 南北经济文化的交流　　D. 全国的统一

16. 西藏与台湾在元朝时，分别由什么机构来管辖（　　）

A. 宣政院、台湾府　　B. 宣政院、澎湖巡检司

C. 理藩院、澎湖巡检司　　D. 理藩院、台湾府

17. 元朝时被称为“汉人”的是（　　）

A. 汉民族

B. 南宋境内的各族

C. 辽金时入居黄河流域的汉人、契丹人、女真人

D. 入主中原的蒙古人

18. 为加强中央集权，元世祖健全统治机构，其中中书省的职权是（　　）

A. 统领宗教事务　　B. 最高行政机关，行使宰相职权

C. 中央最高军事管理机关　　D. 主管外交

19. 元朝行省制度对后世的影响很大，其中最突出的特点是（　　）

A. 加强了中央对边疆地区的管辖

B. 拓展了疆土，使疆域变得空前广大

C. 各族人民统一在中央政权管辖下成为不可分的整体

D. 为我国明清以来的行政划分奠定了初步基础

20. 元朝时黑龙江和山东分别隶属于（　　）

A. 岭北省、山东省　　B. 黑龙江省、山东省

C. 黑龙江省、中书省　　D. 辽阳省、中书省

二、材料分析题

1. 阅读材料，回答问题。

窃惟朝廷从初散青苗钱之意，本以兼并之家放债取利，侵渔细民，故设此法，抑其豪夺，官借贷，薄收其利。今以一斗陈米散与饥民，却令纳小麦一斗八升七合五勺，或纳粟三斗，所取利约近一倍。向去物价转贵，则取利转多，虽兼养之家，乘此饥馑取民利息，亦不至如此之重。

——（北宋）司马光

根据材料分析司马光对王安石变法所持的态度，并结合所学知识分析王安石在变法期间还采取了哪些措施。

2. 阅读材料，回答问题。

契丹旧俗，事简职专，官制朴实……至于太宗，兼制中国（指得幽云十六州后，统治区域扩及中原），官分南北（官制分南面官、北面官），以国制（辽朝固有的制度）治契丹，以汉制待汉人。……北面治宫帐、部族、属国之政；南面治议人州县、租赋、军马之事。因俗而治，得其宜矣。

——《辽史·百官志》

材料反映了辽的哪一政治制度？联系所学知识，分析辽实行这一政治制度有什么影响？

三、问答题

1. 北宋加强中央集权产生了什么影响？
2. 元朝民族融合的原因及表现有哪些？

第六节　明清（清前期）

明朝是我国封建制度逐步走向衰落，资本主义萌芽开始出现的时期。在经济方面，由于农业和手工业的进一步发展，特别是商品经济的迅速发展，资本主义生产关系的萌芽在明朝中后期开始在江南一带出现，标志着封建制度已走向衰落；在政治方面，明朝设立锦衣卫等特务机构，加强专制统治，封建政治十分黑暗。明末农民起义军提出了“均田免粮”的口号，说明农民的反抗已发展到触及封建土地制度的新水平。明朝时期，重修长城，民族关系和谐，我国作为统一的多民族国家得到进一步巩固，对边疆地区的管理和开发得到进一步的加强。郑和下西洋及戚继光抗倭等重大对外事件，表明了明朝国力的强大和对外交流的加强。

清朝以1840年为界，分为前期和后期。清朝前期是我国封建制度全面走向衰落、资本主义萌芽缓慢发展的时期。在政治方面，清朝设立军机处，大兴文字狱，封建专制制度已进入最后的阶段；在思想方面，出现了反对君主专制的进步思想家；在文化方面，出现了反映封建社会走向衰落的文学作品。但清朝前期，我国统一的多民族国家得到进一步巩固，对边疆地区的管理和开发得到进一步的加强，特别是清初收复台湾、抗击沙俄入侵、平定准噶尔和回部反动贵族的叛乱以及加强对西藏的统治等，有效地维护了祖国的安全和统一。

一、明朝（1368—1644年）

明朝建立和君主专制的加强　1368年，朱元璋在应天府（今江苏南京）称帝，建立明朝，建元洪武。朱元璋就是明太祖。随后，明政府用了近80年的时间，完成了全国的统一。

明朝建立以后，为加强中央集权，对中央和地方官制进行了调整：

在中央，明太祖废除了丞相制度，把中央行政权分属吏、户、礼、兵、刑、工六部。六部各设尚书，直接对皇帝负责。这样，皇帝的权力空前提高。

在地方，实行三司分权。改元朝的行中书省为承宣布政使司，俗称为“省”，统管地方民政和财政；设立提刑按察使司和都指挥使司，前者管监察、司法，后者管军政，统称“三司”。这样，三司分立，互相牵制，大权统归中央。

在中央，明太祖将大都督府改为五军都督府。五军都督府和兵部相互制约。前者有统兵之权，但无调兵之权；兵部有调兵之权，但无统兵之权。遇有战事，兵部奉旨调兵，由皇帝临时任命将领、总兵，统率军队作战。

《大明律》和特务统治的加强　明太祖统治期间，制定了《大明律》。《大明律》内容集中，条理分明，增加了经济立法；同时，主张量刑“重其重罪，轻其轻罪”。

“锦衣卫”木印

明朝统治者为了加强皇权，授权“锦衣卫”掌管缉捕、刑狱之事，监视、侦查官民的不法行为。锦衣卫直接由皇帝指挥，不受政府司法部门管辖。后来，明统治者又先后设立东厂西厂特务机构，由宦官统领，皇帝直接控制，搜捕被认为谋反和对皇帝不忠诚的人。厂、卫特务机构的设立，是明朝专制主义统治加强的一个重要表现。

“靖难之役”和营建北京　明太祖把儿孙分封到各地做藩王，藩王势力日益膨胀。他死后，孙子建文帝继位。建文帝采取一系列削藩措施，严重威胁藩王的利益，坐镇北平的燕王朱棣起兵反抗，随后挥师南下，史称“靖难之役”。1402 年，朱棣攻破京师，战乱中建文帝下落不明。同年，朱棣即位，就是明成祖。第二年，改元永乐，改北平为北京。

明成祖朱棣取得帝位以后，为了加强北方的军事力量，防御蒙古贵族的南侵，决定迁都北京。1417 年，明政府开始营建北京，三年完工。1421 年，明朝正式迁都北京，称北京为京师。

明成祖令人在元大都的基础上营建了北京城，约有八十万能工巧匠，参加了营建工程。其中最有名的是木工蒯祥，他主持了北京宫殿、园林、寺庙、陵寝等的设计营造，被誉为“蒯鲁班”。

北京城的布局突出了皇权。城有三重，宫城外有皇城，皇城外有京城。宫城又称紫禁城。北京城高大的主体建筑都布置在中轴线上，中央官署集中在京城南部，鼓楼、钟楼位于城北。城内建筑严格保持对称，烘托出宫城庄严的气氛。黄色琉璃瓦屋顶和红墙相配，显得金碧辉煌，充分体现出封建皇帝的威严。北京城布局严整，建筑壮丽，是古代宫廷建筑和城市建筑的杰出代表。

明长城　为了巩固北方的边防，明政府先后用了将近 200 年的时间，在北方修筑了长城。明长城东起鸭绿江，西到嘉峪关，气魄雄伟，蜿蜒 8 851. 8 公里，明长城是世界上最伟大的工程之一。

改土归流　明朝在西南少数民族地区沿袭元朝统治办法，在那里设立宣慰司、土知府等各级政府机关，任用当地少数民族首领担任土司长官，允许其世袭。但他们必须忠于朝廷，按时向朝廷交纳贡赋，这就是土司制度。永乐年间，西南地区的两个宣慰司叛乱，明朝派兵平定以后，改设贵州布政使司，从此贵州成为省一级行政单位。这种取消土司衙门，改由朝廷派遣流官（指由朝廷任命的不世袭、有品级、有一定任期的官员）直接统治的变革，称为“改土归流”。明朝实行改土归流的地区很有限，西南大部分地区仍然实行土司制度。

明朝灭亡　明朝中后期，政治日益腐败，统治危机不断加深。自明武宗开始，屡出昏君。武宗长期不上朝。继立的世宗迷信道教，无心过问政事。神宗更是二十多年不理朝政。由于君主不理政事，朝廷大权落入奸臣和宦官手里。世宗时的奸臣严嵩父子，把持朝政二十多年，无恶不作。除此之外，明朝又出现了宦官专权的局面。大宦官王振、刘瑾等先后擅权。他们打击正直朝臣和士人，横掠百姓，贪污受贿，无恶不作。

明熹宗时，宦官魏忠贤执掌朝廷大权，控制厂卫特务机构，党羽遍及天下，形成“阉党”。他们排挤打击正直官员，明朝政治更加混乱腐败。魏忠贤擅权，激起东林党人和朝中正直大臣的反对。东林党人上书弹劾魏忠贤的罪行，遭到阉党的残酷迫害。

明朝中后期，土地兼并十分严重。许多贵戚官僚和大地主大肆侵占民田，大批农民失去土地，流离失所。明朝末年，天灾不断。明朝政府又向农民加派苛捐杂税，广大农民十室九空，阶级矛盾日益尖锐，终于爆发了大规模的农民起义。1627 年，饥民王二在陕北首先起义，起义很快发展到陕西全省和甘肃东部，涌现出高迎祥、李自成、张献忠等十几支起义军。1636 年，闯王高迎祥牺牲，李自成被拥立为闯王。李自成提出了“均田免粮”的口号，矛头直指封建土地所有制。1644 年 1 月，李自成在西安建立农民革命政权，国号“大顺”，3 月攻下北京，明朝灭亡。

二、清朝前期（1636—1840 年）

满洲的兴起和建国 明朝初期，东北的女真人的建州等部，归奴儿干都司管辖。明朝后期，建州女真首领努尔哈赤，以赫图阿拉（在今辽宁新宾）为据点，经营三十多年，用武力统一女真各部。他还筑城池，设大臣，定法律，理诉讼，建立八旗制度。八旗制度按军事组织形式，把女真人编制起来，在贵族控制下进行战争和生产活动，旗人平时耕猎，战时出征，是一种军政合一、兵民合一的社会组织。八旗制度促进了女真社会的发展，巩固了努尔哈赤的统治地位。

1616 年，努尔哈赤在赫图阿拉自立为汗，国号金，史称后金。后金为反抗明朝的民族压迫，誓师攻打明朝。几年之间，明朝丧失辽东七十余城。后来，努尔哈赤迁都沈阳，加强对明朝的攻势。努尔哈赤死后，其子皇太极继位。他继续对明展开攻势，并联合蒙古各部，势力不断扩大。皇太极改族名为满洲。1636 年，皇太极改国号为清，皇太极就是清太宗。

努尔哈赤

清军入关和统一中国 1644 年，李自成攻占北京后，驻守山海关的明将吴三桂降清。清睿亲王多尔衮指挥八旗劲旅，兼程入关，以吴三桂为前导，打败大顺农民军，进占北京。不久，清顺治帝迁都北京。李自成转战陕西、河南、湖北，最后在湖北通山县九宫山牺牲。

接着，清军南下剿杀农民军。北方的地主、官僚纷纷迎降，勾结清军，镇压农民军。与此同时，在南方，一些明朝遗臣拥立皇族建立几个小朝廷，史称南明。1644 年 6 月，史可法、马士英拥立福王朱由崧称帝于南京。马士英操纵权柄，排挤史可法，并怂恿皇帝纵情逸乐，不理政事。清军南下，史可法督师扬州，向朝廷血疏告急，皇帝不应。不久，扬州陷落，史可法殉难。随后，清军渡江占领南京，执朱由崧于芜湖。经过二十多年的战争，清军陆续灭掉南明的小朝廷，基本上统一中国。

文字狱 我国古代的文字狱（因挑剔文字的过错而兴起的冤狱）以清代最甚。清朝统治者大兴文字狱，目的在于压制汉人的民族反抗意识，树立清朝统治的权威，加强中央专制集权。在康熙、雍正和乾隆时期，统治者多次兴起文字狱，严酷压制知识分子的反清思想。如康熙时的戴名世案，就株连了几百人。这种文化专制政策，造成社会恐怖，从而禁锢了人们的思想，摧残了人才，使知识分子不敢过问政治，只能埋头考订古书，严重阻碍了中国社会的发展和进步。

康乾盛世　从康熙（1662—1722 年）中叶起，清朝出现了相对繁荣的局面，到雍正（1723—1735 年）、乾隆（1736—1795 年）年间，清朝国力达到鼎盛。这段时期，由于他们注意个人业绩、励精图治，不断调整统治政策，因而在他们统治的 130 多年的时间里，中国出现了被史学家称作“康（雍）乾盛世”的局面。具体表现在：政治方面，国土辽阔，政治统一，社会稳定。先后统一台湾、抗击沙俄、平定边乱、册封班禅、设置驻藏大臣、平定准噶尔部的噶尔丹叛乱和回部大小和卓叛乱、迎接土尔扈特部回归祖国，使我国统一的多民族国家进一步巩固。经济方面，他们调整统治政策，先后实行更名田、奖励垦荒和摊丁入亩等政策，使得农业生产逐步恢复和发展。在清初的 100 多年里，耕地面积增加了 40% 以上，人口增长到 3.6 亿，粮食作物和经济作物的种植更加广泛，农、林、牧、副、渔各业迅速发展，农产品商品化的趋势有了一定的加强。手工业比明朝更加发达，民营手工业发展较快，其中以纺织、制瓷、矿冶、制糖等行业最为发达。商业较前活跃，资本主义萌芽缓慢发展；从康熙中期到乾隆时期，社会经济逐步恢复并繁荣发展起来。民族关系方面，各族人民联系加强，民族融合进一步发展，边疆地区得到了开发。文化方面，康熙至乾隆年间，编撰了当时我国现存最大的类书——《古今图书集成》与全世界最大的一部丛书——《四库全书》，这些都成为大清盛世的文化标志。但是，他们在位期间都屡次大兴文字狱，实行文化专制，在很大程度上禁锢了人们的头脑，束缚了人们的思想，严重影响了中国当时的思想进步和科技发展，因而在客观上阻碍了中国社会的进步。

雅克萨之战和《尼布楚条约》　清军入关的时候，沙俄乘机越过外兴安岭，窜入黑龙江流域，侵占我国的雅克萨、尼布楚等地。1685 年和 1686 年，康熙帝先后两次组织了雅克萨自卫反击战，迫使沙俄同意停战和通过谈判来解决两国的边界问题。1689 年，清朝和沙俄的代表在平等的基础上，正式签订了第一个边界条约——中俄《尼布楚条约》，条约规定：两国以格尔必齐河、额尔古纳河和外兴安岭往东至海为界，外兴安岭以北、格尔必齐河和额尔古纳河以西属俄国，外兴安岭以南、格尔必齐河和额尔古纳河以东属中国。该条约从法律上肯定了黑龙江和乌苏里江流域包括库页岛在内都是中国的领土。

对台湾、西藏的管辖　1624 年，荷兰殖民者霸占了我国领土台湾。清军入关以后，南明政权的将领郑成功在东南沿海继续坚持抗清斗争。1661 年，郑成功带领战舰 300 多艘，从金门、厦门出发，渡海进攻台湾，驱逐了荷兰殖民者。1662 年，台湾回到了祖国的怀抱。收回台湾以后，郑成功采取了许多政治、经济措施以巩固政权和发展经济。郑成功不愧为我国历史上著名的民族英雄。1662 年，郑成功去世，以后的郑氏政权腐败无能。1683 年，康熙帝派福建水师提督施琅率兵攻入台湾，郑克塽（shuǎng）投降，台湾纳入清朝版图。次年，清政府在那里设置台湾府，隶属福建省。台湾府的设置，加强了台湾同大陆的联系，促进了台湾的开发，巩固了祖国的海防。

清初，西藏和清的关系更为密切。清入关前，黄教领袖五世达赖统一全藏。清入关后，五世达赖来京朝贺。顺治帝隆重接待，并正式赐予西藏喇嘛教首领五世达赖“达赖喇嘛”的封号；后来，康熙帝又赐予另一喇嘛教首领五世班禅“班禅额尔德尼”的封号，从此确立了达赖和班禅在西藏的政教地位，同时又确立了以后历世达赖和班禅都必须经过中央政权册封的制度。雍正时期，清政府设置驻藏大臣，代表中央政府，同达赖、班禅共同管理西藏，从而加强了对西藏的管辖。

福建厦门郑成功雕像

乾隆年间，清朝建立了金瓶掣签制度。这个制度规定，由驻藏大臣主持，用满、汉、藏三种文字，将几个“灵童”的姓名和生辰分别写在象牙签上，装入瓶内，让喇嘛当众诵经掣签决定。中签的“灵童”，经清廷批准，才能成为新一代的达赖或班禅。这项制度加强了清朝中央政府对达赖、班禅转世的监督和任授权力。

平定三藩之乱和改土归流的扩大 三藩是指平西王吴三桂、平南王尚可喜、靖南王耿精忠三个藩王。三个藩王不断扩充势力，逐渐成为威胁清政府的割据势力。1673 年，康熙帝下令撤掉三藩，吴三桂发动叛乱，耿精忠和尚之信（尚可喜之子）起兵响应，康熙帝采取了收买和镇压相结合的政策，历时 8 年，平息了叛乱，维护了国家的统一。

三藩之乱的平息，为大规模推行改土归流创造了条件。1726 年，雍正帝在云南、贵州、广西、四川等地，大量委派流官代替土司。改土归流，加强了清朝中央政府对西南少数民族地区的统治，改变了当地落后闭塞和割据纷争的状态，促进了各民族之间的经济文化交流，有利于统一多民族国家的巩固和发展。

粉碎噶尔丹的分裂活动 明末清初，蒙古族分为漠西、漠北和漠南蒙古，其中漠西蒙古比较强大。康熙帝时，漠西蒙古的一支准噶尔部，其首领噶尔丹在沙俄的唆使下，率军进攻内蒙古进行分裂活动。为了维护国家统一，康熙帝亲自带兵平叛，于 1690、1696 年在乌兰布通和昭莫多两次大败噶尔丹，噶尔丹众叛亲离，走投无路，不久死去。清军与噶尔丹及其后继者进行了约七十年的斗争，终于在 1757 年将准噶尔贵族割据势力粉碎，统一了天山北路。清朝在乌里雅苏台设将军，在科布多设参赞大臣，直接掌管蒙古各部的军政大权。

平定大小和卓的叛乱 18 世纪中期，回部反动贵族大和卓和小和卓兄弟发动叛乱，乾隆帝派兵镇压，大、小和卓兵败西逃，不久被杀。1762 年，清政府设置伊犁将军，管辖包括巴尔喀什湖在内的整个新疆地区。

从 1762 年起，清朝陆续调遣大批军队进驻新疆。永久驻军的官兵携带家眷，主要来自东北、河北等地的达斡尔族、满族等。这些驻军为保卫祖国、开发边疆作出了巨大贡献。

土尔扈特部的回归 1771 年，西迁伏尔加河下游的漠西蒙古土尔扈特部，在杰出首领渥巴锡的率领下，为摆脱沙俄的统治，踏上回归祖国的征途。他们粉碎了沙俄军队的追击和阻截，历尽艰辛，万里跋涉，终于回到祖国。他们的回归，为巩固统一的多民族国家，谱写了可歌可泣的光辉篇章。

清朝的疆域 清朝前期的疆域西跨葱岭，西北达巴尔喀什湖北岸，北接西伯利亚，东北至外兴安岭、库页岛，东临太平洋，东南到台湾及其附近岛屿钓鱼岛、赤尾屿等，南至南海诸岛，是亚洲东部最大的国家。清朝把全国划分为 18 个省，5 个将军辖区，2 个办事大臣辖区和内蒙古等盟旗；还设有理藩院，掌管少数民族事务。

在清朝广阔的疆土上居住着汉、满、蒙古、藏、回等 50 多个民族，各族人民形成不可分割的整体，在清朝统一政权的管辖下，各族人民之间的经济文化联系进一步加强，边疆地区得到进一步开发，统一的多民族国家也得到了进一步巩固。

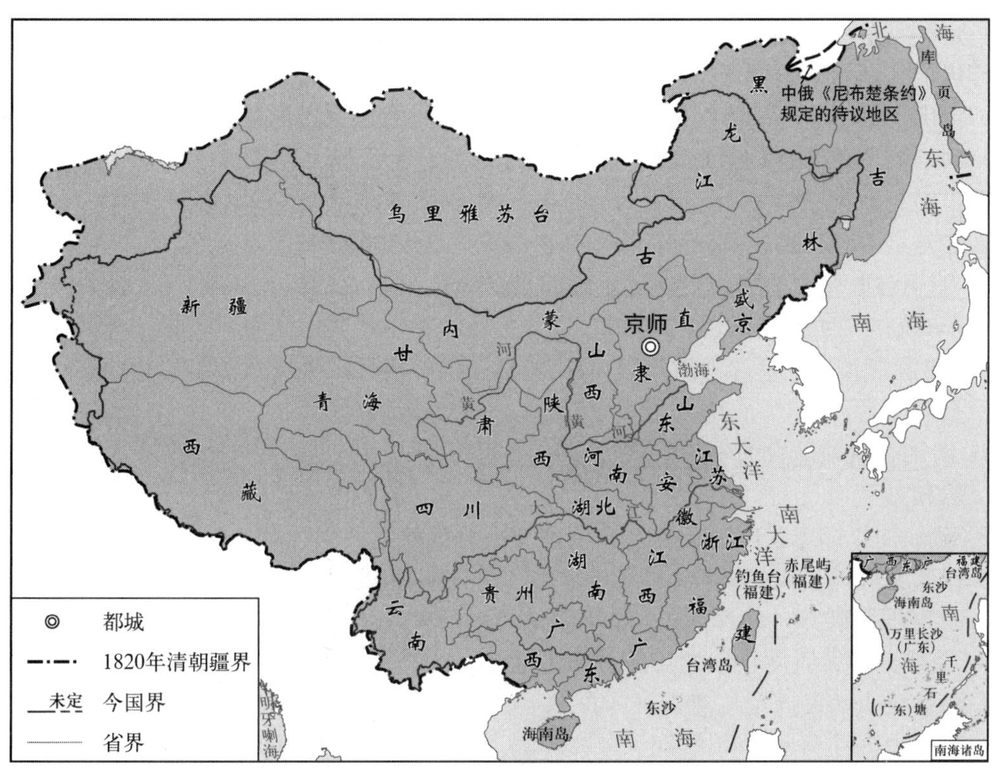

清朝的疆域

练习题

一、选择题

1. 明朝承宣布政使司的职责是分管地方的（　　）

A. 民政、财政　　B. 民政、监察　　C. 财政、军政　　D. 监察、财政

2. 明太祖与宋太祖加强中央集权的措施中，最相似的是（　　）

A. 科举制中实行八股取士　　B. 改变和分散地方机构的职权

C. 设立由宦官控制的特务机构　　D. 削弱由皇帝控制的禁军

3.《大明律》新增的立法内容是（　　）

A. 分封特权　　B. 民事诉讼　　C. 经济特科　　D. 军队裁决

4. 明代科举制考试主要内容是（　　）

A. 诗词歌赋　　B. 四书五经　　C. 汉大赋　　D. 小说话本

5. “靖难之役”的起因是（　　）

A. 朱棣不满明太祖传位给朱标　　B. 建文帝对藩王过于依赖

C. 朱棣不满建文帝迁都南京　　D. 藩王对建文帝削藩不满

6. 北京正式成为明朝首都后，称为（　　）

A. 南京　　B. 大都　　C. 京师　　D. 北京

7. 明朝时，满洲兴起的地区建州归属于（　　）

A. 奴儿干都司　　B. 东北行省　　C. 黑龙江行省　　D. 满洲行省

8. 努尔哈赤创立的八旗制度是一种（ ）

A. 以居住地域划分的军事组织　B. 以姓氏组成的社群组织

C. 按部落为基础的军事组织　D. 兵民合一的社会组织

9. 1644 年，清顺治帝迁都北京，祭告天地祖宗，表示他（ ）

A. 已经打败吴三桂　B. 基本上统一了中国

C. 已是全中国的君主　D. 正式登基当上皇帝

10. 关于清取代明的原因，表述正确的是（ ）

①明末统治集团极端腐朽　②关外清军强于明军和农民军

③清朝是新兴先进生产力的代表　④吴三桂引清兵入关导致军事形势逆转

A. ①③　B. ①④　C. ②④　D. ②③

11. 清初，权力最大的中央行政机构是（ ）

A. 丞相　B. 三省　C. 议政王大臣会议　D. 军机处

12. 清前期，标志我国封建君主专制主义中央集权发展到顶峰的是（ ）

A. 议政王大臣会议的设置　B. 内阁参与机密

C. 大兴科举制　D. 军机处的设置

13. 清统治者大兴文字狱的目的，不包括（ ）

A. 压制汉人的民族反抗意识　B. 树立清朝统治的权威

C. 阻碍中国社会发展和进步　D. 加强中央集权的统治

14. 下列关于乌里雅苏台的叙述，正确的是（ ）

①清朝五个将军辖区之一　②明朝县级行政区

③当地居民以蒙古族为主　④管辖范围包括山东地区

A. ①③　B. ②③　C. ②④　D. ③④

15. 清朝设置伊犁将军的背景是（ ）

A. 金瓶掣签制度的实施　B. 平定大小和卓叛乱

C. 粉碎准噶尔贵族势力　D. 改土归流完成

16. “终明之世，边防甚重，东起鸭绿，西抵嘉峪，绵亘万里，分地防御。”材料所指的防御对象是指（ ）

A. 鲜卑　B. 突厥　C. 蒙古　D. 倭寇

17. 元朝与清朝为加强对台湾地区的管辖而采取的相同措施是（ ）

A. 设置行政机构　B. 册封宗教领袖

C. 抵御外国入侵　D. 实行改土归流

18. 郑成功收复台湾与清朝设台湾府的相同作用是（ ）

A. 加强专制统治　B. 维护国家主权　C. 巩固清朝海防　D. 消灭恐怖势力

19. 在戚继光率领明军抗击来自东方的侵略的同时，来自西方的侵略者对中国的侵略活动有（ ）

A. 荷兰殖民者侵占台湾　B. 沙俄入侵黑龙江流域

C. 英国开始向中国输出鸦片　D. 葡萄牙殖民者占据澳门

20. 明朝中后期起由对外的交往转向实行闭关政策的根源是（ ）

A. 封建自然经济的封闭性　B. 传统的重农抑商政策

C. 国内阶级矛盾日益尖锐　D. 西方殖民者侵扰边疆

二、材料分析题

阅读材料，回答问题。

熹宗时，宦官魏忠贤独揽大权，人称“九千岁”，他控制了厂、卫等特务机构，爪牙遍布全国各地，任意诛杀异己，残害人民。

民间偶语，或触忠贤，辄被擒戮，甚至剥皮、割舌，所杀不可胜数，道路以目。

——《明史·魏忠贤传》

（1）上述材料反映了明朝后期的何种腐败现象？

（2）这种腐败现象带来了什么后果？

三、问答题

1. 明朝加强中央集权的措施有哪些？
2. 康乾盛世的形成的具体原因有哪些？

第二章　中国古代的政治制度

第一节　传说中的禅让制与最初的国家政治

一、传说中的禅让制

约170万年前，在我国云南元谋一带已经有原始人类生存。有了人就有了历史。早期的人类社会由于生产力极其低下，自然环境十分险恶，人们群居在一起，过着没有阶级、没有压迫、共同劳动、平等享受劳动果实的原始共产主义生活。直到氏族公社（人们按血缘关系结成的组织）出现，人类社会才逐步结束了混乱的群居生活。氏族公社分为母系和父系两个阶段。母系氏族公社时期，人们开始了初级的社会管理。

距今约4 000年以前，我国黄河流域的一些地区进入父系氏族公社时期。父系氏族公社的特征是男子代替妇女在生产和生活中起着支配作用，人们按父系血缘来确定亲属关系。山东泰安大汶口文化的中、晚期，典型地反映了父系氏族公社时期的情况。那时候，生产力和以前相比有了重大的发展，氏族公社里出现了富有的家族，这些家族的私有观念越来越浓，把公社财产据为己有，从而出现私有财产，后来他们发展成为贵族。随着贫富分化的加剧和部落战争的频繁发生，许多战俘被限制人身自由和强迫劳动，成为奴隶。这样就出现了阶级的分化。随着阶级的出现，原始氏族公社制度逐渐瓦解。

我国古代传说中的英雄人物炎帝、黄帝和尧、舜、禹，都是父系氏族公社时期杰出的部落联盟首领。相传，炎帝和黄帝生活在距今约4 000年前，他们结成联盟，击败蚩尤部落和其他部落，在黄河流域生活、繁衍，构成以后华夏族的主干部分。炎帝和黄帝都被视为华夏族的祖先。其中，黄帝被认为是中华文明的创始者，称为“人文初祖”。

尧、舜、禹时期，部落联盟实行民主选举首领的制度。传说尧传位给舜，舜传位给禹，都是通过部落联盟会议推选出来的。这种民主选举部落联盟首领的制度，历史上称为“禅让制”。禹因治水有功，受到世人的称赞，被人们尊称为“大禹”。他是我国原始社会最后一位民主选举的部落联盟首领。禹死后，其子启就利用禹的声望，自任首领，打破了禅让制，开启了中国历史上父死子继的“家天下”时代。从此，私有制正式代替了原始的公有制，我国历史进入阶级社会，奴隶制时代开始了。

约公元前2070年，中国古代第一个国家政权——夏朝出现了。

二、最初的国家政治

大量的文献和考古资料证明，夏朝已出现了凌驾于全社会之上的公共权力——王，并出现了王位继承上的传子制度。

约公元前 1600 年，商族首领成汤灭夏，建立商朝。

商朝的主要政治制度是内服与外服制度。内服是王畿，即商王直接统治的地区，外服则是附属国管辖的地区。商王在不同程度上具有支配内服与外服的权力。但商王对外服即附属国的控制力是有限的，各附属国基本保持原有的社会结构，除对商承担应尽的义务外，有很大的自主权，有的附属国还经常与商处于战争状态。

商朝是一个弥漫着神权色彩的王朝。商王每日必定要占卜，遇事也必定占卜，在近代出土的许多甲骨片上发现的商代文字就是对商王占卜活动的记载。

商代盛行人牲和殉葬。人牲就是商王在祈祷神灵与天地时，以活人作为祭品，来敬酬鬼神；殉葬则是用杀死的奴隶或用活人为已死的奴隶主陪葬。商王通过垄断神权以强化王权。

练习题

一、选择题

1. 被后人尊为“人文初祖”的是（　　）

A. 黄帝　　B. 尧　　C. 蚩尤　　D. 禹

2. 传说禹治理水患三过家门而不入，最终治水成功，深得众望。舜年老后，将部落联盟首领的位置传给了禹。这一传说反映的是（　　）

A. 世袭制　　B. 禅让制　　C. 科举制　　D. 分封制

3 据《史记·夏本纪》记载：（他）“劳身焦思，居外十三年，过家门不敢入”，终于治平了洪水。这位传说中的治水英雄是（　　）

A. 黄帝　　B. 尧帝　　C. 蚩尤　　D. 大禹

4. 标志着我国世袭制代替禅让制的是（　　）

A. 舜传位给禹　　B. 禹传位给伯益　　C. 禹传子，家天下　　D. 启打败有扈氏

5. 我国奴隶社会始于（　　）

A. 夏朝　　B. 商朝　　C. 西周　　D. 秦朝

6. “我来自元谋，你来自周口，牵起你毛茸茸的手，爱让我们直立行走。”这是在网络上颇为流行的诗句。下列远古人类，生活在云南省的是（　　）

A. 元谋人　　B. 蓝田人　　C. 半坡人　　D. 北京人

7. “中华开国五千年，神州轩辕自古传，创造指南车，平定蚩尤乱。”“轩辕”指的是（　　）

A. 大禹　　B. 商汤　　C. 商纣　　D. 黄帝

8. “惟殷先人，有典有册。”这里的“典册”中的文字应该是（　　）

A. 小篆　　B. 金文　　C. 甲骨文　　D. 楷书

9. 把都城迁到殷的商王是（　　）

A. 桀　　B. 汤　　C. 武丁　　D. 盘庚

10. 曾作“炮烙之刑”镇压人民的是（　　）

A. 商汤　　B. 商纣王　　C. 周幽王　　D. 周平王

11. 古代中国由“传贤”到“传子”的政治权力转变，标志着（　　）

A. 郡县制发展的鼎盛　　B. 王位世袭制的确立

C. 政治体制开始倒退　　D. 分封制的发展完善

12 学者余秋雨说：“ 废墟是昨天派往今天的使者，废墟让我们把地理读成了历史。”站在“殷朝废墟”上，我们可以读到的历史是（　　）

A. 发生“国人暴动”　　B. 尊王攘夷

C. 盘庚迁都安阳　　D. 退避三舍

13. 中国的青铜器之多之重要，在世界上是少有的。商周时代我国的青铜器主要属于（　　）

A. 兵器和农具　　B. 礼器和兵器

C. 礼器和手工用具　　D. 农具和酒具

14. 殷商后期，针对纣王收容逃亡奴隶的政策，周部族首领采取了搜捕后交还原主的做法，还针对殷商“罪人以族”的政策提出了治罪止于本人的刑罚原则。周部族的这些举措（　　）

A. 彰显了儒家有教无类

B. 减轻了商纣王对周的防范

C. 扩大了自身的政治影响力

D. 分散了对诸侯的管控

15. 商朝的国家管理实行内外服制。其中所说的内服是（　　）

A. 商王直接控制的国都及附近地区

B. 对内通过宗法制维系与贵族关系

C. 商王间接控制的方国和其他部族

D. 聚族而居，控制其他地方的部族

16. 商朝在盘庚迁殷后采取了一种二元统治制度，该制度对研究商朝的政治、经济、军事、文化等各个方面具有十分重要的作用，实质含义是一种指定服役制，是按照对商王血缘宗族关系的亲疏来划分的一种政治结构。这一制度是指（　　）

A. 内外服制　　B. 分封制　　C. 科举制　　D. 察举制

17. 占卜是商代统治者通过贞人（专职占卜的人）借上天以神化王权的一种手段。从已发现的卜辞来看，商代前期占卜的范围非常广泛，多为贞人解释和发布；但后期的范围却大为缩小，多为商王行止的记录。这反映出（　　）

A. 商朝政局非常稳定

B. 商王的权力在不断增强

C. 宗教祭祀活动已经消失

D. 神秘色彩不断渗入生活

18. “甲骨文的美术性格使书写者和读者都能发挥其想象力，创造新的审美享受和思想境界，能使同一文字互相会意，正好弥补了中国地大、方言甚多这种语音上的缺陷。”该观点意在说明甲骨文（　　）

A. 有助于中央集权的巩固　　B. 彰显了各个地区的自身特色

C. 有利于统一文化的形成　　　　　　　　　D. 加速了周边民族的经济发展

19.《尚书》记载，盘庚迁殷时，为了争取卿士和庶人的支持，对他们说：“天其永我命于兹新邑，绍复先王之大业，底绥（dǐ suí，得以安定）四方。”这反映了（　　）

A. 无为而治已成为风尚　　　　　　　　　B. 层层分封等级森严

C. 专制王权开始不断加强　　　　　　　　D. 神权与王权紧密结合

20. 殷商王朝对于相对偏远的方国和部族，只要它们臣服，就允许其自治管理；而西周实行“封建亲戚，以蕃屏周”。这一变化体现了（　　）

A. 商内外服制度得到沿袭　　　　　　　　B. 周王对地方统治有所加强

C. 中央集权制度逐步建立　　　　　　　　D. 地缘政治向血缘政治演变

二、材料分析题

阅读材料，回答问题。

大道之行也，天下为公，选贤与能，讲信修睦。故人不独亲其亲，不独子其子。

——《礼记·礼运》

（1）材料中的制度是哪一种选官制度？列举由这一制度选举出来的部落联盟首领？

（2）材料中“天下为公”被哪一制度所代替？这一制度是哪个朝代开始出现的？

三、问答题

夏商时期的主要政治制度的具体内容是什么？

第二节　周代分封制、诸侯争霸与变法运动

一、周代分封制

封邦建国　周族是以农耕著称的古老部族，起初生活在今陕西关中地区，于商朝后期兴起。公元前1046年，周武王东征，灭商建国，史称西周。西周建立后，经历了短期的社会动荡。为了对被征服的广大地区进行有效统治，摄政的周公修改了商王朝的内外服制度，大举实行分封制。

分封制又称封邦建国，是在保证周王室强大的条件下，将亲族和功臣分派到各地，广建封国，以拱卫王室。

周王是国家的最高统治者，王都为镐京。以都城为中心的附近区域被称为王畿，是周王的直接驻地。

周王是姬姓，他的同姓亲族是分封的主体。他们的封地或居于富庶之处，或处在战略要地。这些亲族在分封时除分得土地外，还得到大量的人口、物资和武装等。

异姓诸侯国的情况则不尽相同，其中既有功臣、姻亲，也有原来的附属国。周王还把一些殷商遗民强制迁徙到姬姓封国区域内，以利于监督，便于管理。周王也恢复了一些被商朝灭掉的古国，利用它们钳制商人。

在分封中，以周王的名义“授土”“授民”，使周王的亲族、姻亲和功臣在新占领地建立了一批新兴国家。通过分封，周朝的势力范围不断扩大，西周成为疆域广阔的国家。

西周各诸侯国与王室的关系比商代密切，臣属关系更加明确。各诸侯国必须承认周王的权威，并承担各种义务。周王确立了天下共主的地位，统治效果得到加强。

各诸侯国必须服从周王的政令，重要官职任免要呈报周王批准。有的诸侯兼任周王的卿士，以示臣服。各诸侯国必须对周王承担各种军事义务，定期朝觐和交纳各种贡赋，还要经常派劳役为王室服务。

除此之外，诸侯还要对下属进行分封。分封制使西周贵族集团形成了“周王—诸侯—卿大夫—士”的等级序列。周王正是通过分封制对各诸侯国实行有效的控制。

以嫡长子继承制为核心的宗法制度 为巩固分封制形成的统治秩序，解决贵族之间权力、财产和土地继承上的矛盾，西周又实行了与分封制相结合的宗法制度。宗法制是把血缘纽带同政治关系结合起来的一种制度。

宗法制度确立了严格的大宗、小宗体系。

无论周王、诸侯，还是卿大夫和士，都实行嫡长子继承制度。嫡长子是土地、财产和权力的主要继承者，有主祭祖先的特权，地位最为尊贵，故嫡长子也被称为宗子。在宗法制度下，由嫡长子传宗继统，这个系统称为大宗。

嫡长子的同母兄弟和庶母兄弟为小宗，大宗与小宗的关系是相对的。周王的兄弟受封为诸侯，诸侯之兄弟则受封为卿大夫，卿大夫之兄弟受封为士。士的长子为士，其余为庶人。诸侯对于周王而言是小宗，但在他的诸侯国内却是大宗。

大宗与小宗的关系不仅是家庭等级关系，也是政治隶属关系。宗法制根据血缘的亲疏，确立起一整套土地、财产和政治地位的分配与继承制度，保障各级贵族能够享受“世卿世禄”的特权。宗法制有利于凝聚宗族，防止内部纷争，强化王权，把“国”和“家”密切地结合在一起，同时也强化了以大宗为代表的贵族特权地位。

周朝还制定了与等级制度相适应的各种典章制度和礼乐制度，即周礼。周礼名目繁多，有吉礼、嘉礼、凶礼、宾礼和军礼等。周礼作为各级贵族的政治生活准则，成为维护宗法分封制度必不可少的工具。

二、诸侯争霸与变法运动

诸侯争霸 公元前770年，周平王迁都洛邑，东周开始。东周分春秋、战国两个阶段。春秋时期，有些诸侯国的力量逐渐强大，宗法分封制度的原则遭到破坏。原为周王垄断的分封权力受到削弱，诸侯不断擅自进行分封，小宗取代大宗的现象频繁发生，周王室逐渐失去了天下共主的地位。

一些强大起来的诸侯，为了争夺土地、人口和支配其他诸侯，不断进行兼并战争，并取得霸主地位。当时先后称霸的有齐桓公、宋襄公、晋文公、秦穆公、楚庄王，历史上称为“春秋五霸”。位于长江下游和钱塘江流域的吴国和越国也参加了争霸战争。在吴越争霸、问鼎中原的过程中，吴王阖闾及越王勾践也跻身于霸主行列，所以历史上也有“春秋五霸”的另一说法，即齐桓公、晋文公、楚庄王、吴王阖闾及越王勾践。

春秋时期持续近300年，大小兼并、争霸战争约有500场，会盟150余次，大量诸侯国被吞并。周初号称八百诸侯，到春秋中期只剩近百。春秋末期，虽然还有一些小国存在，但基本已经不是秦、齐、燕、楚等大国的对手了。

公元前475年左右，中国历史进入战国时期，各大国诸侯不再满足原来的封号，战国中期以后，先后改称“王”。不少大国还出现了卿大夫夺位的政变。如公元前453年，晋国的贵族韩、赵、魏三家合力灭掉擅权的智氏，并将晋国一分为三，于公元前403年建立了韩国、赵国和魏国，史称“三家分晋”。此后，小国继续被兼并，逐步形成七个较大的诸侯国，史称“战国七雄”。它们是：秦、齐、楚、燕、韩、赵、魏。七国之间，为了争夺土地和人口，不断进行战争。战乱危害人民，人民渴望统一。

商鞅变法 随着封建土地所有制逐渐取代奴隶制的土地所有制，拥有私田的新兴地主阶级在经济上的势力越来越强大，他们要求发展封建经济，建立地主阶级专政。在此背景下，各诸侯国先后开展了变法运动，如魏国的李悝、楚国的吴起等都纷纷发起变法。其中，秦国商鞅所推行的变法最为全面，也最为彻底。

公元前359年，秦孝公任用商鞅进行变法。变法的主要内容有：

①废井田，开阡陌。铲除井田疆界，废除井田制，承认土地私有，允许土地自由买卖。

②废除奴隶主贵族的特权，奖励战功。实行按军功授爵，军功越大，爵位越高，赐给的田宅越多。

③废分封，立县制。全国设31个县，由国君直接派官吏治理。

④重农抑商，奖励耕织。对生产粮食、布帛多的人，免除徭役，禁止弃农经商。

经过商鞅的变法运动，秦国的旧制度被废除了，封建经济得到了发展，逐渐成为七个诸侯国中实力最强的国家。

练习题

一、选择题

1. 为了巩固统治，西周统治者实行分封制。后逐渐形成森严的等级制度。其中等级最高的（ ）

A. 士　B. 诸侯　C. 丞相　D. 卿大夫

2. 中国传统家族有“长兄如父”“小儿不及长孙”的说法。这些说法体现的是（ ）

A. 贵族世袭　B. 等级秩序　C. 家族和睦　D. 宗法观念

3. 西周时期，周王对墓葬用品的规定严格，如：用鼎制度就明确规定为“天子九鼎，诸侯七鼎，大夫五鼎，元士三鼎或一鼎”。材料反映的本质问题是（ ）

A. 西周实行分封制，呈现等级森严的特征　B. 西周手工业中青铜冶炼十分落后

C. 西周社会状况逐渐衰落　D. 西周各地经济发展不平衡

4. “（周公）兼制天下，立七十一国，姬姓独居五十三人。”可见姬姓亲族是西周分封的主体。周王会给予他们（ ）

A. 封号和土地　B. 土地和耕牛　C. 土地和人口　D. 人口和铁犁

5. “封建亲戚，以藩屏周。”说明西周时期实行分封制的主要目的是（ ）

A. 分割诸侯的财力　B. 保证国家的财源

C. 巩固周王的统治　D. 削弱国家的军事实力

6. “天子建国，诸侯立家，卿置侧室，大夫有贰室，大夫有贰宗，士有隶子弟。”与此材料有关的制度是（ ）

A. 世袭制　B. 郡县制　C. 察举制　D. 分封制

7. 西周时期，举行仪式所用的舞队和鼎的数量都有严格规定，低等级的贵族使用了高规格的礼器或乐器，会被视为是挑战等级秩序的“违礼”行为。这些规定（　　）

A. 形成了禅让方式　　B. 稳定了社会秩序

C. 实现了土地分封　　D. 扩大了国人利益

8. 公元前361年，秦孝公即位，由于国力不强，受到各诸侯国的歧视，痛感脸面尽丢。为此，秦孝公（　　）

A. 实行分封制　　B. 推行民族融合政策　　C. 实行王位世袭制　　D. 任用商鞅变法

9. 西周分封诸侯时，被封到齐国的是（　　）

A. 姜尚　　B. 周公　　C. 微子　　D. 康叔

10. 春秋时期，各诸侯国的国君一般称为“公”或“侯”，而到战国时自称为“王”，是最高权力的代表，总揽国家的统治权。这一变化主要反映出，战国时期（　　）

A. 井田制的盛行　　B. 宗法制的加强

C. 分封制的崩溃　　D. 各国实力的均衡

11. 公元前334年，迫于秦国的军事压力，魏国改善与齐国的关系，与齐会于徐州，魏尊齐为王，齐亦承认魏为王，史称“徐州相王”。这反映出当时（　　）

A. 传统秩序遭到破坏　　B. 周王室开始衰微

C. 士阶层日益崛起　　D. 民族交融不断加强

12. 许多成语典故来源于历史，如退避三舍、卧薪尝胆、围魏救赵、纸上谈兵等。这些成语反映出春秋战国时期的特点是（　　）

A. 生产力飞速发展　　B. 诸侯兼并争霸　　C. 奴隶制开始瓦解　　D. 封建制度确立

13. “苦心人，天不负，卧薪尝胆，三千越甲可吞吴。”其中提到的历史人物是（　　）

A. 齐桓公　　B. 吴王夫差　　C. 宋襄公　　D. 越王勾践

14. 中国古代历史上战争不断，下列战役发生在战国时期的是（　　）

A. 淝水之战　　B. 牧野之战　　C. 长平之战　　D. 垓下之战

15. 《汉书·食货志》记载：“秦孝公用商君，坏井田，开阡陌，急耕战之赏……倾邻国而雄诸侯。”这反映出商鞅变法对秦国的影响是（　　）

A. 废分封，确立土地国有制　　B. 推动了各地区交往、交流、交融

C. 鼓励垦荒、奖励军功　　D. 经济发展，军队战斗力提高

16. 商鞅变法的措施中，对后世乃至当今世界都产生重大影响的行政管理制度是（　　）

A. 推行县制　　B. 编制齐民，加强控制

C. 承认土地国有　　D. 奖励军功

17. 《战国策·秦策》记载：“商君治秦，法令至行，公平无私，罚不讳强大，赏不私亲近……期年（一年）之后，道不拾遗；民不妄取，兵革大强。”这表明变法（　　）

A. 法令公正且执行严格　　B. 使社会治安得到保障

C. 使秦国综合国力得到增强　　D. 增强了秦国军事实力

18. 商鞅变法的措施中，对秦朝的消极影响表现在（　　）

① 实行监察制度　　② 废除井田制，实行郡县制

③ 焚书坑儒　　④ 一人犯罪，株连族里

A. ①②③④　　B. ②③　　C. ③④　　D. ①③

19. 根据商鞅变法的法令，一个勤于耕作、生产出大量粮食和布帛的人可以获得的奖励是（　　）

A. 获得官爵　　B. 获得土地　　C. 免除兵役　　D. 免除徭役

20. 古人评价商鞅变法说，变法具有“禁游宦之民（指不守本业、游散求官的人）而显耕战之士”的作用。具有相应作用的措施是（　　）

①“为田开阡陌封疆而赋税平”　　②“令民为什伍而相牧司连坐”

③“耕织致粟帛多者，复其身”　　④“有军功者，各以率受上爵”

A. ①②　　B. ③④　　C. ②③　　D. ①④

二、材料分析题

阅读材料，回答问题。

材料一　天子适诸侯，曰巡狩；巡狩者巡所守也。诸侯朝于天子，曰述职；述职者，述所职也。无非事者……一不朝则贬其爵，再不朝则削其地，三不朝则六师移之。

——《孟子·告子》

材料二　（周）王夺郑伯（郑庄公）政，郑伯不朝。秋，王（令）诸侯伐郑，郑伯击之。……（周）王卒大败，祝聃（郑庄公的臣下）射（周）王中肩。

——《左传》

（1）材料中所述的是什么政治制度？

（2）根据材料一概括出诸侯有何义务？诸侯与天子之间是何关系？

（3）材料二中出现了什么新问题？反映的本质问题是什么？

三、问答题

1. 西周时期的分封制的具体内容是什么？

2. 商鞅变法的具体内容是什么？

第三节　大一统与秦朝中央集权制度的确立

一、秦朝大一统与专制主义中央集权制度的确立

商鞅变法后，秦国逐渐强大起来，经过100多年的角逐，先后灭掉韩、赵、魏、楚、燕、齐等国。公元前221年，秦王嬴政结束了数百年割据混战的局面，建立了空前统一的大帝国。

“始皇帝”与三公九卿　秦统一后，在全国范围内建立了强大的中央集权制度。包括皇帝制度、以三公九卿制为代表的中央官制、郡县制、法律制度以及选拔和考察官吏的制度等。权力高度集中，是秦王朝政治制度的基本特征。

权力的高度集中，首先表现为皇权至上。嬴政统一全国后，从传说中的“三皇”与“五帝”中各取一字，称“皇帝”，将国家的司法、立法、行政和军事等大权总揽于一人之手，皇权至高无上。皇帝自称“朕”，命令称“制”或“诏”，印称“玺”，任何人对皇帝

的名字都要避讳，秦朝的正月，因避“政”字讳改称“端月”。

皇帝之下，由三公九卿组成中央政府。三公指丞相、御史大夫和太尉。左、右丞相为百官之首，辅佐皇帝处理全国政务；御史大夫是副丞相，掌管律令、图籍，并负责监察百官；太尉协助皇帝管理军务。三方互不相属，互相牵制。三公之下还有很多重要官职，如：奉常、郎中令、卫尉、廷尉、典客、宗正、治粟内史、少府、太仆，合称九卿。他们分管着国家和皇家的各种事务。

以三公九卿为主的中央政府各级官员，在地位、职责和权力等方面处于既配合又牵制的状态，任何人都无法独揽朝政，军政大权始终操纵于皇帝一人之手。

废分封，置郡县　秦统一之初，在北击匈奴和南攻越族取得成功后，其疆域十分辽阔，东临大海，西至陇西，北到长城一带，南到象郡。有人向嬴政提出在燕、齐、楚等地分封子弟的建议，希望以此种方式控制不断扩大的疆土。嬴政坚决否定了分封的主张，坚持在全国范围内实行郡县制。

秦代的地方政权分郡、县两级，与此相适应，建立了一整套地方各级官僚体系。郡是中央政府以下的一级统治机构，全国共设36郡，后增至40余郡。郡设郡守、郡丞和郡尉；每郡下设若干县，县设县令（长）、县丞和县尉。县以下有乡、里等基层机构，乡有乡吏，里有里典。皇帝的命令，通过三公九卿，经由郡、县，再通过乡、里，可以直达百姓。

二、秦朝考察官吏的制度与《秦律》

为使各级官僚机构正常运行和更好发挥应有效能，秦朝还制定了一套选拔和考察官吏的制度。主要方法有二：一是中央派专职官员进行监督、视察，将结果报送皇帝，由皇帝根据呈报上来的情况判断官员的政绩优劣；二是年终时官员自行汇报当年政绩，由皇帝来定夺赏罚。

秦朝制定的法律《秦律》十分细密、严苛，是嬴政加强皇权、巩固中央集权政治体制的工具。其严刑苛法，如肉刑、族诛和连坐等，激化了阶级矛盾，最终导致农民起义的爆发。秦朝仅历经两代，从始皇到二世，即因暴政速亡，嬴政“万世一系”的美梦破灭了。

由秦朝开始形成的中央集权的政治体制，彻底打破了传统的贵族分封制，奠定了中国古代大一统王朝制度的基础。其中央与地方官制的基本原则，提高了行政效率，强化了对地方的控制，为历代王朝所继承，并对此后2 000多年的中国政治与社会产生了深远的影响。

练习题

一、选择题

1. 秦朝统一全国后，采取了一系列巩固中央集权的措施。其中最基本的措施是（　　）

A. 修筑万里长城　　B. 南征越族，修灵渠

C. 建立皇帝制度　　D. 全国推行郡县制

2. 公元前221年，嬴政统一天下，确立了“天下之事无大小，皆决于上”的规制。这一规制反映了秦朝政治的（　　）

A. 三公九卿制度　　B. 皇帝制度　　C. 统一度量衡　　D. 郡县制度

3. 秦是我国历史上一个“短命”王朝，建立于公元前221年，亡于公元前206年。其统治期间属于（　　）

A. 公元 2 世纪早期　　B. 公元前 2 世纪晚期

C. 公元 3 世纪早期　　D. 公元前 3 世纪晚期

4. 中央集权制度作为古代中国政治制度的突出特色，对中国历史产生深远影响。这一制度形成于（　　）

A. 东周　　B. 秦朝　　C. 汉朝　　D. 宋朝

5. 秦统一全国后，在地方上推行郡县制，郡县长官由朝廷直接任免。这说明秦朝（　　）

A. 继承分封制度　　B. 加强地方势力　　C. 实行中央集权　　D. 恢复社会经济

6. 陈胜、吴广起义建立的农民政权是（　　）

A. 西楚　　B. 张楚　　C. 大明　　D. 大顺

7. 自统一后，秦始皇在中央设置的太尉一职，曾“虚设其位”。对秦朝这一现象较为合理的解释是（　　）

A. 皇帝亲自控制军权　　B. 削弱中央集权

C. 丞相、太尉职位合一　　D. 增强地方军事权力

8. 秦始皇为加强思想控制而采取的措施是（　　）

A. 统一货币　　B. 实行三公九卿制

C. 焚书坑儒　　D. 罢黜百家，独尊儒术

9. 秦朝统一有利于社会生产的发展。这种“有利”主要是指（　　）

A. 减轻了人民徭役负担　　B. 促进了各地文化交流

C. 推广了农业经验　　D. 创造了安定环境

10. 秦始皇统一度量衡和货币的政治作用是（　　）

A. 建立多民族封建国家　　B. 巩固了国家统一

C. 便利了经济的发展　　D. 便利了经济文化的交流

11. 秦始皇在全国范围内确立了封建主义中央集权的政治制度。中央集权指（　　）

A. 统一货币、度量衡　　B. 统一文字、修《秦律》

C. 皇权至高无上　　D. 中央对地方的行政管理

12. 中国历史上第一次农民起义建立的农民革命政权地点在（　　）

A 陈　　B 大泽乡　　C 咸阳　　D 张楚

13. 下列关于秦朝的叙述，不符合史实的是（　　）

A. 太尉负责管理全国军事　　B. 郡县长官均由皇帝任免

C. 私学也可以教授律令　　D. 小篆以外还出现了隶书

14. 秦始皇顺应历史发展潮流，建立了统一的中央集权国家。下列属于秦朝巩固中央集权的统治措施的是（　　）

A. 创立郡国并行制　　B. 建立内外朝制　　C. 实行察举制　　D. 推行郡县制

15. 山西省发现一件铁权（今俗称秤砣），上著有铭文：“廿六年（前 221 年）皇帝尽并兼天下诸侯，黔首大安，立号为皇帝。乃诏丞相状、绾，法度量则不一，歉疑者，皆明一之。”可以印证的史实有（　　）

①确立皇帝制度　②铁农具的使用　③秦统一六国　④秦统一度量衡

A. ①②③　　B. ①②④　　C. ①③④　　D. ②③④

16. 秦灭六国后，秦王嬴政兼用“三皇”“五帝”之名而称“皇帝”，其首要目的是（　　）

A. 突出个人功业　　B. 宣扬托古改制　　C. 彪炳君权神授　　D. 承袭华夏传统

17. 秦始皇确立皇帝制度、设三公九卿，汉武帝设立中朝、任用酷吏，隋文帝确立三省六部制，宋代设三司、实行“三衙”分权。历代帝王此举目的是（　　）

A. 健全和完善制度体系　　B. 预防官员的贪污腐败

C. 政治改革的顺利进行　　D. 保证国家的长治久安

18.《汉书·主父偃传》称颂某位帝王：“并吞战国，海内为一，功齐三代。”该帝王在位期间（　　）

A. 确立儒学为正统思想　　B. 将郡县制在全国推广

C. 派张骞通西域　　D. 推行商鞅变法

19. 在云梦秦简中，有许多律文涉及秦国官吏的任免、考核等。如《置吏律》篇，记载了当时官吏的基本要求：忠信敬上，清廉毋谤，举事审当，喜为善行，恭敬多让。据此可知，秦代（　　）

A. 推崇军功爵制　　B. 倡行儒家礼治　　C. 重视官吏品行　　D. 忽视官吏政绩

20.《阿房宫赋》写道：“戍卒叫，函谷举，楚人一炬，可怜焦土！”文中提到的秦朝历史事件是（　　）

A. 农民起义、秦朝灭亡　　B. 焚书坑儒、统一货币

C. 平定南方、开凿灵渠　　D. 政治改革、平定六国

二、材料分析题

阅读材料，回答问题。

秦朝开始建立中国民族统一的国家，它的一切制度和设施，都在中央集权这一总目标上面。因为（中央）集权的成功，出现了统一的大帝国……疆土扩大了，人口增加了……它的统一事业，替盛大的汉朝奠定了巩固的基础。

——摘编自范文澜《中国通史简编》

（1）秦能够统一六国的原因有哪些？

（2）秦统一后采取了哪些政治方面的措施？

三、问答题

1. 秦朝巩固国家统一在经济方面的措施是什么？

2. 秦统一有何历史意义？

第四节　古代政治制度的逐步完善

一、三省六部制的确立及其演变

自秦以后，中国出现了以皇权为核心的政治体制。皇帝位于权力金字塔的顶端，任命各

级官员处理全国政务，从而建立起较完备的中枢权力体系。随着皇权的不断加强，中枢权力体系的组成也不断发生变化。

秦朝的丞相是中央官僚机构的最高行政长官，位高权重，一人之下，万人之上。到汉武帝时，为了限制丞相的权力，皇帝以亲信侍从如尚书、常侍等组成宫中的决策班子，称为“中朝”。到东汉时期逐步形成了尚书台，取代了三公的权力。魏晋南北朝时改称尚书省，后来又出现了中书省和门下省。不过，最初三省的权力与职责范围尚未明确，也未形成中枢核心。

隋唐时期，在中央正式实行三省六部制。三省是中书省（隋朝时为内史省）、门下省和尚书省的合称，中书省掌拟令，门下省掌审核，尚书省掌执行。三省的长官都是宰相。除三省长官外，宰相还包括权力地位相当但称谓不同的其他官员。尚书省下设吏、户、礼、兵、刑、工六部，分别负责贯彻执行各种政令，处理日常事务。三省之间既相互牵制，又互为补充，分工明确，提高了办事效率。同时，完整的相权被分割，避免了权臣独揽大权，有利于加强皇权。

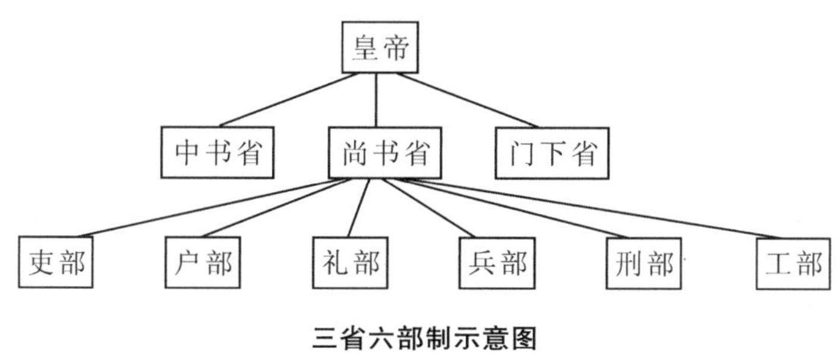

三省六部制示意图

到了宋朝，三省长官基本不参与政事，又另外设置“中书门下”，作为宰相办公机构，其长官为宰相，但相权已被分割：军政归枢密院掌管；财政则归度支、盐铁、户部三司掌管，三司的长官三司使又称“计相”，宰相只保留行政权。枢密院始设于中唐时期，宋太祖沿袭此制，以分割宰相的掌兵之权。

元朝建立后，废除三省，实行一省制，只设中书省。中书省的长官为左、右丞相和平章政事，他们都是宰相。六部归中书省统领，军政则由枢密院掌管。

三省六部制的确立，标志着中国古代政治体制发生了深刻的变化。决策、审议、执行权力的分解，既明确了行政分工，又使三省相互牵制，对后世的国家政治体制产生了深远的影响。

二、选官制度

秦汉统治者都认识到，在官僚制度确立的同时，必须建立一套与之相应的选官用人制度，以补充官僚队伍，保证这个队伍的素质和水平。战国时期，秦国商鞅变法时已经开始用按军功授官爵的制度替代西周以来的“世卿世禄”制，秦和汉初基本沿袭军功爵制。

到汉武帝时期，军功爵制不再适应和平年代的需要，就实行了察举制和征辟制。前者是让各郡国每年向国家推荐人才，“察求贤才，举为官吏”；后者是中央和地方官府向社会征聘人才，“征聘贤才，辟为僚属”。这在一定程度上满足了官僚队伍的需要，但容易造成任人唯亲，荐举人和被荐人容易形成小集团。魏晋时期则盛行九品中正制，按才能将被推荐者分为三等九品，再由朝廷按人才等第任命授官。此制度后来被世家大族所利用，他们把持从中央到地方的各级权力，形成门阀士族势力，出现“上品无寒门，下品无士族”的局面。腐朽的士族制度到南朝末年已无法维持，选官制度的改革势在必行。

九品中正制内容一览表

上等	上上	一品	上中	二品	上下	三品
中等	中上	四品	中中	五品	中下	六品
下等	下上	七品	下中	八品	下下	九品

隋朝统一全国后，由于士族没落，依据门第选官的制度已不适应政治和社会的需要，隋文帝便规定每州每年贡上三人，后又分设各种不同科目推举人才，开创了“开科考试，举荐为官”的科举制。隋炀帝时设进士科，以试策取士，分科举人，使科举制成为所有读书人（包括庶族知识分子）求取功名的主要途径，这是科举制正式确立的标志。

唐朝完善了隋朝开创的科举制，使科举制成为中央统一分科、定期举行的考试选官制度。唐朝科举制分为常举和制举两种。常举考试科目很多，有秀才、明经、进士、明法、明书、明算等，其中以明经、进士两科最为重要。到武则天时，又增设了殿试和武举。制举是皇帝为选拔“非常之人”而设置的特科，由于不常举行，所以不太重要。

科举制的创立为不具有贵族身份的士人提供了参政的机会，不仅扩大了统治的社会基础，也促进了官僚体制的进一步成熟，为官僚队伍提供了源源不断的高素质人才，成为保障古代中国长期繁荣的制度之一。

三、监察与谏议制度

官僚制度的确立和维系对于国家机器的运转起着至关重要的作用，但保证这支队伍的廉洁奉公和工作效率也同样重要。因此，从秦汉时期开始，官员监察制度便确立起来，成为中央集权政治体制建设的重要内容。

秦设三公，其中的御史大夫就是负责监察百官的。汉代专设御史府，长官即为御史大夫，负责监察和弹劾百官。汉武帝为监督郡国长官而专门设立十三州刺史，成为地方的专职监察官员，而这些刺史统属于御史府。这项在中央和地方设立监察制度的原则，一直为后世沿袭。

除了对官员的监督外，还需要有制度来对皇帝的言行和决策进行监督，这就是谏议制度。隋唐时期正式确立了三省六部制，其中门下省就负责谏议和封驳，不仅有权对宰相作出的决策提出异议，也可以对皇帝的做法提出不同意见。唐朝的谏议大夫魏征，被唐太宗当作一面“可以明得失”的镜子，以敢于直言而青史留名，以至于唐太宗时期的政治十分清明。到宋代还出现了独立的谏官机构——谏院。

明清时期，监察制度达到顶峰，但专门的谏议机构反而消失了，这与皇权的高度集中是分不开的。在中央，既设有都察院，设立监察御史，分道对地方官员实行监督；又设有六科给事中，与六部相对应，进行业务监督，合称“科道”。在地方，省级机构还专门设有负责司法、监察的提刑按察使司。

中国古代的监察和谏议制度并不能从根本上约束皇帝的无上权力，也不能杜绝官僚队伍中的腐败和低效现象。但它作为一种常设的政治制度，在整顿吏治、打击地方割据势力、维护中央集权、谏正皇帝过失、防止决策失误等方面还是发挥了重要作用的。

以三省六部制为代表的中央行政体制、以科举制为代表的选官用人制度、以维持官僚队伍廉洁高效为目的的监察制度，是中国古代政治制度高度成熟的体现。这既是大一统中央集权国家发展的需要，非此不足以进行有效的控制和管理；也反映了自秦汉以来社会结构的变化，即这一政治体制不断吸纳新生力量，以维持统治基础的稳固。

练习题

一、选择题

1. 秦时，某官吏“纠弹为之责，私言于始皇，百官甚畏之”，称之为“风霜之吏”。此官职应是（　　）

A. 刺史　　B. 丞相　　C. 御史大夫　　D. 通判

2. 下列选项中，不属于秦始皇加强封建专制主义中央集权统治的内容是（　　）

A. 皇帝制度　　B. 三公九卿制　　C. 郡县制　　D. 刺史制

3. 河南尹田歆的外甥王谌，以知人出名。田歆对他说：“如今应推举六名孝廉，多有贵戚书信相命，又不好违背，我想自己选一位名士以报效国家，你助我求之。”这体现了（　　）

A. 自上而下的选官方式　　B. 察举制的弊端

C. 选拔官吏以品评为主　　D. 地方无选官权

4.《汉书》记载了郡国对其属县的考课情况：卜式“为成皋令，将漕最，拜齐太傅”、赵广汉“为阳翟令，以治行尤异，迁京辅都尉”、萧育“为茂陵令，会课，育第六……及罢出”。考课的作用在于（　　）

A. 考核官吏政绩以定升降　　B. 作为征发赋役的依据

C. 纠察豪强郡守不法行为　　D. 确保朝廷政策稳定性

5. 自东汉光武帝始，察举实施“授试以职”，举主对秀才、孝廉先委以一定职务，检验合格者方举至中央。东汉阳嘉元年（132 年）又建立“诸生试家法”制度，从而出现了一个新的环节。这种变化主要反映了（　　）

A. 统治者极力扩大官吏来源　　B. 察举制向科举制初步演进

C. 人才选拔取消门第限制　　D. 汉代选官重视以德取人

6.《汉书》载，武帝时，豫州刺史鲍宣被丞相司直弹劾：“举错烦苛，代二千石署吏听讼，所察过诏条。”宣坐免。这表明汉武帝在监察上（　　）

A. 注重对监察官员权力的划定　　B. 以解决王国问题为核心

C. 注重平衡中央与地方的权力　　D. 以强化中央集权为目的

7. 汉武帝时期，西汉王朝进一步完善了秦王朝创造的监察制度，加强中央对地方的控制。这表现在（　　）

A. 推行三省六部制度　　B. 实行郡国并行制度

C. 建立刺史制度　　D. 创立科举制度

8. 监察制度是中央集权制度的重要组成部分。下列秦汉时期的官职中具有监察功能的是（　　）

①司隶校尉　②御史大夫　③太尉　④刺史

A. ①②④　　B. ①③④　　C. ①②③　　D. ①②③④

9. 田某是唐代中央机关的一名小吏，他的主要工作是负责政令的执行，他所在的部门属于（　　）

A. 门下省　　B. 军机处　　C. 中书省　　D. 尚书省

10. 贞观初年，太宗签署了对18岁以下身强力壮者的征兵敕文，但文件到门下省，魏征不同意，退回中书，又经御画，中书省再发，魏征还是坚持己见。材料中涉及的制度是（　　）

A. 郡县制　　B. 三省六部制　　C. 科举制　　D. 行省制

11. 唐元和年间（806—820年），主管财政的宰相奏请减少内外官俸，诏书下达后被大臣崔祐驳回，皇帝最终采纳了崔祐的意见。崔祐所属的机构是（　　）

A. 吏部　　B. 尚书省　　C. 门下省　　D. 中书省

12. “科举之善，在能破朋党之私。科举不能应试者，有司虽欲徇私举之而不得。”材料表明科举制（　　）

A. 加强了中央集权　　B. 有利于社会公平

C. 扩大了官员来源　　D. 促进了学术繁荣

13. “十年寒窗无人问，一举成名天下知。”科举制度的创立，是中国古代选官制度的一大变革。科举制正式确立的标志是（　　）

A. 隋文帝分科考试　　B. 隋炀帝创立进士科

C. 唐太宗增加进士、明经科　　D. 武则天创立武举制度

14. 古诗云“喜中青钱选，才高压俊英”（注：“青钱选”比喻科举考试时文章写得好，每次都被选中），这说明科举制在选官上注重（　　）

A. 门第　　B. 血缘　　C. 才学　　D. 品德

15. 宋太宗时期，有宰相九人，但在实际政治运作过程中，有参知政事、枢密使三司使等五十多人参与这个宰相群体。该举措（　　）

A. 形成了三权分立　　B. 意在强化专制集权

C. 导致政权动荡局面　　D. 提高了行政效率

16. 宋初“始置诸州通判”，“凡兵民、钱谷、户口、赋役、狱讼听断之事，可否裁决，与守臣（指知州、知府等地方官）通签书施行”。据此，通判的作用是（　　）

A. 分散知州的权力　　B. 加强宰相权力

C. 超越知州的权力　　D. 收归地方赋税于中央

17. 作为宋代中央最高军事机构的枢密院，长期由文官掌握，这种现象被称作“文臣主枢密”，宋代实施这一政策的主要目的是（　　）

A. 扩大官吏来源　　B. 降低官员素质

C. 加强中央集权　　D. 引发藩镇割据

18. 唐肃宗时期，李亨的散文《令谏官言事制》云：“所设谏曹，欲闻讽议，允副从绳之望，须成削稿之书。其谏官令每月一上封事，指陈时政得失。若不举职事，当别有处分。”此规定（　　）

A. 保障了监察机制独立　　B. 使谏官拥有门下省职权

C. 实现了政府吏治清明　　D. 利于减少国家决策失误

19. 宋代中枢权力结构中的监察功能主要由台谏系统承担，而中书门下和枢密院则承担了对台谏系统的监控。宋仁宗时，“诏中书置台官言事簿，令以时勾销注之，仍录与枢密院”。宋仁宗此举意在（　　）

A. 构建权力的制衡机制　　B. 限制监察官员的权力
C. 提高监察谏议的效率　　D. 分化事权以强化君权

20. 明朝监察御史组织形式上隶属于都察院，但可不经都察院而独立行使监察职权。对于监察御史，要求刚正不阿，各项法律熟记于心，同时规定“凡御史犯罪，加三等，有赃从重论”。这表明，明朝的监察制度（　　）

A. 发挥法律与教化的双重作用　　B. 依赖于监察官的品德
C. 提高了广大官吏的文化素质　　D. 有利于监察效能的提高

二、材料分析题

阅读材料，回答问题。

部刺史奉诏条察州，惟一条察强宗豪右，其五条皆察二千石。（张敞）拜冀州刺史，既到部，而广川王国群辈不道，贼发不得，敞围王宫搜得之，捕格断头，悬王宫门外。因劾奏广川王削其户。盖自贾谊自文帝时已虑诸国难制，吴楚反后防禁益严，部刺史总率一州，总以此为要务。

——摘编自王鸣盛《十七史商榷》

根据材料并结合所学知识，概括刺史的职责并阐述刺史制度建立的背景。

三、问答题

1. 简述唐朝时期的三省六部制。
2. 科举制的历史意义是什么？

第五节　中央集权的加强与君主专制的强化

一、中央集权的加强

秦朝被农民战争推翻之后，汉朝建立，定都长安，史称西汉。西汉初年，汉高祖刘邦在推行郡县制、逐一剪除异姓诸侯王和功臣的同时，又分封同姓诸侯王驻守各地。他以为依仗刘氏“天下一家”的格局，就能巩固皇权，稳定天下。但中央和封国之间的矛盾日益激化，诸侯王接连发动叛乱。

公元前 154 年，汉景帝采纳晁错的建议，开始着手削夺诸侯王的封地。吴王刘濞以“诛晁错，清君侧”为名，串通其他六国诸侯王，发动叛乱，史称“七国之乱”。虽然叛乱最终被平息，但封国势力依然坐大，分裂的因素仍然存在。

汉武帝刘彻（前 140—前 87 年在位）即位后，实行“推恩令”，进一步削弱封国势力，加强中央对地方的控制，起到了强干弱枝、监察地方的作用，基本上解除了封国对中央的威胁，加强了中央集权。

公元265年，司马炎建立西晋，并于公元280年灭吴，结束了三国鼎立的局面，再次实现全国统一。但到晋惠帝时，八个分封为王的皇族，为了争夺中央政权，进行了长达16年的战争，历史上称为“八王之乱”。战争给人民带来沉重灾难，社会矛盾异常尖锐。西晋中央集权遭到严重削弱。

经历了魏晋南北朝时期的动荡和隋唐的统一之后，唐朝中叶又遭遇了长达八年（755—763年）的“安史之乱”。叛乱平定后，唐代宗为求暂时的安定，将河北地区分授给安史降将，封其为节度使，带兵平叛的将领也被封为节度使。安史余部还保留着相当大的势力。

节度使所辖地区大者十余州，小者三四州，权力不断膨胀。节度使职位或父死子继，或兄终弟及，或由部下拥立，朝廷只能事后追认。节度使在名义上是唐朝的藩镇长官，实际上却割据一方，形成藩镇林立的局面。

唐朝末年，藩镇割据势力进一步加强。公元907年唐朝灭亡后，中原一带先后经历了后梁、后唐、后晋、后汉、后周五个朝代，史称“五代”。同时，在南方各地和北方的山西，先后存在十个割据政权，史称“十国”。五代十国时期，政权更迭频繁，人民生活困苦。

公元960年，后周大将赵匡胤发动兵变，黄袍加身，建立宋朝，是为宋太祖（960—976年在位）。为解决唐末五代地方割据的问题，宋太祖从军事、行政和财政三方面着手，加强中央集权。他采取的措施有：

第一，集中军权。宋太祖用“杯酒释兵权”的手法，解除禁军将领石守信等人的兵权，把他们调到外地充当节度使，继而又陆续削减节度使的实权，使其徒有虚名。接着，将禁军的统领权一分为三，都直接对皇帝负责。又设立枢密院，有调兵之权但不直接统领军队；而统领军队的将帅却无调兵之权，使其互相牵制。还实行更戍法，规定禁军定期更换驻地，而统兵的将领并不随军调动，以防止武将专权。另外，各地方军的精壮之士都选入禁军。禁军的半数拱卫京师，另一半驻守各地，以达到“强干弱枝”“内外相制”的目的。

禁军是国家的正规军，其余都是地方军，地方军的战斗力远逊于禁军。宋初军队约三十万人，其中禁军二十万人，京师屯兵十万，外地屯兵十万。这样，外地驻军一旦出现反叛，中央政府有足够的兵力进行镇压。

第二，集中行政权。北宋在宰相之下增设参知政事为副相，分割宰相的行政权；设枢密使管理军事，分割宰相的军权；设三司使管理财政收入等，分割宰相的财政权。这样就把宰相的职权一分为三，便于皇帝总揽大权。

在地方上，州的长官知州由中央派遣文官担任，又在各州设通判。通判负责监督知州，可直接向皇帝报告情况。各州的公文必须由知州和通判联合署名才有效，以使他们互相牵制。这就加强了中央对地方的控制。

第三，集中财权和司法权。北宋在各路设转运使，规定地方赋税留下一小部分作为地方开支，其余由转运使全部运往中央。这就消除了地方割据的物质基础。为了扭转节度使控制地方司法的局面，规定地方司法人员改由中央派文官担任，死刑须报请中央复审核准。这就把地方的司法权收归了中央。

北宋初年采取的加强中央集权制度的措施，把地方的军权、行政权和财政权都收归中央，使藩镇割据的基础得以铲除，从而消除了唐末以来藩镇割据的弊端，维护了国家的统一和安定，有利于社会经济的发展。但是北宋过分集权的“强干弱枝”政策也带来严重恶果：一是政府机构重叠，官员冗滥，财政开支庞大；二是军队作战指挥不灵，战斗力下降，加上派文臣任武将，将帅也经常轮换，以至于出现“兵无常帅，帅无常师”的现象，无力抵御其他少数民族政权的军事进攻；三是地方上财政困难，使地方政府缺乏力量发展经济。臃肿的官僚机构、庞大的军队和巨大的财政支出，使北宋中后期出现了冗官、冗兵、冗费的社会问题，宋王朝陷入“积贫积弱”的境地。

> 朱熹总结北宋败亡的教训时说：“本朝鉴五代藩镇之弊，遂尽夺藩镇之权。兵也收了，财也收了，赏罚刑政，一切收了，州郡遂日就困弱。”
>
> ——《朱子语类》

自汉朝以来，通过打击诸侯王势力、削弱武将军权、分割地方官权力，中央集权日益加强。到宋朝以后，中央在与地方分权的斗争中已处于绝对上风，政治制度上体现出新的特点——皇权与相权的矛盾变得突出起来。

二、君主专制的空前强化

明朝建国之初，沿袭元制，设中书省，有左、右丞相，位高权重。洪武十三年（1380年），明太祖以“图谋不轨”之名，诛杀了左丞相胡惟庸，下令裁撤中书省，废除丞相，由皇帝亲自掌管六部，直接管理国家政事。并且规定此后不得再立丞相。至此，在中国历史上实行了1 600多年的丞相制度被废除，专制皇权发展到了新的高度。

明太祖废除丞相后，重要政务都由他亲自处理。由于事务繁多，他不可能一一亲自裁决，为此设立了殿阁大学士。但大学士品级较低，仅备顾问兼协理章奏，并不参与决策。

明成祖正式设立内阁，大学士开始参与军国大事的商讨。此后，内阁的地位逐渐上升，有了专门的衙署和属官，阁臣的权力也越来越大，可以帮助皇帝起草对大臣奏章的批复意见，称为“票拟”。最后再由皇帝用朱笔批示、裁定，称为“批红”。

清朝建立后，承袭明制，设立内阁，负责处理日常事务。但重要的军国大事，则由满洲贵族组成的议政王大臣会议来处理。

到了雍正年间，为处理西北的紧急军务，又在皇宫隆宗门内设立军机处。军机大臣最初只参与处理军务，后来职权逐渐扩大，可以参与其他机要政务。军机大臣本身品级不高，不得私自和官员交往，日夜轮流在军机处值班，受皇帝召见，只能跪奏笔录。军机处完全听命于皇帝，军国大事皆由皇帝一人裁决。军机处能迅速处理各地呈送的各种文书，简化了处理政务的手续，行事快捷，提高了清王朝的办事效率。军机处成立后，议政王大臣会议逐渐徒具虚名，后来索性被取消，军机处成为清朝最有特色的中枢机构。军机处的设立，是专制皇权高度发展的重要标志。

自唐宋以来政治制度的变化，清晰地表现出皇权不断加强、相权不断遭到压制的历史趋势。专制皇权的不断强化是传统官僚体制发展的产物，虽然有可能提高决策效率但导致了一人独尊，将国家的命运系于一人之手，最终成为社会发展的桎梏。

练习题

一、选择题

1. 汉初，各地诸侯国以各自诸侯王在位的时间纪年。公元前110年，汉武帝创制“元封”年号，规定全国统一使用皇帝的年号纪年。这一做法（　　）

A. 有利于巩固大一统王朝　　B. 废除了汉初分封的诸侯国
C. 将儒家学说立为正统思想　　D. 改善了国家的财政状况

2. 《汉书·食货志》记载，西汉刚建立时，“民失作业，而大饥馑。凡米石五千，人相食，死者过半”。针对这种状况，汉初统治者实行了（　　）
A. 盐铁官营，统一铸币　　B. “推恩令”
C. 休养生息，轻徭薄赋　　D. 郡县制

3. 汉武帝下诏规定诸侯王除嫡长子继承王位外，可将封地再次分封给其子弟作为侯国。这使得侯国的数量越来越多，诸侯王的封地越来越小。汉武帝这样做是为了（　　）
A. 盐铁专卖　　B. 休养生息　　C. 确立正统思想　　D. 削弱诸侯实力

4. 汉武帝为筹措对匈奴作战的经费，向地方富商借贷，但有些富商大贾唯利是图，不关心国事，担心朝廷不能获胜而不肯借贷。对此，汉武帝（　　）
A. 张骞通西域　　B. 盐铁官营专卖　　C. 统一度量衡　　D. “推恩令”

5. 今天陕西西安和平门附近有个地方叫下马陵，传说就是因为董仲舒去世后葬在此地，一日汉武帝经过此地，为了表示对董仲舒的尊敬，特别下马步行，于是民间称这里为下马陵。汉武帝对董仲舒如此尊敬，主要因为他主张（　　）
A. 废除丞相制度　　B. 抑制豪强势力
C. “罢黜百家，独尊儒术”　　D. “推恩令”

6. 结合所学历史知识我们知道，汉武帝是位雄才大略的皇帝，下列不属于其大一统措施的是（　　）
A. 实行“罢黜百家，独尊儒术”　　B. 设刺史监督地方官员
C. 颁布“推恩令”　　D. 平定“七国之乱”

7. 成语“乱七八糟”和两个历史事件有关：“乱七”和西汉景帝时的“七国之乱”有关，而“八糟”和“八王之乱”有关。八王之乱发生的朝代是（　　）
A. 西汉　　B. 曹魏　　C. 西晋　　D. 南宋

8. “与曹公战于赤壁，大破之，焚其舟船。先主与吴军水陆并进，追到南郡。时又疾疫，北军多死，曹公引归。”材料反映的战争（　　）
A. 为三国鼎立局面的形成奠定基础　　B. 增强了北魏的实力
C. 为曹操统一北方奠定了基础　　D. 导致北民大量南迁

9. “草木皆兵”“风声鹤唳”的成语，出自中国古代史上的（　　）
A. 官渡之战　　B. 淝水之战　　C. 巨鹿之战　　D. 赤壁之战

10. “万国尽征戍，烽火被冈峦。积尸草木腥，流血川原丹。”这是杜甫《垂老别》中的诗句。该诗创作于唐朝由盛转衰的动乱时期。请问这场动乱是（　　）
A. 黄巢起义　　B. 黄巾起义　　C. 大泽乡起义　　D. 安史之乱

11. 《旧唐书》记载：在这次战乱中，“宫室焚烧，十不存一……人烟断绝，千里萧条”。从此之后，国势由盛转衰，逐渐形成藩镇割据的局面，该战乱发生时的唐朝皇帝是（　　）
A. 唐太宗　　B. 武则天　　C. 唐玄宗　　D. 唐高宗

12. 《三国演义》开篇称：“天下大势，分久必合，合久必分。”下列我国历史上由分裂走向大统一的朝代不包括（　　）
A. 宋朝　　B. 元朝　　C. 隋朝　　D. 秦朝

13. 北宋宰相赵普曾推出“惟稍夺其权，制其钱谷，收其精兵，则天下自安矣”。下列体现北宋在经济上“制其钱谷”措施的是（　　）

A. 设通判监督知州，以分散知州的权利

B. 将调兵权与统兵权分离

C. 设置转运使，收回地方财权

D. 采用分化事权的办法，削弱相权

14. 为加强皇权，朱元璋设立了由皇帝直接指挥的机构，掌管侍卫、缉捕、刑狱诸事，保护皇帝，镇压官民；后来，明成祖又成立了同类机构。上文反映的史实是（　　）

A. 军机处的设立　　B. 废丞相，权分六部

C. 大兴文字狱　　D. 厂卫特务机构的设置

15. 中国古代帝王中废行省、设三司；废丞相、权分六部的是（　　）

A. 明太祖　　B. 唐高宗　　C. 汉文帝　　D. 秦始皇

16. 明代内阁大学士把奏折的主要内容和处理意见写在“票拟”上，上呈给皇帝，供皇帝参阅，皇帝批阅同意后把“票拟”交给司礼监太监进行“批红”和用印，只有批过“红”的“票”才能正式生效。这一规定（　　）

A. 扩大内阁决策权　　B. 使辅政制度完善

C. 提高了行政效率　　D. 弱化了君主权力

17. 朱元璋设置华盖殿、谨身殿、武英殿、文渊阁、东阁大学士，备皇帝顾问，时称“殿阁大学士”。其主要目的是（　　）

A. 代皇帝做决策

B. 解决司礼监宦官专权的局面

C. 压制六部权力

D. 解决废相后的政务繁忙之弊

18. 清末御史张瑞荫在奏折中说：“自设军机处，……其弊不过有庸臣，断不至有权臣。军机处虽为政府，其权属于君；若内阁，则权属于臣。”这反映了清朝（　　）

A. 皇权专制空前强化　　B. 行政效率大大提高

C. 中央政府机构重叠　　D. 中枢权力机构扩大化

19. 学者伏尔泰（1694—1778 年）称赞当时的中国是“举世最优美、最古老、最广大、人口最多而治理最好的国家”。这一时期中国正处在（　　）

A. 贞观之治　　B. 开元盛世　　C. 万历年间　　D. 康乾盛世

20. 在清朝，有一个由非正式的中央军事领导小组发展到“无编制、无定员、无预算”并长期存在的临时咨询机构，而且是“威名所寄”的权力核心。它是指（　　）

A. 军机处　　B. 内阁　　C. 宣政院　　D. 枢密院

二、材料分析题

阅读材料，回答问题。

材料一　国朝仍前明之制，以内阁为政府，大学士为宰执……

——叶凤毛《内阁小记·自序》

材料二　国初设内三院外，其军国政事，皆交议政诸王大臣，半皆贵胄世爵，不谙世

务。宪庙（指雍正帝）设立军机大臣，择阁臣及六部卿贰熟谙政体者，兼摄其事。

——《啸亭杂录·军机大臣》

（1）清初主要有哪些中央政治机构？最主要的决策机构是什么？

（2）军机处设置之初的目的是什么？有什么影响？

三、问答题

1. 北宋加强中央集权的具体措施有哪些？
2. 简述中国古代专制主义中央集权制度的演变过程。

第三章　中国古代的对外交流

自中国古代文明诞生起，就出现了对外的交往、交流活动。从先秦时期一直到清朝，中国的对外交流绵延有序，波澜壮阔。中国传统王朝的对外交往不仅是历朝文治武功的重要组成部分，而且还深深影响了世界文明的走向。

第一节　秦汉魏晋南北朝时期的对外交流

先秦时期，以中原为核心的华夏文明与域外有广泛的交往交流。据史书记载，周武王伐纣灭商，商纣王的叔父箕子率领一些人移居朝鲜，“教其民以礼义、田蚕织作”，这说明秦汉之前，中国人就与朝鲜半岛有交往了。秦汉时期，中国与外部世界的交往扩大了。秦始皇为求得不死之药，于始皇二十八年（前219年）派徐福入海求仙药，“齐人徐福等上书，言海中有三神山，名曰蓬莱、方丈、瀛洲，仙人居之。请得斋戒，与童男女求之。于是遣徐发童男女数千人，入海求仙人”。据传徐福携3 000男女东渡大海到达日本，从事农田开垦、养蚕制丝，其手艺深得倭王的欢心，赐姓“直”，“直”姓成为日本古代重要姓氏巨族之一。这些都是古代中国先民与东亚国家的交往。

一、丝绸之路的开辟

先秦时期，中国与西方就有了交流。西汉以前，中国的丝绸经西北各民族，少量辗转贩运到中亚、印度半岛等地。真正贯通中西交通的最早通道则是在西汉张骞“凿空”之后形成的丝绸之路。张骞出使西域以后，汉朝的使者、商人接踵西行，大量丝帛锦绣从长安往西，经河西走廊、西域，运到安息（亚洲西部古国，领地有今伊朗高原和两河流域），再由安息转运到西亚和欧洲的大秦（汉朝时，我国史书称罗马帝国为大秦）；西域各国的珍奇异物也陆续输入中国。这条沟通中西交通的陆上要道，就是著称于后世的“丝绸之路”。

西汉时，通往西域的道路都经过河西走廊，出玉门关或阳关，后分为南北两道，至疏勒会合。自疏勒越葱岭，往西南先后可到达大月氏、安息、大秦，往北可达大宛、康居。通过丝绸之路，中国与中亚、西亚、南亚诸国进行了频繁的经济、文化交流。中国的铁器、丝绸和养蚕缫丝技术，以及铸铁术、井渠法、造纸术先后西传。

丝绸之路的开通是划时代的重大事件。丝绸之路揭开了中外交流史的新篇章。历史证明，这条陆上丝绸之路是联系亚、欧、非三洲的大动脉，是世界经济文化的大通道，它的开通是中国人民对人类文明发展作出的巨大贡献。

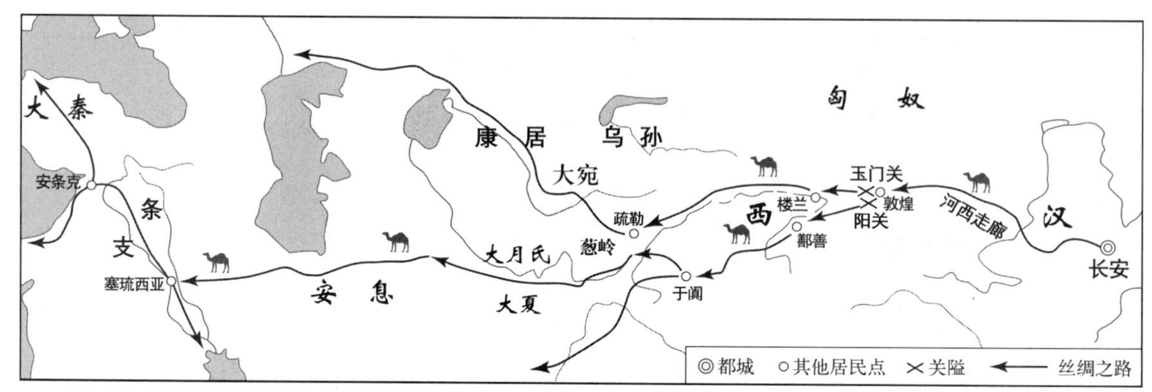

丝绸之路

长安　在今陕西西安　敦煌　在今甘肃敦煌　玉门关　在今甘肃敦煌
阳关　在今甘肃敦煌　大月氏　在今阿姆河流域　塞琉西亚　在今伊拉克巴格达
大秦　古罗马，在今地中海地区　大宛　在今中亚费尔干纳盆地
安息　在今伊朗高原和两河流域　鄯善　在今新疆若羌
葱岭　在今帕米尔高原和喀喇昆仑山　于阗　在今新疆和田
疏勒　在今新疆喀什　康居　在今锡尔河流域，东临大宛，南接大月氏

为了改变陆路交通因地形复杂、政局动荡、关卡众多而颇费周折的现状，汉武帝在统一东南沿海、打通沿海航路后，开辟了去往南海诸国及印度半岛等地的水上交通线，以从事经常性的贸易往来，这就是近世所说的“海上丝绸之路”。海上丝绸之路从广东沿海港口出发，向西沿海岸线、中南半岛南下，绕过今马来半岛，出马六甲海峡，到孟加拉湾沿岸诸国，最远抵达印度半岛南端。海上丝绸之路的开通，加强了中国和东南亚、南亚各国的关系，从水路沟通了东西外交圈之间的联系。

汉代由中国出发经南海到印度洋的这条海上丝绸之路，虽然只能抵达印度，但通过印度人和罗马人的转贩，一直延伸到非洲、欧洲，促成了东西方海上大动脉的形成，有力地促进了中外经济文化交流。

西汉末年，王莽建立新朝后，西域诸国断绝了与新莽政权的联系，丝绸之路中断。东汉初年，西域各国重新被匈奴控制。自从大将窦固、窦宪击败北匈奴后，东汉恢复了对西域的统治和与西域各国的交往。73 年，汉明帝派曾“投笔从戎”参加对匈奴作战的班超出使西域。班超在西域活动了 30 年，历经种种艰辛，终于帮助西域各族摆脱了匈奴的控制，重设西域都护府，再次打通汉朝和西域断绝了 60 多年的商路，西域与内地联系加强。东汉任命班超为西域都护，管辖西域。97 年，班超派副使甘英出使大秦国。甘英一行经由疏勒、子合、德若、葱岭、大月氏（蓝氏城）、木鹿城、安息，到达条支海边（今波斯湾），被安息海商劝阻，甘英只得中止西行，返回祖国。甘英虽然未能完成出使大秦的使命，但熟悉了沿途的地理和风貌，为以后中西交通的发展打下了基础。其后，大秦属下的蒙奇兜讷地区（今译为马其顿），遣使到东汉首都洛阳，向汉和帝进献礼物。据《后汉书》记载，166 年，大秦王安敦派使臣从海道来华，到达东汉都城洛阳，朝见汉桓帝，这是中国同欧洲国家直接友好往来的最早记载。

二、两汉与朝鲜、日本、越南的交往

与朝鲜的关系　朝鲜半岛与我国相邻，秦汉之际，“燕、齐、赵人往避地者数万人”。两汉时期，朝鲜半岛南部的三韩（指马韩、辰韩和弁韩）曾多次派人赴汉，先后会见汉武帝和光武帝，加强了双方的联系。其中的辰韩，引进中国的先进文化，“嫁娶以礼”，语言、称谓与秦相似，有人因此称之为“秦韩”。那时，中国与朝鲜保持着频繁的贸易往来。朝鲜特产檀弓、果下马等输入中国，中国的铜镜、漆器等工艺品，以及铁制生产工具等输出到朝鲜。

与日本、越南的交往　中日隔海相望，很早就有密切联系。汉武帝时，日本有三十多个国家通过朝鲜半岛“使译通于汉”。

在古代，日本称“倭”。《汉书·地理志》记述了倭人的生产、生活和习俗。这说明我国那时对日本已有了初步了解。秦汉时期，不少中国人渡海去日本。中日两国流传的徐福东渡的故事，反映了这一历史现象。

东汉光武帝时，“倭奴国奉贡朝贺……光武赐以印绶”。后来，倭国又“遣使奉献”。通过不断交往，中国的铁器、铜器、丝帛传往日本，丰富了倭人的物质文化生活。

两汉时期，中越之间的经济文化联系日益密切。越南的象牙、犀牛、珍珠等不断输往中国，中国的铁犁牛耕技术、水利工程技术也在越南推广。

三、魏晋南北朝时期的对外交流

魏晋南北朝是中国历史上的分裂时期。各个政权需要巩固与发展，海上及陆路交通条件也有改善，使得这三百多年间与外国的交流远比秦汉时期发达。曹魏与日本的邪马台国和大月氏人建立的贵霜帝国都有外交往来。曹魏人朱士行亲自前往天竺学习佛经，并派弟子把佛经带回洛阳。朱士行是历史上第一个前往印度学佛的中国人，因此也有人说他是《西游记》中猪八戒的原型。孙权接受过东南亚国家的朝贡，并接见了罗马帝国的商人。以产汗血宝马著称的大宛国则分别向曹魏、西晋、后赵、前秦、北魏进贡过汗血马。罗马帝国向西晋派遣过使臣，嚈哒汗国、贵霜帝国、天竺国、安息国等则与北朝建立了外交关系，至于民间贸易往来更是络绎不绝。

东晋和南朝也对外交流频繁，除了将朝贡体系内的东南亚国家拓展至马来半岛和印尼群岛外，南朝还和西亚的波斯帝国、印度的天竺各国发展了外交及贸易关系，并且同朝鲜半岛以及日本交流频繁，其中尤以百济国最为仰慕中华文化，在南梁的首都建康因侯景之乱而遭到破坏后，百济使臣面对残垣断壁居然悲恸号泣，还因此激怒了侯景。

魏晋南北朝时期，佛教日趋兴盛，成为中国与许多国家交流的纽带。由于封建统治者的提倡，也由于各阶层人民在痛苦的黑暗中追求精神上的解脱，佛教在中国得以进一步传播。这个时期相当多的印度、中亚、南亚僧人，或经由陆上丝绸之路到中国，或经由南海海上丝绸之路到中国，如鸠摩罗什、真谛等，他们带来并翻译了许多佛教重要经典。两晋之际，南方海上丝绸之路与北方陆上丝绸之路均已贯通，形成了一个佛教文化循环遨游的大圆圈。这个大圆圈到南北朝时，流转的速度骤然加快，往来的僧众明显增多。西僧东来，带动中国僧人西去取经求法。至晋、刘宋之际，掀起了西行求法的高潮。西行求法的知名僧人中，南方有法显、智严、宝云等，北方有宋云、慧生等。

渊源于犍陀罗的石窟、壁画、雕塑佛像等佛教艺术，自西而东传入，在新疆、甘肃等地逐渐与中国传统艺术相融合，成为中国古代艺术的瑰宝。佛教从中国向东传入高句丽、百济，由高句丽传入新罗，又经由百济传入日本。在朝鲜、日本流行千余年的佛教，许多方面都有中国烙印。大批自称秦人、汉人后裔的中国人，经过朝鲜移入日本，带去了农业、手工业生产的各项技术，促进了日本社会经济的发展。中国织锦采用了萨珊波斯流行的联珠圈内对禽对兽图案。波斯商人信仰的祆教也传入中国。据传波斯僧侣曾用空心竹杖把蚕卵偷运到东罗马，从此蚕丝业传入欧洲。三国时期的朱应、康泰和东晋的法显都留下了中国人关于海外国家的最早记录。

法显（337—422 年）是东晋时的著名高僧。当时佛教传入中国仅 300 余年，佛教经典尚不完备，有关戒律的经典尤缺，使广大佛教徒无律可循，这显然影响到佛教在中国的进一步传播。因此，一些中国僧人便产生了亲自到天竺取经求法的想法。三国曹魏末年，就有人西行求法，以后陆续又有一些僧人向西进发。不过，他们中绝大多数只行进到今天的新疆西部即止，几乎没有人到过天竺本土。法显作为虔诚的佛教徒，决心西行求法，立志要到达佛教发源地天竺。

399 年春天，法显以 62 岁高龄，与同伴慧景、道整、慧应、慧嵬四人，从后秦的京城长安出发，踏上西行求法的漫长行程。他们穿行戈壁，经西域诸国，越葱岭，在路途中，同伴中有人不幸病死，有人返回中国。403 年，法显和道整两人终于到达中天竺；道整留在中天竺，法显则开始了一个人的游历。他周游五天竺（今印度），再泛海南下，至师子国（又译作锡兰，今斯里兰卡），一路学习、求取大量佛教经典。其后法显开始了回国的行程：东渡印度洋，绕行马六甲海峡，北渡南海、东海、黄海，于公元 412 年在山东半岛登陆，然后走陆路，经彭城（今徐州）到达东晋都城建康（今南京），前后 14 年。

法显回国后，在建康道场寺（今南京中华门附近）与著名的天竺禅师佛驮跋陀罗（又译觉贤）共同译经，历时七八年之久，终于译出经典 6 部，共 63 卷，计 100 多万言。已届暮年的法显，在离别建康，迁住荆州（湖北江陵）新寺不久，于 422 年圆寂于荆州。

法显将梵文原典携归中国，转梵为汉，这是中国把梵文经典直接译成汉本的开始，在中国佛教发展史和中外文化交流史上都是一个创举。法显在归国后的第二年，在抓紧翻译经典的同时，还撰写了一部西行游记《法显传》（又名《佛国记》），它是中国有史以来的第一部旅行传记，它既是一部传记文学，又是一部重要的历史文献，对于人们研究中国西域地区和南亚各国的中古史以及东西交通史、佛教史、中外文化交流史都很重要，因而受到中外历代学者的重视，先后被译成英、法、日等多种文字。

练习题

一、选择题

1. 我国古代著名的“丝绸之路”出玉门关或阳关后分南北两道向西，至疏勒会合。“疏勒”即今天新疆的（　　）

A. 喀什　　B. 乌鲁木齐　　C. 若羌　　D. 和田

2. 近世所说的“海上丝绸之路”最远抵达（　　）

A. 马来半岛南端　　B. 中南半岛南端　　C. 朝鲜半岛南端　　D. 印度半岛南端

3. 曾经通过丝绸之路在汉朝和古罗马帝国之间进行丝绸转手贸易，大获其利的国家是（　　）

A. 安息　　B. 大食　　C. 大秦　　D. 身毒

4. 西汉与西亚、欧洲通商关系发展起来的主要条件是（　　）

A. 张骞沟通与西域的联系　　B. 甘英到达了波斯湾

C. 西汉在西域设西域都护　　D. 西汉丝织业的发展

5. 从古代丝绸之路传播到欧洲的科学技术，不包括（　　）

A. 丝织技术　　B. 水利技术　　C. 牛耕技术　　D. 冶铸技术

6. 下列有关两汉时期对外关系的表述，不正确的是（　　）

A. 汉光武帝赠赐给日本倭奴国使者金印已得到考古证实

B. 辰韩的语言、称呼、习俗等与秦朝相似，又称"秦韩"

C. 汉代文明通过陆、海路开始走向世界，远及欧洲和非洲

D. 公元97年，班超派甘英抵达了大秦

7. 张骞出使西域的主要目的是（　　）

A. 联络大月氏夹攻匈奴　　B. 恢复与西域各国的交往

C. 加强对西域各国的控制　　D. 打通丝绸之路

8. 秦汉时期，中国已经走向世界，其主要表现不包括（　　）

A. 大秦安敦王朝派使臣从海道来到中国

B. 丝绸等技术传播到中亚与欧洲地区

C. 甘英出使大秦，为中外经济文化交流创造了条件

D. 中国与欧亚非许多国家开始了直接贸易往来

9. 下列对于丝绸之路的叙述正确的是（　　）

①于公元前2世纪由张骞开辟　　② 曾经是东西方经济往来的主要通道

③ 丝与丝织品是主要贸易货物　　④ 促进了东西方经济文化交流

A. ①②④　　B. ①②③④　　C. ①③④　　D. ②③④

10. 西汉时期，一名普通的郎官满怀坚定信念，忍受大漠的孤寂、落日的苍凉，不畏艰险、勇于开拓，历经13年完成了"凿空"的壮举。这位郎官是（　　）

A. 班超　　B. 玄奘　　C. 张骞　　D. 鉴真

11. 我们熟知的古诗"羌笛何须怨杨柳，春风不度玉门关""劝君更尽一杯酒，西出阳关无故人"中"玉门关""阳关"以西的地方，在汉代时被称为（　　）

A. 安息　　B. 楼兰　　C. 大秦　　D. 西域

12. "通过这条路，中国的丝绸、造纸、火药、印刷术等传到西方，佛教、伊斯兰教、阿拉伯的音乐舞蹈也来到中国。"这说明丝绸之路促进了（　　）

A. 陆路交通四通八达　　B. 民族交融的加强

C. 大一统局面的巩固　　D. 中外文明的交流

13. 新疆地区正式归属中央政权统辖的时间和标志是（　　）

A. 公元73年，班超出使西域

B. 公元前60年，设立西域都护

C. 汉武帝时，丝绸之路开通

D. 公元前119年，张骞第二次出使西域

14. 丝绸之路的正确路线是（　　）

A. 长安→河西走廊—中亚、西亚→今新疆境内→大秦

B. 长安→河西走廊→今新疆境内→中亚、西亚→大秦

C. 洛阳→河西走廊→中亚、西亚→今新疆境内→大秦

D. 洛阳→中亚、西亚→河西走廊→今新疆境内→大秦

15. “丝绸之路经济带”赋予古代丝绸之路以崭新的时代内涵。古代丝绸之路的终点是（　　）

A. 欧洲　　B. 中亚　　C. 长安　　D. 河西走廊

16. 中国古代形成了联通中国与东亚、南亚、西亚、非洲等地的“海上丝绸之路”，大大促进了不同国家与地区之间的经济、文化交流。西汉时期，这条航线最远到达（　　）

A. 马来半岛和马六甲海峡　　B. 孟加拉湾沿岸

C. 非洲东海岸和红海沿岸　　D. 印度半岛南端和锡兰

17. 季羡林先生曾说：“在世界上延续时间长、真正形成独立体系的文化只有四个——中国、印度、阿拉伯和西欧。这四大文化体系汇流的地方只有一个，就是中国的新疆地区。其所以能够在这里汇流，则须归功于贯穿全区的丝绸之路。”这段话说明（　　）

A. 丝绸之路是古代东西方往来的中心　　B. 丝绸之路是一条多元文化融汇的通道

C. 世界古老文化的源头在中国的新疆地区　　D. 丝绸之路促进了不同地区的政治变革

18. “丝路商贸活动可谓奇货可点、令人眼花缭乱，从外奴、艺人、歌舞伎到家畜、野兽，从皮毛植物、香料到金银珠宝矿石金属，从器具牙角到武器书籍乐器几乎应有尽有，而外来工艺、宗教、风俗等则随商进入更是不胜枚举。”材料较为全面反映了丝绸之路（　　）

A. 推动了中外宗教文化的传播与交流　　B. 促进了中外经济文化的交流

C. 加强了中外各国的政治合作　　D. 加速了中外民族大融合

19. “一带一路”是和平友谊之路。2 000 多年来，一代又一代的“丝路人”通过陆上和海上丝绸之路打开与外国友好交往的新窗口，书写了人类发展进步的新篇章。以下属于“丝路人”的是（　　）

①张骞　　②玄奘　　③郑和　　④郑成功

A. ①②③　　B. ②③④　　C. ①②④　　D. ①③④

20. 朝鲜在两汉时期与我国联系密切，下列选项被称为“秦韩”的是（　　）

A. 马韩　　B. 辰韩　　C. 百济　　D. 弁韩

二、材料分析题

阅读材料，回答问题。

（大秦）王常欲通使于汉，而安息欲以汉缯彩与之交市，故遮阂不得自达。至桓帝延熹九年，大秦王安敦遣使自日南（今越南）徼外（中南半岛外）献象牙、犀角、玳瑁，始乃一通焉。

——《后汉书·西域传》

（1）“桓帝延熹九年”是哪一年？

（2）根据材料，大秦王的使者是从陆路还是从海道来中国？

（3）结合所学知识，谈谈大秦使臣来到中国的重要意义。

三、问答题

1. 陆上丝绸之路与海上丝绸之路的开通，有何重要历史意义？

2. 试述两汉时期对外关系的特点及其蓬勃发展的原因。

第二节　隋唐时期的对外交流

隋唐时期，政治统一，对外关系空前发展，对外经济、文化交流异常活跃。隋唐是在结束南北朝分裂局面、多元文化整合基础之上的统一。隋唐王朝开启了中国对外交往的辉煌新篇章。

一、隋朝的对外交流

隋朝虽然短暂，立国仅 37 年，但基本恢复了四夷朝贡中华的外交格局。隋炀帝时代，更出现了威加四海、万邦来朝的恢宏局面，“隋试图重现久已消失的汉代武功，重新树立中国在东亚的中心地位和至高无上的权威。隋在按照汉朝模式重振地区性权威方面做得非常成功，它在许多战线上取得了赫赫战功，恢复和发展了纳贡制”①。

隋朝陆上丝绸之路畅通，隋炀帝命裴矩驻张掖，掌管与丝绸之路沿线各国的通商事务。隋朝与中亚、西亚国家均有往来。大业年间（605—618 年），中亚康国②、吐火罗（阿富汗）和波斯（今伊朗）等三十余国遣使赴隋朝贡。隋炀帝派遣韦节、杜行满出使中亚几国，派遣云骑尉李昱出使波斯，波斯也遣使随李昱入隋进贡方物。

在朝鲜半岛，隋朝除与高丽有几度征战外，与朝鲜半岛上的百济、新罗两国一直保持友好的关系。隋初，百济遣使入贡，国王余昌接受隋文帝的册封，此后双方遣使往来不断。开皇十四年（594 年），新罗遣使朝贡，隋文帝册封其王。隋炀帝时期，新罗每岁朝贡，隋炀帝也派人出使新罗。朝鲜半岛的高丽、百济、新罗三国在隋朝建立之后，逐渐形成百济、新罗与隋朝联合对付高丽的格局。

隋朝同日本的来往也比前代有了较大进展。隋朝虽然短暂，但见于两国史书记载的日本“遣隋使”来华就有五次，隋炀帝时期也曾派遣裴世清回访日本。

隋朝同南海诸国亦有许多交往。隋初，林邑（今越南南部）曾遣使献方物，后来亦朝贡不断。隋朝与赤土国（约在今马来半岛南部）互通使节。赤土国先遣使来隋，隋炀帝再派常骏、王君政回访。常骏等人回国时，赤土国王遣子那邪迦随常骏来隋献方物。隋炀帝隆重接待了那邪迦，赐他官位和物品，又携其西巡。大业年间，真腊（今柬埔寨）、婆利国（今文莱）、丹丹③、盘盘④等南海十余国也来中国朝贡。

二、唐朝的对外交流

唐朝疆域辽阔，文化繁荣，国力强盛，实行对外开放的政策，于是文明强盛而又开放的

---

① ［英］崔瑞德编，中国社会科学院历史研究所译：《剑桥中国隋唐史》，中国社会科学出版社 1990 年版。

② 在今天乌兹别克斯坦的撒马尔罕。

③ 在今包括马来西亚吉兰丹州在内的马来半岛中部一带。

④ 在今泰国南部万伦湾沿岸一带。

大唐王朝深为世界各国人民所向往。唐朝在西域设置的安西、北庭两个都护府，守护了丝绸之路的顺畅。世界各国人民把自己的文化带入大唐，又把唐文化播传到四方，从而促进了中外文化的大交流。那时和唐朝交往的国家有70多个，唐朝在国际上享有很高的声望。

唐朝的对外交通 唐朝西北陆上丝绸之路，从长安城出发西行，经河西走廊，出敦煌再西行，有3条通往中亚、西亚和欧洲的通道；西南陆上丝绸之路从长安出发，经四川、吐蕃，到泥婆罗（今尼泊尔）和天竺（今印度）；或经南诏往东南，到林邑、真腊，往西南可到骠国①（今缅甸）和天竺；东部陆上丝绸之路从长安往东，经河北、辽东，通朝鲜半岛，达高句丽、百济和新罗。在丝绸之路沿途，有很多支线连通丝绸之路，称作“参天可汗②道”。敦煌、阳关、玉门这些地方，成为当时对外贸易的中心。

海路方面，从登州、扬州出发，可以到达朝鲜、日本；向南可从广州下海，渡南海，经东南亚，越印度洋、阿拉伯海，至波斯湾沿岸。中国船舶可到达林邑、真腊、诃陵（今爪哇岛）、骠国，经天竺直至大食，与欧洲各国发生贸易关系。当时广州、泉州、刘家港（今上海吴淞口附近）等地，成了最著名的对外港口。唐朝政府鼓励外商来中国贸易，允许他们长期在中国居住、任官，和中国人通婚。长安、洛阳聚集了各国的使节、商人，成为当时的国际大都会。唐朝的对外经济文化交流，远远超过以往各代。广州是南方的大都会，唐政府在那里设置市舶使管理对外贸易。

唐和朝鲜的往来 唐朝和朝鲜半岛上的国家都有来往。7世纪后期，新罗和唐朝的往来更加频繁。唐朝来自朝鲜半岛的留学生中，以新罗人数最多，最著名的是崔致远。唐朝的长安和沿海许多城市设有“新罗坊”“新罗馆”，接待新罗商旅。新罗立国，中央和地方行政制度参用唐制，还仿效唐朝学制和科举制，设立国学，开科取士，传授儒学。新罗从唐朝引入茶种、雕版印刷术和高超的制瓷、制铜技艺。新罗人喜欢读唐诗，许多文人会写唐诗。崔致远的诗文集《桂苑笔耕》受到中国文学界的重视。新罗学者也认为他们的汉文学始于崔致远。那些“登唐科第语唐音”的新罗留学生，回国后大都致力于传播儒家文化。唐朝创立的佛教教派也相继传入朝鲜，促进了朝鲜佛教的发展。此外，在姓氏、服饰、节令、风俗、医学等方面，朝鲜都有浓重的中华文化色彩。在唐文化的影响下，新罗成为文化昌盛的国家，唐玄宗称它为“君子之国”。朝鲜文化也对唐朝产生了影响，唐太宗时的十部乐中就有高丽乐，深受唐人喜爱。

唐和日本的往来 汉朝时日本使者曾来到我国。唐朝时，中日交往更加密切，日本向唐朝派遣唐使近20次，随同来访的有医生、工匠、水手、学问僧和留学生等，人数少者近百人，多者有650余人。许多日本留学生来中国学习，其中阿倍仲麻吕（中文名晁衡）还在唐政府内任官，他的诗文水平很高，同李白、王维互有唱和。日本的吉备真备来长安留学17年。归国时，他携带大量书籍和文物、工具等，在日本大力传播唐朝文化。唐朝高僧鉴真为传播佛经和中国文化，几经磨难，终于成功东渡日本，对中日文化交流作出了重要贡献。

唐朝文化对日本的影响很大，日本著名的大化改新，就是由留学唐朝回国的人策动的。新政仿照唐朝的政治制度，改革了行政制度，加强了中央集权；又仿唐朝的经济制度，实行班田收授法和租庸调制。日本都城的建造，完全仿照唐长安城的样式。日本文字是参照汉字

---

① 骠国（220—832年），伊洛瓦底江流域佛教古国。骠乃藏缅系中的一支，后融入缅人。

② 天可汗，指唐太宗。

的偏旁部首创造而成。日本各级学校教授儒学。日本人的饮食、服装和日常生活（如围棋、茶道等），深受唐朝的影响。

唐和东南亚、印度半岛各国的往来　唐朝和东南亚的一些国家有往来，彼此互派使节，交换土特产品。唐朝中期，骠国王子访问中国，还带来了歌舞团。他们的演出轰动长安，白居易的诗“玉螺一吹椎髻耸，铜鼓一击文身踊”，就是描述这次精彩的演出。唐朝时称印度为天竺。以佛教为纽带，中国和天竺的交往大大加强。双方多次互派使节通好，海上贸易往来频繁。贞观时，天竺多次遣使唐朝，送来郁金香、菩提树。唐太宗派人到天竺学习熬糖法。中国的文化艺术、精美的手工艺品和造纸术传到印度。中国创立的十进位记数法，也传到了天竺。唐代高僧玄奘于贞观初年长途跋涉去天竺取经，他在那里的佛教中心那烂陀寺钻研佛学，又到许多国家周游、讲学，成为公认的佛学大师。17 年后，玄奘返回长安，带回大量佛经，译成汉文，并著有《大唐西域记》一书，该书记述了高昌以西玄奘途经的 110 个和传闻所知的 28 个以上的城邦、地区、国家的情况，内容包括这些地方的幅员大小、地理形势、农业、商业、风俗、文艺、语言、文字、货币、国王、宗教等。该书是研究中亚、南亚地区古代历史地理、宗教史及中外关系史的重要文献，为各国学者所重视。玄奘还奉唐太宗之命将老子的《道德经》译为梵文，介绍到天竺。玄奘对促进中印文化交流作出了重要贡献。另一位唐代高僧义净在唐高宗时，浮海至天竺研究佛学，后来又到今天的印度尼西亚，武则天时他带回大量佛经，并撰写《大唐西域求法高僧传》等书，记录了许多国家的社会、宗教、文化状况，对中外文化交流起了重要作用。

> 求学问尤当去中国。
> ——穆罕默德

唐朝和中亚、西亚及欧非各地的往来　中亚的一些国家同唐朝往来密切，官方遣使及民间贸易都很频繁，给唐朝带来名马、药材等特产。

唐朝时，西亚的重要国家先有波斯，后有大食（阿拉伯帝国）。7 世纪中期，波斯国王和他的儿子先后居住在长安。许多波斯人到中国定居，波斯商人的足迹遍及各地，在中国开设了许多“波斯店”。

唐朝称阿拉伯国家为大食。651 年，大食遣唐使到唐朝通好，此后 100 多年里，大食派使节到唐 30 多次。大食的商人到中国来的也不少，其中一些人在中国定居，在长安、广州建有伊斯兰教礼拜寺。中国的造纸、纺织等手工业技术传到大食，又通过大食传到非洲和欧洲。中亚和西亚的服饰、饮食对隋唐社会产生了很大的影响。

唐朝和东罗马有使节往还，东罗马的医术、杂技传入中国。唐朝的丝绸、瓷器大量运往欧洲。唐朝和非洲也有来往。唐朝人杜环曾去过非洲，他撰写的书中记载了非洲的风土民情。据史书记载，东非索马里使者在唐太宗时来到中国，受到很好的接待。从 8 世纪起，陶瓷特别是瓷器成为中国大宗出口商品，主要沿海路外销到东南亚、南亚、西亚、北非、东非等地，深受当地人喜爱。考古学家在非洲发掘出土了唐三彩和邢窑、越窑的陶瓷残片。

练习题

一、选择题

1. 唐朝管理对外贸易的机构市舶使设在（　　）

A. 长安　　B. 扬州　　C. 广州　　D. 泉州

2. 唐朝对外交往频繁，出现了前所未有的盛况，其原因是（　　）

①唐朝的对外交通发达　②唐朝的经济和文化处于世界先进地位

③唐朝的一些皇帝推行较为开明的对外政策　④唐朝的疆域比过去广大

A. ①②③　B. ②③④　C. ①③④　D. ②④

3. 唐朝的外国留学生中，最多的是（　　）

A. 新罗人　B. 日本人　C. 天竺人　D. 大食人

4. 唐太宗时期，历尽艰险，到天竺去研究佛经的是（　　）

A. 玄奘　B. 张骞　C. 班超　D. 甘英

5. 鉴真东渡，带去了中国的医药、文学、建筑、绘画等。这说明鉴真东渡（　　）

A. 推动了朝鲜民族汉化　B. 促进了中日文化交流

C. 促进了中华民族交融　D. 缓和了中日民族矛盾

6. 贞观年间，一位高僧为求取佛经西行4年，游历了100多个国家和地区，最终到达天竺。后来，他的弟子根据其口述的沿途山川风貌和社会习俗，编纂成书。此书是（　　）

A.《大唐西域记》　B.《资治通鉴》　C.《西游记》　D.《牡丹亭》

7. 唐朝人充满自信和活力，他们以博大的胸怀学习和吸收着各种外来文化。下列体现这一时代特征的是（　　）

A. 鉴真受邀到日本传授佛法　B. 玄奘游学天竺带回佛经

C. 白居易的诗关注人民疾苦　D. 文成公主入藏带去技术和书籍

8. 唐朝后期，吐蕃最西与之为邻的是（　　）

A. 波斯　B. 大秦　C. 大食　D. 天竺

9. 唐朝的长安和沿海许多城市设有“新罗坊”“新罗馆”，主要反映了（　　）

A. 唐朝建筑技术的提高　B. 唐朝对外政策倾向

C. 来唐的新罗商旅很多　D. 唐朝城市的发达

10. 对中日交往有突出贡献的人物有（　　）

①崔致远　②吉备真备　③义净　④鉴真

A. ①②　B. ②③　C. ①③　D. ②④

11. 唐朝海上丝绸之路最远可达（　　）

A. 非洲东海岸　B. 印度半岛南端　C. 波斯湾　D. 红海沿岸

12. 唐朝著名的对外港口不包括（　　）

A. 登州　B. 扬州　C. 广州　D. 松江

13. 隋唐时期同印度联系的主要纽带是（　　）

A. 佛教　B. 土特产品　C. 婚姻关系　D. 科技

14. 唐朝时，从中国传到大食的技术是（　　）

A. 制瓷技术　B. 造纸术　C. 雕版印刷术　D. 冶铁技术

15. 唐朝对日本、朝鲜的影响最主要的是（　　）

A. 政治制度　B. 生产技术　C. 建筑风格　D. 先进产品

16. 在汉唐时期对外贸易中占重要地位的是（　　）

A. 瓷器　B. 丝绸　C. 纸张　D. 茶叶

17. 唐朝时，其医术、杂技传入中国的国家是（　　）

A. 大食　B. 波斯　C. 东罗马　D. 天竺

18. 唐代中日交通的主要港口城市是（　　）

A. 明州　　B. 扬州　　C. 泉州　　D. 广州

19. 唐代的对外关系呈现出前所未有的盛况，出现这一盛况的直接原因是（　　）

A. 经济处于世界领先地位

B. 政治制度比世界各国先进

C. 开辟了发达的水陆交通路线

D. 统治者以开明的态度吸纳世界先进文化

20. 下列中外历史上著名的航海活动中，尚未使用指南针的是（　　）

A. 鉴真东渡日本　　B. 郑和下西洋

C. 哥伦布发现新大陆　　D. 麦哲伦船队环球航行

二、材料分析题

阅读材料，回答问题。

至德元年（756年）有三支西域唐军被调回内地，参加了收复长安的战争，以后在此基础上组成了战斗力很强的镇西北庭行营。到了乾元元年（758年）秋天，吐火罗叶护与西域九国首领来朝，请求“助国讨贼”，肃宗派他们赴朔方行营效力。

——摘编自《新唐书》

材料所反映的历史时期（8世纪中期），世界局势正在发生着重大变化。当时世界上哪一个国家的疆域最大？它把中国的哪些重大科技成就传入了欧洲？

三、问答题

隋唐对外交往超过前代的原因是什么？

第三节　宋元时期的对外交流

宋元时期是中国古代历史上一个非常开放的时期。由于国际政治、经济、军事、地理和科技文化等各种因素的作用，这一时期，中国对世界的发展产生了深远的影响。宋朝的海外贸易超过前代，成为当时世界上从事海外贸易的重要国家。南宋的外贸所得，成为国家财政收入的重要组成部分。陆上丝绸之路在宋元时期成为通往西方的交通要道。海上丝绸之路在元朝进入鼎盛时期。元朝开启了中国历史上海陆全方位开放、华夷一体的新局面。

一、宋元时期对外交通的繁荣

宋元时期的西北陆路交通　北宋时期西北存在一系列割据政权：西夏、高昌回鹘、喀喇汗、西辽。这些割据政权的存在使北宋西北陆路对外交通被阻隔。南宋偏安江南，西部有西夏、吐蕃、大理等割据政权，西北陆路对外交通更是处于隔绝状态。因此，两宋对外交往转向发展海路交通。

元代对外陆路交通高度繁荣。蒙古政权进行了三次西征，在被征服地区建立了被称为

“四大汗国”的钦察汗国（也称金帐汗国）、察合台汗国、窝阔台汗国和伊儿汗国（也称伊利汗国）。四大汗国的统治者在血统上均出自成吉思汗“黄金家族”，彼此血脉相连，因而共同奉入主中原的元朝为宗主，与元朝驿路相通。其中拔都建立的钦察汗国其疆域东起额尔齐斯河，西到斡罗思，南起巴尔喀什湖、里海、黑海，北到北极圈附近的辽阔区域；旭烈兀建立的伊儿汗国其疆域东起阿姆河，西至小亚细亚，北接钦察汗国，南抵印度洋。旭烈兀在西亚的征服活动，不但改变了该地区的政治版图，而且改变了该地区各宗教、教派的力量对比，牵连之广，遍及欧亚各地乃至非洲。伊儿汗国同元朝本部的联系，远比蒙古其他三大汗国密切，丝绸之路畅通，加快了中国的四大发明西传的速度，而回回炮、阿拉伯数字、阿拉伯历法等也传入中国。

蒙古三次西征畅通了五代、两宋时期被阻断的中西陆路交通，使中西陆路交通进入历史上最繁盛的阶段。蒙古西征也带来了世界古代史上一次大规模的人口双向流动与迁徙，加强了中原与中亚、西亚和欧洲各国的关系以及经济文化交流。

元代的中西陆路交通线有三条，其一是从蒙古通往中亚。从蒙古至中亚，翻越阿尔泰山后分三路西行：沿天山北麓，经别失八里（唐代北庭），越天山入伊犁河谷，至霍城附近的阿力麻里；从准噶尔盆地北沿至窝阔台汗国的中心——叶立密，越天山至阿力麻里；阿尔泰山至斋桑泊以北越额尔齐斯河至巴尔喀什湖东南。其二是从和林北行至叶尼塞河、额尔齐斯河上游之间的道路。即从和林出发经叶尼塞河上游至吉利吉思（南西伯利亚），或经称海（蒙古科布多）至吉利吉思。其三是经河西走廊通往中亚的丝绸之路，即传统的丝绸古道。

宋元海路交通的繁荣　两宋时期海上交通繁荣。其原因在于：首先，西北陆路交通的不畅；其次，全国经济中心的南移，江南及东南沿海地区经济日益发展；再次，造船技术的发展和航海技术进步，尤其是指南针应用于航海，为发展海上交通提供了技术保证。福建泉州出土的南宋海船，有 13 个密封的船舱；最后，两宋政府实行积极的开放性航海贸易政策，在广州、泉州都设有市舶司。广东打捞的宋代沉船“南海Ⅰ号”，距今至少 800 年，船上载有文物超过 6 万件，仅陶瓷器就有 6 000 多件，其中完好无损的有 4 000 件；最后，宋代中国人地理知识的扩充也为海上交通繁荣提供了有利条件。宋代周去非撰写的《岭外代答》，为地理名著，共十卷，反映了当时岭南地区与海外诸国的交通、贸易等情况。

两宋时期的海上交通线有四条，其一是从广州通往今越南、印度尼西亚，再由此通往大食（阿拉伯），这是唐以来的旧路，两宋时更加繁荣。其二是从明州（今浙江宁波）或杭州通往日本和高丽。其三是由密州（山东诸城）板桥镇北通高丽，南通明州、泉州、广州等。其四是从泉州到南海再到大食。南宋主要的港口有泉州、广州和明州。

元代海路交通非常繁荣。其原因在于：统一的环境为国家间、地区间的交往创造了前所未有的便利条件，史称“四海为家，声教渐被，无此疆彼界，朔南名利之相往来，适千里者如在户庭，之万里者如出邻家”。

元代海路交通线主要有三条：东线达日本、高丽；南线抵南洋诸国及印度半岛；西线连接西亚直到东非和地中海。元代的主要海港有：泉州、庆元、广州、上海、澉浦、温州、杭州等。泉州是元代最大的外贸港口和东西方物资的集散地，其繁荣已超过广州，而据马可·波罗和伊本·白图泰估算，泉州港的货物吞吐量和船舶容量已超过埃及亚历山大港，成为世界最大港口。泉州的高度繁荣直接反映了当时中国海外贸易的兴盛。

二、宋元时期的对外交流

宋朝海外贸易超过前代。北宋政府在广州、泉州等地设置市舶司，负责管理对外事务和贸易，征收商税。中国的丝织品、瓷器、茶叶等远销日本、东南亚各地，输入商品以香料、珠宝为主。南宋的海外贸易空前繁荣，同南宋通商的国家有五十多个，其中以阿拉伯商人最多。南宋政府采取鼓励外商的政策，在一些大的港口设有供外商居住的蕃坊。北宋时侨居在广州的蕃客居多，南宋和元代时居住在泉州的蕃客居多。同南宋交往最密切的是高丽、日本、交趾（今越南北部）、占城等邻国，南宋从明州进口的高丽货物有四十种。日本来南宋的商船，每年多达四五十艘。此外，南宋同东南亚以及阿拉伯的经济交流也比较频繁。南宋海外贸易路线向西可达非洲一些国家。

辽、金与高丽通过使节贸易保持经济上的联系，并在边境设置榷场，互通有无。日本、波斯、大食等国也都同辽、金有贸易关系。

元朝中外交通的发达促进了对外贸易的发展。元朝对外贸易的繁荣超过前代，海船可直通日本、占城各地。元朝在各港口设市舶司，和各国通商互市。元朝和高丽、日本贸易密切。高丽的人参等土产品在我国内地受到欢迎。我国的棉纺织技术在此时传到高丽。日本从中国招聘雕印工匠，来发展日本的印刷业。

那时候，中国同欧洲、非洲也有交往。意大利旅行家马可·波罗就在元世祖时来到大都。马可·波罗出生在威尼斯，他家世代经商，父亲和叔父常奔走于地中海东部，进行商业活动。1260 年，他的父亲和叔父曾与一个波斯使臣一起到了中国，见到了元世祖忽必烈。1271 年，他的父亲和叔父再次动身去中国，并带马可·波罗同行。他们由威尼斯起程，渡过地中海，经今土耳其、伊朗，南下波斯湾的霍尔木兹海峡，再经伊朗东部，进入阿富汗，然后翻越帕米尔高原，进入中国新疆的喀什，沿着塔克拉玛干沙漠的西部边缘行走，继而向东到达和田和且末，再经敦煌、酒泉、张掖、宁夏等地，费时三年半，于 1275 年夏抵达元上都，之后又到达元大都，在中国生活了 17 年。

马可·波罗善于学习，很快熟悉了朝廷礼仪，掌握了蒙古语等语言。忽必烈对他很器重，除了让他在京城大都应差外，还几次安排他到国内各地和一些邻近国家进行游览和访问。根据游记记载，马可·波罗出访过云南、江南一带，他的游记里有淮安、宝应、高邮、泰州、扬州、南京、苏州、杭州、福州、泉州等城市的记载，其中在扬州他还担任官职 3 年。此外，马可·波罗还奉使访问过东南亚的一些国家，如今印度尼西亚、菲律宾、缅甸、越南等。1291 年，马可·波罗辞别忽必烈，于 1295 年回到威尼斯。马可·波罗后来参加威尼斯对热那亚的战争，战败被俘。在狱中他回忆自己的经历，由狱友比萨作家鲁思梯谦笔录，形成了著名的《马可·波罗行记》。《马可·波罗行记》对当时中国的自然和社会情况做了详细描述，引起了欧洲人东来的兴趣，在欧洲兴起了“中国热”，许多商人、学者、僧侣联袂前来，西方的天文历法、医术等传入我国。我国的造纸术、印刷术、火药和指南针也传到了西方，对欧洲近代文明贡献很大。马可·波罗被誉为“中世纪的伟大旅行家”，中西交通史和中意关系史上的友好使者。他获释后继续经商，于 1324 年 70 岁时去世。

元朝时，住在大都的畏兀儿族人列班·扫马，前往西亚，经由耶路撒冷到欧洲访问，见到了教皇和英、法国王，成为我国第一位访问欧洲各国的旅行家。

阿拉伯世界地处欧、亚、非三大洲的联结部位，地理位置十分优越。宋元时期，中国和阿拉伯的船队穿梭往来，连接起当时世界上最繁荣也是最先进的两个地区频繁的物质和文化交流，有力地推动了人类文明的发展进程。据白寿彝考证，自北宋开宝元年（968年）至南宋乾道四年（1168年）的200年间，大食遣使49次，平均每四年就有一次朝贡。这一时期，与两宋政权先后鼎立的辽、西夏、金等少数民族政权也同大食等伊斯兰国家建立了朝贡和贸易关系，留下了穆斯林活动的足迹。元代商人直航阿拉伯的情况比宋代普遍。《岛夷志略》的作者汪大渊曾先后两次"附舶以浮海"，他在书中提到了波斯离（巴士拉）、天堂（麦加）等地。14世纪时，商人杨枢搭乘"官本船"到达过忽鲁谟斯（霍尔木兹）。

宋元之际，福建大海商蒲寿庚，为阿拉伯侨民后代，他主管泉州市舶三十年。蒲家拥有大量海舶，从事海外贸易活动。宋度宗咸淳末年，因助平海寇有功，他官至福建安抚沿海制置使，后又授福建、广东招抚使，统领闽、广海舶。宋端宗景炎元年（1276年）降元，他被元朝任命为福建行省中书左丞，其子蒲师文又主管市舶。蒲氏不但为福建权贵，而且独擅市舶，富甲一方。这反映出宋元时期中外贸易的活跃和繁盛。

三、宋元时期中国三大发明的对外传播

宋王朝结束了五代十国的战乱，统一了中原地区，使辖区内社会基本稳定，经济由恢复步入发展，文化事业随之兴旺发达。这就为科学技术的发明创造提供了极为有利的条件。宋代是中国科学技术大发展的时期。李约瑟指出，中国"在3世纪到13世纪之间保持一个西方所望尘莫及的科学知识水平"。中国四大发明中的三项发明，印刷术、火药、指南针均是在宋代有划时代的发展并传播到国外的，对欧洲乃至世界的发展进步产生了重大的影响。

11世纪中期，北宋平民毕昇发明了活字印刷术，为世界文明作出了重要贡献。活字印刷术发明以后，向东传到朝鲜、日本，向西传到埃及和欧洲。欧洲人用活字排版印刷比中国晚了四个多世纪。

指南针在宋代航海交通上已普遍使用。13世纪，指南针传入阿拉伯和欧洲各国。指南针用于航海，对世界经济文化的交流和发展起了巨大的推动作用。同时，它也为欧洲航海家发现美洲和实现环球航行，提供了重要条件。

火药在唐末开始用于军事。北宋政府在东京设立专门机构，制造火药和火器。南宋时发明了管形火器"突火枪"。管形火器的出现，开创了人类作战史的新阶段。火药和火药武器在13世纪中期传入阿拉伯，后来又由阿拉伯传入欧洲。

活字印刷术传到欧洲后，大大推动了文艺复兴运动和宗教改革，促进了欧洲思想解放和社会进步。火药传入欧洲，推动了欧洲火药武器的发展，封建时代靠冷兵器耀武扬威的骑士阶层日益没落。指南针在欧洲的使用，促进了远洋航行，推动了大航海时代的到来。正如欧洲人自己承认的，没有中国四大发明的西传，就没有文艺复兴运动，而没有文艺复兴运动，也就没有欧洲的近代化。英国哲学家弗朗西斯·培根指出，这三种东西曾经改变了整个世界事务的面貌和状态，第一种在文学方面，第二种在战争上，第三种在航海上，由此产生了无数的新变化。这种变化是这样大，以至于没有一个帝国，没有一个教派，没有一个赫赫有名的人物，能比这三种机械发明在人类事业中产生更大的力量和影响。马克思也指出："火药、指南针、印刷术是预告资产阶级社会到来的三大发明。火药把骑士阶层炸得粉碎；指南针打开了世界市场并建立了殖民地；而印刷术则变成了新教的工具，总的来说变成了科学复兴的手段，变成对精神发展创造必要前提的最强大的杠杆。"

练习题

一、选择题

1. 将我国四大发明传到西方的是（　　）

A. 到中国学习的留学生　　B. 敢于冒险行走八方的航海家

C. 善于经营东西方贸易的阿拉伯人　　D. 中国皇帝派往西方的友好使者

2. 泉州成为我国古代重要的海外贸易港口是在（　　）

A. 南朝时期　　B. 隋唐时期　　C. 宋元时期　　D. 明清时期

3. 南宋的海外贸易空前发达，其主要外贸港口是（　　）

A. 广州、厦门、福州　　B. 上海、广州、福州

C. 苏州、杭州、扬州　　D. 泉州、广州、明州

4. 元朝漕运路线最北的一段河道是（　　）

A. 广通渠　　B. 通惠河　　C. 会通河　　D. 胶莱河

5. 我国古代开凿会通河、通惠河的直接目的是（　　）

A. 疏水防洪　　B. 加强统治　　C. 灌溉农田　　D. 方便粮运

6. 我国古代对外贸易由汉唐的陆路贸易为主转为元朝的海上贸易为主的原因不包括（　　）

A. 封建王朝实行闭关政策　　B. 北方战乱，殃及丝绸之路

C. 经济重心南移　　D. 造船技术提高与指南针的应用

7. 宋高宗曾发布上谕："海外贸易有利于解决国家财政，如果管理得当，每年可至少收入百万两白银，这难道不比取之于民更好吗?" 为此，宋代（　　）

A. 推行重文轻武政策　　B. 与辽和西夏开设互市

C. 在沿海设置市舶司　　D. 采用纸币与铜钱并行

8. 宋朝的广州、泉州是闻名世界的大商港，中国商船的踪迹，近至朝鲜、日本，远达阿拉伯半岛和非洲东海岸。可见宋朝（　　）

A. 民族关系融洽　　B. 商人地位不断提高

C. 海外贸易繁荣　　D. 江南经济飞跃发展

9. 古代海上丝绸之路进入鼎盛时期是在（　　）

A. 汉朝　　B. 唐朝　　C. 宋朝　　D. 元朝

10. 作为中世纪欧洲封建制度的维护者，冷兵器作战的骑士阶层纵横欧洲近 1 000 年，他的衰落受中国古代发明的影响，这项发明应是（　　）

A. 火药　　B. 指南针　　C. 印刷术　　D. 造纸术

11. 北宋时，发明活字印刷术的匠人是（　　）

A. 贾思勰　　B. 毕昇　　C. 刘徽　　D. 徐光启

12. 《梦溪笔谈》记载了中国古代的一项重大技术，包括选泥、制料、刻字、烧制、排版、印刷等工艺流程，它对传播知识和促进世界文明的发展起到了重要作用。该技术是（　　）

A. 雕版印刷术　　B. 活字印刷术　　C. 泥范铸造法　　D. 造纸术

13. 宋元时期的科学技术取得了突出的成就，对世界文明发展具有重要的推动作用，下列选项中不是宋元时期科技成就的一项是（　　）

A. 印刷术　　B. 火药　　C. 指南针　　D. 造纸术

14. “印刷术的发明改变了只有僧侣才能受高级的教育的状况。印刷术的推广，给市民阶级和王权反对封建制度的斗争带来了好处，推动着欧洲从中世纪的黑暗中走出来。”材料主要强调了印刷术（　　）

A. 推动了欧洲的社会转型　　B. 加速了欧洲人文主义的兴起

C. 促进了欧洲教育的发展　　D. 开启了欧洲的思想启蒙运动

15. 中国古代的四大发明中，促进了世界远洋航海技术发展的是（　　）

A. 造纸术　　B. 印刷术　　C. 指南针　　D. 火药

16. 马克思认为“……这是预兆资产阶级社会到来的三项伟大发明。______把骑士阶层炸得粉碎；______打开了世界市场并建立了殖民地；而______却变成新教的工具，总的来说变成了科学复兴的手段，变成对精神发展创造必要前提的最强大的杠杆。”横线上依次应填入的是（　　）

A. 火药、指南针、印刷术　　B. 印刷术、指南针、火药

C. 指南针、火药、印刷术　　D. 火药、印刷术、指南针

17. 关于中国古代四大发明表述正确的是（　　）

A. 活字印刷书籍的出现始于北宋　　B. “蔡侯纸”是中国古代最早的纸

C. 火药在元朝开始应用于军事　　D. “司南”最早出现于春秋时期

18. 造纸术、印刷术、火药和指南针是我国古代的四大发明，这些发明对世界文明发展具有重要的推动作用，其中有利于人类文化传播和交流的是（　　）

A. 火药、指南针　　B. 指南针、印刷术　　C. 印刷术、造纸术　　D. 火药、造纸术

19. 古代四大发明是中国奉献给世界的伟大成果；中国人的“书”从竹木简演化为精美的图书，主要得益于两项重要发明，与这两项发明相关的正确表述是（　　）

①北宋时发明，为欧洲航海家发现新大陆提供了重要条件　②东汉蔡伦改进了技术，掀起了一场人类文字载体的革命　③唐朝炼丹家在炼制“仙丹”的过程中发现，改变了人类的作战方式　④毕昇的发明，促进了世界文化的传播与发展

A. ①④　　B. ②④　　C. ①③　　D. ③④

20. 下列有关中国古代科技成果的史实，按先后顺序排列正确的是（　　）

①指南针传入欧洲　②蔡伦改进造纸术　③雕版印刷术的发明　④毕昇发明活字印刷术

A. ③①②④　　B. ②③④①　　C. ①②④③　　D. ②③①④

二、材料分析题

阅读材料，回答问题。

材料一　庆历年间，毕昇发明了泥活字。用胶泥做出规格统一的字模，一字一模，用火烤硬后即可。按照韵部放入不同的木格收纳，印刷时根据文稿内容进行现场排版，制版省时省力。字模能重复使用，打破了雕版印刷文字固定无法变动的缺陷。泥活字比大块雕版更便于存储，也不用担心受潮或开裂问题。

——据沈括《梦溪笔谈》译编

材料二　在欧洲，活字印刷术得以改进。这样，书籍得以大量生产，接受教育和自学知识成为可能。人们从书籍中得到启迪，自我意识得到增长，大多数受过教育的人都认为地球

是圆的。在这种情况下，欧洲人发起了向外面世界的冲锋，建立起了各大洲之间的联系，促进了世界文化的融合。

——摘编自萨克雷等《世界大历史》

（1）依据材料并结合所学知识，归纳活字印刷术的主要优点。

（2）材料二中“向外面世界的冲锋”指的是哪一历史事件？依据材料二并结合所学知识简要说明该事件的世界影响。

（3）依据材料及所学知识，说明活字印刷术与“向外面世界的冲锋”之间的内在联系。

三、问答题

1. 简述两宋时期我国科学技术处于世界领先的情况，并分析其原因。
2. 两宋时期海外贸易有很大发展，试从经济和科技方面分析其主要原因。

第四节 明清时期的对外交流

明清时期，在继续秦汉以来的主动和平外交的同时，中国与外来侵略势力的矛盾也日益尖锐。明清对外经济文化交流频繁，中国开始介绍和引进欧洲近代科学知识，对外政策由主动开放走向闭关锁国。

一、明朝的对外关系

明清政府在对外关系上致力于维护朝贡体制和朝贡贸易体系。明初由于中国沿海地区经常会遭受到倭寇的骚扰，明太祖朱元璋颁行了海禁政策，规定沿海百姓不许私自出海，明朝也与某些海外国家断了联系。明成祖朱棣时，社会经济得到很大发展，为了宣扬大明国威，便派郑和下西洋，明朝与海外三十多个国家建立了友好关系。明朝中后期，处于“扩张的时代”的欧洲国家纷纷踏浪东来，对中国沿海进行侵扰，为维护统治，明朝政府再次实行海禁政策。

郑和下西洋 明朝前期，国力强盛，为宣扬国威，加强与海外诸国的联系，满足统治者对异域珍宝特产的需求，明成祖派郑和出使西洋（指今文莱以西的南洋各地和印度洋沿岸一带的国家）。郑和（1371—1433 年）是中国历史上杰出的政治活动家和伟大的航海家，也是世界历史上的伟大航海家。从明永乐三年（1405 年）到明宣德八年（1433 年），郑和先后七次统率百艘巨舰、27 000 多名官兵，渡南洋，过印度洋，达红海，至非洲东海岸，航程总计 16 万海里，历经东南亚（又称“南洋”）、南亚、西亚和东非的三十多个国家和地区，最远到达红海沿岸和非洲东海岸地区。郑和船队主要活动在东南亚、南亚和东非三大区域，他们的七次航行建立了与所到国家和地区的友好关系，促进了双方的经济文化交流。

郑和下西洋是中国历史上空前的主动外交，把以“输出”为主的中外交流推向了顶峰。其规模之大，历时之久，航程之远，在世界航海史上是空前的。他比欧洲航海家的远洋航行早八九十年，可以说它是世界地理大发现的先导。郑和下西洋在政治上建立了亚非国家间的和平局势，提高了中国在国际上的威望；在经济上发展了亚非诸国同中国的国际贸易，促进了海上丝绸之路的繁荣发展；在文化上宣传了中国传统文化，增强了中国与亚非国家的相互了解和友谊。郑和的功绩，诚如梁启超所言："虽张博望（张骞）、班定远（班超）亦无以过之。"孙中山先生也给予充分肯定，称之为"中国超前轶后之奇举"。郑和不愧是世界航海事业的伟大先驱。但是，郑和下西洋的目的不是发展海外贸易，它采取的不计经济效益的政策，给明朝造成巨大负担。随着国力衰退，航海的壮举也悄然结束。

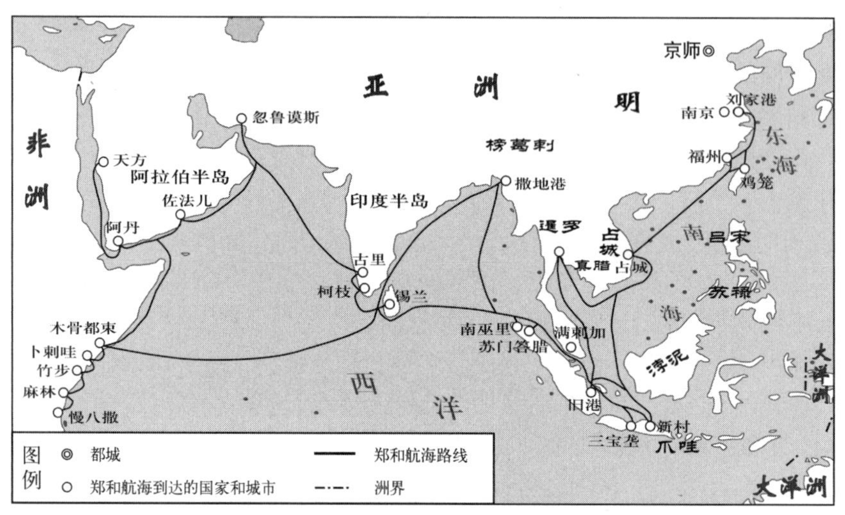

郑和下西洋路线图

古　里	今印度科泽科德	刘家港	今江苏太仓
天　方	今沙特阿拉伯麦加	占　城	今越南中南部
满剌加	今马来西亚马六甲一带	榜葛剌	今孟加拉国和印度西孟加拉邦一带
浡　泥	今加里曼丹岛北部	苏　禄	今菲律宾苏禄群岛
木骨都束	今索马里摩加迪沙一带	吕　宋	今菲律宾吕宋岛

从唐朝开始，我国东南沿海一带有很多人到南洋诸岛谋生，在当地传播中华文化。郑和下西洋的壮举更加扩大并加深了中华文化对世界的影响。其后，更多的中国人迁徙到南洋各岛定居，成为华侨。他们从祖国带去先进的生产技术和工具，同当地人民一起，开发丛林，开采矿山，培育橡胶，对南洋的开发作出了重大的贡献。

驱逐倭寇与援朝战争　元末明初，日本的武士、商人和海盗，经常骚扰我国沿海地区，被称为倭寇。明朝中期，朝廷误以为"倭患起于市舶，遂罢之"。那时候，明显发展的私人海外贸易受到严厉限制。中国东南沿海的一些奸商，与倭寇相勾结，共同走私、抢掠分赃，倭患愈演愈烈。

明政府派遣将领到沿海地区剿灭倭寇，戚继光是抗倭斗争中最著名的将领。他带领作战勇敢、纪律良好的"戚家军"，于1561年在浙江台州一带接连打了九次胜仗，全歼了那里的倭寇。后来，戚家军又进入福建、广东，和俞大猷的军队互相配合，协同作战，到1565年，基本上肃清了东南沿海的倭寇。民族英雄戚继光和他的戚家军，对驱逐倭寇作出了重大贡献。

1592年，日本权臣丰臣秀吉派军队进攻朝鲜。第二年，明政府应邀派援军开赴朝鲜。1598年，明军将领邓子龙和朝鲜名将李舜臣指挥明朝水军和朝鲜水军在朝鲜南部海面几乎全歼日本水军。水战中，朝鲜的"龟船"发挥了重要的作用。水战虽然取得了胜利，但邓子龙和李舜臣也在战斗中壮烈牺牲。

葡萄牙殖民者租占澳门 从16世纪开始，葡萄牙殖民者不断侵扰我国东南沿海地区。1553年，葡萄牙殖民者“托言舟触风涛缝裂，水湿贡物，愿暂借地晾晒”，向明朝地方官行贿，获得允许。后来，他们买通澳门守将，获准每年纳银500两，租借澳门为暂居贸易地。此后，他们擅自修筑城垣和炮台，设置“自治”机构，任命官吏，派驻军队，强行租占澳门。从此，葡萄牙人开始在澳门立足，逐渐将澳门建成一个远东国际贸易的基地及东西方文化交流的桥梁。

葡萄牙租占澳门以后，明政府始终掌握着澳门的领土主权。澳门的民政和司法归香山县知县主管，设守澳官，并在澳门驻扎军队，负责防务和治安。香山县知县曾亲赴澳门处治不法的葡萄牙人，并制定澳夷条例十则。1621年，明政府还强制毁掉葡萄牙人擅自修筑的青州城。

二、清朝（前期）的对外关系

清朝统治中原之后，统治者在处理西方国家的事务中基本沿袭了明朝时期的外交政策。要求各国按照宗主国与属国的关系照旧进行朝贡、接受封赐。显然，清政府仍是以传统的宗藩观念以及一代代流传下来的“华夷秩序”去看待这些正处于快速发展中的西方资本主义国家。殊不知，此刻世界格局正悄然发生着翻天覆地的变化，西方资本主义国家的发展进程逐渐赶超中国。

清初，朝廷多次颁布禁海令，对外国采取“非系贡献，概不准贸易”的态度。清朝与其他国家的贸易只能通过“朝贡”的方式加以解决，这既能彰显清朝作为宗主国的大国风范，又能在一定程度上缓解其他小国“求贸心切”的需求，同时还能进一步凸显出以清王朝为中心的国际秩序。然而，随着西方殖民势力对外扩张的步伐加快，“朝贡贸易”显然不能满足其他国家自身的经济发展需要，与经济体量庞大的中国建立可靠的自由贸易关系是西方国家的愿望。清朝为了自身的利益，也会适当开放沿海地区的自由贸易通道。

顺治四年（1647年），清政府批准海外商人载货至澳门贸易。

顺治十三年（1656年），清政府认定“明郑政权”的存在与沿海地区人民的支持有关，便下令在东南沿海实施海禁政策。

康熙时期，解除了长达29年的海禁政策。广州、松江（上海）、泉州和宁波四地被开放为对外贸易港口，同时于对应省份设置了海关，负责管理外贸事宜。

由于西方殖民者在中国沿海的非法活动日益猖獗，到乾隆后期，清朝开始推行闭关锁国政策。闭关政策一方面禁止国人出海贸易，另一方面严格限制对外贸易。闭关政策将广州作为西洋商人来华贸易的唯一通商口岸，并设立“公行制度”进一步限制中外贸易，即由清政府特许指定的十三家“公行”来管理对外贸易的一切事务。之所以实行闭关锁国政策，原因在于清朝封建经济比较稳定，自给自足，不需要外来商品；另外清朝统治者害怕外国商人与沿海人民接触，威胁其统治。闭关锁国政策在一定时期内对西方殖民主义侵略有一定的自卫作用，但长期闭关锁国使清朝与世界隔绝，造成科技落后，影响了中国社会的发展进步，中国逐渐落在世界潮流的后面。

西方殖民势力在亚洲的进一步发展也逐步影响和制约着中国在整个亚洲地区的地位，“华夷秩序”已不再适用于17世纪以后的亚洲格局。在西方殖民势力东来之前，作为经济实力和军事实力均首屈一指的中国，在整个亚洲国家之间所起到的作用是不可小觑的。一方面，它充当着“大哥”的身份，帮助和保护周边弱小国家；另一方面又时常扮演“和事佬”

的角色，调停各国之间的纠纷。在这种局势之下，亚洲诸国纷纷遣使进贡，以便寻求来自中国的庇护。因此，之前的亚洲地区在中国的主导下可以说是相对稳定和谐的。然而，自西方殖民势力东来之后，亚洲地区这一原本稳定和谐的格局便被彻底打破了。为了获取利益，西方殖民势力在亚洲抢占领土、掠夺原料，甚至干涉弱小国家的内部事务。而在此期间，中国正处于明清易代之际，因而逐渐丧失了对周边弱小国家的政治和军事庇护作用，使大清的国际地位逐步下降。

虽然明清政府在对外关系上致力于维护朝贡体制和朝贡贸易体系，但民间贸易和走私贸易仍屡禁不绝。随着对外交往增多，清朝对外关系开始缓慢转型。1689 年，中俄订立《尼布楚条约》，这是清朝政府签订的第一个边界条约。18 世纪，英国马戛尔尼使团来到中国，试图打开中国市场。清朝皇帝坚持认为天朝地大物博，无所不有，不需要与外界贸易，拒绝了英国使团的请求，关上了对英交往的大门。

三、西学东渐

明清时期，大批西方传教士东来，进入中国内地。他们出入京师宫禁，在全国范围内传布天主教。据统计，自 1581 年至 1712 年，来华耶稣会士共 249 人。欧洲传教士的东来，使中国人了解到一些先进的外来文化。16 世纪后期，意大利耶稣会传教士利玛窦来到中国。他说汉语，穿儒服，同时宣传西方科学知识，赢得一部分开明封建士大夫的好感。后来，他向明朝皇帝进献《坤舆万国全图》、八音琴、自鸣钟等，受到召见，获准留居北京传教。随后，又有一些传教士来华，他们和利玛窦一道，把西方的天文、数学、地理、绘画、音乐等方面的著作介绍给中国，又把中国的儒学和道家学说介绍给西方，为中西文化交流作出突出贡献。以徐光启为代表的开明士大夫，积极引进西学，并与来华传教士合译一些西方科学技术书籍，为中国科学技术的发展注入了新的生机。

清顺治、康熙年间，西方传教士纷纷来华。顺治帝任命德国传教士汤若望主持钦天监工作，并对汤若望的学识给予很高评价；康熙帝重用传教士南怀仁等修订历法、铸造火炮。这段时期，清政府积极招揽数学、医学、天文等方面的西方人才来到中国。天主教也在中国发展很快。

西方传教士把西方天文学、数学、光学、医学、建筑学、文字学、哲学、地理学、制图学、火器制造、艺术、音乐等知识传入中国，大大拓宽了中国人的视野。耶稣会传教士“入乡随俗”，研究中国文化，穿儒服，学汉语满文，读经文，写诗文，著书立说，成为第一批西方汉学家。他们向西方传播中国现行制度、社会现状、礼仪风俗等，起了沟通中西文化交流的桥梁作用。

利玛窦等人坚持实证、重视实验的西方治学方法和求实精神，对明末以来的学术风气产生影响。这个时期，中国产生了一批经世致用的著作，如宋应星《天工开物》、徐光启《农政全书》、李时珍《本草纲目》、徐霞客《徐霞客游记》等。胡适认为，中国自明末以来，学术界日趋精密、细致和科学化，或许是受上述学术“空气”的影响。

后来，罗马教皇颁布谕旨，不准中国教徒敬天、祭孔、祭祖；一些来华的传教士又干涉中国内政。1723 年，雍正帝下令禁止传教。西学东渐的势头衰落下来。

16—18 世纪，在西学传入中国的同时，中华文化在欧洲也得到传播。孔子的思想以及儒家经典传入欧洲，中国的史学、地理学以及科技、文学等成就也相继传入，引起欧洲社会上层和知识界的热烈反响。中国的茶叶、丝绸、瓷器等在欧洲社会深受喜爱。

练习题

一、选择题

1. 明朝时外来侵略势力与中国矛盾加剧的事件不包括（　　）

A. 俄国取得原属中国的尼布楚地区　　B. 荷兰殖民者侵占我国台湾

C. 日本倭寇经常骚扰我国东南沿海地区　　D. 葡萄牙殖民者强行租占澳门

2. 下列各项，符合史实的有（　　）

①16 世纪开始，葡萄牙殖民者不断侵扰我国东南沿海地区

②1553 年起葡萄牙殖民者逐渐将澳门作为暂居贸易地

③葡萄牙强行租占后明政府始终掌握澳门领土主权

④1621 年明政府强制毁掉葡萄牙人擅自修筑的青州城

A. ①②③　　B. ①②③④　　C. ①③④　　D. ②③④

3.《尼布楚条约》签订后，不再属于中国的地区是（　　）

A. 雅克萨　　B. 瑷珲城　　C. 尼布楚　　D. 库页岛

4. 明朝对外关系出现的新现象是（　　）

A. 开始了与非洲国家的友好交往　　B. 开始从国外引进农作物的新品种

C. 开始与西方进行科技交流　　D. 开始遭受西方殖民侵略

5. 郑和下西洋（　　）

A. 加强了中外民间的贸易往来　　B. 促进了国内商品经济的发展

C. 带动了更多的华侨开发南洋　　D. 刺激了中国资本主义萌芽的成长

6. 明朝史书中记载的南洋是指今天的（　　）

A. 东南亚地区　　B. 南太平洋地区

C. 印度洋沿岸地区　　D. 南沙群岛地区

7. 明清时期对外关系的特点包括（　　）

①对外经济文化交流频繁

②中国与外来侵略势力的矛盾日益尖锐

③中外之间发生过大规模的侵略与反侵略斗争

④明清政府闭关自守禁绝对外贸易

A. ①②③④　　B. ①②③　　C. ②③④　　D. ①②④

8. 郑成功对开发台湾作出的贡献不包含（　　）

A. 发展农商，提倡文教，保境安民

B. 将军队分到各处去屯田垦荒

C. 派农师向少数民族传授汉族先进农业技术

D. 澎湖之战，郑氏战败投降，台湾纳入清朝版图

9. 我国古代封建王朝进行对外贸易时，普遍表现为政治动机大于经济目的，导致这一特点的根本原因是（　　）

A. 中国本身物产丰富　　B. 统治者好大喜功

C. 当时交通不便　　D. 封建经济的独立性

10. 明朝之所以能实现郑和下西洋的壮举，主要原因是（　　）

A. 明朝前期国力强盛　　B. 指南针用于航海

C. 海上交通发达　　D. 造船技术高超

11. 郑成功收复台湾与清朝设台湾府的相同作用是（　　）

A. 加强专制统治　　B. 维护国家主权　　C. 驱逐殖民势力　　D. 巩固清朝海防

12. 在戚继光率领明军抗击来自东方的侵略的同时，来自西方的侵略者对中国的侵略活动有（　　）

A. 沙俄入侵黑龙江流域　　B. 荷兰殖民者侵占台湾

C. 葡萄牙殖民者占据澳门　　D. 英国开始向中国输出鸦片

13. 以下不属于明清时期中外关系新现象的是（　　）

A. 西方传教士来华带来的新的科技知识　　B. 大量外国留学生来华

C. 政府几度实施海禁　　D. 外国侵略势力对我国形成威胁

14. 明朝中后期起由对外的交往转向实行闭关政策的根源是（　　）

A. 西方殖民者侵扰边疆　　B. 国内阶级矛盾日益尖锐

C. 封建自然经济的封闭性　　D. 传统的重农抑商政策

15. 下列战役的性质与其他战役有根本不同的是（　　）

A. 雅克萨之战　　B. 东京保卫战　　C. 北京保卫战　　D. 乌兰布通战役

16. 鸦片战争前我国能取得反侵略战争胜利的主要原因是（　　）

A. 封建统治者积极组织反对侵略，同时国力与西方差距不大

B. 我国封建社会处于繁荣时期

C. 西方军事力量不如我国强大

D. 我国商品经济发展，资本主义萌芽出现

17. 1662 年，从荷兰殖民者手中收复台湾的民族英雄是（　　）

A. 戚继光　　B. 郑成功　　C. 关天培　　D. 邓世昌

18. 1793 年，英国马嘎尔尼使团来华后，乾隆帝密谕沿海督抚："该国夷人虽能谙悉海道，善于驾驭……即口岸防守严密，主客异势，亦断不能施其伎俩!"这表明，乾隆帝（　　）

A. 认为天朝物产丰富　　B. 改变闭关锁国政策

C. 具有一定防范意识　　D. 意图建立近代海军

19. 在印度尼西亚流传这样一副对联：继张班立功异域，开哥麦探险先河。此联称赞的是（　　）

A. 郑和七下西洋　　B. 张骞出使西域　　C. 玄奘西行　　D. 鉴真东渡

20. "号令明兮赏罚信，赴水火兮敢迟留？上报天子兮救黔首，杀尽倭奴兮觅个封侯。"与这首军歌有关的历史人物是（　　）

A. 郑和　　B. 戚继光　　C. 郑成功　　D. 康熙帝

二、材料分析题

1. 阅读材料，回答问题。

材料一　以海外之有余，补内地之不足，内地无足轻重之物，载之番境皆为珍品。是以沿海居民操作小巧技艺及女工针绣，皆于洋船行销，岁收入番岛银洋货物百十万入我中土。

——《中国古代经济史纲》

材料二 南洋未禁之先，闽广家给户足，游手无赖亦为欲富所驱，尽入番岛，鲜有在家饥寒窃劫为非之患。

——《论南洋事宜》

材料三 即禁之后，百货不通，民生自蹙。居者苦艺能之无用，行者叹至远之无方，故有四五千斤所造之洋船，系维朽蠹于断港荒岸之间。……但能使沿海居民，富者贫，贫者困，驱工商为游手，驱游手为盗贼耳。

——《论南洋事宜》

（1）据材料一、二指出沿海对外贸易的有益之处。

（2）据材料三的政策归纳其危害，你怎样评价这一政策？

2. 阅读材料，回答问题。

成祖疑惠帝（建文帝）亡海外，欲踪迹之，且欲耀兵异域，示中国富强。（敕郑和）等通使西洋，多赍（携带）金币，造大舶，修四十四丈、广十八丈者六十二。……自宣德以还，远方时有王者，要不如永乐时，……自和后，凡将命海表者，莫不盛称和以夸外番，故俗传三保太监下西洋，为明初盛事云。

——《明史·郑和传》

根据材料并结合所学知识，指出明成祖派遣郑和下西洋的目的。评价郑和下西洋的历史地位。

三、问答题

1. 明朝以前中外关系具有哪些主要特点？明清时期对外政策开始呈现出怎样的发展趋向？原因是什么？

2. 比较郑和下西洋与西方新航路开辟在目的、性质和影响方面的差异，并分析明清时期我国远洋航海事业与西方相比从先进转为落后的原因。

附　中国古代史知识专题线索

1. 中国古代科学技术成就

项目	朝代	人物	成就
天文历法	战国	甘德、石申	《甘石星经》是世界上最早的天文学著作，记录了五大行星的运行情况
	东汉	张衡	造出世界上最早测定地震方位的地动仪，比欧洲第一台地动仪早1 700多年
	唐	一行	世界上第一次实测子午线长度
	北宋	沈括	创制“十二气历”，比英国类似的历法早800多年
	元	郭守敬	①推算出一年为365.242 5天；②编成《授时历》，比现行公历确立早300年；③主持天文测量工作，最北点在西伯利亚，最南点在南海的西沙群岛
医学	战国	扁鹊	采用四诊法（望、闻、问、切）看病，成为中医传统的诊断法
	东汉	张仲景	著《伤寒杂病论》，奠定中医治疗学的基础，被尊为“医圣”
		华佗	制成“麻沸散”，是世界上最早采用全身麻醉方法的医生，创“五禽戏”
	唐	孙思邈	著《千金方》，被尊为“药王”
	明	李时珍	著《本草纲目》，是当时世界上内容最丰富、考订最详细的药物学著作
数学	春秋		发明“九九乘法表”
	前1世纪以前		《周髀算经》记载勾股定理的一个特例，说明我国很早就知道了勾股定理
	西汉		《九章算术》中的许多重要成就，在当时世界上都是最先进的
	南朝	祖冲之	①在世界上第一次把圆周率的数值准确到小数点以后七位数字，比欧洲早1 100多年；②著作《缀术》，唐朝时定为学校课本，日本、朝鲜也把它作为教材

（续上表）

项目		朝代	人物	成就
建筑		战国	鲁班	鲁国人，原名公输般。被后世木匠尊为祖师爷
		隋	李春	设计建造赵州桥（原名安济桥），是现今世界上最古老的石拱桥
农学		北朝	贾思勰	著《齐民要术》，是中国现存的最早、最完整的一部农书
		明	徐光启	著《农政全书》，介绍了当时欧洲的水利方法
手工业	青铜业	商		①青铜由铜、锡、铅炼成；②司母戊鼎是现今世界上发现的最大的青铜器；③四羊方尊是商朝青铜器中的精品
	造纸	西汉		出现了纸，用丝絮和麻纤维造纸
		东汉	蔡伦	105 年，制成植物纤维纸
	印刷术	隋唐		①唐以前已有雕版印刷的佛经、日历和诗集；②唐朝印制的《金刚经》卷子，是现存世界上最早的、有确切日期的雕版印刷品
		北宋	毕昇	11 世纪中期，发明活字印刷，比欧洲早 400 年
	指南针	战国		制造司南
		北宋		制成罗盘用于航海
	火药	唐		①唐朝的书籍里记载了制成火药的方法；②唐末，火药开始用于军事
		北宋		军事上广泛使用火药
	棉织	元	黄道婆	向松江地区传授黎族棉纺织技术，并改革棉纺工具
科技著作		北宋	沈括	著《梦溪笔谈》（笔记体科学著作）
		明末清初	宋应星	著《天工开物》，被誉为“中国十七世纪的工艺百科全书”

2. 中国古代哲学、史学成就

项目	朝代	人物	成就
哲学	春秋	李耳（老子）	又称老聃，楚国人。道家学派创始人。相传著有《道德经》，书中包含辩证法思想
		孔丘（孔子）	鲁国人，大思想家，大教育家，儒家学派创始人。提出“礼”和“仁”的思想。编订了《诗经》《尚书》《春秋》等
	战国	墨翟（墨子）	鲁国人。墨家学派创始人。思想进步，主张“兼爱”“非攻”“节俭”“尚贤”等
		孟轲（孟子）	邹国人。儒家学派代表人物，著《孟子》。继承孔子思想，主张“民为贵”“君为轻”“劳心者治人，劳力者治于人”
		荀况（荀子）	赵国人。儒家学派代表人物，著《荀子》。唯物主义思想家，主张自然界变化有规律，人定胜天
		庄周（庄子）	道家代表人物，著《庄子》，具有朴素的辩证法思想
		韩非（韩非子）	韩国人，法家学派代表人物，著《韩非子》。主张改革、中央集权、法治
		孙膑	兵家，著《孙膑兵法》

（续上表）

项目	朝代	人物	成就
哲学	东汉	王充	唯物论思想家，著《论衡》。指出日食、月食有规律；人死了，不会变成鬼
	南朝	范缜	无神论者。著《神灭论》，阐述了无神论思想（肉体如刀刃，精神如锋利），揭露了统治者利用佛教进行的欺骗
	明末清初	王夫之（船山先生）	唯物论思想家。认为世界由物质构成；重视实践
		黄宗羲（黎洲先生）	揭露抨击封建专制主义制度，其思想对后来资产阶级民主革命产生过一定影响
		顾炎武	主张学以致用。其踏实做学问的作风，对清代影响很大
史学	春秋	孔丘	编《春秋》，是一部以鲁国为主的史书
	西汉	司马迁	《史记》是我国最早的一部纪传体通史，叙述从传说中的黄帝到汉武帝两三千年的历史，成为我国历代王朝编写史书的典范
	东汉	班固	《汉书》是我国最早的一部纪传体断代史，记叙了西汉一朝的历史，共80万字
	北宋	司马光	主持编写《资治通鉴》，该书是杰出的编年体通史，叙述了从战国到五代1 300多年的历史

3. 中国古代文学艺术成就

项目	朝代	人物	成就
文学	春秋	孔丘	删订《诗经》，这是中国最早的一部诗歌总集
	战国	屈原	楚国人。创造了新的诗歌体裁“楚辞”体；长诗《离骚》最著名
	东晋	陶潜	田园诗风格。代表作《归园田居》《归去来辞》；名作《桃花源诗》和诗序《桃花源记》，反映了他对黑暗现实的不满
	唐朝	李白	“诗仙”。描绘壮丽山河，热情奔放。代表作《蜀道难》
		杜甫	“诗圣”。其诗反映复杂、动荡的历史时代，被称为“诗史”
		白居易	其诗称讽喻诗，揭露统治者的罪恶。代表作《卖炭翁》
		韩愈	散文家。强调写文章要有内容、有创造性。著名散文有《杂说》等
		柳宗元	散文家。揭露当时政治的黑暗。其散文中最有成就的是寓言和山水游记。代表作“永州八记”等
	北宋	苏轼	词人，其词表达豪放的思想感情。代表作《念奴娇·赤壁怀古》
	南宋	李清照	女词人，又擅长写诗。代表作《声声慢》
		辛弃疾	其词经常流露出收复中原的壮志
		陆游	我国古代流传作品最多的诗人，保存下来9 000多首。代表作《示儿》，渴望实现祖国统一

（续上表）

项目	朝代	人物	成就
文学	元朝	关汉卿	元朝最优秀的剧作家，代表作《窦娥冤》
	元末明初	罗贯中	著长篇历史小说《三国演义》
		施耐庵	著《水浒传》，是我国第一部以农民起义为题材的长篇小说
	明朝	吴承恩	著长篇神话小说《西游记》
	清朝前期	曹雪芹、高鹗	长篇小说《红楼梦》是我国古典文学思想性和艺术性结合得最好的作品（前80回曹雪芹，后40回高鹗）
文字书法	商朝		甲骨文
	秦朝		小篆，隶书
	东汉		书法逐渐成为一种艺术
	东晋	王羲之	人称其字“飘若浮云，矫若惊龙”，代表作《兰亭序》。被称为“书圣”
绘画	东晋	顾恺之	《女史箴图》和《洛神赋图》
	唐朝	吴道子	盛唐画家，被称为“画圣”。其画立体感强，人称“吴带当风”，代表作有《送子天王图》
雕塑	北朝		①山西大同的云冈石窟；②河南洛阳的龙门石窟
	隋唐		甘肃敦煌莫高窟进入鼎盛期，又称千佛洞。世界上最大的艺术宝库之一

4. 中国古代朝代顺序示意图

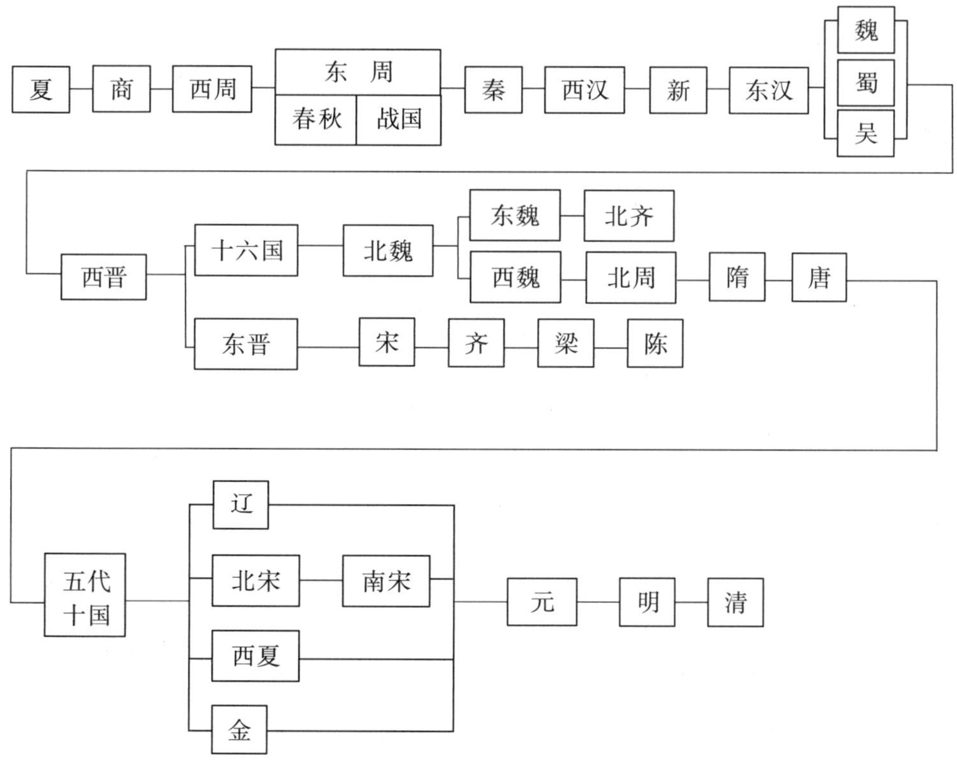

5. 中国封建社会的朝代顺序

名称		创建年代	开国皇帝	都城（今名）
东周（战国）		前475年	—	洛邑（洛阳）
秦朝		前211年	嬴政（秦始皇）	咸阳（陕西境内）
西汉		前202年	汉高祖刘邦	长安（西安西北）
新		8年	王莽	长安（西安西北）
东汉		25年	汉光武帝刘秀	洛阳
三国	魏	220年	魏文帝曹丕	洛阳
	蜀	221年	汉昭烈帝刘备	成都
	吴	222年	吴大帝孙权	建业（今南京）
西晋		265年	晋武帝司马炎	洛阳
东晋十六国		317年	晋元帝司马睿	建康（今南京）
南北朝	南朝	420年	宋武帝刘裕	建康（今南京）
	北朝	386年	魏道武帝拓跋珪	平城（今大同）
隋朝		581年	隋文帝杨坚	长安（西安）
唐朝		618年	唐高祖李渊	长安（西安）
五代十国		907年	—	—
北宋		960年	宋太祖赵匡胤	东京（今开封）
南宋		1127年	宋高宗赵构	临安（今杭州）
元朝		1271年	元世祖忽必烈	大都（今北京）
明朝		1368年	明太祖朱元璋	应天府（今南京）后迁北京
清朝		1636年（皇太极改国号为清的年代）	清太宗皇太极	沈阳，后迁北京

6. 中国古代专制主义中央集权制度的加强

朝代	情况	作用
秦朝	1. 嬴政规定封建国家最高统治者称皇帝，把大权集中在皇帝手中 2. 中央政府设丞相、御史大夫、太尉等官职 3. 地方上推行郡县制度 4. 中央和地方重要官员都由皇帝任免，绝对服从和执行皇帝的命令	巩固了封建国家的统一，也加强了对人民的统治
西汉	1. 汉武帝颁布“推恩令”，王国对中央的威胁终于消除。 2. 汉武帝接受董仲舒“罢黜百家，独尊儒术”的建议，在长安设立“太学”，采用儒家思想教育青年子弟	儒家思想逐渐成为封建社会的统治思想

（续上表）

朝代	情况	作用
隋朝	实行三省六部制和科举制	
唐朝	1. 继续沿用和完善三省六部制（尚书省：执行机构。管行政。下设吏、户、礼、兵、刑、工六部；中书省：决策机构。管政令的草拟；门下省：审议机构。管政令的审批） 2. 进一步完备了科举制（以进士科为最重要） 3. 广开言路，善于用人纳谏	统治者利用科举制能有效地笼络读书人，选拔人才
北宋	1. 宋太祖“杯酒释兵权”，削夺朝中大将的兵权 2. 加强对地方控制，解除地方节度使的权力，派文臣到各地做知州，管理地方政事。派转运使管理地方财政 3. 调整中央政府机构，使宰相与枢密院、三司使互相牵制 4. 军事上，从地方军队挑选强壮者编入禁军，由皇帝直接控制	加强中央集权，但逐渐出现了庞大的官僚机构和庞大的军队，官俸和军费开支越来越大
元朝	施行行省制度： 1. 在中央设中书省，作为全国最高的行政机构 2. 其他地区设行中书省，由中央委派官吏管理	行省制度对后世影响深远
明朝	1. 地方上废除行中书省机构，各省分别设三司，分掌行政、司法、军政，都直属中央 2. 在中央废除丞相，由六部分理朝政。六部尚书直接对皇帝负责 3. 设锦衣卫、东厂、西厂等特务机构，以加强对官吏的监视和对人民的镇压 4. 实行八股取士的科举制	八股取士，使读书人做了官，就成为顺从皇帝的奴仆
清朝	1. 清初沿用明制，在中央设内阁、六部 2. 雍正帝时，增设军机处 3. 加强思想统治，大兴文字狱	在清朝文化专制主义统治下，许多知识分子不敢过问政治

7. 中国古代的重要农民起义

起义名称	主要领导者	爆发年代	爆发地点	政权名称	口号	重要战役	其他（特点和特殊意义）
秦末农民战争	陈胜、吴广	前209年	大泽乡	张楚	“王侯将相，宁有种乎”		是我国第一次大规模的农民起义
	项羽、刘邦					巨鹿之战	推翻秦朝，建立西汉

（续上表）

起义名称	主要领导者	爆发年代	爆发地点	政权名称	口号	重要战役	其他（特点和特殊意义）
黄巾起义	张角	184 年			预言“苍天已死，黄天当立。岁在甲子，天下大吉”		是一次有组织、有准备的起义，利用“太平道”组织群众
唐末农民战争	王仙芝、黄巢	875 年	河南、山东	大齐			起义军采取“避实击虚”方针，展开流动作战。起义进一步摧垮了魏晋以来的士族势力
明末农民战争	李自成	1628 年	陕北	大顺	均田免粮		是我国古代历史上最大的一次农民起义，第一次提出了“均田免粮”的口号，标志着中国封建社会的农民战争已经发展到触及封建土地所有制的新水平

8. 中国部分少数民族建立的政权

民族名称	政权名称	建国时中原王朝或建国时间	创建人或完成统一者	都城	何时被谁所灭	其他
氐	前秦	东晋十六国时期	苻健	长安		①4 世纪下半期，统一黄河流域。②苻坚发动淝水之战
鲜卑	北魏	386 年	拓跋珪	洛阳		439 年统一黄河流域
回纥	回纥	唐朝	骨力裴罗			①骨力裴罗被唐封为“怀仁可汗”。②回纥助唐平定安史之乱
粟末靺鞨	渤海	唐朝	大祚荣			唐玄宗封大祚荣为渤海郡王
南诏	南诏	唐朝	皮罗阁			唐玄宗封皮罗阁为云南王

（续上表）

民族名称	政权名称	建国时中原王朝或建国时间	创建人或完成统一者	都城	何时被谁所灭	其他
吐蕃	吐蕃	唐朝	松赞干布	逻些（今拉萨）		①松赞干布与文成公主结婚。 ②尺带珠丹与金城公主结婚。 ③唐蕃会盟
契丹	契丹（辽）	907 年	耶律阿保机	上京（今内蒙古境内）	1125 年被金灭亡	①耶律阿保机提倡农业，接受汉族封建文化。 ②辽宋澶州之战和澶渊之盟
党项	西夏	北宋 1038 年	元昊	兴庆（今宁夏银川）	1227 年被蒙古灭亡	1044 年宋夏和议
女真	金	北宋 1115 年	完颜阿骨打	会宋（今黑龙江境内）	1234 年被蒙古灭亡	①阿骨打起兵抗辽。 ②1125 年，金灭辽。 ③1127 年，金灭北宋（“靖康之变”）。 ④岳飞抗金
蒙古	蒙古	南宋 1206 年	铁木真			①铁木真被尊为成吉思汗。 ②1227 年灭西夏，1234 年灭金
	元	1271 年	元世祖 忽必烈	大都（今北京）	1368 年，明朝推翻元朝	①1279 年，灭南宋，后统一全国。 ②文天祥抗元
女真	后金	1616 年	努尔哈赤	赫图阿拉（后迁沈阳）		努尔哈赤创八旗制度
满洲	清	1636 年	清太宗 皇太极	沈阳（后迁北京）	1912 年清帝宣布退位	以 1840 年为界，分前期和后期

9. 中国古代的对外友好关系

<table>
<tr><th>时期</th><th>交往国家和地区</th><th>人物</th><th>交往情况</th></tr>
<tr><td>西汉</td><td>安息（今伊朗高原和两河流域）、大秦（古代罗马）</td><td></td><td>丝绸之路：张骞通西域以后，中国同西亚和欧洲的通商关系开始发展。中国的丝和丝织品，从长安往西，经河西走廊（今甘肃境内），运到安息，再从安息转运到西亚和欧洲的大秦</td></tr>
<tr><td rowspan="2">东汉</td><td>波斯湾</td><td>甘英</td><td>97 年，班超派甘英到大秦去，甘英到达了西亚的波斯湾，熟悉了沿途的地理情况和风俗习惯</td></tr>
<tr><td>大秦</td><td></td><td>166 年，大秦王安敦派使臣从海道来中国，把象牙等送给汉桓帝。这一史实，记载在《后汉书》里，这是中国同欧洲国家直接友好往来的最早记载</td></tr>
<tr><td rowspan="5">唐朝</td><td>朝鲜（高丽）</td><td></td><td>①朝鲜音乐受我国人民欢迎，唐乐里有高丽乐的部分；②朝鲜许多人到长安留学，研究我国政治、历史、哲学、天文、历法、医学等；③朝鲜工匠吸收了唐朝手工业技术；④两国贸易往来繁盛</td></tr>
<tr><td rowspan="2">日本（大和）</td><td>鉴真</td><td>名僧鉴真六次东渡，到达日本，在日本留居 10 年，传播与佛教有关的唐朝文化</td></tr>
<tr><td></td><td>①到我国来的“遣唐使”有 13 次；②日本留学生中最著名的是阿倍仲麻吕（汉名晁衡）。他和李白、王维建立了深厚友谊；③唐文化对日本影响很大：A. 政治经济制度方面：日本仿唐制改革行政制度，实行班田制、租庸调制。B. 城市建筑：京都建筑式样几乎同长安一样。C. 文字：日本参照汉字偏旁创制了日本文字。D. 日常生活：日本人的饮食、服装和日常生活，至今还保留着唐朝的某些风尚</td></tr>
<tr><td rowspan="2">印度（天竺）</td><td>玄奘</td><td>太宗时，玄奘到印度（天竺）去研究佛经，回国后译出大量佛经，他的译本成为研究印度半岛各国古代文化的史料</td></tr>
<tr><td></td><td>①双方使者和贸易往来频繁；②中国学习印度的熬糖法；③天竺的医学天文、历法、音乐、舞蹈、绘画和建筑艺术传入中国；④中国的造纸术和文化典籍传入天竺</td></tr>
<tr><td>南宋</td><td></td><td></td><td>①泉州至今存有伊斯兰教寺院遗址和阿拉伯等国人的墓碑。②南宋的贸易东达日本、朝鲜，西至非洲一些国家</td></tr>
</table>

（续上表）

时期	交往国家和地区	人物	交往情况
元朝			①元朝和高丽、日本贸易密切；②中国同欧洲、非洲也有交往。意大利旅行家马可·波罗就在元世祖时来到大都；③住在大都的畏兀儿族人列班·扫马前往西亚；④元代商人直航阿拉伯的情况比宋代普遍。《岛夷志略》的作者汪大渊曾到达波斯离（巴士拉）、天堂（麦加）等地；商人杨枢搭乘“官本船”到达过忽鲁谟斯（霍尔木兹）
明朝	西洋	郑和	1405—1433 年，郑和七次出使西洋，到过亚非 30 多个国家和地区，最远到达非洲东海岸和红海沿岸，这是世界航海史上的壮举，比欧洲航海家的远航早半个多世纪。此举扩大了我国同亚非许多国家的经济文化交流
清朝			①顺治、康熙年间，西方传教士纷纷来华。顺治帝任命汤若望主持钦天监工作；康熙帝重用传教士南怀仁等修订历法、铸造火炮。②18 世纪，英国马戛尔尼使团来到中国，试图打开中国市场

第四章　近代政治危机与中华民族自强之路的探索

第一节　两次鸦片战争及其影响

虎门销烟　鸦片战争前，世界资本主义高速发展，而清王朝却闭关自守，沉醉在天朝上国的迷梦中。

长期以来，中国的茶叶、丝绸、瓷器等货物广受欧洲各国欢迎，对外贸易一直处于出超地位。为扭转贸易逆差，改变原有的贸易格局，以英国为首的西方国家绞尽脑汁。后来，一些唯利是图的商人开始向中国走私鸦片。从此，烟毒肆虐，给中国人民带来了沉重灾难。

鸦片肆虐所产生的巨大危害，引起朝野的广泛关注。19 世纪 30 年代后期，清政府就如何禁绝鸦片问题进行了激烈辩论。在强烈的禁烟呼声中，道光帝下决心禁烟，他任命主禁派官员湖广总督林则徐为钦差大臣，赴广州查禁鸦片。

林则徐，福建侯官人，在湖广总督任内就以厉行禁烟而闻名，成为主禁派的代表人物。抵达广州后，他依靠当地官员和百姓，重拳出击，多管齐下，禁烟与备战相结合，迫使英美鸦片贩子呈交鸦片 110 多万千克。1839 年 6 月 3 日，林则徐在虎门海滩将收缴来的鸦片当众销毁，极大地鼓舞了中国人民的斗志。

人民英雄纪念碑浮雕之《虎门销烟》

《南京条约》以及战后的中国　中国禁烟的消息传到英国，英国政府决定发动战争。1840 年 6 月，鸦片战争爆发。林则徐、邓廷桢分别在广东、福建发动民众，积极布防，做好了充分的战守准备，英军在广东和福建两地的挑衅均以失败告终，只得移舰北上。江浙一带防守松弛，定海被英军攻陷，成为鸦片战争期间英军盘踞最久的地区。1842 年 6 月，定海人民发出告示，激励民众“协力同心”杀敌，直到把侵略者赶出定海。

1842 年 8 月，英国军舰侵入南京下关江面，切断了清政府漕粮要道。清政府被迫议和，签订了中国近代历史上第一个不平等条约——中英《南京条约》。

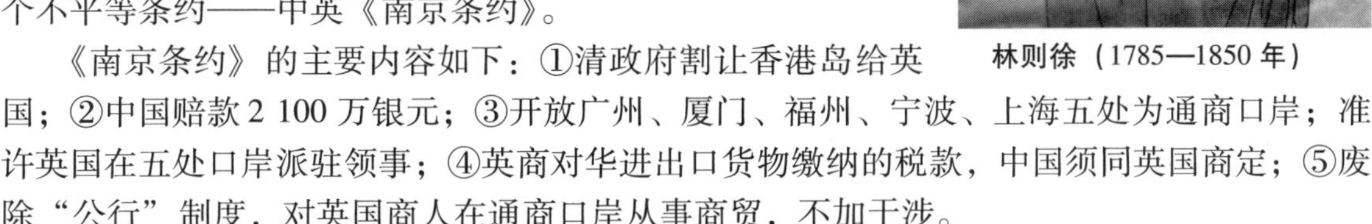

林则徐（1785—1850 年）

《南京条约》的主要内容如下：①清政府割让香港岛给英国；②中国赔款 2 100 万银元；③开放广州、厦门、福州、宁波、上海五处为通商口岸；准许英国在五处口岸派驻领事；④英商对华进出口货物缴纳的税款，中国须同英国商定；⑤废除“公行”制度，对英国商人在通商口岸从事商贸，不加干涉。

第二年，英国又强迫清政府签订了《五口通商章程》和《虎门条约》作为中英《南京条约》的附件，增添的内容有：①英国可在通商口岸建立租界；②英国在中国有领事裁判权；③英国享有片面最惠国待遇。

中英《南京条约》及其附件签订后，1844 年，美国、法国等侵略者也乘机索取特权，先后强迫清政府签订了不平等的中美《望厦条约》和中法《黄埔条约》，获得了除割地赔款以外的其他特权。

1840 年至 1842 年的鸦片战争，给中国造成了严重的危害，对中国社会产生了巨大的影响。中英《南京条约》等一系列不平等条约的签订，使中国的主权独立和领土完整遭到严重破坏；巨额的赔款，增加了中国人民的负担；协定关税和片面最惠国待遇，大大便利了外国资本主义经济势力的入侵，中国自给自足的自然经济开始逐渐解体；中国开始从封建社会逐步沦为半殖民地半封建社会；外国资本主义和中华民族的矛盾，逐渐成为各种矛盾中最主要的矛盾。从此，中国人民反对外国侵略、反对本国封建统治者的斗争不断高涨。鸦片战争是中国历史的转折点，是中国近代史的开端。

第二次鸦片战争　第一次鸦片战争后，西方列强为了扩大在华利益，提出全面修改条约的要求，被清政府断然拒绝。

1856 年 10 月，广东水师在黄埔逮捕了“亚罗”号船上两名海盗和十名有嫌疑的船员。“亚罗”号是一艘走私鸦片的中国船，该船曾在香港注册，但已经过期。英国本来无权过问，但急于寻找进一步侵略中国借口的英国政府立即决定就此事出兵中国，并建议法国政府共同行动。

在此之前，法国正就“马神甫事件”向中国交涉。所谓“马神甫事件”，是指法国天主教神甫马赖非法潜入广西西林县传教，于 1856 年被西林地方官处死一案。接到英国的建议，法国决定出兵侵略中国。这场战争是鸦片战争的继续，因此称为第二次鸦片战争，又称英法联军之役。

1857 年，英国派额尔金、法国派葛罗率军队到达中国。年底，英法联军攻陷广州城。两广总督叶名琛被俘，广东巡抚柏贵投降。英法联军在广州成立了联军委员会，柏贵仍任原职，替外国侵略者维护殖民统治，这是中国近代史上最早的地方傀儡政权。英法联军在广州维持了近四年的殖民统治。

1858 年，英法联军到达天津，夺取了大沽炮台，接着占领天津。1858 年 6 月，英、法、俄、美四国强迫清政府分别签订《天津条约》，条约规定：①外国公使可以进驻北京；②增开牛庄、淡水、汉口、南京等 10 处为通商口岸；③外国军舰和商船可以在长江各口岸自由航行；④外国人可以到中国内地游历、经商、传教；⑤赔偿英法军费各 200 万两白银，赔偿英商白银 200 万两。

《天津条约》给中国造成了很大危害。外国公使进驻北京，便利了外国对清政府的直接控制；增开口岸和对外国人员、外国船只的特殊规定，使外国侵略势力深入到我国的北方和内地。

《天津条约》签订后，英法又借故再燃战火。1860 年，英法联军攻入北京，火烧圆明园，清政府战败求和。1860 年 10 月，英法两国强迫清政府签订《北京条约》，条约规定：①《天津条约》继续有效；②增开天津为商埠；③割九龙司地方一区给英国；④赔偿英、法军费各增至白银 800 万两；⑤准许英、法招募华工出国。

《北京条约》是在承认《天津条约》的基础上订立的，并增加了若干内容，因此比《天津条约》有更大的危害。天津为北京门户，天津增设为商埠，使外国侵略势力的控制范围进一步扩大；割九龙司地方一区，使中国领土完整进一步丧失，使英国对香港地区的殖民统治进一步加强；增加赔款，加重了中国政府的财政困难和中国人民的负担。

第二次鸦片战争后，清政府权力结构发生变化。一部分官绅开始认识到中国的新变局，他们主张学习西方“长技”，自强求富，掀起了旨在推动王朝中兴的洋务运动。

练习题

一、选择题

1. 关于清朝“闭关锁国”政策的解读，正确的是（　　）

A. 严格限制对外交往　　B. 禁止对外贸易

C. 一概排斥西方事务　　D. 封闭边界，固守边疆

2. 关于鸦片战争前夕中国的状况，下列表述正确的是（　　）

①已处在封建社会晚期　　②自然经济仍占统治地位

③资本主义萌芽正在缓慢发展　　④中国对外贸易处于出超地位

A. ①②③　　B. ①③④　　C. ②③④　　D. ①②③④

3. 英国向中国走私鸦片的直接目的是（　　）

A. 打开清朝闭关大门　　B. 扭转对华贸易逆差

C. 加紧对中国的侵略　　D. 争取外交礼仪平等

4. 道光皇帝令林则徐赴广东查禁鸦片的目的是（　　）

A. 保持清朝对外贸易的优势地位　　B. 维护清政府的统治秩序

C. 严厉打击外国商贩的非法贸易行为　　D. 国人吸食鸦片有损清朝颜面

5. 英国发动鸦片战争的根本目的是（　　）

A. 保护鸦片走私贸易　　B. 与中国自由通商、贸易

C. 报复中国禁烟运动　　D. 获取商品倾销市场和原料产地

6. 鸦片战争的起止时间是（　　）

A. 1839 年 6 月—1842 年 8 月　　B. 1840 年 6 月—1842 年 8 月

C. 1840 年 6 月—1841 年 8 月　　D. 1840 年 6 月—1843 年 8 月

7. 1841 年 5 月，英国军队与中国非官方武装力量在广州市郊发生了武装冲突。该事件（　　）

A. 是中国人民自发抵抗外国侵略的斗争

B. 是中国近代史上第一次农民起义

C. 是几千年来中国农民战争的最高峰

D. 标志着农民阶级肩负起了反帝反封建的任务

8. 鸦片战争中，在虎门炮台率部英勇抵抗英军、壮烈捐躯的清军将领是（　　）

A. 关天培　　B. 葛云飞　　C. 陈化成　　D. 海龄

9. 英国挑起第二次鸦片战争的根本原因是（　　）

A. “亚罗号”事件　　B. 使鸦片贸易合法化

C. 修约失败　　D. 扩大侵略权益

10. 号称“万园之园”的圆明园被外国侵略者洗劫一空后付之一炬发生在（　　）

A. 第一次鸦片战争期间　　B. 第二次鸦片战争期间

C. 甲午中日战争期间　　D. 八国联军侵华战争期间

11. 第二次鸦片战争是第一次鸦片战争的继续，主要依据是（　　）

A. 背景相同　　B. 目的和性质相同

C. 方式相同　　D. 发动战争的国家相同

12. 两次鸦片战争，中国战败的根本原因是（　　）

A. 腐朽的封建主义不能对抗新兴的资本主义　B. 英国对战争蓄谋已久，做好了准备

C. 中国战和不定，组织抵抗不力　　D. 鸦片的毒害影响中国军队的战斗力

13. 从某个角度说，鸦片战争是不可避免的。这个角度是（　　）

A. 中国落后就要挨打　　B. “闭关锁国”政策迟早会被打破

C. 虎门销烟损害英国利益　　D. 英国资本主义奉行殖民扩张政策

14. 鸦片战争成为中国近代史开端，主要根据是（　　）

A. 中国的革命对象发生变化　　B. 中国的社会性质发生变化

C. 中国的社会经济发生变化　　D. 中国社会的主要矛盾发生变化

15. 以下关于《南京条约》主要内容的表述，有误的是（　　）

A. 赔偿 2 100 万银元　　B. 废除“公行”制度

C. 割让香港岛　　D. 开放南京等五处为通商口岸

16. 在晚清，数以百万计的中国人被欺骗、拐卖至海外，从事奴隶般的劳动。使西方国家“招募”华工出国合法化的不平等条约是（　　）

A. 《望厦条约》　　B. 《黄埔条约》　　C. 《天津条约》　　D. 《北京条约》

17. 1846 年英国人爱德华在上海触犯大清法律被拘捕，按照有关条款，他将面临的处置是（　　）

A. 驱逐出境　　B. 依据大清法律进行判决

C. 无条件释放　　D. 交由英国驻华领事处理

18. 《南京条约》《天津条约》和《北京条约》这三个条约所共有的内容是（　　）

A. 外国公使可以进驻北京　　B. 开放通商口岸

C. 外国人可以在中国内地游历　　D. 准许华工出国

19. 中国近代史上第一个地方傀儡政权成立于（　　）

A. 北京　　B. 南京　　C. 武汉　　D. 广州

20. 从推动中国近代化的角度讲，第二次鸦片战争给中国带来的影响是（　　）

A. 中国又增开了十一处通商口岸　　B. 清政府权力结构发生了变化

C. 一批有识之士发起了洋务运动　　D. 最终签订了《北京条约》

二、材料分析题

阅读材料，回答问题。

材料一　英国人以为在华通商所遇着的困难都是广州地方官吏做出来的。倘若有法能使乾隆知道，他必愿意改革。1791 年正是乾隆帝满八十岁的一年，英国乃派马戛尔尼为全权特使来华。英政府给马戛尔尼的训令是要他竭力迁就中国的礼俗，唯必须表示中英的平等。在乾隆帝方面，他也十分高兴迎接英国的特使，但是乾隆把他当作一个藩属的贡使看待，要他行跪拜礼。马戛尔尼最初不答应，后来有条件地答应。中国不接受他的条件，也就拒绝行跪拜礼。乾隆帝很不快乐，接见以后，就要他离京回国。

——摘编自蒋廷黻《中国近代史》

材料二　天津谈判中，中方谈判者桂良争辩说，外交使节驻京于天朝体制不合，对此额尔金的助手李泰国直截了当地宣称："你们将肯定会看到，这项条款既对我们有好处，也将对你们有好处。良药固然苦口，但后效极佳。我的态度越是严厉，我对你们的贡献就越大。"1858 年 6 月 11 日，李泰国警告说，除非即日接受条款，否则将进军北京。桂良别无他法，只得同意让英国外交代表驻京。

——摘编自徐中约《中国近代史》

材料三　中国驻外使馆设立后，又相继在一些国家的商埠设立领事馆，以保护中国侨民的利益。光绪三年，清廷采纳驻英公使郭嵩焘的建议，首先在新加坡设立领事馆……清廷于光绪十九年采纳薛福成的建议，为照顾旅外侨商归国居住方便，废除了海禁旧例，颁布新章程，允许"良善商民无论在洋久暂，婚娶生息，一概准由出使大臣或领事官给予护照，任其回国谋生，置业与内地人民一律看待，并听其随时经商出洋"。

——摘编自张岂之《中国历史·晚清民国卷》

（1）据材料一指出马戛尔尼特使来华的目的，并结合所学知识分析其目的未能实现的原因。

（2）材料二、三表明清朝外交发生了很大变化。概括其特点，结合所学知识加以简要评述。

三、问答题

1. 简述鸦片战争的原因和结果。

2. 简述中英《南京条约》的内容及第一批不平等条约对中国的影响。

3. 为什么说第二次鸦片战争是第一次鸦片战争的继续和扩大？

第二节　农民反封建反侵略运动的兴起

金田起义　鸦片战争后，外国商品大量涌入中国，冲击了通商口岸及附近地区的传统经济结构，导致部分手工业者破产。鸦片输入量连年激增，白银外流更为严重。军费和赔款由参战各省分摊，各级官吏借机搜刮，吏治极端腐败。加之水、旱、蝗灾不断，人民生活困苦不堪，各地的反抗斗争此起彼伏。

当时，广西地瘠民穷，灾害严重，各种矛盾尤为突出。洪秀全创立"拜上帝会"，深入广西桂平紫金山区，号召群众进行反抗斗争。

洪秀全，广东花县（今广州花都）人，太平天国农民运动领袖。早年科场失意，接受基督教《劝世良言》的思想，创立拜上帝教，利用宗教发展信徒，开展反清活动。1851 年 1 月 11 日，洪秀全率众在广西桂平县金田起义，建号太平天国。

天国兴衰　起义爆发后，太平军相继攻克广西、湖南、湖北等地的一些重要城市，浩浩荡荡，沿长江东下。1853 年 3 月攻克南京，定都于此并改称"天京"。

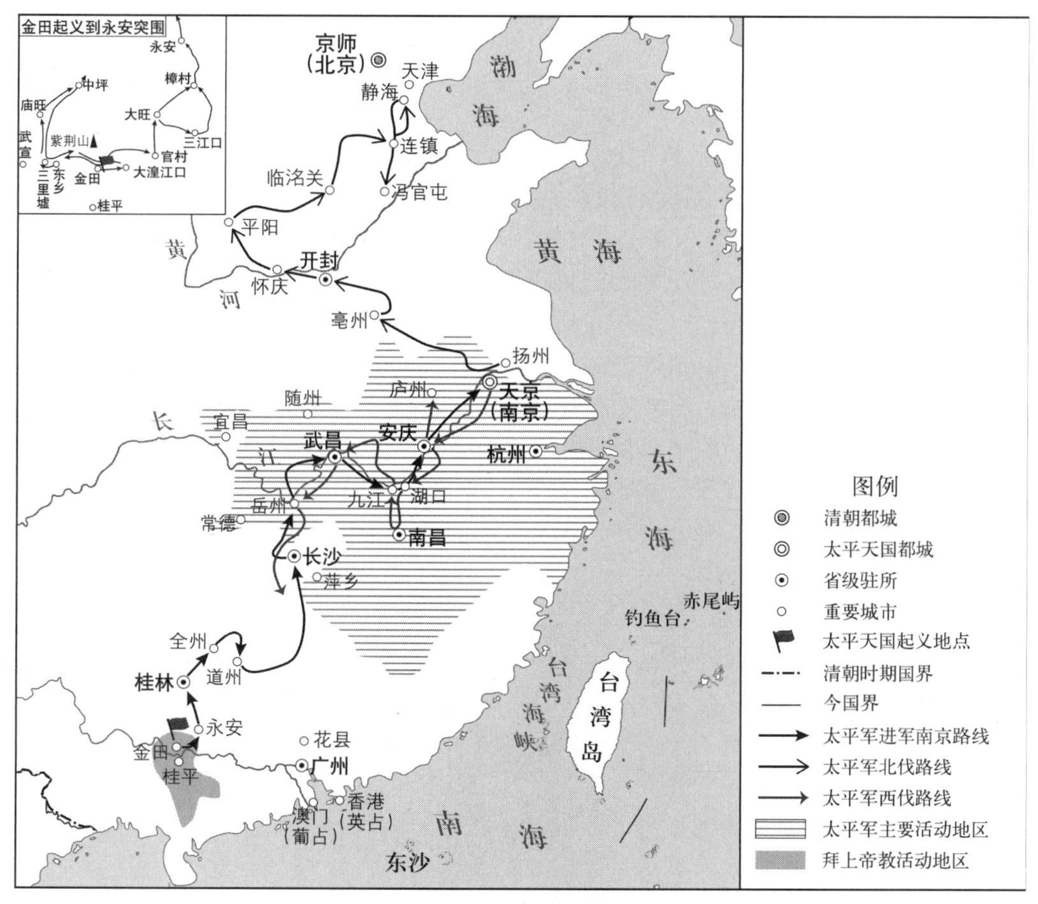

太平天国前期形势图

为拱卫天京，太平军主动出击，在1853—1856年进行了北伐和西征。北伐军横扫六省，进逼天津，威震京师。最后，因孤军深入而全军覆没。西征军则痛击湘军，控制了安徽、江西和湖北北部，拱卫了天京。至1856年，太平天国在军事上达到全盛。在军事发展的同时，太平天国还进行政权建设，颁布了纲领性文件《天朝田亩制度》。

《天朝田亩制度》规定了分配土地的办法和其他改革措施。其土地分配制度规定：不论男女，年满16岁都可分到一份土地，目的是建立“有田同耕，有饭同食，有衣同穿，有钱同使，无处不均匀，无人不饱暖”的理想社会。

《天朝田亩制度》反映了广大农民迫切要求废除封建土地所有制，实行土地平均分配的愿望，是几千年来农民反封建斗争的结晶。但是，在当时的条件下，这种绝对平均主义的分配方案是不可能实现的。除了天京及其周围地区有过分田之举，其他地方基本上没有实行过。

为对付日益强大的太平天国，咸丰帝令地方组织团练武装。曾国藩的湘军、李鸿章的淮军相继发展起来，成为镇压太平天国的主要力量。

太平天国自定都天京后，领导集团的进取心逐渐减退。他们大兴土木，严格等级秩序，越来越脱离群众。1856年8月，太平天国发生“天京事变”。东王杨秀清逼洪秀全封他为“万岁”，洪秀全表面答应，却密令在江西的北王韦昌辉进京。韦昌辉回到天京后，杀害了东王杨秀清及其家属和部下两万多人。翼王石达开进京责备韦昌辉滥杀无辜，韦昌辉又欲杀害石达开。石达开连夜逃离天京。后来，在洪秀全的领导下，天京军民处死了韦昌辉，石达开回朝主事。

天京事变给太平天国带来极为严重的后果。领导集团分裂和相互残杀，领导力量大为削弱；许多参加金田起义的“老兄弟”被杀，军事力量元气大伤；天京事变后，洪秀全提拔了他的两个哥哥为王，以牵制主持朝政的石达开，石达开负气率领十万精锐出走，使得太平天国力量受到极大的损失。后来，石达开在四川大渡河陷入清军包围，全军覆没。天京事变后，清军乘机反扑，重建江南、江北大营，再次围困天京。太平天国的全盛时期就此结束。

天京事变后，为挽救危局，洪秀全起用年轻将领陈玉成、李秀成指挥军事。他们曾一度攻破清军江北大营，在庐州三河镇战役中打败了曾国藩的湘军，在浙江慈溪击毙了洋枪队头目美国人华尔，立了不少战功。太平军连挫清军，占领江南大部分地区，士气重新高涨。

太平天国后期，洪秀全的族弟洪仁玕从香港来到天京，被封为干王，总理天国政事。他对西方资本主义了解较多，写了《资政新篇》一书，提出改革内政和建设国家的主张：兴办近代工业，鼓励开发矿产，开办银行、报馆，奖励私人发明。这部书提出了较为完整的资本主义建设方案，反映了一部分先进的中国人发展资本主义的愿望。不过，虽然后人高度评价洪仁玕为“中国近代第一个振兴中华改革方案的设计者”，但《资政新篇》毕竟不是农民革命实践的产物，没有反映农民当时最迫切的愿望和要求；加之战争不断，军务繁忙，太平天国的领导人几乎没有时间去认识《资政新篇》

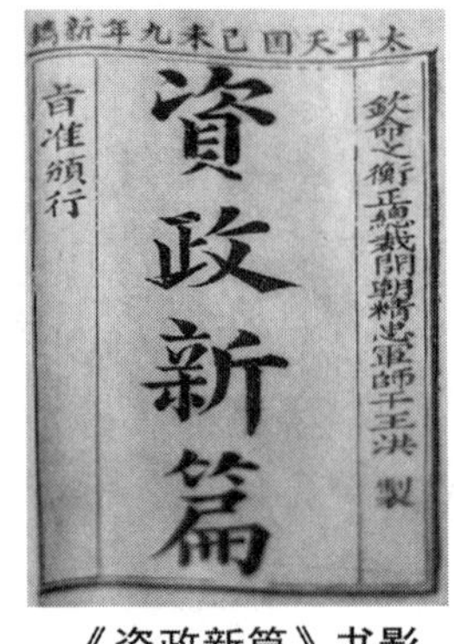
太平天國己未九年新鐫
欽命文衡正總裁開朝精忠軍師干王洪 製
資政新篇
旨准頒行

《资政新篇》书影

凡外邦人技艺精巧，邦法宏深，宜先许其通商，但不得擅入旱地，恐百姓罕见多奇，致生别事。惟许牧司等并教技艺之人入内，教导我民，但准其为国献策，不得毁谤国法也。

——《资政新篇》

的意义，所以，它也就成了一纸空文，根本没有来得及实行。

1861 年，陈玉成指挥安庆保卫战失守，次年被俘就义。1863 年，在英、法军队支援下，曾国藩兵分三路，围困天京。1864 年 6 月，洪秀全病逝。7 月，湘军轰破天京城墙，天京陷落。太平天国运动在中外势力的联合剿杀下以失败告终。

太平天国运动坚持斗争 14 年，席卷了大半个中国，对中国社会产生了巨大影响。它扫荡了王朝秩序，冲击了旧纲常名教，动摇了清朝统治的政治基础。它颁布的《天朝田亩制度》表达了农民群众的理想追求，它破天荒地提出了近代中国第一个具有资本主义性质的社会改革方案——《资政新篇》，这一体制变革的勇敢尝试，是当时先进中国人向西方寻求真理的智慧结晶。

练习题

一、选择题

1. 下列各项不属于太平天国运动兴起原因的是（　　）

A. 自然灾害严重　　B. 民族矛盾激化

C. 西方思想传入中国　　D. 阶级矛盾激化

2. 洪秀全创立拜上帝教的目的是（　　）

A. 推翻清朝统治，建立人间天国　　B. 打击西方列强，进行反帝斗争

C. 进行改朝换代，完成民主革命　　D. 传播西方宗教，取代儒家学说

3. 下列选项不属于洪秀全宗教理论思想来源的是（　　）

A. 西方基督教教义　　B. 儒家大同思想

C. 农民的平均主义　　D. 道家无为思想

4. 太平天国政权正式建立的标志是（　　）

A. 金田起义　　B. 永安建制　　C. 定都天京　　D. 天京事变

5. 太平天国在军事上达到全盛是在（　　）

A. 1851 年　　B. 1853 年　　C. 1856 年　　D. 1862 年

6. 太平军发动西征的目的是（　　）

A. 推翻清政府统治　　B. 巩固天京大本营

C. 切断清王朝财政来源　　D. 解除清军对天京的包围

7. “争天下，打天下，穷爷们儿天不怕来地不怕，杀到天津卫，朝廷快让位；杀到杨柳青，皇帝吓得发了蒙。”这首歌谣所指的太平军的军事行动是（　　）

A. 北伐　　B. 湖口之战

C. 东征　　D. 三河镇战役

8. 太平天国运动由战略进攻转为战略防御的事件是（　　）

A. 永安建制　　B. 北伐失利

C. 天京事变　　D. 洪秀全病逝

9. 下列关于太平天国运动的描述，正确的是（　　）

①具有反封建反侵略的性质　　②定都南京后与清政府形成对峙局面

③太平军在三河镇重创湘军　　④北伐军因孤军深入而全军覆没

A. ①②③　　B. ①②④　　C. ②③④　　D. ①②③④

10. 太平天国运动后期，洪秀全起用的年轻将领有（　　）

①李秀成　②陈玉成　③冯云山　④萧朝贵

A. ①②③　　B. ①②　　C. ②③　　D. ③④

11. 在太平天国运动后期，提出“照得治国必先立政，而为政必有取资”，具体阐述中国如何向西方学习发展资本主义的是（　　）

A. 洪仁玕　　B. 韦昌辉　　C. 杨秀清　　D. 石达开

12. 咸丰年间，湘军成为镇压太平天国运动的主力之一，其创始人是（　　）

A. 曾国藩　　B. 李鸿章　　C. 奕䜣　　D. 袁世凯

13. 《天朝田亩制度》提出：“凡分田，照人口，不论男妇，算其家口多寡，人多则多分，人寡则寡分”的主张，这说明“分田”的实质是（　　）

A. 建立平等平均的理想社会　　B. 推动商品经济的发展

C. 否定封建地主土地所有制　　D. 废除封建土地私有制

14. 下列对《天朝田亩制度》的评价，正确的是（　　）

①是太平天国运动的革命纲领　②反映了农民要求废除封建土地所有制的强烈愿望　③是太平天国运动后期改革内政和建设国家的新方案　④其平均分配土地和产品的内容带有空想性

A. ①②③　　B. ①②④　　C. ②③④　　D. ①②③④

15. 关于《资政新篇》，下列说法不正确的是（　　）

A. 具有鲜明的资本主义色彩　　B. 反映了农民的迫切愿望和要求

C. 主张发展资本主义工商业　　D. 顺应了历史发展的潮流

16. 太平天国运动失败的标志是（　　）

A. 天京事变　　B. 洪秀全病逝　　C. 天京陷落　　D. 安庆陷落

17. 太平天国运动被视为中国农民起义的最高峰，这种说法的依据是（　　）

A. 其时间和空间跨度均属空前　　B. 制定了比较完善的革命纲领

C. 与清政府对峙的政权长达十年　　D. 对封建政权的打击非常猛烈

18. 太平天国运动遇到了历史上不曾有过的新情况是（　　）

A. 领导者争权夺利导致分裂　　B. 中央军队与地方武装的联合围剿

C. 中外反动势力的联合绞杀　　D. 长期受到洋枪队的围困和封锁

19. “太平天国运动为中国的近代化发展减少了阻力”这一说法的主要依据是（　　）

A. 《天朝田亩制度》具有革命性　　B. 它加速了清王朝和封建制度的崩溃

C. 《资政新篇》要求发展资本主义　　D. 它提出与各国自由通商、平等往来

20. 太平天国运动失败的客观原因是（　　）

A. 中外反动势力的联合绞杀　　B. 偏师北伐，孤军深入

C. 领导争权夺利，内讧严重　　D. 装备落后，战略失误

二、材料分析题

1. 阅读材料，回答问题。

天下多男人，尽是兄弟之辈；天下多女子，尽是姊妹之群。何得存此疆彼界之私，何可起尔吞我并之念。

——《原道醒世训》

（1）这则材料是谁创立的什么教派的理论基础？

（2）这一教派的理论基础还有哪些文章？

（3）《原道醒世训》反映了中国哪些传统思想？

2. 阅读材料，回答问题。

自换约以后，该夷退回天津，纷纷南驶……臣等就今日之势论之：发（指太平军）、捻（指北方农民起义军捻军）交乘，心腹之害也；俄国壤地相接，有蚕食上国之志，肘腋之忧也；英国志在通商，暴虐无人理，不为限制，则无以自立，肢体之患也。故灭发、捻为先，治俄次之，治英又次之。……

臣等综计天下大局，是今日之御夷，譬如蜀之待吴，蜀与吴，仇敌也，诸葛亮秉政，仍遣使通好，约共讨魏。

——摘自恭亲王奕䜣等《清设总理衙门等事酌拟章程六条折》（1861 年 1 月 11 日）

（1）材料中“换约”的条约指的是什么条约？

（2）从材料中反映出清政府官员对待农民起义和外国侵略者各是什么态度？

（3）材料中“约共讨魏”意指什么？它导致清政府制定什么政策？

三、问答题

1. 试结合《天朝田亩制度》的内容来谈谈你对它的评价。

2. 与以往的农民战争相比，太平天国运动有哪些新的时代特点？这些新特点形成的原因是什么？

3. 试述太平天国运动的历史意义。

第三节　一败再败的反侵略战争

甲午中日战争与民族危机的加深　明治维新以后，日本对外侵略扩张的野心不断膨胀，逐渐形成了侵略朝鲜、夺取中国的东北和台湾、占领全中国，进而征服全世界的对外扩张政策。

1894 年 2 月，朝鲜爆发东学党起义，应朝鲜国王请求，清军 6 月开赴朝鲜帮助镇压。日本也借机大举派兵入朝。东学党起义平息之后，日军继续增兵朝鲜，蓄意挑起战争。1894 年 7 月，日军悍然在朝鲜牙山口外的丰岛附近海面偷袭清军运兵船。清政府被迫对日宣战。1894 年是农历甲午年，这场战争被称为“甲午中日战争”。

9 月，日军分多路围攻平壤。中国守军奋起反击，清军将领左宝贵中炮牺牲。统帅叶志超弃城逃跑，平壤陷落。

与此同时，中日两国舰队主力在黄海海面遭遇，进行了殊死搏斗。中国北洋舰队广大将士奋起迎战，英勇杀敌。北洋舰队水师提督丁汝昌在战斗中负伤，由“定远”号管带（即舰长）刘步蟾代为指挥。“致远”号在与日舰“吉野”号的交锋中中弹最多，船身倾斜，弹药将尽。在此危急时刻，管带邓世昌毅然下令，开足马力向最猖狂的敌舰“吉野”号撞去，拟与敌人同归于尽，不幸途中被鱼雷击中而沉没，全舰将士 252 人壮烈牺牲。“经远”号中弹起火，又在追击敌舰时中了鱼雷，管带林永升和全舰官兵继续开炮击敌，直至沉没。由于广大爱国官兵的英勇奋战，终于迫使损失惨重的日舰首先退出黄海战场，北洋舰队退返旅顺。黄海海战，中日参战的军舰数目相等，力量对比互有短长。战斗结果，中国损失较大，但仍有与日舰交战的力量。为了保存实力，李鸿章在海战以后，压制海军将士巡海迎敌的要求，以“保船制敌”为借口，命令北洋舰队躲进威海卫军港，造成了坐以待毙的局面。日军取得了黄海海域的制海权。

邓世昌（1849—1894 年）

之后，日军分两路入侵中国。一路渡过鸭绿江，占领九连城等地，直逼辽阳。另一路从辽东半岛登陆，直取大连、旅顺。是为辽东半岛之战。大连守将不战而逃，旅顺守将大多庸懦畏敌，只有徐邦道孤军迎敌，血战四天，终因寡不敌众而战败。日军占领旅顺后，连续进行了四天大屠杀，杀害了两万多中国人，犯下了令人发指的罪行。旅顺屠城后，美国纽约《世界报》这样评论：“日本是披着文明的皮而带有野蛮筋骨的怪兽。日本今已摘下文明的假面具，暴露了野蛮的真面目。”

李鸿章（1823—1901 年）

1895 年初，日本陆海军进攻山东威海卫，北洋舰队陷入绝境。日本联合舰队指挥官写信给北洋水师提督丁汝昌，劝其率舰队投降，遭到严词拒绝。在援兵无望的情况下，丁汝昌自杀殉国，北洋舰队全军覆没。

1895 年 4 月，清政府全权议和大臣李鸿章被迫接受了丧权辱国的《马关条约》。条约规定：中国割让辽东半岛、台湾及其附属岛屿、澎湖列岛给日本；赔偿日本军费 2 亿两白银；开放重庆等地为新的通商口岸；允许日本在华设厂。后来，在俄、法、德三国的干涉下，日本同意中国追加 3 000 万两白银作为“赎辽费”，交还辽东半岛。

《马关条约》是继《南京条约》之后危害最为严重的不平等条约。从此，列强侵略势力深入中国腹地；外国资本的挤压，严重阻碍了中国民族资本主义的发展；巨额战争赔款使国家财政不堪重负，不得不举借外债。甲午战争后中国国势艰危，民生凋敝，中华民族陷入极其深重的危机。

日本的“胜利”极大地刺激了西方列强。俄国为在中国东北扩张势力，纠合德国、法国“干涉还辽”，拉开了列强瓜分中国的序幕。1898 年，德国强迫“租借”胶州湾，以山东为“势力范围”；俄国强租旅顺、大连，把东北和长城以北作为它的“势力范围”；法国强租广州湾，把广东、广西、云南变为它的“势力范围”；英国强租威海卫和九龙半岛界限街以北、深圳河以南地区及附近岛屿（今统称为“新界”），还把长江流域作为它的“势力范围”；日本把福建作为它的“势力范围”。

列强在中国划分“势力范围”，中国沿海一些重要港口被其控制，成为其侵略中国的据点；中国内地被列强瓜分成各自的“势力范围”，中国政府无力控制局势，半殖民地性质进一步加深；英国完全控制了香港地区。

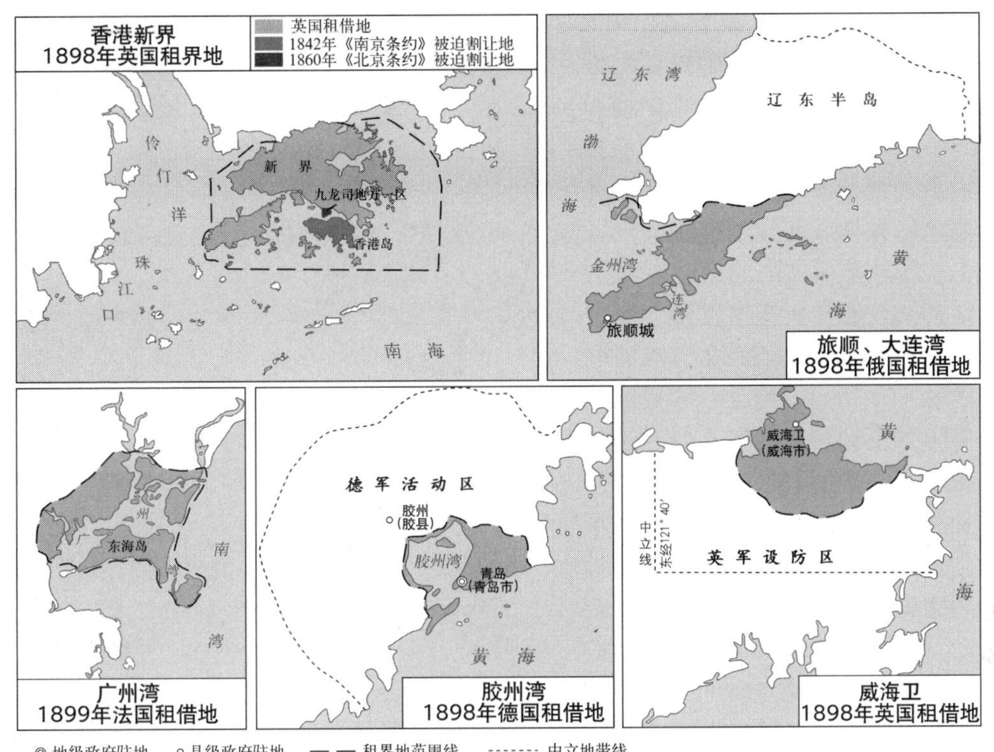

19 世纪末帝国主义在华租借地示意图

甲午战争失败后，为挽救统治危机，清王朝开始进行军事改革。1895 年，清政府派袁世凯等到天津小站采用西洋方式编练新军。后来，这支新军成为晚清政坛上一支重要的力量。

面对民族的生存危机，中国的知识界和各阶层民众始而震惊，继而奋起，以不同形式开展了救亡图存的斗争。

中国人民的反抗斗争与八国联军侵华　19 世纪末，人民群众的反洋教斗争迅速发展，终于汇集成席卷中国北部的义和团运动。清政府无力镇压，转而采取“抚而用之”的策略。

义和团，又名义和拳，原是民间结社组织。他们习武练拳，怀着朴素的爱国情怀，反对帝国主义的侵略。1898 年，义和团提出“扶清灭洋”口号，表明义和团打击的对象是外国侵略者，因此得到了一部分清政府官员的支持，势力迅速遍及京津地区。

拳会蔓延，诛不胜诛，不如抚而用之，统以将帅，编入行伍，因其仇教之心，用作果敢之气，化私忿而为公义，缓急可恃，似亦因势利导之一法。

——军机大臣赵舒翘等人的奏报

此次义和团民之起，数月间，京城蔓延已遍，其众不下十数万，自兵民以至王公府第，处处皆是，同声与洋教为仇，势不两立，剿之则即刻祸起肘腋……只可因而用之，徐图挽救。

——清政府致各省督抚电文

1900 年 6 月，帝国主义列强以“救护驻华使馆，助中国剿匪”为借口，组成八国联军，在英国海军中将西摩尔率领下从天津进犯北京，遭到义和团顽强阻击。义和团还向北京东交民巷使馆和西什库教堂发起猛烈进攻。

8 月，八国联军攻陷北京，慈禧太后携光绪帝逃往西安，途中发布“剿匪谕旨”，并指令李鸿章和奕劻与八国联军议和。

由于中外反动势力的联合绞杀，加上义和团对清朝统治者抱有幻想及盲目排外，义和团缺乏统一的领导核心和军事指挥，义和团运动最后失败了。但是，义和团运动是一场伟大的农民反帝爱国运动。它沉重地打击了中外反动势力，显示了中国人民反侵略的决心，使外国列强认识到，任何国家“皆无此脑力与兵力可以统治此天下生灵四分之一”，从而粉碎了帝国主义妄图瓜分中国的迷梦。

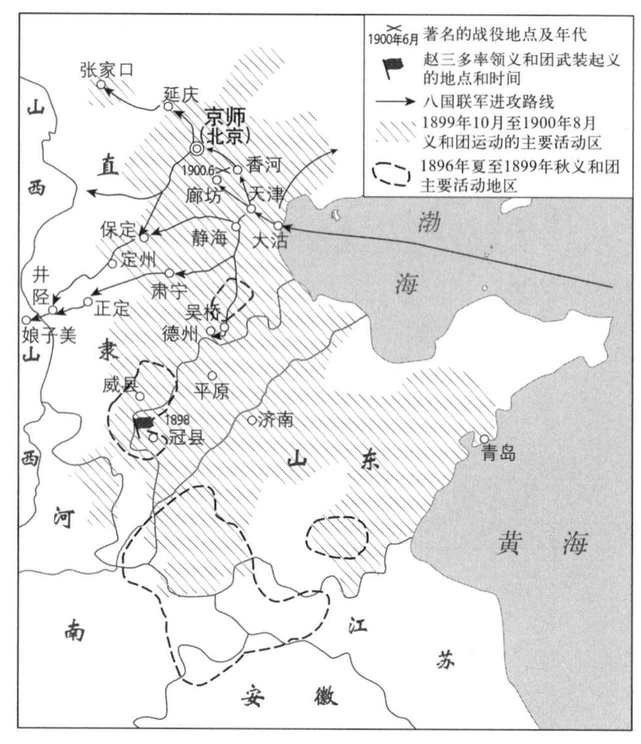

义和团运动形势示意图

八国联军侵占北京后，大肆抢掠，杀人放火，无恶不作，罪行累累。北京的图书文物和大批国宝奇珍，遭到八国联军洗劫。各国传教士和驻华外交官员也参与了抢劫。英军拍卖抢来的物品，按官阶高低分赃。日军从户部抢走 300 万两库存白银，放火烧了衙署以掩盖自己的罪行。俄军将搬不动、运不走的东西砸碎。八国联军的滔天罪行，充分暴露了帝国主义的凶残本质。

义和团运动时，南方各省督抚与英美等国洽商“东南互保”协议，严重动摇了清政府统治的根基。

1901 年（旧历辛丑年），清政府被迫同英、俄、德、法、美、日、意、奥以及比利时、荷兰、西班牙 11 国签订了丧权辱国的《辛丑条约》。条约的主要内容是：①清政府赔款白银 4.5 亿两，分 39 年还清，本息合计 9.8 亿两，以海关等税作担保；②惩办义和团运动中参加反帝斗争的官吏，永远禁止中国人民成立或加入反帝性质的组织，对反帝运动镇压不力的官吏，“即行革职，永不叙用”；③拆毁北京至大沽的炮台，准许各国派兵驻守从北京到山海关铁路沿线要地；④划定北京东交民巷为“使馆界”，允许各国驻兵保护，不准中国人居住；⑤改总理衙门为外务部，位居六部之上；⑥修订商约。清政府同意将各条约中通商行船的内容加以修订，以便利帝国主义扩大对中国的侵略。

《辛丑条约》的签订，给中国造成了严重危害：

第一，巨额的赔款，是列强对中国空前的大规模勒索；为支付这笔巨额赔款，清政府加紧搜括人民，使人民生活更加贫困，社会经济更加凋敝。

第二，在北京设立的“使馆界”，实际上是“国中之国”，是帝国主义策划侵略中国的大本营。外国侵略者控制京津地区，使清政府完全处于外国军队的控制之下，便于侵略者直接派兵镇压中国人民的反帝斗争，严重破坏了中国的主权完整。

第三，按照条约规定，清朝官吏严厉镇压中国人民的反帝斗争，进一步成为帝国主义的帮凶。

第四，改设外务部的规定，便于清政府能够按照外国侵略者的意旨实行卖国的外交政策。

《辛丑条约》是帝国主义国家强加给中国的一个严重的不平等条约，列强除了穷凶极恶地对中国敲诈勒索外，还重新确立了以慈禧太后为首的清政府继续充当它们在华的代理人。慈禧太后对列强不把她当成“祸首”，继续保存清政府而感到庆幸，她厚颜无耻地表示，要“量中华之物力，结与国之欢心”，充分暴露了投降卖国的奴才嘴脸。

从此，清政府完全变成帝国主义统治中国的工具，《辛丑条约》的订立，标志着中国半殖民地半封建社会完全形成。

练习题

一、选择题

1. 甲午中日战争爆发的根本原因是（　　）

A. 朝鲜东学党起义引发中日冲突　　B. 日本侵华蓄谋已久

C. 西方列强纵容日本侵华　　D. 清政府的闭关政策

2. 1894 年中日战争爆发的导火线是（　　）

A. 朝鲜爆发东学党起义　　B. 日本既定的侵华政策

C. 清政府奉行避战求和政策　　D. 日本在丰岛海面偷袭清军

3. 以下战役按时间先后排序是（　　）

①平壤战役　②辽东战役　③黄海战役　④威海卫战役

A. ①③④②　　B. ②④③①　　C. ①③②④　　D. ③①②④

4. 在黄海战役中壮烈牺牲的清军将士有（　　）

①丁汝昌　②邓世昌　③林永升　④左宝贵

A. ①②③　　B. ①③　　C. ②③　　D. ②④

5. 甲午中日战争中，日本制造的大屠杀发生在（　　）

A. 旅顺　　B. 南京　　C. 花园口　　D. 威海卫

6. 威海卫战役中北洋舰队全军覆没的主要原因是（　　）

A. 日军海陆夹击，四面受敌　　B. 部分将领勾结洋员，投敌献船

C. 主帅自杀，失去指挥　　D. 李鸿章“保船制敌”政策的贻误

7. 在《马关条约》中，最能体现外国资本主义对中国的侵略进入新阶段的内容是（　　）

A. 赔偿 2 亿两白银　　B. 开放重庆、杭州为通商口岸

C. 割让台湾等地给日本　　D. 允许日本在通商口岸开设工厂

8. 下列关于《马关条约》的表述，正确的是（　　）

①条约中涉及割地的内容全部得到落实　②条约加剧了列强对中国的争夺

③条约的签订有利于列强对华资本输出　④条约阻碍了中国民族资本主义的发展

A. ①②③　　B. ①③④　　C. ②③④　　D. ①②③④

9. 甲午战争后日本同意将辽东半岛归还中国，是因为（　　）

A. 中国民众的强烈反抗　　B. 清政府 3 000 万两的“赎辽费”

C. 英美等国出面“调停”　　D. 俄法德三国的军事压力

10. 甲午中日战争后，帝国主义国家争相在中国强占“租借地”，以下表述错误的是（　　）

A. 德国租借胶州湾　　B. 英国租借威海卫和新界

C. 法国租借广州湾　　D. 日本租借台湾和澎湖列岛

11. 关于义和团运动的表述，正确的是（　　）

A. 兴起的直接原因是人民群众与洋教的矛盾激化

B. 从长江流域开始兴起，势力迅速遍及京津地区

C. 曾在直隶建立政权，有统一的组织和军事指挥

D. 清政府始终严厉镇压，在中外反动势力的联合绞杀下最终失败

12. 对义和团运动“扶清灭洋”口号的评述，正确是（　　）

①打击的主要对象是外国侵略势力　　②带有笼统排外的色彩

③反映出义和团对清政府认识不清　　④具有爱国性质

A. ①②③④　　B. ①②④　　C. ②③④　　D. ①②③

13. 关于义和团运动意义的表述，正确的是（　　）

①是一场农民反帝爱国运动　②是一次思想解放运动

③沉重打击了中外反动势力　④粉碎了帝国主义瓜分中国的阴谋

A. ①②③　　B. ①③④　　C. ②③④　　D. ①②③④

14. 太平天国运动与义和团运动的相同点有（　　）

①都是农民阶级发动的　②都具有反侵略性质　③都被中外反动势力联合镇压

④都打破了西方侵略者把中国迅速殖民地化的企图

A. ①②　　B. ③④　　C. ①③④　　D. ①②③④

15. 1900 年 6 月，列强以“救护驻华使馆，助中国剿匪”为借口，组成八国联军。“八国”包括（　　）

①美国　②俄国　③荷兰　④意大利　⑤西班牙　⑥奥匈帝国

A. ①②③⑤　　B. ①②④⑥　　C. ②④⑤⑥　　D. ①②③⑤⑥

16. 八国联军攻陷北京，慈禧太后携光绪帝仓皇出逃到（　　）

A. 承德　　B. 天津　　C. 西安　　D. 成都

17. 下列侵华战争中，侵略者曾攻入北京的有（　　）

①鸦片战争　②第二次鸦片战争　③甲午中日战争　④八国联军侵华战争

A. ①②　　B. ①③　　C. ①④　　D. ②④

18. 下列属于《辛丑条约》内容的是（　　）

①惩办伤害诸国国家及人民之首祸诸臣　②永禁或设或入与诸国仇敌之会，违者皆斩　③应纳进口、出口货税、饷费，均宜秉公议定则例　④将大沽炮台及有碍京师至海通道之各炮台一律削平

A. ①②③　　B. ①②④　　C. ①③④　　D. ①②③④

19. 下列《辛丑条约》内容中，最能表明清政府沦为“洋人的朝廷”的是（　　）

A. 支付巨额赔款　　B. 在北京划定使馆区

C. 外务部居六部之上　　D. 承诺镇压中国人反帝

20. 中国半殖民地半封建社会完全确立的标志是（　　）
A. 总理衙门的设立　　B.《马关条约》的签订
C.《南京条约》的签订　　D.《辛丑条约》的签订

二、材料分析题

阅读材料，回答问题。

材料一　初，鸿章筹海防十余年，练军简器，外人震其名。谓非用师逾十万，不能攻旅顺，夺天津、威海。故俄、法之警，皆知有备而退。至是，中兴诸臣及湘军名将皆老死，鲜有存者。鸿章深知将士多不可恃，器械缺乏不应用，方设谋解纷难，而国人以为北洋海军信恃，争起言战，廷议遂锐意用兵。初败于牙山，继败于平壤，日本乘胜内侵，连陷九连、凤凰诸城，大连、旅顺相失。复据威海卫、刘公岛，夺我兵舰，海军覆丧殆尽。

——摘自《清史稿·李鸿章传》

材料二　“最恨和约，误国殃民。上行下效，民冤不伸”，“神助拳，义和团，只因鬼子闹中原。……兵法易，助学拳，更揍鬼子不费难。挑铁道，把线砍，旋再毁坏大轮船。大法国，心胆寒，英吉、俄罗势萧然”。

——《中国近代史资料丛刊·义和团》

材料三　此次义和团民之起，数日之间，京城蔓延已遍，其众不下十数万，自兵民以至王公府第，处处皆是，同声以洋教为仇，势不两立，剿之，则即刻祸起肘腋……只可因而用之，徐图挽救。

——清政府致各省督抚电文

（1）甲午战前，李鸿章对战争的基本态度和做法是什么？你认为他的做法是否可取？

（2）李鸿章认为“将士多不可恃，器械缺乏不应用”是否客观？二者是否北洋海军“覆丧殆尽”的主要原因？请结合史实进行分析。

（3）三则材料的内在联系是什么？材料二、材料三又有什么内在联系？与第一则材料的区别是什么？

（4）材料二中义和团为什么要“挑铁道，把线砍，旋再毁坏大轮船”呢？对此你怎样评价？

（5）材料三中“因而用之”和“徐图挽救”的意思是什么？你对清政府招抚义和团怎样理解？

三、问答题

1. 简述甲午中日战争的背景和结果。
2. 简述中日《马关条约》的主要内容及其影响。
3. 简述中日《辛丑条约》的主要内容及其影响。

第四节　孙中山与中华民国的建立

革命先行者孙中山　孙中山（1866—1925 年），名文，号逸仙，后来他在日本从事革命活动时，化名中山樵，从此即以中山名世，人们称他为孙中山。孙中山是伟大的民主革命先行者。在求学期间，他就非常关心国家大事，经常和同学们议论时局，称洪秀全为反清英雄第一人，并以“洪秀全第二”自居。他接受的是西方资本主义教育，学到了不少自然科学知识和资本主义社会政治学说，这对他的民主革命思想的形成起了重要作用。1892 年，他以优异成绩毕业于香港西医书院，开始在澳门、广州一带行医。通过行医实践，孙中山逐渐认识到“医术救人，所济有限”，“医国”比“医人”更重要，从此走上革新政治、反清革命的道路。

1894 年，孙中山北上天津，上书李鸿章，提出变法自强等多项改革建议，遭到拒绝。失望之余，他开始认识到，只有推翻清政府的专制统治，才能拯救中国。同年 11 月，孙中山在檀香山组织 20 多位关心祖国命运的华侨，建立中国第一个资产阶级革命团体——兴中会，以“振兴中华”为宗旨。兴中会订立入会誓词，要求会员为推翻清政府和建立资产阶级共和国而斗争，明确规定以“驱除鞑虏，恢复中华，创立合众政府”为奋斗目标。兴中会的成立，标志着中国资产阶级革命派初步形成。

1895 年，孙中山回到香港，联络陆皓东等人成立香港兴中会总部，同时开展筹款、联络会党和军队等秘密工作，准备在广州发动武装起义，建立革命据点。10 月，起义消息泄露，陆皓东等人被捕牺牲，起义失败。

广州起义失败后，孙中山遭到清政府通缉，被香港当局驱逐出境。从此，他断发改装，流亡海外，先后在日、美、英等国考察社会实际，发展革命组织，为继续革命做准备。

《辛丑条约》签订后，清政府沦为帝国主义统治中国的工具，国内革命情绪日趋高涨。革命思想不断传播、革命团体纷纷成立。在长期革命斗争中，孙中山的主张逐渐得到其他革命党人的认同，孙中山成为革命党公认的领袖。

为了集中革命力量，建立统一的革命组织，1905 年 8 月，孙中山联合兴中会、华兴会、光复会等革命团体的成员，在日本东京成立了中国同盟会。孙中山被推举为总理。同盟会以“驱除鞑虏，恢复中华，创立民国，平均地权”为宗旨，孙中山将其概括为“民族、民权、民生”三大主义，简称三民主义。同盟会以《民报》为机关刊物。中国同盟会是第一个全国规模的、统一的资产阶级革命政党。它的成立，使全国资产阶级革命派有了一个统一的领导和明确的奋斗目标，大大推进了全国革命运动的发展。

革命志士的反清武装斗争 1906 年，同盟会员刘道一、蔡绍南在江西湖南交界的萍乡、浏阳、醴陵发动武装起义。三万余人参加起义，奋战一个月后失败，刘道一等人在长沙遇害。萍浏醴起义是同盟会成立后领导的第一次武装起义。起义虽然失败，但同盟会的声望由此大振。

1907 年，光复会会员徐锡麟在安庆发动起义，刺杀安徽巡抚恩铭。起义人员与清军激战四小时，因寡不敌众而失败，徐锡麟死难。革命党人秋瑾在浙江绍兴准备策应，因歹徒告密，被捕遇难。

1907 年，孙中山亲赴越南河内，与黄兴共同筹划广西起义，袭取镇南关。起义军奋战七昼夜，因弹药缺乏，最终失败。

1910 年，孙中山同黄兴、赵声等人商讨在广州举行起义。会后，孙中山赴欧美筹集起义经费，黄兴到香港设立统筹部，作为起义的领导机关。1911 年 4 月，由于情况发生变化，黄兴在准备尚未就绪的情况下，临时决定提前举事。他率领一百余名革命党人攻入两广总督衙门。革命党人与清军展开激烈巷战，苦战一昼夜，终因众寡悬殊，起义失败，很多革命党人壮烈牺牲。后来，将收殓到的七十二具烈士遗骸，合葬于广州黄花岗，称作“黄花岗七十二烈士”。历史上也将这次起义称为“黄花岗起义”。这次起义虽然失败，但革命党人不屈不挠的精神和视死如归的英雄气概，极大地鼓舞了全国人民的斗志。

革命党人在宣传革命理论的同时，还多次发动武装起义，如1894年的广州起义、1907年的安庆绍兴起义等，其中以1911年4月黄兴等人发动的黄花岗起义最为著名。由于革命党人缺乏建立根据地的思想，没有形成坚强统一的领导，起义不断遭受挫折。但是，这些起义沉重打击了清王朝的统治，极大地鼓舞了人民革命斗争的勇气。

1911年，湖北革命组织文学社与共进会，在同盟会的推动下，积极谋划起义。起义的主要力量是湖北新军中倾向革命的士兵。10月9日，共进会负责人孙武等在汉口租界制造炸弹，不慎爆炸，起义计划泄露。清政府到处搜捕革命党人，形势非常紧迫。

10月10日晚，武昌城内新军工程营的熊秉坤、金兆龙等革命党人首先起义。他们夺取军械库，打开城门迎接驻守城外的炮兵入城，然后步炮联合，进攻总督衙门。一夜之间，武昌全城被起义军占领。随后，汉阳、汉口的新军起义响应，革命在武汉三镇取得胜利。10月11日，起义军成立湖北军政府，推举新军将领黎元洪为都督，宣布“五族共和”，定国号为“中华民国”。

武昌起义的胜利，震撼了清王朝的统治，短短一个月内，全国十几个省相继宣布独立。许多少数民族地区也发生了响应武昌起义的革命运动，清王朝在全国的统治土崩瓦解。

中华民国的建立和帝制的终结 革命形势的发展要求有一个统一的中央政府。多方协商后

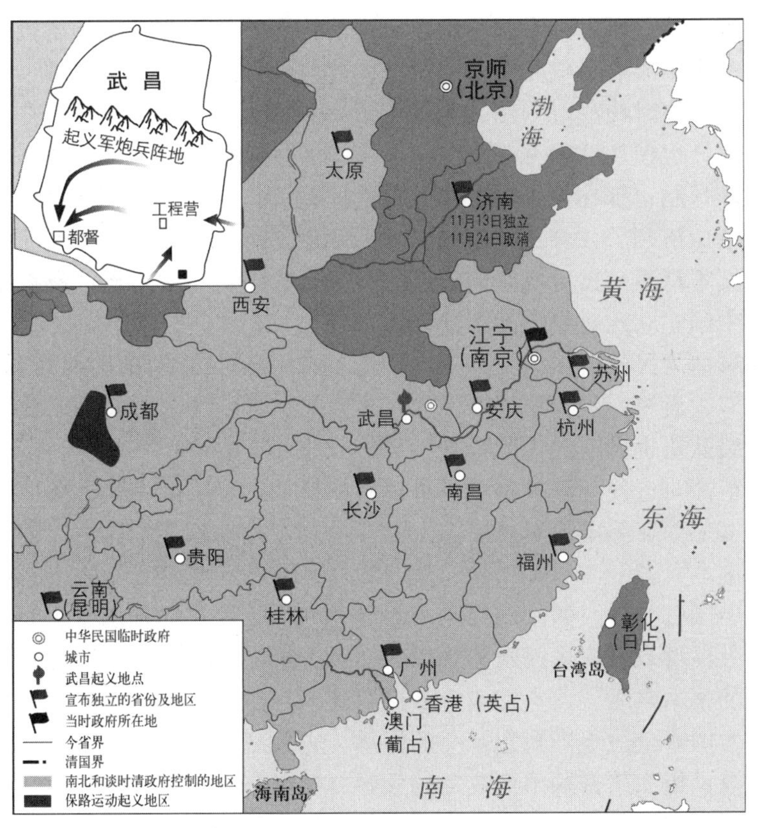

辛亥革命形势图

决定在南京成立临时中央政府。1911 年 12 月，各省代表在南京集会，选举孙中山为临时大总统。1912 年 1 月 1 日，孙中山在南京宣誓就任临时大总统，中华民国临时政府成立，以 1912 年为民国元年，改用公历，以五色旗为国旗。随后，又选举黎元洪为副总统。成立临时参议院，由各省的会议代表任参议员。南京临时政府的成立是孙中山领导的资产阶级民主革命的重要成果。

武昌起义成功后，湖北军政府与清朝内阁总理大臣袁世凯交涉，力图通过和平的方式早日实现共和。南京临时政府成立后，孙中山也曾表示，如果清帝退位，袁世凯宣布赞成共和，他即行辞职，并推举袁世凯继任临时大总统。1912 年 2 月 12 日，在袁世凯软硬兼施的逼迫下，清朝末代皇帝宣统帝溥仪下诏退位。清朝 260 多年的封建专制统治至此结束。

2 月 13 日，孙中山向临时参议院提出辞职，并推荐袁世凯继任临时大总统。在袁世凯通电声明拥护共和后，2 月 15 日，临时参议院选举袁世凯为临时大总统。3 月 10 日，袁世凯在北京就任中华民国临时大总统。

3 月 11 日，孙中山以临时大总统名义颁布了由参议院制定的《中华民国临时约法》，约法规定：中华民国之主权属于国民全体，中华民国人民一律平等，人民享有人身、居住、财产、言论、出版、集会、结社、通信、信仰等自由；规定了内阁制和三权分立的国家组织原则。这是近代中国第一部具有资产阶级共和国宪法性质的国家临时大法。

4 月 1 日，孙中山宣布解除临时大总统职务，政权落入袁世凯手中，辛亥革命的果实被袁世凯窃取。

辛亥革命是中国近代史上一次伟大的反帝反封建的资产阶级民主革命，具有深远的历史意义。

第一，辛亥革命给封建君主专制制度以致命的一击。它推翻了统治中国 260 多年的清王朝，结束了中国两千多年的封建君主专制制度，建立资产阶级民主共和国，颁布了反映资产阶级民主主义精神的临时约法。它使人民获得了一些民主和自由的权利，在政治上和思想上获得了一定的解放，也使民主共和的观念深入人心，在此后的历史进程中，无论谁想做皇帝，无论谁想复辟帝制，都在人民的反对下迅速垮台。

第二，辛亥革命推翻了“洋人的朝廷”，也就沉重打击了帝国主义的侵略势力。辛亥革命以后，帝国主义不得不一再更换它们的在华代理人，但再也找不到能够控制全局的统治工具，再也无力在中国建立比较稳定的统治秩序。

第三，辛亥革命为民族资本主义的发展创造了有利条件。民国建立以后，国内实业团体纷纷成立，开工厂、设银行成为风气。民族资本主义的经济力量在短短的几年内就有了显著的增长，无产阶级队伍也迅速壮大起来。

第四，辛亥革命对近代亚洲各国被压迫民族的解放运动，产生了比较广泛的影响，特别是对今越南、印度尼西亚等国反对殖民主义的斗争起了推动作用。这一时期，亚洲出现了民族解放运动的高潮。

但是，由于中国资产阶级的软弱性和局限性，他们不愿意同帝国主义完全决裂，也不敢发动和依靠广大人民群众彻底摧毁封建势力，实行土地制度的改革。因此，辛亥革命没有解决近代中国社会的根本矛盾，没有完成反帝反封建的历史任务，没有实现民族独立、人民解放，也没有改变中国半殖民地半封建社会的性质，它缺乏一个能够提出科学的革命纲领、能够发动大多数民众、组织严密的革命政党的领导，这是辛亥革命历史局限性的基本体现。辛亥革命的失败证明，在帝国主义时代，半殖民地半封建的中国不可能走西方的老路。资产阶级共和国的方案，在中国是行不通的。

练习题

一、选择题

1. 孙中山建立的第一个全国性资产阶级政党的成立时间和地点是（　　）

A. 1894 年，上海　　B. 1894 年，檀香山

C. 1905 年，东京　　D. 1905 年，广州

2. 中国资产阶级革命派初步形成的标志是（　　）

A. 兴中会的成立　　B. 中国同盟会的成立

C. 中国国民党的成立　　D. 中国共产党的成立

3. 关于中国同盟会的表述，正确的是（　　）

①提出了“驱除鞑虏，恢复中华，创立合众政府”的主张　②促进了革命团体的大联合　③使中国资产阶级民主革命进入新阶段　④是第一个全国规模的统一的资产阶级革命政党

A. ①②③　　B. ①②④　　C. ①③④　　D. ②③④

4. 孙中山三民主义思想的核心是（　　）

A. 驱除鞑虏　　B. 恢复中华　　C. 创立民国　　D. 平均地权

5. 三民主义中的民族主义的实质是（　　）

A. 反清复明　　B. 反对帝国主义的侵略

C. 反对民族压迫　　D. 反对清朝的封建统治

6. 提出政治革命，从理论上解决资产阶级革命派夺取政权和建立政权问题的是（　　）

A. 民族主义　　B. 民主主义　　C. 民权主义　　D. 民生主义

7. 20 世纪初，以孙中山为代表的资产阶级革命派与以康、梁为代表的改良派展开思想论战，两派的主要分歧有（　　）

A. 是否发展资本主义　　B. 是否推翻清朝统治

C. 是否向西方学习　　D. 是否抵抗外来侵略

8. 1911 年发动的黄花岗起义被称为“与武昌革命之役并寿”，这场起义发生在（　　）

A. 安庆　　B. 惠州　　C. 绍兴　　D. 广州

9. 具体组织和发动武昌起义的团体是（　　）

A. 兴中会、华兴会　　B. 华兴会、文学社

C. 文学社、共进会　　D. 同盟会、兴中会

10. 武昌起义的主要力量是（　　）

A. 工人　　B. 农民　　C. 新军　　D. 地主

11. 武昌起义胜利之后，全国各省纷纷响应，宣布独立。其中没有宣布独立的地区是（　　）

A. 广东　　B. 湖南　　C. 河南　　D. 江苏

12. 1912 年 1 月 1 日，孙中山在南京宣告中华民国成立，随后成立的政府是（　　）

A. 南京国民政府　　B. 北洋政府　　C. 南京临时政府　　D. 湖北军政府

13. 有人说：“辛亥革命既是一次成功的革命，又是一次失败了的革命。”其成功之处是指（　　）

A. 推翻了中国两千多年的封建君主专制制度

B. 使民主共和观念日益深入人心

C. 为中国民族资本主义的发展扫清了道路

D. 沉重打击了帝国主义的侵略势力

14. 说辛亥革命失败的主要依据是（　　）

A. 革命果实被袁世凯篡夺

B. 没有废除清政府签订的不平等条约

C. 没有解决农民的土地问题

D. 中国半殖民地半封建社会性质没有彻底改变

15. 辛亥革命的性质是（　　）

A. 民族资产阶级的改良运动　　B. 新民主主义革命

C. 反封建的资产阶级民主革命　　D. 反帝反封的资产阶级民主革命

16. 辛亥革命对中国政治近代化的最重要贡献是（　　）

A. 推翻了清政府的统治　　B. 建立资产阶级共和国

C. 结束了封建君主专制　　D. 使民主共和的观念深入人心

17. 清王朝结束统治的标志性事件是（　　）

A. 武昌起义的胜利　　B. 南京临时政府的成立

C. 宣统皇帝正式下诏退位　　D. 《中华民国临时约法》的颁布

18. 武昌起义后出现“南北议和”的根源是（　　）

A. 帝国主义支持袁世凯破坏革命　　B. 新政府中混入了立宪派和旧官僚

C. 帝国主义对革命派施加压力　　D. 资产阶级本身的软弱性和妥协性

19. 袁世凯能够窃取辛亥革命果实的原因有（　　）

①列强的扶持　②革命党人内部有分歧　③袁世凯掌握清政府实权　④临时政府对袁世凯没有约束措施

A. ①②③　　B. ①③④　　C. ②③④　　D. ①②③④

20. 下述历史事件按时间先后排列正确的是（　　）

①宣统帝下诏退位　②颁布《中华民国临时约法》　③孙中山提出辞呈　④袁世凯在北京就任中华民国临时大总统

A. ①②③④　　B. ③④②①　　C. ②①③④　　D. ①③②④

二、材料分析题

1. 阅读材料，回答问题。

材料一　1912年1月27日孙中山致各国公使电：本总统甚愿让位于袁，而袁已允照办，岂知袁忽欲令南京临时政府立即解散，此则为民国所万难照办者，盖民国之愿让步，为共和，非为袁氏也。……袁氏之意实欲使北京政府、民国政府并行解散，俾得以一人而独揽大权也。

——摘自《袁世凯与中华民国》

材料二　第一章，总纲……第二条，中华民国之主权，属于国民全体。……第三章，参议院第十六条，中华民国之立法权，以参议院行之。……第十九条，参议院之职权如左：……十一，参议院对于临时大总统，认为有谋叛行为时，得以总员五分之四以上之出席，出席员四分之三以上可弹劾之。……

——摘自《中华民国临时约法》

（1）孙中山 1912 年 1 月 27 日电文是在什么背景下发出的？为什么袁世凯的气焰如此嚣张？

（2）电文中的“北京政府”和“民国政府”指的是什么政府？

（3）《中华民国临时约法》是谁在何时公布的？它的性质是什么？当时制定这一约法还有什么直接目的？

2. 阅读材料，回答问题。

材料一　保皇派否认清政府的民族压迫政策，反对实行民族革命，认为革命将破坏社会秩序，造成内乱，必将引起外国干涉，招致亡国灭种的危险。革命派认为，革命是以建立民主政治为目的，不是争权夺利，不会引起内乱。革命不以排外为目的，不会招致外国干涉。

材料二　保皇派认为中国“民智未开”，中国人“既缺乏政治习惯”，“又不识团体公益”，没有当共和国民的资格。革命派根据天赋人权的学说，认为“民权”的兴起是不可抗拒的历史潮流，由君主专制变为民主共和是“进化之公理”。中国人并不比欧美人低劣，有能力实现民主政治。

材料三　保皇派反对土地制度改革，攻击革命派的“平均地权”“土地国有”政策是危害国本，煽动“下等社会”革命。革命派指出，天下田应为天下人同耕。地主垄断土地，徒手做食，不利于生产和社会发展。只有“平均地权”，实行“土地国有”政策，才能使社会生产事业迅速得到发展。

（1）概括保皇派的基本主张和理由。

（2）概括革命派的基本主张和理由。

（3）分析双方论战的实质和影响。

三、问答题

1. 20 世纪初资产阶级革命运动是在什么样的背景下兴起的？当时资产阶级民主革命思想形成的原因是什么？

2. 简述辛亥革命的历史功绩及失败原因。

第五节　中国近代政体的变革

近代的政治改良思想　从林则徐“开眼看世界”到魏源“师夷之长技”，从冯桂芬的“四不如夷”到洋务派的“中体西用”，这是一条先进中国人思想脉动的主线。然而，甲午中日战争清政府的惨败，又揭示了洋务派“中体西用”思想的严重局限。

19 世纪 70 年代，王韬、薛福成、马建忠、郑观应等人相继提出改革政治的思想主张。

他们向国人介绍西方的政治制度，把西方政体分成“君主”“民主”和“君民共主”三种，认为“君主者权偏于上，民主者权偏于下，君民共主者权得其平”，主张在中国实行“君民共主”制，并仿效西方设立议院。

戊戌变法时期，改良思潮发展成为政治运动。康有为在《应诏统筹全局折》中提出维新变法的政治纲领，期望借皇帝的力量改革政治制度，建立君主立宪国。在这里，康有为的政治主张有所缓和，不再提兴民权、设议院、开国会，转而主张尊崇君权，“以君权变法”。

1901 年，梁启超著《立宪法议》，指出立宪政体“必民智稍开而后能行之”，但“行之在十年以后，则定之当在十年以前”，“故采定政体，决行立宪，实维新开宗明义第一事，而不容稍缓者也”。

清末新政 20 世纪初，清政府迫于国内外压力实行新政，进而发展成“预备立宪”，开始进行体制改革的探索。

1905 年，清政府派载泽等五大臣出洋考察宪政。1906 年，载泽回国后上密折说明立宪有三大好处，即“皇位永固”“外患渐轻”“内乱可弭”。据此，清政府坚定了实行立宪政治的决心。

1906 年 9 月，清政府颁布“预备仿行宪政”谕旨，称将“大权统于朝廷，庶政公诸舆论，以立国家万年有道之基”。但清政府又强调，当前“规制未备，民智未开”，所以必须“妥议立宪实行期限，再行宣布天下，视进步之迟速，定期限之远近”。1908 年，清政府颁布《钦定宪法大纲》，规定皇权“神圣尊严，不可侵犯”，皇帝“统治国家之大权，凡立法、行政、司法，皆归总揽”。其中第三条规定：“钦定颁行法律及发交议案之权。凡法律虽经议院议决，而未奉诏命批准颁布者，不能见诸施行。”第五条指出：“用人之权，操之君上，而大臣辅弼之，议院不得干预。”由此可见，此“宪法”并不能约束皇帝的无上权力。

1911 年 5 月，清政府宣布组成第一届责任内阁。在 13 名内阁大臣中，满族贵族占 9 人，其中 7 人为皇族，史称“皇族内阁”。消息传出，各省谘议局联合会上书力争，“以皇族组织内阁，不合君主立宪公例，请另简大员，组织内阁”。对此，清政府回复说：“黜陟百司，系君上大权，议员不得妄加干涉。”清政府“假立宪，真专制”的面貌昭然若揭。

当然，清末宪政的实施，各地方谘议局的设立等，为中国现代民主制度的建立做了一些准备。

民国初期的宪政 1912 年 3 月，孙中山颁布《中华民国临时约法》，共 7 章 56 条。约法规定：中华民国的主权，属于全体国民；国内各民族一律平等，国民有言论、结社、集会、著作的自由；参议院行使立法权，有弹劾总统的权力。

约法宣布了封建君主专制制度的终结和资产阶级民主共和制度的建立，它规定了内阁制和三权分立的国家组织原则，保障了人民民主自由的权利。约法具有资产阶级共和国宪法的性质。

1912 年 8 月成立的国民党，由孙中山为理事长，宋教仁代理理事长主持党务。宋教仁希望通过国会选举，重组内阁，限制袁世凯的权力。袁世凯企图收买宋教仁，但宋教仁不为所动，反而利用袁世凯的收买款到长江流域各省游说，准备组织真正的国民党内阁。不久，国民党在国会选举中赢得参众两院大多数议席，成为国会第一大党。

为阻止国民党组织责任内阁，1913 年 3 月，袁世凯暗中指使部下收买杀手，在上海火车站刺杀准备北上参加竞选的宋教仁，史称“宋教仁案”。

“宋教仁案”发生后，袁世凯遭到国内舆论的谴责。在日本考察铁路建设的孙中山号召讨伐袁世凯，南方许多城市展开了反袁斗争，史称“二次革命”。但二次革命遭到袁世凯的镇压，很快失败。

1913 年，袁世凯强迫国会选举他为大总统后，便下令解散国民党和国会。1914 年 5 月，袁世凯废除《中华民国临时约法》，颁布《中华民国约法》（又称“新约法”或“袁记约法”），规定大总统为“国家元首，总揽统治”，统率陆海军，代表中华民国，对国民全体负责。由大总统制定官制，任免官员，宣布开战媾和等。总之，总统权力无限扩大，甚至可以指定继承人。袁世凯篡改《中华民国临时约法》，实行个人独裁，完全是为其复辟帝制做准备。

> 国民为国主体，吾党欲使人不忘斯义，故须其名曰国民党……本党以巩固共和、实行平民政治为宗旨。
>
> ——《国民党宣言》

1915 年 12 月，袁世凯宣布实行帝制，自称“中华帝国皇帝”，改 1916 年为“洪宪”元年。可是，孙中山早就说过“敢有帝制自为者，天下共击之”，从蔡锷举起护国义旗，到全国人民同声共讨，袁世凯的皇帝梦只做了 83 天。1916 年 3 月，袁世凯在众叛亲离、内外交困的情况下，被迫取消帝制，但仍希望能保住总统的位置。5 月，孙中山发表《第二次讨袁宣言》，号召人民继续反袁。6 月，袁世凯忧愤生疾而死，洪宪帝制归于失败。

1916 年 6 月，国务总理段祺瑞宣布恢复《中华民国临时约法》。

练习题

一、选择题

1. 以下人物不属于早期资产阶级维新派的是（　　）

A. 郑观应　　B. 王韬　　C. 康有为　　D. 薛福成

2. 下列观点中符合资产阶级维新派主张的是（　　）

A. 设议院，兴民权，实行君主立宪

B. 夫不可变者，伦纪圣道心术也，非工商器械工艺也

C. 立国之道，尚礼义不尚权谋；根本之图，在人心不在技艺

D. 以忠义号召合天下之心，以朝廷威灵合九州之力，乃天经地义之道

3. 资产阶级维新派的施政纲领是（　　）

A. 《变法通议》　　B. 《新学伪经考》

C. 《孔子改制考》　　D. 《应诏统筹全局折》

4. 戊戌变法期间颁布的变法内容有（　　）

①取消旗人寄生特权　②裁撤绿营，精练陆军

③开办京师大学堂　　④废除科举制和八股文

A. ①②③④　　B. ①②③　　C. ①③④　　D. ②③④

5. 康梁所极力推崇的设议院、开国会、定宪法等君主立宪的政治主张，在变法中并没有出现，究其根本原因是（　　）

A. 维新派改变了政治主张　　B. 顽固派的百般阻挠

C. 国民民智未开，时机未到　　D. 资产阶级的软弱性和妥协性

6. 晚清时期清帝年号的正确排序是（　　）

A. 道光、同治、光绪、咸丰、宣统　　B. 道光、咸丰、光绪、同治、宣统

C. 道光、同治、咸丰、光绪、宣统　　D. 道光、咸丰、同治、光绪、宣统

7. 清政府派五大臣出洋考察后，在 1906 年宣布（　　）

A.《钦定宪法大纲》　　B. 裁军机处，设内阁

C. "预备仿行宪政"　　D. 设练兵处，编练新军

8. 清政府颁布的《钦定宪法大纲》规定，拥有至高无上的权力的是（　　）

A. 议会　　B. 皇帝　　C. 内阁　　D. 人民

9. 清政府"预备立宪"的根本目的是（　　）

A. 发展民族资本主义　　B. 推动中国近代化

C. 建立君主立宪政体　　D. 维护清王朝统治

10. 中国历史上延续了一千多年的科举制度正式废除于（　　）

A. 洋务运动时期　　B. 维新变法时期

C. 清末新政时期　　D. 辛亥革命时期

11. 1912 年颁布的《中华民国临时约法》规定，中华民国的主权属于（　　）

A. 总统　　B. 参议院　　C. 内阁　　D. 全体国民

12.《中华民国临时约法》为了限制袁世凯独裁特别规定的是（　　）

A. 实行三权分立的政治体制　　B. 实行责任内阁制

C. 增加副总统权力范围　　D. 限定大总统任期

13. 关于《中华民国临时约法》的表述，不正确的是（　　）

A. 标志资产阶级共和国的诞生　　B. 是近代中国第一部资产阶级民主宪法

C. 保障了人民民主自由的权利　　D. 宣布封建君主专制制度的终结

14. 1912 年成立的国民党，实际主持的是（　　）

A. 黄兴　　B. 宋教仁　　C. 蔡元培　　D. 唐绍仪

15. 民国初年，以孙中山为首的革命党人为争取和维护民主共和制度而采取的斗争方式有（　　）

①双边谈判　②政党政治　③法律手段　④武装斗争

A. ①②③　　B. ①②④　　C. ②③④　　D. ①②③④

16. 孙中山发动二次革命的根本原因是（　　）

A. 宋教仁遇刺身亡　　B. 袁世凯公然践踏民主共和制度

C. 北洋军进攻革命军　　D. 袁世凯罢免江西等三省都督

17. 下列将领既参加了二次革命，又参加了护国运动的是（　　）

A. 胡汉民　　B. 黄兴　　C. 李烈钧　　D. 蔡锷

18. 袁世凯复辟帝制的过程按时间先后排序是（　　）

①解散国会　②解散国民党　③公布《中华民国约法》　④自称"中华帝国皇帝"

A. ①②③④　　B. ②①③④　　C. ④③①②　　D. ③④②①

19. 下列各项活动与反对袁世凯复辟帝制无关的是（　　）

A. 孙中山发表《讨逆宣言》

B. 梁启超发表《异哉所谓国体问题者》

C. 孙中山发表《第二次讨袁宣言》

D. 蔡锷等人在云南起义

20. 袁世凯复辟帝制失败的根本原因是（　　）

A. 辛亥革命使民主共和深入民心　　B. 护国军力量强大

C. 没有得到帝国主义国家的支持　　D. 北洋军内部分裂

二、材料分析题

阅读材料，回答问题。

材料一　在内阁成员方面，袁世凯本来认为：“革命人才，鲜当人意”，因而他开始拟定内阁名单。“概属亡清旧吏，无一纯粹新人物”，使南方各界“咸怀不平”，但是为了表示这个新总统总算有几分“诚意”，他也作了些微小的让步。

——摘自《辛亥革命史》

材料二　袁世凯曾向杨度透露：“我现在不怕国民党以暴力夺取政权，就怕他们以合法手段取得政权，把我摆在无权无勇的位置上。”

——摘自《北洋军阀统治时期史话》

（1）材料一中袁世凯“微小的让步”表现在哪里？

（2）结合政治知识说明政党与国家政权的关系，并据此指出材料二体现的袁世凯的想法。

三、问答题

1. 简述近代中国政体变化的趋势和过程。
2. 简述维新变法失败的原因和启示。
3. 简述《中华民国临时约法》颁布的目的和意义。
4. 列举五四运动前，革命党人为了维护民主共和所作的斗争。

第五章　国共合作与中国革命

第一节　五四爱国运动与中国共产党的诞生

“二十一条”与巴黎和会　第一次世界大战爆发后，欧洲列强无暇东顾，日本趁机加快了侵略中国的步伐。1915 年 1 月，日本为了把中国变为它的殖民地，以支持袁世凯做皇帝为诱饵，由日本驻华公使日置益向袁世凯政府递交了“二十一条”密约。其主要内容有：①承认日本接管德国在山东的一切权利，增加筑路通商的新权利。②延长日本租借旅顺、大连及南满铁路、安奉铁路的期限为 99 年，并承认日本在东三省南部和内蒙古东部的特权。③汉冶萍公司改为中日合办。④中国沿海港湾、岛屿不得租借或割让他国。⑤中国政府须聘用日本人为政治、军事、财政顾问；中国警政和兵工厂由中日合办。

袁世凯急于取得日本对他称帝的支持，经过几个月的交涉，日本以最后通牒的方式，迫使袁世凯于 5 月 9 日接受了除第五条以外的其余全部条款。

日本提出“二十一条”要求和袁世凯卖国的消息传出后，全国人民强烈不满，迅速掀起了反对日本帝国主义的高潮。群众愤怒地将 5 月 9 日定为“国耻纪念日”。上海码头工人首先举行罢工，接着，日资企业中的中国工人也纷纷罢工，反对日本侵略和袁世凯卖国。各界人士组织“反日同志会”，号召全国抵制日货，不忘国耻。北京、汉口等城市的群众连日集会示威。爱国学生集会讲演，有的甚至“刺血上书”“断指自誓”，进行爱国救亡斗争。留日学生和海外华侨也纷纷谴责卖国政府，积极参加捐款和抵制日货的爱国运动。广大爱国群众的斗争，沉重地打击了日本帝国主义及其走狗，使得“二十一条”未能付诸实施。

第一次世界大战结束后，战胜国在巴黎召开和平会议，商讨处理战败国以及维护世界和平等问题。英、法、美、日、意五个强国操纵巴黎和会，重新瓜分世界。中国以战胜国的身份出席会议，希望改变中国在国际上的屈辱地位。中国代表顾维钧向和会提出维护中国主权的七项条件，并郑重提出废除“二十一条”。

但是，欧美列强不仅没有支持中国代表的正义要求，反而作出将德国在山东的一切权益转让给日本的决定，这是对中华民族的侮辱和对公理的挑战。巴黎和会上中国外交的失败，打破了中国人民对帝国主义列强的幻想，成为新一轮中国人民反帝反封建运动的导火线。

五四运动　1919 年 5 月 4 日，北京各校学生 3 000 余人汇集天安门广场，高呼“外争国权，内惩国贼”“废除二十一条”“打倒卖国贼曹汝霖、章宗祥、陆宗舆”等口号，爱国情绪高涨。

学生游行队伍放火焚烧了参与签订“二十一条”的曹汝霖的住宅，后来遭军警围捕镇压，部分学生被捕。第二天，北京学生宣布总罢课。学生的爱国行动引起了各界的广泛响应。天津、济南、上海、武汉和长沙等地的学生和工人等纷纷起来游行示威，声援北京学生的爱国行动。6 月 5 日起，上海等地工人相继罢工，五四运动的中心转移到上海，并形成以工人阶级为主力、全国人民参加的反帝反封建的爱国斗争。工人阶级开始作为独立的政治力量登上中国的历史舞台。上海工人罢工、商人罢市和学生罢课的“三罢”斗争把五四运动推向高潮。

在全国人民的压力下，北洋政府于6 月 10 日罢免了曹汝霖、章宗祥和陆宗舆的职务。6 月 28 日，中国代表拒绝在《凡尔赛和约》上签字。这是中国第一次拒绝签订世界上几个强大的帝国主义国家制定的和约。

五四精神　五四运动是一场伟大的反帝爱国运动，体现了强烈的爱国精神和牺牲精神。它是中国从旧民主主义革命发展到新民主主义革命的转折点。五四运动也是一场广泛传播民主和科学的新文化运动，体现了鲜明的民主和科学精神。

从 1915 年开始，一些先进的知识分子提出了“民主”与“科学”的口号，提倡民主反对专制，提倡科学反对迷信，掀起了新文化运动。代表人物有陈独秀、蔡元培、李大钊、胡适和鲁迅等人。陈独秀等人创办的《新青年》成为宣传新思想的主要阵地。

陈独秀发表的《敬告青年》一文，首倡“民主与科学”。李大钊发表《青春》《庶民的胜利》和《布尔什维主义的胜利》及后来在《每周评论》上介绍马克思和恩格斯合著的《共产党宣言》等，开始在中国传播马克思主义。蔡元培采用的“兼容并包、思想自由”的办学方针，使北京大学成为新文化运动的中心。鲁迅的《狂人日记》、胡适的《文学改良刍议》等，都成为新文化运动中最具代表性的作品。

五四运动是一场伟大的思想解放运动，它体现了追求真理、勇于解放的精神。五四运动广泛传播了各种各样的学说和思想，包括马克思主义、无政府主义及合作主义等，而马克思主义的传播则成为当时的主流，为中国共产党的诞生做了思想上、理论上的准备。爱国救国、民主科学、文化启蒙构成了五四新文化运动最宝贵的精神财富，中国历史自此翻开了崭新的一页。

中国共产党成立　1917 年俄国十月革命胜利后，中国的一批先进分子“以俄为师”，开始接受马克思列宁主义。在五四运动后期，工人阶级作为独立的政治力量登上历史舞台，投身罢工运动，成为从旧民主主义革命发展到新民主主义革命的转折点。

马列主义的传播促进了中国各地共产党早期组织的建立。1920 年 8 月，陈独秀在上海成立了第一个共产党早期组织——共产主义小组，并将《新青年》作为机关刊物。10 月，李大钊等人在北京成立了共产主义小组。武昌、长沙、广州等地的共产主义小组也相继建立，这就为中国共产党的成立奠定了组织基础。

1921 年 7 月 23 日，中国共产党第一次全国代表大会在上海法租界召开。出席大会的正式代表有 12 人，加上陈独秀指派的私人代表包惠僧共 13 人。陈独秀和李大钊因故未能出席，共产国际代表马林和尼柯尔斯基出席了大会。由于受到法国巡捕的干扰，最后一天的会议移至浙江嘉兴南湖的游船上举行。

大会通过的《中国共产党纲领》规定：党的名称为中国共产党；党的性质是无产阶级政党；党的奋斗目标是推翻资产阶级，建立无产阶级专政，废除私有制，直至消灭阶级差别。大会选举陈独秀、张国焘、李达组成中央局，陈独秀为书记，张国焘负责组织工作，李达负责宣传工作。

参加中共一大的正式代表

地区	上海	北京	长沙	武汉	济南	广州	旅日
代表姓名	李　达 李汉俊	张国焘 刘仁静	毛泽东 何叔衡	董必武 陈潭秋	王尽美 邓恩铭	陈公博 包惠僧	周佛海

中国共产党一大宣告了中国共产党的正式成立，中国出现了以马列主义为指导的工人阶级政党。

在 1922 年召开的中国共产党二大上，将现阶段的奋斗目标修改为反对帝国主义、封建主义和军阀，建立民主共和国。

中国共产党成立后，把开展工人运动作为党的中心任务之一。1921 年 8 月，中国劳动组合书记部成立，这是中国共产党领导工人运动的最高机构。

1922 年，中国工人运动出现了第一次高潮。这次工人运动高潮以香港海员罢工为起点，以京汉铁路工人罢工被镇压而宣告结束。此后，中国共产党认识到必须团结广大农民以及民族资产阶级，建立统一战线，才能取得革命的胜利。

练习题

一、选择题

1. 北洋军阀统治时期，中国是一个（　　）

A. 资产阶级共和国　　B. 君主立宪制国家

C. 半殖民地半封建国家　　D. 独立自主的封建国家

2. 日本在“二十一条”中提出：“中国沿海港湾、岛屿不得租借或割让他国”的真实意图是（　　）

A. 维护北洋政府的利益　　B. 支持袁世凯复辟帝制

C. 企图独霸中国　　D. 尊重中国主权和领土完整

3. 五四运动爆发的直接原因是（　　）

A. 北洋军阀的黑暗统治　　B. 巴黎和会上中国外交的失败

C. 俄国十月革命的影响　　D. 新文化运动的兴起

4. 五四运动爆发的时间和地点是（　　）

A. 1917 年，上海　　B. 1918 年，北京

C. 1919 年，上海　　D. 1919 年，北京

5. 五四运动中发挥主力军作用的是（　　）

A. 工人　　B. 学生　　C. 农民　　D. 民族资产阶级

6. 五四运动取得的胜利有（　　）

①罢免曹汝霖、陆宗舆、章宗祥的职务　　②释放被捕学生

③宣布取消“二十一条”　　④拒绝在《凡尔赛和约》上签字

A. ①②③　　B. ①②④　　C. ①③④　　D. ②③④

7. 五四运动的性质是（　　）
A. 地主阶级不触动封建根基的自救运动　　B. 反封建反侵略的农民革命运动
C. 规模巨大的农民反帝反封建爱国运动　　D. 彻底的反帝反封建的爱国运动
8. “五四精神”具体指（　　）
①爱国主义精神　②民主和科学的精神　③追求真理的精神　④勇于解放的精神
A. ①②③④　　B. ①②③　　C. ①③④　　D. ②③④
9. 五四运动是中国新民主主义革命的开端，最主要依据是（　　）
A. 是彻底的反帝反封建的斗争　　B. 无产阶级成为运动的主力
C. 是先进阶级领导的，具有广泛群众基础　　D. 俄国十月革命的影响
10. 中国无产阶级登上政治舞台开始于（　　）
A. 辛亥革命　　B. 新文化运动
C. 五四运动　　D. 中国共产党的成立
11. 20 世纪一二十年代，某位历史人物因创办《新青年》被誉为“新文化运动的先驱”，后又成为“五四运动的总司令”。这位历史人物是（　　）
A. 陈独秀　　B. 李大钊　　C. 蔡元培　　D. 鲁迅
12. 新文化运动前期提出的口号是（　　）
A. 团结、进步　　B. 民主、法治　　C. 民主、科学　　D. 自由、法治
13. 中国第一个共产党早期组织的建立者及地点是（　　）
A. 李大钊，北京　　B. 毛泽东，长沙　　C. 董必武，武汉　　D. 陈独秀，上海
14. 中国共产党第一次全国代表大会召开的地点是（　　）
A. 北京　　B. 南京　　C. 上海　　D. 武汉
15. 下列关于中共一大的描述，不正确的是（　　）
A. 大会在上海召开，后转到嘉兴南湖
B. 陈独秀出席会议并被选为中央局书记
C. 大会确定了党的性质和奋斗目标
D. 共产国际派代表出席
16. 中共一大提出的奋斗目标是（　　）
A. 推翻帝国主义，建立民主共和国　　B. 开展工人运动
C. 推翻资产阶级，建立无产阶级专政　　D. 领导农民起义
17. 中国共产党成立后，领导工人运动的最高机构是（　　）
A. 中国劳动组合书记部　　B. 全国总工会
C. 中国劳工联盟　　D. 劳动中央局
18. 在中共二大上，中共修改了现阶段的奋斗目标。这个“现阶段”是指（　　）
A. 国共合作时期　　B. 民主主义革命时期　C. 北伐战争时期　　D. 抗日战争时期
19. 中共二大确定现阶段的奋斗目标是（　　）
A. 反帝反封建　　B. 建立革命根据地　　C. 发动武装斗争　　D. 实现共产主义
20. 中国共产党成立后，中国革命的面目“焕然一新”，“新”主要体现在（　　）
①以马克思主义为指导思想　　②以武装斗争为主要手段
③以无产阶级为领导阶级　　④以建立革命根据地为主要内容
A. ①②　　B. ②③　　C. ①③　　D. ③④

二、材料分析题

1. 阅读材料，回答问题。

北京大学发行杂志多种，专以提倡过激派伪说。平时教授学生也本此旨。此次罢学风潮，近因虽由政治问题发生，而其远因，未始不由此种学说有以致之，……审察学生举动几类俄国过激派之所为。

——引自北京政府教育部主事的条陈

（1）材料中的“罢学风潮”指什么？

（2）材料中的“伪说”“此种学说”指什么？

（3）材料中所说的“近因”指什么事？与所谓“远因”是否有关系？说明理由。

2. 阅读材料，回答问题。

材料一 1912年《申报》载：“虽然今日之共和，第有其表面已。人民既乏国民之常识，而于风俗习惯尤未改革。”“于共和国之组织，若选举，若会议，及其他人民对于国家种种应尽应享之权利义务咸不谙熟。”“就大多数国民之心理观之，则共和政体之发生，及依据于事实，而非根本于原理。”

——据张静如等《中国现代社会史》

材料二 1916年《新青年》载：“袁世凯之废共和复帝制，乃恶果非恶因，乃枝叶之罪恶，非根本之罪恶。若夫别尊卑，重阶级，主张人治，反对民权之思想之学说，实为制造专制帝王之根本之恶因。吾国思想界不将此根本恶因铲除净尽，则有因必有果，无数废共和复帝制之袁世凯，当然接踵应运而生，毫不足怪。”

材料三 1923年12月17日，北京大学25周年纪念日民意测验的部分结果：

调查问题	调查结果
1. 下列各种方法，你以为哪种可以救国？（军阀宰制、外国共管、国民革命）	国民革命725票，外国共管19票，军阀宰制10票
2. 俄国与美国，谁是中国之友？	俄国497票，美国107票
3. 你心目中，国内或世界大人物，是哪几位？	世界大人物：列宁227票，威尔逊51票 国内大人物：孙中山473票，陈独秀173票，蔡元培153票

——据张静如等《中国现代社会史》

（1）根据材料一概述1912年中国普通民众对民主共和的认识。

（2）根据材料二指出当时先进的中国知识分子认识到了什么问题。

（3）概述材料三每项调查结果所体现的主流民意，并结合所学知识分析其原因。

三、问答题

1. 试述五四运动的背景、结果和历史意义。
2. 简述中国共产党成立的背景及中共一大的奋斗目标和历史意义。

第二节 国共第一次合作

中国共产党制定革命统一战线政策 京汉铁路工人大罢工的失败使中国共产党认识到，要战胜强大的敌人，必须争取同盟者，建立革命统一战线。当时中国的各政党中，只有孙中山领导的国民党是比较革命的政党，并且在南方建立了革命根据地，孙中山也欢迎共产党跟他合作。共产国际也指示中国共产党和国民党合作。1923 年，中国共产党在广州举行第三次全国代表大会，大会决定同孙中山领导的中国国民党合作，建立革命统一战线。会上确定了合作的方针：共产党员以个人身份加入国民党，同时保持共产党在政治上、思想上和组织上的独立性；帮助改组国民党为工人阶级、农民阶级、城市小资产阶级和民族资产阶级联盟的政党。

中国国民党第一次全国代表大会 1919 年，孙中山把中华革命党改组为中国国民党。1920 年，他返回广州，重建军政府，发起第二次护法运动。他决定北伐，统一中国。但由于陈炯明的叛变，1922 年，第二次护法运动失败。经过这次失败，他接受中国共产党的帮助和苏联的建议，着手改组国民党，与共产党合作，开始了他一生中伟大的转变。1923 年初，孙中山发表《中国国民党宣言》，提出修改不平等条约等主张。接着，他在广州成立革命政府大元帅府。

1924 年 1 月，中国国民党在广州召开有中国共产党人参加的第一次全国代表大会。大会决定改组国民党，实行国共合作。大会颁布了国民党新的党纲、党章，决定了“联俄、联共、扶助农工”三大政策。大会接受中国共产党反帝反封建的主张，重新解释了“三民主义”，把旧三民主义发展为新三民主义。

新三民主义与中国共产党民主革命纲领基本一致，这是国共合作的政治基础。这次大会的召开标志着国共两党第一次合作的建立。从此，中国革命进入第一次国内革命战争时期。

黄埔军校 在中国共产党和苏联的帮助下，1924 年 5 月，孙中山在广州创办了“中国国民党陆军军官学校”，因校址在黄埔，通称黄埔军校。孙中山兼任军校总理，蒋介石任校长，廖仲恺任党代表，苏联的加仑将军为军事顾问，共产党员周恩来曾任政治部主任。黄埔军校把政治教育和军事训练放到同样重要的地位，注重培养学生的爱国思想和革命精神。黄埔军校是国共合作创办的革命军事学校，招收学生一万多名，为大革命培养了一大批政治和军事的骨干力量，为以后国民革命军的建立和北伐战争的进行奠定了一定的基础。

北京政变与孙中山北上 1924 年 10 月，直系将领冯玉祥在北京发动政变，囚禁贿选总统曹锟并将清朝废帝溥仪及其皇族驱逐出紫禁城，控制了北京政权。随后，冯玉祥向南方革命领袖孙中山发出“共商国是”的邀请，孙中山为谋求国家统一，毅然决定应邀北上，随即发表《时局宣言》（即《北上宣言》）：对内消灭军阀，对外消灭帝国主义在华势力。孙中山抱病起程，虽最终克服各种困难于 12 月底辗转抵京，却因召开国民会议的政治主张无法实现和自身的病情加重入院治疗。3 月 12 日，因病情恶化抢救无效，孙中山与世长辞，享年 59 岁。伟大的民主革命家孙中山的病逝，是中国民主革命的一个重大损失。

五卅运动 1925 年 5 月 30 日，上海工人、学生为抗议日本纱厂资本家枪杀工人顾正红（共产党员），举行反帝游行示威，惨遭英国巡捕开枪射击，死伤数十人。这就是震惊中外的“五卅惨案”。它激起了人民的愤怒，上海工人罢工、商人罢市、学生罢课，全国各地人民纷纷响应，掀起了反帝爱国的五卅运动。五卅运动是在国共合作后，在中国共产党的领导下掀起的一场以工人阶级为主体的反帝爱国运动。后由于帝国主义的镇压，民族资产阶级被迫退出统一战线，工人阶级处于孤军奋战的境地，罢工最终停止。五卅运动是大革命期间反帝爱国运动的高潮，给帝国主义和封建主义以沉重的打击，为北伐战争准备了群众基础。

省港大罢工 1925 年 6 月，为声援上海人民的反帝斗争，广州和香港工人举行大罢工，23 日广州群众示威游行队伍路过广州沙基时，惨遭英、法军队枪炮射击，造成“沙基惨案”。共产党员苏兆征、邓中夏建立了省港罢工委员会领导两地的工人运动。这次罢工坚持了一年零四个月后胜利结束，是世界上罢工时间最长的一次斗争。这次罢工也是五卅运动的组成部分。

国民政府与国民革命军的建立 1925 年 7 月，广东革命政府改组为国民政府。国民政府以黄埔学生军为骨干，将部队改编为国民革命军，周恩来担任国民革命军第一军政治部主任。国民革命军是一支区别于军阀部队的新型军队。

北伐战争 北伐战争是国共两党共同领导的，广东国民政府组织实施的，以“推翻帝国主义和封建军阀统治，把革命推向全国”为目的的一场革命战争。北伐战争的主要打击对象是吴佩孚、孙传芳和张作霖三大军阀。

1926 年 7 月，国民革命军出师北伐，蒋介石任北伐军总司令。北伐军分三路进军，西路指向吴佩孚控制的湖南、湖北；东路和中路指向孙传芳控制的福建、浙江和江西。其中，湖南、湖北为主战场。

在西路主战场，叶挺率领的第四军独立团为北伐先锋，官兵作战英勇，屡破吴佩孚守军，先后夺取了粤汉铁路两个重要据点汀泗桥和贺胜桥。10 月攻克汉阳、汉口和武昌，击败吴佩孚主力。叶挺的部队被誉为“铁军”，叶挺被誉为“北伐名将”。北伐军出师不到半年，从珠江流域打到长江流域，威震全国。与此同时，东路和中路北伐军也连连取胜，歼灭了孙传芳的主力。1927 年初，国民党中央、国民政府从广州迁到武汉，武汉成为全国革命运动的中心。革命势力从珠江流域发展到长江流域，基本推翻了北洋军阀的反动统治。

北伐战争得到工农运动的大力支持，北伐的胜利又推动了工农运动的发展。上海工人发动了三次武装起义，第三次武装起义在陈独秀、周恩来的领导下取得了胜利。湖南、湖北等地爆发了大规模的农民运动，运动的主要领导者毛泽东发表了《湖南农民运动考察报告》。

北伐的胜利和工农运动的高涨，打击了帝国主义统治中国的基础。帝国主义干涉中国革命，先后制造了“万县惨案”、“一三”惨案和“南京惨案”。帝国主义的干涉引起了反帝运动的高涨，反帝运动也得到了北伐军的支持，其中最成功的是汉口和九江人民收回了英租界。

蒋介石与汪精卫的反革命政变 当北伐战争胜利发展，北洋军阀的失败已成定局的时候，蒋介石在上海发动“四一二”反革命政变，大肆屠杀共产党人。1927 年 4 月 12 日，蒋介石的党徒指使一批全副武装的流氓，冒充工人，袭击上海各区工人纠察队。随后，又借口“工人内讧”，派反动军队缴了工人纠察队的枪，打死打伤 300 多名工人。当天下午，一批武装分子占领上海总工会。第二天，总工会召开工人群众大会，提出发还枪支，肃清流氓反革命分子的要求，会后进行游行示威。当游行队伍走到宝山路的时候，蒋介石的反动军队用机枪向手无寸铁的工人群众扫射，宝山路血流成河。同时，总工会被查封，共产党员、工人领袖和革命群众被捕杀。仅三天之内，就有300多人被杀，500多人被捕，5 000多人失踪。这就是骇人听闻的“四一二”反革命大屠杀。接着，蒋介石指使党徒在许多地方进行大屠杀。4月，军阀张作霖在北京杀害了共产党创始人之一李大钊。

“四一二”反革命政变后，汪精卫在武汉也下令取缔共产党。5月21日，汪精卫指使反动军官许克祥在长沙发动“马日事变”，大肆捕杀共产党人和革命群众，工农运动遭到严重摧残。7月15日，汪精卫在武汉召开“分共会议”，公开叛变革命。汪精卫集团提出“宁可枉杀千人，不可使一人漏网”的反革命口号，大批屠杀共产党员和革命群众。这就是“七一五”反革命政变。

从此以后，国共两党合作破裂。内战代替了团结，独裁代替了民主。轰轰烈烈的第一次国内革命战争失败了。

南京国民政府 以蒋介石为首的国民党右派，于1927年4月18日在南京另组国民政府。胡汉民为政府主席，实权操纵在军事委员会主席蒋介石手中。中国暂时出现武汉、南京、北京三个政权并立的局面。9月，武汉国民政府迁往南京，与南京国民政府合二为一，史称“宁汉合流”。

东北易帜 1928年4月，南京国民政府继续北伐。6月，日本策划了“皇姑屯事件”，炸死了张作霖。张作霖的儿子张学良继任东北保安总司令，年底，张学良宣布“遵守三民主义，服从国民政府，改旗易帜”。这样，国民政府在形式上完成了对全国的统一。

练习题

一、选择题

1. 下列关于中共三大的表述，正确的是（　　）

①1923年在广州召开　　②决定与孙中山领导的国民党进行合作

③确定党内合作的方针　④标志着国共第一次合作正式形成

A. ①②③　　B. ①③④　　C. ②③④　　D. ①②③④

2. 国共第一次合作的政治基础是（　　）

A. 旧三民主义　　B. 新三民主义　　C. 民主革命纲领　　D. 三大政策

3. 新三民主义与旧三民主义相比，增添的内容有（　　）

①反对满洲贵族的统治　　②反对帝国主义侵略

③强调民权为一般平民所共有　④节制资本

A. ①②③　　B. ②③④　　C. ①④　　D. ②④

4. 孙中山新三民主义中的民族主义，主要“新”在（　　）

A. 民权为一般平民所共有　　B. 耕者有其田

C. 反对帝国主义的侵略　　D. 各民族一律平等

5. 国共第一次合作正式形成的标志是（　　）

A. 1921年中共一大召开　　B. 1922年中共二大召开

C. 1923年中共三大召开　　D. 1924年国民党一大召开

6. 以下关于黄埔军校的表述，不正确的是（　　）

A. 学校全称“中国国民党陆军军官学校”

B. 是中国国民党创办的政治军事学校

C. 注重培养学生的爱国思想和革命精神

D. 为北伐战争的进行奠定了基础

7. 以下人物曾任黄埔军校政治部主任的是（　　）

A. 蒋介石　　B. 廖仲恺　　C. 周恩来　　D. 李大钊

8. 国共合作形成后，一场以“国民革命”为口号的运动席卷全国，其反对的目标是（　　）

A. 晚清政府　　B. 袁世凯独裁统治

C. 军阀和帝国主义　　D. 蒋介石独裁统治

9. 北伐军的主要打击对象是（　　）

①吴佩孚　②孙传芳　③张作霖　④冯玉祥

A. ①②③　　B. ①②④　　C. ①③④　　D. ②③④

10. 被誉为“北伐名将”的是（　　）

A. 周恩来　　B. 叶挺　　C. 刘伯承　　D. 贺龙

11. 第一次国共合作期间，收回九江和汉口英租界的是（　　）

A. 重庆国民政府　　B. 广州国民政府　　C. 武汉国民政府　　D. 南京国民政府

12. 下列关于国民革命运动历史意义的叙述，不正确的是（　　）

A. 完全推翻了北洋军阀的反动统治　　B. 使人们在思想上受到革命的洗礼

C. 扩大了中国共产党在群众中的影响　　D. 中共开始掌握一部分军队

13. 国共第一次合作时期的革命被称为“国民大革命”是因为（　　）

A. 先进的领导阶级　　B. 广泛的群众基础

C. 革命取得初步胜利　　D. 共产国际的帮助

14. 国民大革命与以往探索救国道路相比，最大特点是（　　）

A. 彻底地反帝反封　　B. 取得革命初步胜利

C. 武装斗争的方式　　D. 以国共合作为基础

15. 国民大革命运动取得重大成果的原因，不包括（　　）

A. 革命统一战线的建立　　B. 工农群众的支持

C. 苏联、共产国际的帮助　　D. 英美等国的支持

16. 国共两党合作全面破裂的标志是（　　）

A. “一三”惨案　　B. “四一二”反革命政变

C. 李大钊遇害　　D. “七一五”反革命政变

17. 国共两党第一次合作破裂，留给中国共产党的教训是（　　）

①必须坚持无产阶级对革命的领导权　②必须掌握革命的武装

③必须联合民主党派　④坚持武装斗争

A. ①②③　　B. ①②③④　　C. ①③④　　D. ①②④

18. 有学者评价说：“1927 年的国民革命失败了”。这里的“失败”主要指（　　）

A. 反帝反封建的任务没有完成　　B. 蒋介石、汪精卫背叛革命

C. 共产党内右倾机会主义占了上风　　D. 工农运动转入低潮

19. “宁汉合流”是指（　　）

A. 武汉国民政府与北京国民政府的合并　　B. 宁夏国民政府与武汉国民政府的合并

C. 武汉国民政府与南京国民政府的合并　　D. 南京国民政府与北京国民政府的合并

20. 1928 年 12 月，有一位将领宣布“东北易帜”，服从南京国民政府的领导，从而完成了全国统一。他是（　　）

A. 张学良　　B. 段祺瑞　　C. 李宗仁　　D. 杨虎城

二、材料分析题

阅读材料，回答问题。

（1926 年 8 月）朱德被派往四川去劝说他的老同事——四川军阀杨森同北伐军合作。杨森向朱德信誓旦旦，说他渴望参加国民革命事业，可是必须有钱发饷。国民党可以给他多少钱？……（经过劝说）杨森总算未派部队去帮助他的盟友吴佩孚。……甚至在铁军拿下武汉后，杨森还在踌躇不决。从湖南和武汉逃出来的地主和实业家对杨森说：北伐军里有许多军官本身就是地主或资产阶级子弟，他们参加北伐，并不是想叫农民来抢夺和没收他们的土地或其他财产。农民协会在各地成立，而且有些地方甚至没收并分了土地。国民政府反对这样做，可是农民却充耳不闻。北伐军总司令蒋介石正在为农民和工会问题与共产党和激进的国民党员闹意见，还要求取消军队里的政治部。……那些政治人员向士兵灌输各种思想，又散布到农村去协助农民组织协会，他们煽动人们破坏社会秩序……可是这一切很快就要结束了，这些地主报告说，国民党大部分“有地位”的领导人都反对三大政策；这种政策的取消，只是时间问题。到那时，整个革命运动就要烟消云散，法律和秩序就可以恢复了。

就在这时候，……两艘英国炮舰溯江而上，在遇到（杨森部队）抵抗后，就把炮口指准万县，一下子炮轰了两个钟头，打死了五千名中国人，万县成了一片火海。……大火扑灭，尸体掩埋后，杨森派朱德到汉口表示要效忠国民革命军。

——引自史沫特莱《伟大的道路》

（1）用材料中的事例说明当时国民革命运动面临哪些重大矛盾？

（2）据上述矛盾，你认为中国共产党当时采取什么策略才有可能使革命取得胜利？

三、问答题

1. 1924 年初，国共两党为什么能建立起统一战线？

2. 国民革命运动取得了哪些成果？为什么会失败？

第三节　中国共产党救国道路的新探索

武装斗争的开始　从大革命失败的教训中，中国共产党开始认识到独立掌握革命武装力量的重要性。国民党反动派的血腥屠杀政策，激起了中国共产党和革命群众的极大愤慨和强烈反抗。1927 年 8 月 1 日，周恩来、贺龙、叶挺、朱德、刘伯承等人率领革命军在南昌举行武装起义。这次起义打响了中国共产党武装反抗国民党反动派的第一枪，标志着中国共产党独立领导武装斗争和建立人民军队的开始。起义军按原计划撤出南昌，南下广东，途中遭到敌人封堵，损失严重。革命军一部分由朱德、陈毅率领，转战湘南，坚持斗争；另一部分进入海陆丰。南昌起义是中国共产党武装反抗国民党反动统治的开始，也是创建人民军队的开始。8 月 1 日后来成为中国人民解放军建军节。

1927 年 8 月 7 日，中国共产党在汉口召开紧急会议（史称八七会议），确立了土地革命和武装反抗国民党反动派的总方针。最初武装斗争以夺取城市为目标，以后针对城市地区敌强我弱的现实，逐渐转变方针，开始建立农村革命根据地。

根据八七会议的决议，毛泽东被派到湖南领导秋收起义。1927 年 9 月，毛泽东在湖南、江西边界发动秋收起义，准备攻打长沙。由于敌人势力比较强大，起义军受到严重损失。毛泽东命令部队放弃夺取长沙的计划，改向敌人统治力量薄弱的山区进军。进军途中，他进行了著名的三湾改编，确立了党对军队的绝对领导。

1927 年 12 月，中国共产党广东省委书记张太雷和共产党人叶挺、恽代英、叶剑英等在广州发动了武装起义。起义部队迅速占领市内绝大部分地区，成立了苏维埃政府。起义军经过三昼夜的浴血奋战，最后被国民党反动派镇压。张太雷牺牲，成为中共历史上第一个牺牲在战斗第一线的中央委员和政治局成员。起义军损失惨重，余部撤出广州。

南昌起义、秋收起义和广州起义开创了中国共产党独立领导武装斗争夺取政权的新局面，为创建人民军队、从城市转入农村、建立农村革命根据地揭开了序幕。

革命根据地的建立 1927 年 10 月，毛泽东率领秋收起义后余下部队辗转到了江西、湖南边界的井冈山地区。他领导井冈山军民，开展游击战争，进行土地革命，经过近半年的努力，建立了以宁冈为中心的井冈山革命根据地。这是中国第一个农村革命根据地。

1928 年 4 月，朱德、陈毅率领南昌起义的部分队伍和在湘南起义的农民军来到井冈山，同毛泽东领导的队伍胜利会师，成立了中国工农红军第四军。井冈山会师，形成中国工农红军第一支坚强的部队。

1930 年上半年，全国建立了大小十几个革命根据地。其中最大、最巩固的是毛泽东、朱德发展的赣南、闽西连接起来的，以江西瑞金为中心的中央革命根据地。

中华苏维埃共和国 革命形势的蓬勃发展，需要建立一个统一的中央政权，领导全国红色区域的革命斗争。1931 年 11 月，成立了中华苏维埃共和国临时中央政府，选举毛泽东等 64 人组成中央执行委员会，中央执行委员会推选毛泽东为主席。中华苏维埃共和国临时中央政府是工人和农民民主专政的国家政权，它标志着工农劳苦大众有了自己的政权。

中国共产党在革命根据地开展打土豪、分田地、废除封建剥削和债务的土地革命，满足了农民的土地要求。土地革命使广大贫雇农在政治上翻了身，经济上分到了土地，生活上得到保证。为保卫胜利果实，他们积极参军参战，努力发展生产。中国共产党的土地改革，调动了一切反封建的因素，保证了土地革命的胜利。

五次反“围剿”与中国工农红军的长征 从 1930 年 12 月至 1933 年 2 月，国民党军队对中央革命根据地发动了四次大规模的“围剿”。由于毛泽东军事路线、作战方针的正确，红军四次反“围剿”均取得了胜利。1933 年秋，蒋介石调集 100 万军队，对中央革命根据地发动第五次“围剿”，由于当时掌握中央领导权的王明犯了冒险主义错误，完全抛弃了毛泽东的军事路线，使得第五次反“围剿”失利。

1934 年 10 月，红军被迫撤离中央革命根据地，组成红一方面军，开始长征。“左倾”领导人在长征途中消极避战，只顾夺路突围，不敢主动地寻机歼敌，采取退却中的逃跑主义。经过苦战，红军虽然突破了敌人的四道封锁线，渡过了湘江，但是，人员损失过半。在前有堵截、后有追兵的危急关头，毛泽东提出停止去湘西与另一支红军部队会合，改向敌人力量薄弱的贵州前进的主张，得到了大部分领导人的赞同。红军改向贵州前进，强渡乌江，解放了贵州重镇遵义。

1935 年 1 月，中国共产党在长征途中的贵州遵义召开了中央政治局扩大会议，纠正了博古、李德等人在军事上和组织上的错误，接受了毛泽东的正确主张，成立了周恩来、毛泽东和王稼祥组成的三人军事领导小组，负责全权指挥军事。遵义会议使中国革命有了胜利的保证，这次会议挽救了党，挽救了红军，挽救了革命，是中国共产党发展史上一个生死攸关的转折点。

遵义会议后，红一方面军继续长征，在毛泽东、周恩来、朱德等的领导下，四渡赤水、强渡金沙江、飞夺泸定桥、爬雪山、过草地，行程二万五千里，于 1935 年 10 月到达陕西北部的吴起镇，与陕北刘志丹领导的红军会师。1936 年 10 月，红一、二、四方面军三大主力在甘肃会宁会师，二万五千里长征取得了完全胜利。

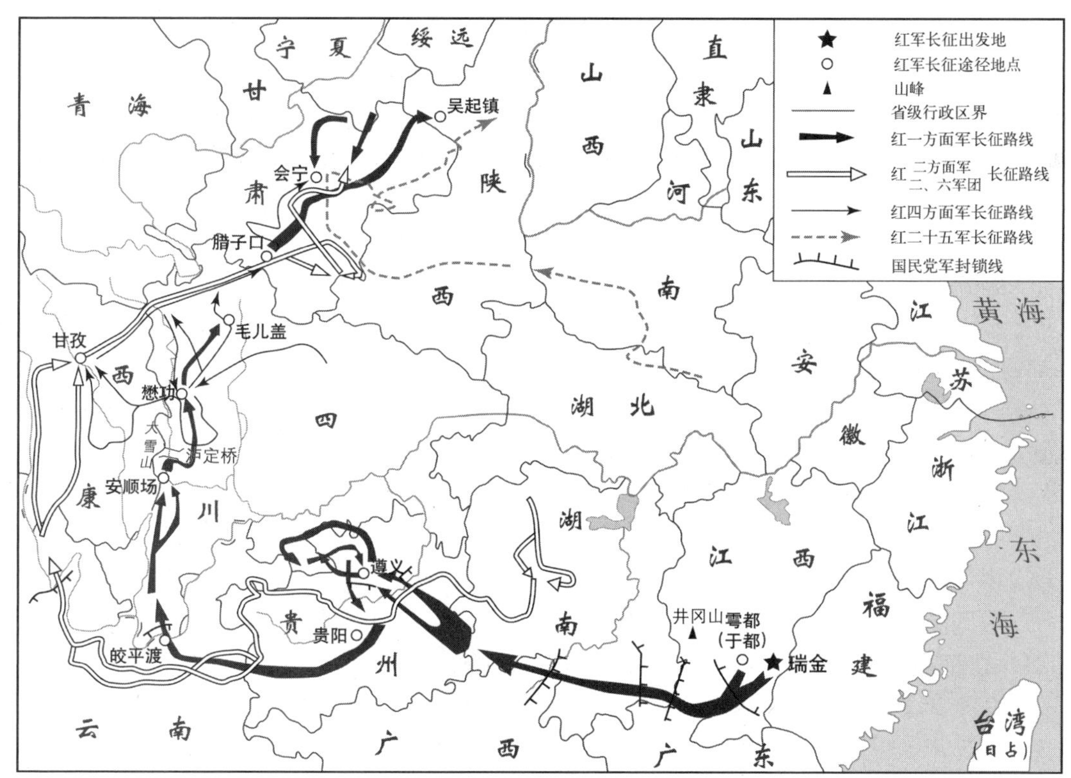

中国工农红军长征路线示意图

长征的胜利，粉碎了国民党反动派扼杀中国革命的企图，保存了共产党和红军的基本力量，使中国革命转危为安。红军长征播下了革命种子，铸就了长征精神，中国革命出现新的局面。

陕北抗日根据地　长征胜利结束，三大主力会师，中共中央以延安为中心，建立了陕北抗日根据地，为抗日战争时期的敌后抗日作战奠定了胜利的基础。

练习题

一、选择题

1. 中国共产党打响武装反抗国民党反动派第一枪的事件是（　　）

A. 武昌起义　　B. 绍兴起义　　C. 南昌起义　　D. 秋收起义

2. 与建军节有直接关系的历史事件是（　　）

A. 辛亥革命　　B. 南昌起义　　C. 北伐胜利　　D. 长征胜利

3. 以下中共领导的活动按时间先后排序，正确的是（　　）

①广州起义　②南昌起义　③秋收起义　④八七会议

A. ①③②④　　B. ④②③①　　C. ②③①④　　D. ②④③①

4. 1927 年 12 月，中国共产党在广州发动起义，终因力量悬殊而失败。这次战斗中牺牲的是（　　）

A. 恽代英　　B. 叶剑英　　C. 聂荣臻　　D. 张太雷

5. 1927 年 8 月 7 日，中共中央在汉口召开紧急会议，会议确定的总方针是（　　）

A. 发动秋收起义，建立农村革命根据地　　B. 土地革命，武装反抗国民党反动派

C. 从城市转入农村，最终夺取全国政权　　D. 创建人民军队，独立领导武装斗争

6. 中共建立的第一个农村革命根据地是（　　）

A. 井冈山革命根据地　　B. 陕甘宁革命根据地

C. 海陆丰革命根据地　　D. 湘鄂赣革命根据地

7. “工农武装割据”理论的基本内容包括（　　）

①土地革命　②武装斗争　③根据地建设　④借鉴苏联

A. ①②③　　B. ①③④　　C. ①②④　　D. ②③④

8. 1931 年 11 月，中华苏维埃共和国临时中央政府定都于（　　）

A. 古田　　B. 文家市　　C. 瑞金　　D. 三湾

9. 1928 年 4 月，朱德、陈毅率领的革命队伍在井冈山和毛泽东会师，成立了（　　）

A. 中国人民解放军　　B. 国民革命军第四军

C. 中国工农红军新四军　　D. 中国工农红军第四军

10. 红军主力撤离中央革命根据地，开始长征的时间是（　　）

A. 1934 年 10 月　　B. 1935 年 1 月

C. 1935 年 10 月　　D. 1936 年 10 月

11. “红军不怕远征难，万水千山只等闲”，当年红军“远征”的直接原因是（　　）

A. 把革命火种播撒到西部，扩大革命根据地

B. 东北沦陷华北告急，中华民族危机空前严重

C. 避其主力打其虚弱，集中优势兵力歼灭敌人

D. 红军第五次反“围剿”失败，被迫实行战略转移

12. 1936 年 10 月，红军三大主力会师的地点是（　　）

A. 井冈山　　B. 吴起镇　　C. 延安　　D. 会宁

13. 长征是中国工农红军进行的伟大战略转移。这里的转移指（　　）

A. 党的工作重心发生转移　　B. 中国革命的性质发生变化

C. 革命的中心地区发生转移　　D. 中国革命的方式发生变化

14. 红军长征胜利的意义，下列表述不正确的是（　　）

A. 粉碎了国民党军队的“围剿”　　B. 保存了中共和红军的基本力量

C. 是中共从幼稚走向成熟的标志　　D. 使中国革命转危为安，出现新的局面

15. 以下中共会议和宣言在长征期间召开、发表的是（　　）

①八七会议　②遵义会议　③《八一宣言》　④《中国共产党为公布国共合作宣言》

A. ①②　　B. ②③　　C. ①③④　　D. ②③④

16. 中共建立的陕北抗日根据地的中心是（　　）

A. 西安　　B. 延安　　C. 北京　　D. 瑞金

17. 标志着中国共产党从幼稚走向成熟的会议是（　　）

A. 中共二大　　B. 中共三大　　C. 八七会议　　D. 遵义会议

18. 关于遵义会议的表述，不正确的是（　　）

A. 在危急的情况下挽救了党和红军

B. 纠正了博古等人在军事和组织上的错误

C. 彻底清算了王明“左”倾错误路线

D. 事实上确立了以毛泽东为核心的正确领导

19. 1935 年，中共发表《为抗日救国告全体同胞书》号召（　　）

A. 外争国权，内惩国贼　　B. 收复失地，还我山河

C. 停止内战，一致对外　　D. 停止内战，联共抗日

20. 1935 年年底，中共中央在陕北瓦窑堡开会，确立的方针是（　　）

A. 建立革命统一战线　　B. 建立抗日民族统一战线

C. 建设农村根据地　　D. 独立自主运用马克思主义原理

二、材料分析题

阅读材料，回答问题。

材料一　（1929 年至 1934 年中央苏区经济建设）在大力发展农业生产的同时，苏维埃政府努力发展工商业……在工业方面，中央苏区建设了一些军需工厂和民用品工厂。

材料二　据 1934 年的不完全统计，中央苏区有较大军需工厂 33 座，民用工业方面有制粮、制盐、纺织、煤炭、炼铁、造船、农具以及纸张、烟草、樟脑、肥料、医药等工业。1934 年春，苏维埃政府建了一个规模较大的出入口公司——中华商业公司，同福州、厦门和广州等地进行了大宗贸易。

材料三　在商业方面，把苏区的产品输到白区去，再从那里换回军民所急需的物资是一项艰巨的任务。苏区进出口贸易起先几乎全部由私商掌握，为了反对私商的高利贷盘剥，保证军民的生活需要，中央苏区各级政府成立了对外贸易的机关，加强对输出输入的管理，并直接着手经营粮食、盐和布的贸易。

——以上均引自某高校《中国现代史》教材

（1）指出 1929 年至 1934 年苏区建设的总体部署、建设中心、发展工商业的出发点。

（2）在苏区进出口贸易中存在什么问题？苏维埃政府是怎样解决的？

（3）谈谈你对根据地建设的认识。

三、问答题

1. 简述红军长征的背景及长征胜利的历史意义。

2. 简述遵义会议的主要内容及意义。

第四节 国共第二次合作与抗日战争的胜利

九一八事变 日本对中国的侵略蓄谋已久，侵华是日本帝国主义的既定国策。1927 年日本内阁的“东方会议”通过了《对华政策纲领》，确定了先占中国东北，进而侵占全中国的政策。1929 年至 1933 年的资本主义世界经济危机波及日本，严重的危机使得日本国内阶级矛盾尖锐。日本统治集团急于利用侵略战争来摆脱国内的经济危机和政治危机。国际上，欧美资本主义各国忙于应付国内经济危机，无暇东顾。中国内部，蒋介石政府正集中重兵“围剿”红军，无心北顾。日本遂决定乘机占领中国东北，逐步吞并中国，妄图把中国变为它的殖民地。

1931 年 9 月 18 日夜，日本驻中国的关东军炸毁了南满铁路沈阳近郊柳条湖的一段路轨，反诬中国军队破坏，并以此为借口炮轰中国东北军驻地北大营，袭击沈阳，是为九一八事变。蒋介石密电张学良“沈阳日军行动，可作为地方事件，望力避冲突，以免事态扩大。一切对日交涉，听候中央处理可也”。20 万东北军执行蒋介石“不抵抗”命令，不战自退。不到半年，东北三省沦陷了。1932 年 3 月，日本扶植清朝废帝溥仪，建立伪满洲国傀儡政权，企图把东北从中国分裂出去。日本侵略者在东北屠杀无辜人民，掠夺战略资源，推行奴化教育，实施残酷的殖民统治。在日军的铁蹄下，东北 3 000 万同胞过着屈辱的亡国奴生活。

国际联盟对中日冲突的态度是不承认日本对中国东北地区的占领，力图通过“国际合作”使中国东北成为帝国主义各国的殖民地。在国际联盟通过相关决议后，日本于 1933 年宣布退出国际联盟，这就使蒋介石政府依靠国际联盟外交解决、最终迫使日军撤退的想法落空了。

九一八事变是日本帝国主义蓄意把中国变为日本独占殖民地的重要步骤，中日民族矛盾开始上升为主要矛盾；事变也开始打破了帝国主义列强在远东和太平洋地区的“均势”，撕毁了华盛顿会议期间达成的《九国公约》，第一次世界大战后构筑的华盛顿体系开始遭到破坏，从而加深了日本与英美等国的矛盾。

一·二八事变 1932 年 1 月 28 日，日本海军陆战队突然袭击驻守在上海闸北的十九路军，一·二八事变爆发。十九路军在蔡廷锴、蒋光鼐等抗日将领率领下，奋起抵抗，多次击退进攻的敌人，迫使日军三易主帅。上海人民踊跃支援十九路军。经过一个多月的奋战，十九路军最后弹尽援绝，被迫撤退。国民政府同日本侵略军签订《淞沪停战协定》，规定中国军队撤出上海，允许日军驻留上海。

抗日救亡运动的兴起 日本对东北三省的大规模侵略强烈地震动了中国社会。各阶层爱国人士看到大片国土迅速沦丧，政府屈辱退让，无不痛心疾首，义愤填膺。群众性的抗日救亡运动很快在全国许多城市和村镇兴起。工农商学兵各界民众团体和知名人士，纷纷发表通电，抗议日本的侵略暴行，要求国民党政府抗日。中共中央和中华苏维埃共和国临时中央政府也多次发表宣言、作出决议，号召工农红军和被压迫民众以民族革命战争驱逐日本帝国主义出中国。许多大中城市举行各界抗日救国大会，游行请愿，参加阶层之广，规模之大，为几年来所未见。上海、北平举行的各界抗日救国群众大会，参加人数达十几万。1931 年 9 月 21 日和 24 日，上海 3.5 万名码头工人先后举行反日大罢工，拒绝为日本船只装卸货物。南京、天津、北平、汉口、青岛、太原、芜湖、长沙、重庆、桂林、汕头等城市的工人和其他劳动群众，也都以集会请愿、募集捐款、禁售日货等形式，掀起抗日爱国运动的热潮。许多城市的工商业者也举行抗日集会，同群众一道开展抵制日货的活动，给予日本经济侵略以相当严重的打击。

从 1931 年 10 月开始，在东北相继兴起为数众多的抗日义勇军。其中最著名的领导人是黑龙江省的马占山。1931 年 11 月，马占山统率黑龙江驻军进行的嫩江桥抗战，是一次较大规模的抵抗，对东北抗日斗争一度发生重要的影响。义勇军的斗争揭开了东北抗日游击战争的序幕。但这些义勇军由于没有统一的组织和指挥，领导人物成分复杂，意见分歧多，只奋战了一年有余。

日本侵略中国的九一八事变和一·二八事变，使中国国内出现了新的政治形势。民族危机的尖锐化，使城市的抗日爱国运动沸腾起来。青年学生再次发挥了先锋作用。在知识界的上层分子中，在民族资产阶级和上层小资产阶级中，许多人发出要求国民党当局在政治上“改弦更张”、抵抗日本、实行民主的呼声。有的人甚至对国民党进行了强烈的谴责。1931 年 12 月，熊希龄、马相伯、章炳麟、沈钧儒、左舜生、黄炎培等各界人士 60 余人组成中华民国国难救济会，连续发表宣言、通电，要求“立时解除党禁，进行制宪”“万不宜复袭训政之名，行专制之实”。

事实表明，在日本大举入侵东北以后，中国的政治形势已开始发生深刻变化。日本竭力用武力扩大在中国的独占范围，正在成为中华民族的首要敌人。反对日本侵略的民族革命斗争，正在成为中国各族人民的主要斗争。中国一切不愿做亡国奴的阶级、阶层都有可能参加到这一革命斗争中来，民族革命的阵营将空前扩大。中国的民族斗争和阶级斗争正在进入一个新的阶段，出现了自 1927 年大革命失败以来不曾有过的革命发展新形势。

日本在巩固和加强对中国东北的统治的同时，更把侵略的矛头进一步指向了华北。1933 年 1 月初，日军攻占华北与东北的交通咽喉——山海关。2 月下旬，日军及伪军十余万人分三路向热河进犯。3 月初，国民党的热河省主席不战而逃，百余日本骑兵轻而易举地侵占省会承德，热河全省沦陷。日军占领热河后，迅即南下向长城线上的军事要隘喜峰口、冷口和古北口等地进犯，侵略矛头直指北平、天津。驻守长城的中国军队，包括原属冯玉祥的西北军、原属张学良的部分东北军及蒋介石嫡系的中央军共 13 个军，在全国抗日浪潮的推动下，奋起抵抗，重创日军，使全国人心为之一振。然而，由于国民党政府坚持“攘外必先安内”的反动方针，驻守长城的中国军队得不到有力的支援，奋战两个多月，伤亡惨重，终归失败。日军在侵占长城各口的同时，一面侵占察哈尔省东部的多伦、张北等七县，一面南进侵占河北省的密云、平谷等地。已经侵占河北东部的日军强渡滦河西进，5 月下旬占领唐山、玉田、三河、香河等县，直逼通县，造成包围平津的态势。

以宋庆龄为代表的国民党左派，坚决反对蒋介石集团的独裁统治和不抵抗政策。1932 年 12 月，宋庆龄和蔡元培、杨杏佛等在上海发起组织中国民权保障同盟。这个进步团体一面积极营救被国民党政府逮捕的爱国革命人士，包括共产党人如罗登贤、廖承志、陈赓等；一面揭露和抨击国民党统治集团的法西斯恐怖统治，争取人民的各项民主自由权利。中国民权保障同盟还同上海 20 多个进步团体一起，组织国民御侮自救会。1933 年

5月24日，宋庆龄在自救会筹备大会上发表演说，号召团结全国抗日力量，反对国民党的妥协投降政策。

在全国抗日浪潮的推动下，1933年5月26日，国民党爱国将领冯玉祥同共产党员吉鸿昌在张家口成立察哈尔民众抗日同盟军。九一八事变后，冯玉祥曾多次发出通电，呼吁团结抗日，反对蒋介石的不抵抗政策。他总结北伐战争后期同中国共产党分裂的教训，重新谋求同共产党合作，并同共产党的北方组织建立了联系。以冯玉祥为首的抗日同盟军得到共产党人的大力帮助，也得到群众的广泛支持，队伍很快由数千人发展到十万余人。抗日同盟军于6月中旬在张家口召开军民代表大会，通过关于同盟军的纲领等决议案。会后，冯玉祥任命吉鸿昌为北路前敌总指挥，方振武为北路前敌总司令，率部北上迎击日、伪军。6月下旬至7月初，抗日同盟军连克康保、宝昌、沽源等县，于7月12日收复察哈尔省北部重镇多伦，并乘胜收复察哈尔省全部失地，使全国人心为之振奋。

1933年11月，国民党第十九路军爱国将领蔡廷锴等联合国民党内反蒋势力李济深等，在福建成立中华共和国人民革命政府，由李济深任主席。中华共和国人民革命政府宣布反蒋抗日，同红军签订《抗日停战协定》，得到国内舆论的支持和同情。蒋介石勾结日军，夹击十九路军。中华共和国人民革命政府坚持了不到两个月，最后失败了。

在民族危机日益加重的形势下，中国共产党继续高举抗日的旗帜。中国共产党派大批优秀干部，到东北组织抗日游击队。1936年，中共满洲省委将各路抗日武装组成抗日联军。抗日联军成为东北抗日武装力量的核心。杨靖宇、周保中、李兆麟是抗日联军的主要领导人。

华北事变 1935年，日本帝国主义为侵占华北而蓄意制造了一连串事件，总称“华北事变”。日军大批入关，威胁平津，并提出无理要求。国民政府派何应钦同日本华北驻屯军司令梅津美治郎秘密签订《何梅协定》，答应撤退驻河北的中国军队，取缔一切抗日组织活动，华北危机日益严重。日本得寸进尺，又积极策划所谓“华北五省防共自治运动”，妄图把华北变成第二个“满洲国”。国民政府采取适应日本“华北政权特殊化”要求的方针，使华北地区的政治、经济日趋殖民地化，民族危机加深了。

一二·九运动 华北事变后，中华民族面临亡国灭种的危机。1935年，中共驻共产国际代表团发表《中国苏维埃政府、中国共产党中央为抗日救国告全体同胞书》（即《八一宣言》），号召停止内战，一致抗日。同年底，中共中央在陕北瓦窑堡开会，确立了建立抗日民族统一战线的方针。这一方针，得到了全国各界爱国人士的拥护。其后，毛泽东在党的活动分子会议上，作了《论反对日本帝国主义的策略》的报告，奠定了中国共产党建立抗日民族统一战线的理论基础，推动了全国各阶层爱国人士抗日救亡运动的高涨。

1935年12月9日，北平各大中学校的学生在中国共产党的领导下，开展了抗日救亡斗争。他们向北平国民党负责人何应钦请愿，要求抗日，但遭拒绝。学生立即示威游行，高呼“打倒日本帝国主义”“停止内战、一致对外”等口号。国民党当局出动军警镇压游行队伍。这就是著名的一二·九运动。学生的爱国行为，打击了国民党的卖国政策，揭露了日本企图吞并中国的阴谋，宣传了中国共产党“停止内战，一致对外”的抗日救国主张，促进了中华民族的新觉醒。一二·九运动以后，平津学生响应中国共产党的号召，走同工农相结合的道路，纷纷组织南下宣讲团，到工厂、农村和军队中，宣传抗日救国。一二·九运动掀起了全国人民抗日救亡运动的新高潮。

西安事变 日本帝国主义的侵略，促使国民党内部加剧分化。西北前线的国民党张学良和杨虎城两位将军，不仅停止了“剿共”，还和共产党有秘密往来，蒋介石对此十分不满。

1936年，蒋介石亲自到西安督战，计划逼迫张、杨两位将军再次进攻陕北红军。在苦谏无效的情况下，12月12日清晨，东北军将领张学良和十七路军将领杨虎城派兵包围临潼，扣押蒋介石及其随行文武官员，实行“兵谏”，要求蒋介石停止内战，联共抗日，并通电全国。这就是震惊中外的“西安事变”，又称“双十二事变”。

西安事变发生后，国民党内亲日派积极部署讨伐张、杨；亲英美派的宋美龄、宋子文等为和平解决西安事变，营救蒋介石，积极奔走；中国共产党从全民族的利益出发，提出和平解决西安事变的主张，派周恩来率代表团到西安去谈判。经过中国共产党的努力和斗争，蒋介石被迫接受“停止内战、联共抗日”的条件。25日，蒋介石被释放。西安事变得到和平解决。西安事变的和平解决，标志着十年内战的结束和抗日民族统一战线的初步形成，揭开了国共两党由内战到和平、由分裂对峙到合作抗日的序幕，成为扭转时局的关键。

七七事变 1937年7月7日夜，日军在北平西南宛平县的卢沟桥附近进行军事演习，借口一个士兵失踪，要强行进入宛平县内搜查，遭到中国军队拒绝，日军随即炮轰卢沟桥，中国驻军奋勇抵抗。这就是“卢沟桥事变”，又称“七七事变”。中国的全面抗战开始了。

卢沟桥事变爆发后，日军即向平津发动全面进攻。中国守军二十九军副军长佟麟阁以身殉国。7月底，北平、天津相继失陷。

第二次国共合作 卢沟桥事变第二天，中国共产党通电全国：“只有全民族实行抗战，才是我们的出路。”与此同时，国民党中央政治会议为了表示“团结各方共赴国难”，邀请各党各派及无党派人士分批在庐山开谈话会，听取各方人士对抗日救国的意见。在7月17日的第二次谈话会上，蒋介石发表了准备抗战的讲话，表示“再没有妥协的机会，如果放弃尺寸土地与主权，便是中华民族的千古罪人!”

为早日促成国共两党合作抗日，周恩来向蒋介石递交了《中共中央为公布国共合作宣言》，提出抗日的基本主张，重申共产党的各项保证。随后，红军主力正式改编为国民革命军第八路军，朱德、彭德怀为正、副总指挥；南方八省红军游击队改编为国民革命军陆军新编第四军，叶挺任军长。

9月22日，国民党中央通讯社发表了中国共产党提出的国共合作抗战宣言。第二天，蒋介石发表谈话，承认中国共产党的合法地位。至此，在中国共产党的推动下，国共第二次合作实现，抗日民族统一战线正式形成。中国共产党在推动抗日民族统一战线的建立、巩固和发展中发挥了巨大作用。

日军的侵华暴行 1937年12月13日，日军占领南京，对南京人民进行了长达六个星期的血腥大屠杀，犯下了滔天罪行。南京的和平居民，有的被当作练习射击的靶子，有的被当作拼刺刀的对象，有的被活活烧死，有的被活埋……残杀的情况惨不忍睹。整个南京顿时成了人间地狱。据战后中国南京审判日本战犯的军事法庭查证，日军占领南京后，屠杀手无寸铁的中国居民和放下武器的士兵达30万人。下令进行南京大屠杀的日军上海派遣军（后改称华中派遣军）司令官是松井石根。日本侵略者的凶恶残暴，更加激起了中国人民的愤怒。

南京失陷后，国民政府迁往重庆，把重庆作为战时陪都。

1938年秋，日军占领广州、武汉后，迫于战线太长，兵力、财力、物力不足和抗日根据地的严重威胁，日军基本上停止了在正面战场的大规模进攻。就中国方面看，正面战场连续败退，人民抗日力量还需要经过长期艰苦斗争才能打败侵略者。这样，抗日战争进入了相持阶段。

相持阶段的到来，宣告了日本侵略者妄图“速战速决”灭亡中国的计划破产。日本帝国主义因而改变了战略方针。它集中主要兵力进攻共产党领导的抗日根据地；对国民政府则以政治诱降为主，军事打击为辅。

在这种形势下，1938 年 12 月，以国民党副总裁汪精卫为首的亲日派集团，公开叛国投敌。1940 年 3 月，汪精卫在南京成立了伪国民政府。汪伪政权是日本帝国主义推行侵华政策的产物和工具。

日本侵略者对沦陷区进行野蛮的经济掠夺，其总方针是把沦陷区变成它的经济附庸。在农业方面，日本侵略者强占耕地，低价收购农产品，强迫青壮年到日本和中国东北做苦力。工矿交通运输业方面，日本将这些行业定为“统制事业”，由日本公司专营。这样，日本就将沦陷区变为日本工业的原料基地，用以满足侵略战争的需要，并且从中攫取巨额利润。金融方面，日军强占银行，掠夺金银和现款。在文化教育方面，日本侵略者在占领区推行奴化教育，企图消磨、摧残中国人民的民族意识和反抗意志，实现其同化政策。

对待敌后抗日根据地，日军实施野蛮的烧光、杀光、抢光的“三光”政策。从 1941 年到 1942 年，日军在华北连续 5 次推行“治安强化运动”，企图肃清沦陷区内的抗日力量，对抗日根据地疯狂“扫荡”。被烧光、杀光、抢光后的华北乡村变成一片焦土。在华中，日伪政权发动“清乡运动”，对抗日爱国人士实行恐怖政策。

1938 年 2 月至 1943 年 8 月，日军对重庆进行了长达五年半的战略轰炸和无差别轰炸。据不完全统计，重庆大轰炸的死者达 1 万人，绝大多数为平民，市区大部分繁华地区被毁坏。

侵华期间，日军践踏国际公法，实施细菌战，残杀中国军民。九一八事变时，日军组建了细菌部队。1938 年，细菌战元凶石井四郎的细菌部队迁至哈尔滨平房镇，成为臭名昭著的“731 细菌部队”。1938 年至 1945 年，“731 部队”曾以活人试验和活人解剖等灭绝人性的手段杀害中国军民 3 000 多人。

日军还在中国强征“慰安妇”，约 20 万中国女性遭受蹂躏。这是日本侵略者违反人道主义、违反战争常规的政府犯罪行为。

正面战场的抗战 1937 年 8 月 13 日，日本侵略军对上海发动大规模进攻，这就是八一三事变。面对日本的全面进攻，国民政府决心抵抗，蒋介石宣布对日作战，调集军队组织了淞沪会战，坚持了三个月之久，最后上海失守。在战斗中，中国军队英勇抗击敌人。谢晋元团长奉命率 400 余名战士（号称“八百壮士”）坚守上海苏州河北的四行仓库，掩护主力后撤。他们孤军奋战四昼夜，完成任务后才奉命撤退。11 月 12 日，日军占领上海。淞沪会战历时三个月，粉碎了日本帝国主义速战速决的迷梦。

日军占领平津后，日本军部决定向华北和华东两个方向发动进攻，速战速决，妄图在三个月内灭亡中国。1937 年 9 月，日军逼近山西太原。八路军参加忻口会战（属于太原会战）。八路军 115 师在平型关进行伏击，全歼日军 1 000 多人，缴获大批军车、大车、战马等战略物资。平型关大捷是抗战开始以后，中国军队取得的第一次胜利，鼓舞了中国人民的斗志。11 月初，太原失守。忻口会战历时 1 个多月，是抗战初期华北战场规模最大、战斗最激烈的一次战役。

日军占领南京后，从南北两端沿津浦铁路夹击徐州。

1938 年 1 月至 5 月，国民政府调集 60 万大军，在第五战区司令长官李宗仁的指挥下展开徐州会战。中国军队在台儿庄地区围歼日军 1 万余人，取得台儿庄大捷，这是抗战以来中国军队正面战场取得的最大胜利，大大鼓舞了全国人民抗战的信心和勇气。

1938 年 6 月中旬，武汉会战开始。会战前，毛泽东在延安发表《论持久战》的演讲，总结抗战开始以来的战争形势，针对国内存在的“中国必亡论”和“中国速胜论”，科学论证了中国必须通过持久作战赢得对日作战最后胜利的战略指导理论，在国内外产生了重大影响。10 月下旬武汉会战结束，武汉沦陷。这是抗战以来规模最大的一次战役，共毙伤日军近 4 万人。与此同时，南部重镇广州也被日军占领。武汉、广州陷落后，抗战进入战略相持阶段。

抗战相持阶段，中国军队继续奋勇抗击日军。

1939 年初到 1940 年期间，日军向华中、华南的国民党正面战场发动了局部进攻。1940 年 5 月，在枣宜会战中，国民党第三十三集团军总司令张自忠牺牲。张自忠是抗日战争期间牺牲的军衔和职务最高的中国将领。

1941 年 12 月，第三次长沙会战爆发。面对十余万日军的进攻，中国军队重兵防御，拼死抵抗，歼灭大批日军，最终取得会战胜利。此时，英美盟军在太平洋战场接连败退。长沙会战的胜利，在国内外产生了积极影响。

1944 年初，日军在太平洋战场逐渐失利，其南洋的海上运输交通线被美军切断，迫切需要打通中国的大陆交通线。于是，日军发动了豫湘桂战役。豫湘桂战役是抗日战争时期日军向国民党正面战场发动的规模最大的一次战役，历时八个月，国民党损兵失地严重。

敌后战场的抗战 1937 年秋，中国共产党在陕北召开洛川会议，制定了动员全民族一切力量，争取抗战胜利的人民战争路线，即全面抗战路线。此后，八路军、新四军挺进敌后，广泛开展独立自主的游击战争，建立抗日根据地，把敌人的后方变成抗日的前线。

115 师一部在聂荣臻带领下，以五台山为中心，建立了第一个敌后抗日根据地——晋察冀抗日根据地，此后抗日根据地纷纷建立。敌后战场的开辟，战略上配合了正面战场作战，牵制了在华日军一半以上的兵力。那时，中共中央和毛泽东所在的陕甘宁边区是全国抗日根据地的指挥中枢和总后方，延安是中共中央所在地。

为了巩固根据地和争取抗战的胜利，中国共产党制定了各项政策和措施来建设根据地。

在政治上，根据地政权实行“三三制”，即在抗日民主政权的机构中，代表工人阶级和贫农的共产党员，代表小资产阶级的左派进步分子，代表中等资产阶级和开明绅士的中间分子各占三分之一的份额，按照这一原则建立的抗日民主政权，加强了各阶层人民的团结，巩固了抗日民族统一战线。

在经济上，根据地实行地主减租减息、农民交租交息的土地政策。这就减轻了地主的封建剥削，改善了农民的物质生活，提高了农民抗日和生产的积极性，同时也有利于联合地主阶级一致抗日。为了克服经济上的困难，根据地军民还开展了轰轰烈烈的大生产运动。大生产运动使根据地度过了严重的经济困难，为争取抗日战争的胜利奠定了物质基础。

抗日战争进入相持阶段后，日军图谋以“囚笼政策”消灭敌后抗日根据地。1940 年下半年，八路军发动了一次大规模的以破袭日军华北交通线为主要目标的进攻作战。随着战役的展开，八路军参战部队达到 105 个团，约二十万人，称为“百团大战”。百团大战共进行大小战斗 1 800 多次，毙伤日伪军 2 万多人，破坏铁路 474 公里、公路 1 500 多公里，摧毁大量敌人据点，缴获大批枪炮、物资，打破了日军的“囚笼”。

此时国民党在抗战上有所消极，反共倾向明显增长。

1941 年 1 月，国民党顽固派制造了震惊中外的“皖南事变”。共产党坚持抗战、团结、进步的方针，一面从政治上坚决打退国民党的反共高潮，一面坚持艰苦的敌后抗日游击战争，不断巩固和扩大抗日民主根据地。

1942 年，中国共产党开展了整风运动。通过整风，党从思想上清算了各种错误，达到了空前的团结和统一，为争取抗日战争的最后胜利和新民主主义革命在全国的胜利，奠定了思想基础。整风运动是一次思想解放运动。

东方主战场 1941 年 6 月 22 日，德国法西斯大举入侵苏联，苏德战争爆发。12 月 7 日，日本海军联合舰队偷袭美国在太平洋的主要海军基地珍珠港，太平洋战争爆发。1942 年 1 月 1 日，以中、美、英、苏 4 国为首的 26 个参加对德、意、日轴心国作战的同盟国家，在华盛顿签署《联合国家宣言》，标志着世界反法西斯统一战线正式形成。随后，中国远征军开赴缅甸，救援在日军追击下仓皇撤退的英军，战绩名扬海外。1943 年 11 月，中、美、英三国政府首脑在埃及开罗举行会议，通过了《开罗宣言》，决定了对日作战以及战后处分日本的基本策略，规定“日本所窃取于中国之领土，例如东北四省、台湾、澎湖群岛等，归还中华民国”。

自九一八事变以来，中国便独自抵抗日本法西斯的侵略，直到太平洋战争爆发。中国的抗日战争与美英在太平洋对日作战密切地联系起来，中国正面战场和敌后战场所抗击的日军兵力，远远超过日军在太平洋战场上投入的兵力总和。中国战场是世界反法西斯战争的东方主战场。在全民族团结抗战中，中国共产党发挥了中流砥柱作用。

抗日战争的胜利 在抗日战争即将取得胜利的前夜，为了系统地总结中国革命的基本经验，为彻底打败日本侵略者、建设新中国做准备，1945 年 4 月至 6 月，中国共产党第七次全国代表大会在延安隆重举行。毛泽东在会上作《论联合政府》的政治报告。

中共七大提出了党的政治路线：放手发动群众，壮大人民力量，在中国共产党的领导下，打败日本侵略者，解放全国人民，建立一个新民主主义的中国。中共七大确立毛泽东思想为党的指导思想，并选举产生以毛泽东为首的中央委员会。中共七大使全党在马克思列宁主义、毛泽东思想的基础上达到了空前的团结，为夺取抗日战争的胜利和新民主主义革命在全国的胜利奠定了基础。

1945 年 5 月，德国无条件投降。8 月 6 日和 9 日，美国向日本的广岛、长崎投放了两颗原子弹。8 月 8 日，苏联政府宣布对日作战，出动百万红军向驻中国东北的日本关东军大举进攻。与此同时，毛泽东、朱德发出了“对日寇的最后一战”的号召，八路军、新四军发动大规模反攻。抗日战争进入最后阶段。

8 月 15 日，日本被迫宣布无条件投降，9 月 2 日，日本正式投降的签字仪式在东京湾的美国军舰“密苏里”号上举行，中国抗日战争和世界反法西斯战争胜利结束。9 月 9 日，中国政府代表何应钦在南京接受日本方面递交的投降书。10 月 25 日，陈仪在台北代表中国政府庄严宣布台湾光复。从此，台湾作为中国的一个省，回到祖国怀抱。

抗日战争胜利的原因：①正义性的反侵略战争：这是中国民族革命与世界反法西斯战争两重性质的进步的和正义的战争，因此得道多助，具有广泛的社会基础。②全民族抗战：抗日战争是以国共合作为基础的全民族抗战，体现了中华民族的觉醒和民族的凝聚力。从敌后战场到正面战场，从国统区到沦陷区，从国内社会各阶层到国外华侨，从汉族到少数民族都充分体现了全民抗战的特点。③中共的中流砥柱作用：从抗日民族统一战线的倡导和建立，到全面抗战路线的制定；从敌后根据地的建立和抗日游击战争的开展，到毛泽东《论持久战》指明抗战前途；从坚持以斗争求团结巩固统一战线，到抓住国际国内有利时机及时反攻胜利，都突出了中共在抗战胜利中的关键作用。④两大战场相互依存，相互配合，坚持到抗战胜利，成为中国抗日战争的突出特点。⑤广大爱国华侨和国际进步力量的积极支持。⑥与世界反法西斯力量的相互配合：世界反法西斯统一战线的形成和作战的相互协调是第二次世界大战胜利的根本原因；美苏对日作战是中国抗战决胜的有力配合。

抗日战争是中华民族经历了民族磨难与牺牲，经过全民族英勇、顽强的奋斗赢得完全胜利的反侵略战争。中国付出了巨大的民族牺牲，军民伤亡总数在3 500 万以上，经济损失超过6 000 亿美元。抗日战争的胜利，是近代以来中国抗击外敌入侵所取得的第一次完全胜利，重新确立了中国在世界上的大国地位，使中国人民赢得了世界上爱好和平的人民的尊敬。这一伟大胜利，开辟了中华民族伟大复兴的光明前景，开启了古老中国凤凰涅槃、浴火重生的新征程。

练习题

一、选择题

1. 国共两党再度携手、合作抗日的最重要因素是（　　）

A. 国内形势　　B. 社会性质　　C. 国际形势　　D. 社会主要矛盾

2. 抗日民族统一战线正式建立的时间是（　　）

A. 1935 年 8 月　　B. 1936 年 12 月　　C. 1937 年 7 月　　D. 1937 年 9 月

3. 大革命时期的革命统一战线和抗日民族统一战线的共同点是（　　）

A. 都有共同的政治纲领　　B. 均采取党内合作方式

C. 都具有反帝反封建性质　　D. 皆有各阶级、各阶层广泛参加

4. 国共两党协议，将西北红军主力正式改编为（　　）

A. 国民革命军第八路军　　B. 国民革命军陆军新编第四军

C. 国民革命军第十九路军　　D. 中国远征军

5. 西安事变的发动者是（　　）

A. 蒋介石、汪精卫　　B. 张学良、李宗仁

C. 张作霖、杨虎城　　D. 张学良、杨虎城

6. 西安事变和平解决的意义有（　　）

①中共由反蒋抗日向逼蒋抗日转变　②标志国共两党十年内战的结束

③标志抗日民族统一战线初步形成　④揭开国共两党由分裂对峙到合作抗日的序幕

A. ①②③　　B. ①③④　　C. ②③④　　D. ①②③④

7. 促使中日民族矛盾开始上升为中国社会的主要矛盾的事件是（　　）

A. 九一八事变　　B. 一二・九运动　　C. 华北事变　　D. 西安事变

8. 2017 年教育部要求全国中小学地方课程教材原有“八年抗战”字样，改为“十四年抗战”。“十四年抗战”起自（　　）

A. 1931 年　　B. 1935 年　　C. 1936 年　　D. 1937 年

9. 日本在 1932 年建立的伪满洲国位于中国的（　　）

A. 东北地区　　B. 华北地区　　C. 西北地区　　D. 华东地区

10. 标志日本发动全面侵华战争的事件是（　　）

A. 九一八事变　　B. 卢沟桥事变

C. 一·二八事变　　D. 八一三事变

11. 全面抗战爆发后，中国军队取得的首次大捷是（　　）

A. 淞沪会战　　B. 平型关战役　　C. 徐州会战　　D. 台儿庄战役

12. 粉粹了日本帝国主义“三个月灭亡中国”狂妄计划的战役是（　　）

A. 淞沪会战　　B. 太原会战　　C. 徐州会战　　D. 武汉会战

13. “中国不会亡，中国不会亡，你看民族英雄谢团长；中国不会亡，中国不会亡，你看那八百壮士孤军奋斗守战场。”这首激励国人的《八百壮士歌》的创作背景是（　　）

A. 淞沪会战　　B. 台儿庄战役　　C. 百团大战　　D. 太原大战

14. 1940 年指导八路军进行百团大战的指挥员是（　　）

A. 彭德怀　　B. 叶挺　　C. 陈毅　　D. 张自忠

15. 我国以立法形式将每年的 12 月 13 日设立为国家公祭日，以此来祭奠（　　）

A. 旅顺大屠杀中的死难者　　B. 平顶山惨案中的死难者

C. 南京大屠杀中的死难者　　D. 潘家峪惨案中的死难者

16. 抗日战争进入相持阶段的标志是（　　）

A. 上海、南京的沦陷　　B. 广州、桂林的沦陷

C. 太原、徐州的沦陷　　D. 武汉、广州的沦陷

17. 在抗日战争的相持阶段，日军集中主要兵力（　　）

A. 进攻国民党领导的正面战场　　B. 推行奴化教育

C. 进攻中共领导的抗日根据地　　D. 扶植傀儡政权

18. 抗日战争中，日本宣布无条件投降的时间是（　　）

A. 1944 年 8 月 15 日　　B. 1944 年 9 月 2 日

C. 1945 年 8 月 15 日　　D. 1945 年 9 月 2 日

19. 中国人民取得抗日战争的胜利的最主要的因素是（　　）

A. 实行全民族抗战　　B. 战争的正义性

C. 国际力量的配合　　D. 正确的战略技术

20. 下列对抗战胜利历史意义的评述，不恰当的是（　　）

A. 是中国近百年来第一次取得反帝斗争的完全胜利

B. 中国的国际地位得到提高

C. 结束了中国半殖民地半封建社会的历史

D. 为世界反法西斯战争作出了重大贡献

二、材料分析题

1. 阅读材料，回答问题。

材料一　日本军国主义妄图独占中国由来已久。……明治维新以后七十余年，日本发动和参与了一系列侵略战争，其中大多数是侵华战争。

……九一八事变以后，日本侵略者从国民党政府手中相继夺去大部分重要城市，占领了

东北、华北、华中、华南大片土地。据不完全统计，在日本侵略军的屠刀下，中国死伤人数3 500万，仅南京大屠杀就死亡30万人。从关内骗到东北的劳工被残害致死的，不下200万人。此外，还有令人发指的细菌战、化学战。按1937年的比值计算，日本侵略者给中国造成的直接经济损失1 000亿美元，间接经济损失5 000亿美元。日本侵略者对中国人民犯下的罪行，成为历史上最野蛮、最残酷的一页。

——引自江泽民《在首都各界纪念抗日战争暨世界反法西斯战争胜利50周年大会上的讲话》(1995年9月3日)

材料二 靖国神社是日本祭祀明治维新以后历次战争中死亡军人的场所。根据日本“靖国神社法”，该神社具有宗教法人资格。神社内供奉着明治维新以来约250万日本军人的牌位，其中包括日本在第二次世界大战战败后被远东国际军事法庭判处死刑的东条英机等14名甲级战犯。神社院内有一个常设展览馆，叫作“宝物遗品馆”。馆内保存着日军的作战地图、军装、武器，写着“武运长久”的太阳旗，以及1932年3月16日天皇令日军侵占中国上海的诏书等。

——摘编自《北京晨报》(2002年4月22日)

材料三 (新华社北京2003年1月14日电)北京日电 外交部副部长杨文昌14日紧急召见日本驻华大使阿南惟茂，奉命就日本首相小泉纯一郎当天参拜靖国神社向日方提出严正交涉。杨文昌说，小泉首相不顾中国政府一再交涉和强烈反对，再次参拜供奉着“二战”期间曾经屠杀中国和亚洲人民的甲级战犯牌位的靖国神社，中方对小泉首相的这一错误举动表示强烈愤慨。……小泉首相的错误行动严重伤害了中国和亚洲人民的感情，损害了中日关系的政治基础，违背了日本政府愿正视和反省侵略历史的承诺。

(1) 根据材料一并结合有关史实，概括指出“明治维新以后七十余年”，日本发动和参与的一系列侵华战争及其对中国人民犯下的滔天罪行。

(2) 根据材料二，靖国神社作为宗教团体，竟然供奉东条英机等战犯的牌位、遗物，这说明了什么？远东国际军事法庭判处东条英机等战犯死刑，意义何在？为什么说远东国际军事法庭对日本战犯的处置是不彻底的？

(3) 综合上述三则材料，指出日本政要参拜靖国神社的问题实质，及其对中日关系带来的严重影响。

2. 阅读材料，回答问题。

材料一 党的策略战线，是在发动、团结与组织全国、全民族一切革命力量去反对当前主要的敌人——日本帝国主义与卖国贼头子蒋介石。

——摘自《中共中央关于目前政治形势与党的任务决议》(1935年12月25日)

材料二 按：在民族危机日益严重，全国抗日浪潮不断高涨的形势下，1936年7月13日蒋介石在国民党五届二中全会上曾表示要“御侮救亡”。对此，沈钧儒等人发表如下声明：“蒋先生处全国最高统治地位，应该赶快设法，作抗日救亡的真正准备。真正的准备抗日，决不是所谓‘先安内后攘外’，而是联合各党各派，开放民众运动以共纾国难。”

——摘自沈钧儒《团结御侮的几个基本条件与最低要求》(1936年7月15日)

材料三 目前中国人民的主要敌人，是日本帝国主义，所以把日本帝国主义与蒋介石同等看待是错误的，“抗日反蒋”的口号，也是不适当的。在日本帝国主义继续进攻，全国民族革命运动继续发展的条件下，国民党中央全部或其大部分有参加抗日的可能。我们的总方针应是逼蒋抗日。

——摘自《中共中央关于逼蒋抗日问题的指示》(1936年9月1日)

(1) 在材料一中，中国共产党为什么把蒋介石看作当时的主要敌人之一?

(2) 根据材料二（含按语）和材料三，说明中国共产党在1936年9月认为“抗日反蒋”的口号已经“不适当”的原因。

(3) 根据材料三，说明中国共产党为什么要采取“逼蒋抗日”的方针?

(4) 从1936年7月13日到卢沟桥事变前，蒋介石有哪些不利于抗日的行动?

(5) 中国共产党贯彻“逼蒋抗日”方针取得了什么成果?

(6) 根据当时对蒋策略的调整，说出中国共产党制定政策时依据的思想路线的核心。

3. 阅读材料，回答问题。

材料一 “如果排日行动再发展下去，也许不得不采取军事行动。”“采取军事行动时需要哪些兵力，与关东军协商后由参谋本部作战部提出计划。”

——引自1931年7月《日本陆军省解决满洲问题方案大纲》

材料二 当时，守卫南满铁路沿线的日军兵力，总计不过一万零四百人，而在其周围有二十二万中国军队。情况突然紧急起来，同时，居住该地的一百万帝国居民也陷于严重的恐慌和不安之中，我军关心这种情况，认为有必要先发制人，以铲除危险的根源。为了这个目的，迅速开始行动，排除抵抗，解除驻在附近的中国军队的武装。

——引自1931年9月24日《日本政府关于满洲事变的第一次声明》

材料三 九月十八日事件之发生，我方不外毅然出于正当防卫之行动。

——引自1932年8月25日《日本外相内田康哉关于满洲问题的演说》

(1) 你认为这三则材料的内容哪些是真实的? 哪些是虚假的? 为什么?

(2) 关于九一八事变的发生，材料二和材料三有哪些自相矛盾的地方?

(3) 依据材料一和材料二的内容，驳斥材料三的日本“出于正当防卫”的观点。

三、问答题

1. 简述九一八事变爆发的背景及事变爆发后，国内国际各种政治力量的反应。
2. 简述抗日民族统一战线形成的基本过程。
3. 简述全面抗战时期中国的两种抗战路线、两个抗日战场。
4. 简述十四年抗战时期，日本法西斯在中国犯下的累累罪行。
5. 简述抗日战争胜利的原因及历史意义。

第五节 中华人民共和国的诞生与新民主主义革命的胜利

中国共产党争取和平民主的努力 抗日战争胜利后，全国人民要求和平、民主。但是，以蒋介石为首的国民政府仍要坚持他们的独裁统治，而且阴谋发动内战，企图消灭共产党和人民军队；美国企图把中国变为它的势力范围，便积极支持国民党发动内战。于是，美蒋勾结，准备发起内战。

在蒋介石的要求下，美国以帮助中国军队接受日本投降为名，派遣军队抢占上海、北平等一批战略要地和重要交通线；派飞机把国民党军队从大后方运到华北、东北等内战前线，准备进攻解放区。

为了争取时间准备内战和欺骗要求和平、民主的人民，蒋介石一边部署内战，一边三次电邀毛泽东到重庆进行和平谈判。中国共产党为了争取实现和平，揭露国民党假和平的阴谋，提出和平、民主、团结三大口号，并准备谈判。1945 年 8 月，毛泽东、周恩来、王若飞到达重庆，同国民党举行和平谈判。

共产党坚决要求国民党承认解放区的民主政权和人民军队的合法地位，同时同意让出长江以南苏南、皖南等八个解放区。但是，国民党始终不肯承认解放区的民主政权和人民军队的合法地位。

经过谈判，双方于 10 月 10 日签订了《政府与中共代表会谈纪要》，又称《双十协定》，协定规定：坚决避免内战，在和平、民主、团结、统一的基础上，建设独立、自由、富强的新中国；确定召开政治协商会议，保证人民享有民主、自由等权利。

根据《双十协定》的规定，1946 年 1 月，政治协商会议在重庆开幕。参加会议的有共产党、国民党、各民主党派和无党派民主人士的代表。会议通过了和平建国纲领，根据民主原则整编全国军队，改组国民政府，召开国民大会，制定宪法等有利于人民利益的决议。

人民解放战争　政治协商会议结束后，国民党继续坚持一党专制的方针，先后制造了一系列迫害民主人士的惨案，暗杀著名民主人士闻一多等人，破坏政协决议。国民党六届二中全会公然推翻了和平民主建国的路线。

中国共产党为实现民主和平做了积极的努力，得到了各民主党派的支持。但国民党执意破坏政协决议，加紧内战部署，内战一触即发。

1946 年 6 月，蒋介石单方面撕毁《双十协定》和政协会议的决议，在美国的支持下，率领国民党军队先后向中原、华东、晋冀鲁豫、晋绥等解放区大举进攻。全面内战爆发了。

战争初期，国民党在军事和经济力量方面占据明显优势。面对严峻的形势，解放区军民以歼灭敌人有生力量为主要目标，以运动战为主要作战方法，经过八个月的战斗，歼敌 70 多万人，国民党全面进攻的计划被粉碎了。

全面进攻被粉碎后，国民党改变战略，从 1947 年春开始，对陕甘宁解放区和山东解放区发动了重点进攻。中共中央主动撤离延安。陕甘宁解放区的西北野战军经过沙家店、羊马河等连续几次战役，歼灭国民党军队三万多人，掌握了西北战场的主动权。山东解放区陈毅、粟裕领导的华东野战军在 1947 年 5 月的孟良崮战役中，全歼美械装备的国民党精锐部队整编 74 师三万余人，击毙敌师长张灵甫，粉碎了国民党对解放区的重点进攻。这一胜利，极大地鼓舞了人民解放军的士气，坚定了胜利的信心。

人民解放军经过一年作战，歼敌 100 多万，敌我力量对比发生了显著变化。战争第二年，人民解放军转入了全国性的战略进攻。

1947 年 6 月底，刘伯承、邓小平最先率领解放军主力强渡黄河，陈赓、谢富治的太岳兵团和陈毅、粟裕的华东野战军从两翼配合，大军南下，开辟了大别山解放区，直接将南京和武汉等城市置于我军的威胁之下。其他解放区也相继展开了战略性的反攻。

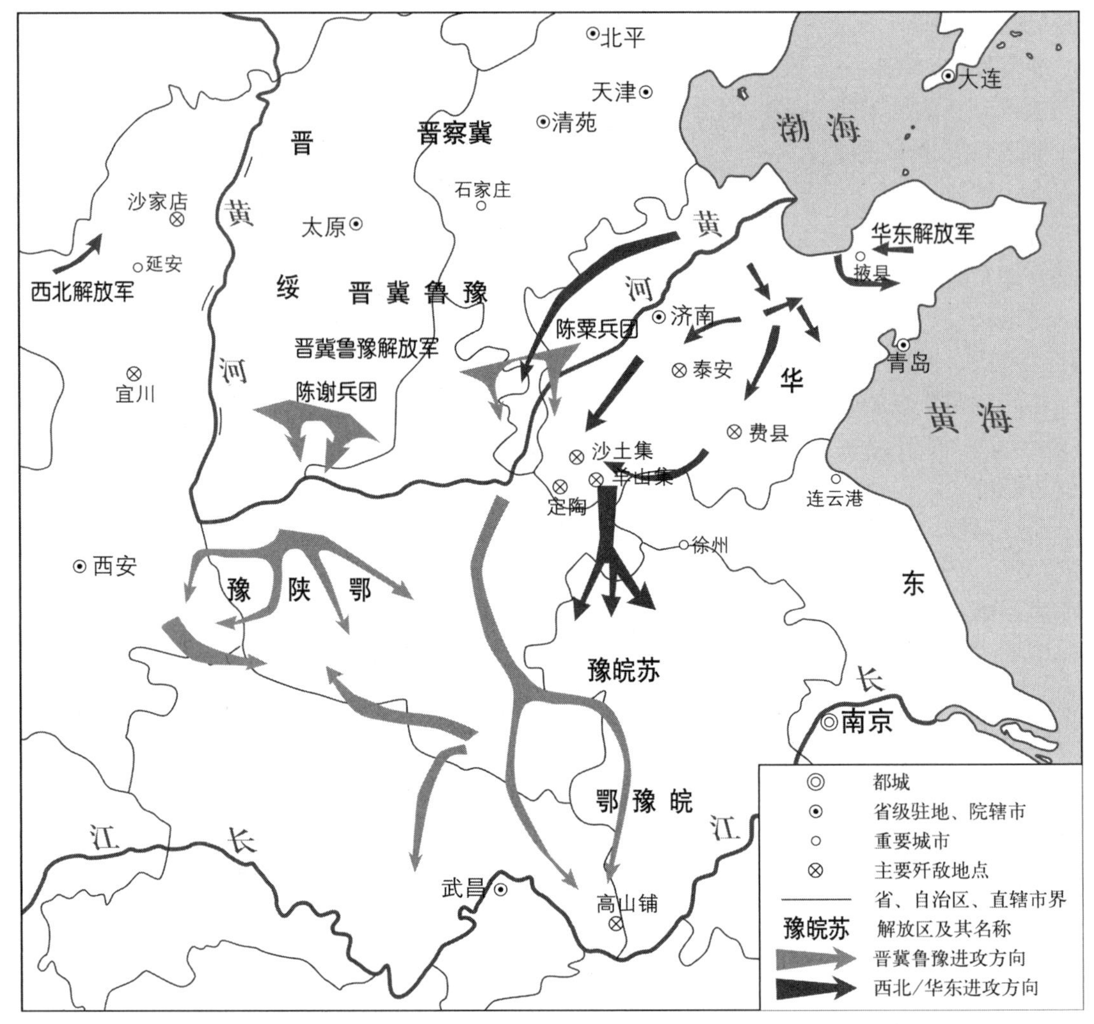

南线人民解放军战略反攻示意图

1948 年 9 月起，中国人民解放军发起了辽沈、淮海、平津三大战役，与国民党军队展开主力决战。

（1）辽沈战役。1948 年 9 月至 11 月，东北人民解放军攻克锦州，截断了东北敌人向关内撤退的去路，最后攻克沈阳等地，歼敌 47 万余，解放东北全境，为全国解放战争的胜利提供了稳固的后方。

（2）淮海战役。1948 年 11 月至 1949 年 1 月初，刘伯承、陈毅、邓小平等指挥的中原、华东解放军，在徐州地区向国民党军队发起了淮海战役，歼敌 55 万余。淮海战役的胜利，为解放长江以南各省奠定了基础。

（3）平津战役。1948 年 11 月底至 1949 年 1 月，东北解放军同华北解放军合力发起平津战役，先后攻克张家口和天津。北平敌军在傅作义率领下接受和平改编。北平和平解放，平津战役胜利结束，华北全境基本解放。

三大战役后，国民党军主力基本被消灭，大大加速了人民解放战争在全国的胜利。

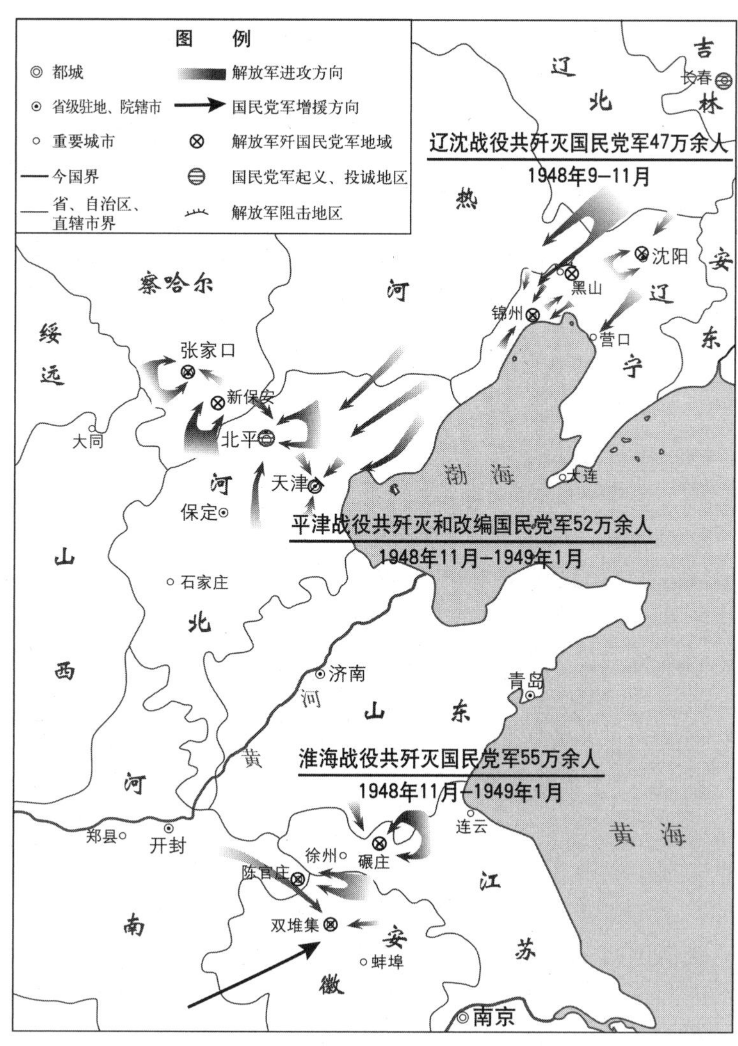

三大战役示意图

三大战役简况

战役名称	作战部队和指挥员	战役时间	歼灭和改编敌人数	解放地区	歼灭或俘获敌指挥官
辽沈战役	东北解放军 林彪、罗荣桓	1948 年 9 月—11 月	47 万余人	东北全境	范汉杰、廖耀湘
淮海战役	中原解放军和华东解放军 刘伯承、邓小平、陈毅、粟裕、谭震林	1948 年 11 月—1949 年 1 月	55 万余人	长江中下游以北地区	杜聿明、黄百韬、黄维等
平津战役	东北解放军和华北解放军 林彪、罗荣桓、聂荣臻	1948 年 11 月—1949 年 1 月	52 万余人	华北全境	陈长捷等

1949年春，中共在河北西柏坡召开七届二中全会。毛泽东在会上提出了促进革命取得全国胜利的基本方针，指出党的工作重心必须由乡村转移到城市，提出了革命胜利后党在各方面的基本政策。毛泽东提醒全党："夺取全国胜利，这只是万里长征走完了第一步。""务必使同志们继续地保持谦虚、谨慎、不骄、不躁的作风，务必使同志们继续地保持艰苦奋斗的作风。"中共七届二中全会解决了中国由新民主主义革命向社会主义革命转变的重大问题。

1949年4月初，国共再次举行谈判，20日，蒋介石拒绝北平谈判提出的八项和平主张。21日，毛泽东和朱德发出了渡江作战命令，百万雄师强渡长江。23日，人民解放军攻占总统府，南京解放，国民政府覆灭，统治中国22年的蒋家王朝宣告结束。5月27日，上海解放。

上海解放后，人民解放军大举南下，追歼溃逃的国民党残余军队。8月，国民党将军程潜（湖南省政府主席）和陈明仁率部起义，湖南和平解放。10月，广州解放。到1950年，人民解放军解放了除西藏和台湾及部分岛屿以外的全部领土。

国民党因其不能解决中国社会的根本矛盾，不能应对中国社会的发展要求，不能代表广大民众的切身利益，从而失去了民众的支持，丧失了在中国大陆的统治权。中国共产党能够始终顺应时代发展的潮流，代表中国最广大人民的根本利益，得到了广大民众的支持，故能领导人民取得中国革命的胜利。

中国人民革命的胜利，是马克思主义普遍原理与中国革命具体实践相结合的胜利，是毛泽东思想的胜利，是20世纪人类历史上最具影响力的伟大事件之一。它揭开了中国历史的新纪元，一个新的中国就要诞生了。

新中国的成立 国民党政权被推翻后，中国共产党团结各民主党派和无党派人士，加紧进行新中国成立的各项筹备工作。1949年9月21日，中国人民政治协商会议第一次全体会议在北平召开，这次会议执行了全国人民代表大会的职权。新政协的主要任务是讨论建立新中国的有关事宜。

会议通过了《中国人民政治协商会议共同纲领》（以下简称《共同纲领》）。《共同纲领》规定了新中国的政治、经济、军事、文化等各方面的基本政策。确定新中国的国家名称为中华人民共和国，中华人民共和国为人民民主主义的国家，国家的权力属于人民，实行工人阶级领导的，以工农联盟为基础的人民民主专政。《共同纲领》起了临时宪法的作用。会议选举了中华人民共和国中央人民政府中央委员会，选举毛泽东为中央人民政府主席，朱德、刘少奇、宋庆龄等为副主席，委任周恩来为政务院总理兼外交部长，决定把北平改名北京，作为新中国的首都，以五星红旗为国旗，以《义勇军进行曲》为代国歌。

1949年10月1日下午3时，中华人民共和国开国大典举行。毛泽东升起第一面五星红旗，庄严宣告中华人民共和国中央人民政府成立。

新政府是中国唯一合法的政府，中央人民政府和政务院（后改为国务院）负责人包括中国共产党、各民主党派、海外华侨和其他爱国人士等优秀人物、知名人士和专家，充分体现了中国共产党领导的多党合作、团结建国的精神和政权特色。

新中国的成立开创了中国历史的新纪元，标志着中国新民主主义革命的基本胜利，中国进入了人民当家作主的新时代。新中国的成立，是马克思主义普遍原理与中国革命实践相结合的胜利。

中华人民共和国的成立，具有伟大的历史意义。

中国人民经过100多年的英勇斗争，终于推翻了帝国主义、封建主义和官僚资本主义在中国的统治，取得了新民主主义革命的胜利，中国人民从此站起来了，成了国家的主人。中国的历史进入一个新纪元。

中国革命的胜利和中华人民共和国的成立，大大削弱了国际帝国主义的力量；丰富了殖民地半殖民地国家人民解放斗争的经验；增强了亚、非、拉美各国人民进行民族解放斗争的信心。

练习题

一、选择题

1. 抗日战争胜利后，中国社会的主要矛盾是（　　）

A. 中国与美国的矛盾　　B. 无产阶级与资产阶级的矛盾

C. 国民党与中国共产党的矛盾　　D. 中国人民与美蒋反动派的矛盾

2. 1945年8月，蒋介石接连三次电邀毛泽东到重庆举行和平谈判，主要原因是（　　）

A. 国民党的内战尚未完成准备　　B. 国内舆论要求和平反对内战

C. 共产党掌握足够强大的军队　　D. 美国不支持蒋介石发动内战

3. 重庆谈判的焦点问题是（　　）

A. 人民军队和解放区的合法地位问题　　B. 要不要和平建国的问题

C. 实行宪政、结束训政的问题　　D. 人民的民主、自由权利的问题

4. 毛泽东指出《双十协定》的“第一个好处是采取平等的方式，双方正式签订协定，这是历史上未有过的”。此协议签订的地点是（　　）

A. 南京　　B. 北京　　C. 重庆　　D. 西安

5. 全面内战爆发的标志是国民党（　　）

A. 撕毁《双十协定》　　B. 进攻中原解放区

C. 单独召开重庆政协　　D. 进攻陕甘宁解放区

6. 1947年2月国民党全面进攻被粉碎后，重点进攻（　　）

A. 中原、山东解放区　　B. 陕北、山东解放区

C. 华北、东北解放区　　D. 华北、陕北解放区

7. 全歼美械装备国民党精锐部队整编74师的解放军部队是（　　）

A. 西北野战军　　B. 东北野战军　　C. 华北野战军　　D. 华东野战军

8. 指挥人民解放军挺进大别山的是（　　）

A. 刘少奇、邓小平　　B. 彭德怀、贺龙　　C. 刘伯承、邓小平　　D. 聂荣臻、粟裕

9. 在解放战争战略决战阶段，以和平方式被解放的城市是（　　）

A. 沈阳　　B. 上海　　C. 北平　　D. 徐州

10. 经过三大战役，全部获得解放的地区是（　　）

A. 华北　　B. 东北　　C. 华东　　D. 华南

11. 解放战争中消灭国民党主力的标志性事件是（　　）

A. 孟良崮战役　　B. 渡江战役　　C. 三大战役取胜　　D. 解放上海

12. “钟山风雨起苍黄，百万雄师过大江。虎踞龙盘今胜昔，天翻地覆慨而慷。”这首诗反映的战役是（　　）

A. 辽沈战役　　B. 淮海战役　　C. 平津战役　　D. 渡江战役

13. “淮河战役是人民用小推车推出来的。”这句话说明中共胜利的原因是（　　）

A. 中国共产党的正确领导　　B. 国民党的腐败统治

C. 解放军战士的英勇作战　　D. 人民群众的大力支持

14. 毛泽东在会上提醒全党：“夺取全国胜利，这只是万里长征走完了第一步。……务必使同志们继续地保持谦虚、谨慎、不骄、不躁的作风，务必使同志们继续地保持艰苦奋斗的作风”。这次会议召开地点是（　　）

A. 延安　　B. 西柏坡　　C. 瑞金　　D. 井冈山

15. 1949 年春，中共七届二中全会上指出党的工作重心必须（　　）

A. 由城市转移到乡村　　B. 由政治斗争转移到经济建设

C. 由乡村转移到城市　　D. 由经济建设转移到可持续发展

16. 中国人民政治协商会议第一届全体会议召开的地点是（　　）

A. 北平　　B. 重庆　　C. 南京　　D. 广州

17. 1949 年 9 月中国人民政治协商会议的主要任务是讨论（　　）

A. 建立人民民主统一战线问题　　B. 新中国的成立问题

C. 巩固政权和恢复发展生产问题　　D. 如何解放全中国的问题

18. 新中国成立时中央人民政府的施政方针是（　　）

A.《共同纲领》　　B.《临时约法》　　C.《宪法大纲》　　D.《和平协定》

19. 以下关于新中国成立的意义，表述正确的是（　　）

①推翻了帝国主义、封建主义、官僚资本主义三座大山　②改变了中国半殖民地半封建的社会性质　③中国人民彻底地完成了反帝反封建的革命任务　④进入了人民当家作主的新时代

A. ①②③　　B. ①②④　　C. ②③④　　D. ①②③④

20. 标志着中国新民主主义革命基本胜利的事件是（　　）

A. 抗战胜利洗雪百年国耻　　B. 中华人民共和国的成立

C. 解放战争取得胜利　　D.《共同纲领》的实行

二、材料分析题

1. 阅读材料，回答问题。

材料一　1945 年 8 月 20 日蒋介石再次邀请毛泽东到重庆谈判的电报：“大战方告结束，内争不容再有……如何以建国之功收抗战之果，甚有赖于先生之惠然一行，共定大计……”

材料二　1945 年 10 月 13 日蒋介石给陆军总司令何应钦密电：“抗战胜利，日寇投降……乃奸匪竟……企图破坏统一以遂其割据之阴谋，若不速予剿除，不仅八年抗战前功尽失，且必遗害无穷……此次剿共为人民幸福之所系，务本以往抗战之精神，遵照中正（注：蒋介石）所订剿共手本，督励所属，努力进剿，迅速完成任务……”

材料三　1945 年 11 月 6 日蒋介石对高级将领的演讲：“回想这 20 年来，奸匪始终是本党唯一的敌人。”

材料四　《杜鲁门回忆录》：“事实上，蒋介石甚至连再占领华南都有极大困难……如果他不同共产党人及俄国人达成协议，他就休想进入东北。由于共产党人占领了铁路中间的地方，蒋介石要想占领东北和中南就不可能……假如我们让日本人立即放下他们的武器……那

么整个中国就会被共产党人拿过去……因此，我们便命令日本人守着他们的岗位和维护秩序，等到蒋介石的军队一到，日本军队便向他们投降……这种利用日本军队阻止共产党人的办法是国防部和国务院的联合决定而经我批准的。”

（1）蒋介石邀毛泽东到重庆谈判的理由是什么？国共双方经过9月至10月的谈判，有什么结果？

（2）蒋介石对中国共产党的真实态度是什么？在上引材料中有何依据？在当时的实际行动中有何表现？

（3）蒋介石当时为什么要弄反革命的两手？在上引材料中有何依据？

（4）对于蒋介石玩弄的反革命的两手，美国政府采取什么态度？这在上引材料和历史事实中有什么证据？

2. 阅读材料，回答问题。

材料一　我军第二年作战的基本任务是：举行全国性的反攻，即以主力打到外线去，将战争引向国民党区域，在外线大量歼敌，彻底破坏国民党将战争继续引向解放区，进一步破坏和消耗解放区的人力物力，使我不能持久的反革命战略方针。

——《解放战争第二年的战略方针》

材料二　我军第二年作战的部分任务是：以一部分主力和部分地方部队，继续在内线作战，歼灭内线敌人，收复失地。

——《解放战争第二年的战略方针》

材料三　这是一个历史的转折点。这是蒋介石的二十年反革命统治由发展到消灭的转折点。这是一百多年以来帝国主义在中国的统治由发展到消灭的转折点。这是一个伟大的事变，……这个事变一经发生，它就必然地走向全国的胜利。

——毛泽东《目前形势和我们的任务》

（1）材料一中提出了什么作战方针？提出这一方针的背景怎样？

（2）根据材料一、材料二指出解放战争第二年作战的基本特点是什么？

（3）全国性战略进攻的主攻方向是哪些？为何作出这一选择？

（4）材料三是在怎样的背景下提出的，其中的转折点是什么？你是怎样理解“这是一个历史的转折点”的？

三、问答题

1. 鸦片战争后，先进的中国人在探索救国真理的过程中，先后经历了“日本式”的道路、“美国式”的道路和“俄国式”的道路，但都遭到失败。最后，中国共产党坚持走“自己的路”，最终赢得了新民主主义革命的胜利和社会主义建设的巨大成功。

（1）“日本式”“美国式”“俄国式”的道路分别指什么？

（2）中国共产党走“自己的路”的含义是什么？以哪几项重大的历史事件作为其转折标志？

2. 简述新中国成立的历史背景和历史意义。

第六章　中华人民共和国的政治建设与祖国统一

第一节　新中国初期社会主义政治建设

人民政权的巩固　新中国成立时，国民党残余军队还盘踞在华南、西南地区。人民解放军仍在进行人民解放战争的后期作战，肃清土匪和一切反革命武装。

1950 年 6 月 25 日，朝鲜内战爆发。美国立即进行武装干涉，同时派第七舰队侵入台湾海峡，阻挠中国的统一大业。美国还操纵联合国安理会通过决议，组成以美国为首的“联合国军”，越过“三八线”，直逼中朝边境的鸭绿江和图们江。侵朝美军飞机多次轰炸中国东北边境地区，给人民生命财产造成严重损失，我国安全面临严重威胁。

1950 年 10 月，应朝鲜劳动党和政府要求，中国共产党和政府决定入朝作战。毛泽东派遣以彭德怀为司令员的中国人民志愿军开赴朝鲜，抗美援朝，保家卫国，与朝鲜军民并肩作战。

“联合国军”司令麦克阿瑟扬言要在两个星期内结束朝鲜战争。中国人民志愿军同朝鲜军民并肩作战，连续发动五次大规模战役，把美国侵略者赶回“三八线”附近，美国被迫同意谈判。志愿军入朝后，国内开展了轰轰烈烈的抗美援朝运动，有力地支援了抗美援朝战争。经过边谈边打、反复较量，1953 年 7 月，美国不得不在《朝鲜停战协定》上签字，中国人民取得了抗美援朝战争的胜利。抗美援朝战争打出了国威和军威，提高了新中国的国际地位。志愿军涌现出大批英雄模范和功臣，他们可歌可泣的英雄事迹汇成强大的民族凝聚力，极大地鼓舞着全国人民为保卫和建设祖国而团结奋斗。

《中华人民共和国宪法》的颁布　1953 年 1 月，中央人民政府正式成立宪法起草委员会。1954 年 9 月，全国人民代表大会以投票表决的方式通过了新中国第一部宪法。

《中华人民共和国宪法》共有 106 条，分为序言和总纲、国家机构、公民基本权利和义务以及国旗、国徽和首都等四章。

《中华人民共和国宪法》确立了我国的政治制度和组织原则，规定了人民的权利和义务，制定了社会主义革命和建设的方针政策，并将过渡时期总路线写入宪法中。

1954 年宪法是中国第一部社会主义类型的宪法。它的颁布，加强了人民民主专政，巩固了中国人民革命和建设的成果；反映了国家在过渡时期的根本要求；提高了人民建设社会主义的积极性，为社会主义民主和法制建设奠定了基础。

1956 年底，随着经济上和政治上从新民主主义向社会主义过渡的完成，社会主义制度在中国初步确立起来。

1956 年召开的中共“八大”明确提出：由于社会主义革命已基本完成，国家的主要任务已由解放生产力变为发展生产力，国家必须系统制定完备的法律，一切国家工作人员都必须严格遵守法律，人民的民主权利应该充分受到法律的保护。

人民代表大会制度的建立　新中国建立之初，党和政府就把建立国家的政治制度当作头等大事。作为临时宪法的《中国人民政治协商会议共同纲领》已经规定“国家的最高政权机关为全国人民代表大会”。

1954 年 9 月通过《中华人民共和国宪法》，正式以国家根本大法的形式确立了人民代表大会制度。全国人民代表大会拥有修改宪法、制定法律、选举国家领导人、决定国民经济计划、决定战争和和平等职权。

国家的政治生活开始沿着人民代表制定的程序运行。1954 年 9 月，第一届全国人民代表大会在北京召开，共有代表 1 200 多人。

大会选举毛泽东为国家主席，朱德为副主席，刘少奇为全国人大常委会委员长，董必武为最高人民法院院长，张鼎丞为最高人民检察院检察长。根据毛泽东主席的提名，大会任命周恩来为国务院总理。大会还通过了《中华人民共和国宪法》《中华人民共和国国务院组织法》等多部法律，审议了周恩来代表中央人民政府作的《政府工作报告》。报告提出了在中国建设现代化的工业、农业、交通运输业和国防的目标。第一届全国人大期间，召开了四次全体会议，通过了多项决议和一些法律。全国人大常委会也通过了多项决议、条例和上千起人事任免案。

1954 年宪法的出台，是全民参与的结果，也获得了全民拥护。宋庆龄发言说：“1940 年毛主席说过，中国少了两件东西，独立与民主。中华人民共和国成立以来，我们得到了独立。我们的宪法将昭示全世界，中国是共产党领导的人民民主国家，是各民族自由平等的大家庭。”

1959 年和 1964 年，又分别召开了二届全国人大和三届全国人大。各届全国人民代表大会的代表，都经全国人民普选产生，由各党派和社会各阶层的人士组成。

人民代表大会制度的确立，奠定了新中国的各项政治建设的基础，规范了政府与人民的服务与被服务的关系，昭示着中华人民共和国的最高权力属于人民。

中国共产党领导的多党合作和政治协商制度　中国共产党与各民主党派团结合作、共同反对国民党专制独裁的历史，是中国共产党领导的多党合作制度的基础。多党合作和政治协商制度是新中国政治体系的重要组成部分，具有鲜明的中国特色。中国的八大民主党派分别是中国国民党革命委员会、中国民主同盟、中国民主建国会、中国民主促进会、中国农工民主党、中国致公党、九三学社和台湾民主自治同盟。

1956 年 4 月，中共中央正式提出“长期共存，互相监督”的方针，作为中国共产党与各民主党派合作的指导思想。这一方针的提出得到了各民主党派及民主人士的拥护。

政治协商是中国共产党领导的多党合作的主要形式，政治协商会议是人民民主统一战线的基本组织。人民政协成为各民主党派、无党派爱国人士参政、议政的舞台。

中国共产党领导的多党合作和政治协商制度，调动了民主人士参政、议政的热情，开创了群策群力、共同建设国家的新局面。

练习题

一、选择题

1. 新中国成立初期“三大运动”不包括（ ）

A. 镇压反革命 B. 土地改革

C. 抗美援朝 D. “三反”“五反”运动

2. 新中国成立初期，为完成民主革命遗留下来的任务而开展的运动是（ ）

A. 土地改革 B. 改革开放

C. 抗美援朝 D. “三反”“五反”运动

3. 新中国成立初期，为我国经济建设和社会改革赢得相对稳定的和平外部环境的事件是（ ）

A. 镇压反革命 B. “三反”“五反”运动

C. 抗美援朝战争 D. 解放全国大陆

4. 电影《上甘岭》《英雄儿女》《长津湖》以哪次战争为背景（ ）

A. 抗日战争 B. 解放战争 C. 抗美援朝战争 D. 越南战争

5. 中国人民志愿军战士被誉为“最可爱的人”，下列英雄属于“最可爱的人”的是（ ）

①黄继光 ②邱少云 ③罗盛教 ④杨根思

A. ①②③ B. ①②④ C. ②③④ D. ①②③④

6. 1950 年 10 月，率领战士“雄赳赳，气昂昂，跨过鸭绿江”的司令员是（ ）

A. 陈毅 B. 刘伯承 C. 贺龙 D. 彭德怀

7. 新中国成立初期具有宪法性质的文件是（ ）

A. 《论联合政府》 B. 《共同纲领》

C. 《临时约法》 D. 《论人民民主专政》

8. 通过新中国第一部宪法的机构是（ ）

A. 全国人大 B. 全国政协 C. 最高法院 D. 国务院

9. 新中国第一部宪法的颁布时间是（ ）

A. 1949 年 B. 1950 年 C. 1954 年 D. 1956 年

10. 新中国第一部社会主义类型的宪法是（ ）

A. 《中国人民政治协商会议共同纲领》 B. 《中华人民共和国宪法》

C. 《中华人民共和国人大选举法》 D. 《中华人民共和国国务院组织法》

11. 以下有关 1954 年《中华人民共和国宪法》的表述，不正确的是（ ）

A. 规定了国家的性质和根本政治制度 B. 总结了社会主义改造完成的经验

C. 体现了人民民主原则和社会主义原则 D. 奠定了新中国民主政治建设的基础

12. 人民代表大会制度以国家根本大法的形式确立是在（ ）

A. 1949 年 B. 1954 年 C. 1956 年 D. 1959 年

13. 我国的根本政治制度是（ ）

A. 人民代表大会制度 B. 政治协商制度

C. 民族区域自治制度 D. “一国两制”

14. 我国的最高政权机关是（　　）

A. 全国人民代表大会　　B. 中国人民政治协商会议

C. 中共中央会议　　D. 中国共产党全国代表大会

15. 第一届全国人民代表大会召开的时间是（　　）

A. 1949 年　　B. 1950 年　　C. 1954 年　　D. 1956 年

16. 关于人民代表大会制度的表述，不正确的是（　　）

A. 奠定了新中国各项政治建设的基础

B. 昭示着中华人民共和国的最高权力属于人民

C. 成为各民主党派人士参政议政的舞台

D. 规范了政府与人民的服务与被服务的关系

17. 社会主义制度在中国初步确立的时间是（　　）

A. 1949 年　　B. 1954 年　　C. 1956 年　　D. 1978 年

18. 中国八大民主党派不包括（　　）

A. 中国致公党　　B. 中国民主同盟

C. 九三学社　　D. 中国民权保障同盟

19. 1956 年，中共中央提出“长期共存，互相监督”的方针。这主要是发展（　　）

A. 祖国大陆与台湾的关系　　B. 中央政府与地方政府的关系

C. 中共与各民主党派的关系　　D. 中央政府与少数民族自治区的关系

20. 中国共产党领导的多党合作和政治协商制度确立的标志是（　　）

A. 1946 年重庆政协的召开

B. 1956 年中国共产党第八次全国代表大会的召开

C. 1954 年全国人民代表大会的召开

D. 1949 年中国人民政治协商会议的召开

二、材料分析题

阅读材料，回答问题。

材料一　自清末西方宪政思想传入中国以来，中国先后制定了多部宪法和宪法性文件。为了实现国家富强的目标，以康有为、梁启超为首的立宪派推动清政府制定了《钦定宪法大纲》。以孙中山为代表的共和主义者在辛亥革命之后参照美国宪法制定了《中华民国临时约法》。《中华民国临时约法》的制定是中国历史上具有进步意义的事件之一，但它的内在缺陷也使得这部宪法最终沦为废纸。而北洋军阀控制下的北洋政府，动辄以各省军政长官通电的形式干预立宪活动，甚而武力威胁国会的存在，此时的宪法成了一种“文饰工具”。

——张晋藩《中国宪法史》

材料二　中国共产党从诞生时起，就非常关注、重视宪法的制定和立宪实践。土地革命期间，在苏联宪法的影响下，中国共产党制定并通过了《中华苏维埃共和国宪法大纲》。1949 年新政协通过的《共同纲领》宣告了中华人民共和国的诞生。1954 年，全国人大一次会议制定并通过了中国第一部社会主义类型的宪法。此后由于“左”倾错误思想的盛行，民主集中的决策机制被专断的领导意志所取代，出现了类似“文化大革命”那样肆意侵犯人权的惨痛教训。在吸取历史教训的基础上，1982 年宪法首次以根本法的形式，将“把我国建设成为富强、民主、文明的社会主义国家”规定为“今后国家的根本任务”，从而将近代以来的制宪者所追求的富强梦想与实现民主、文明的现代需要结合起来，既表达了实现中华民族富强和独立的历史使命，又突出了推进民主和文明建设的时代性特征。

——何勤华《论中国共产党人的宪法观念与实践历程》

（1）根据材料一、二并结合所学知识，概括中国近现代宪法制定历程中呈现的特点。

（2）根据材料一、二并结合所学知识，简析中国近现代宪法制定历程曲折的历史原因。

三、问答题

简述抗美援朝战争的历史背景和意义。

第二节　社会主义新时期政治制度的日趋完善

20 世纪 60 年代中期，毛泽东认为党和国家面临着资本主义复辟的危险。为此，他强调“以阶级斗争为纲”，想通过发动“文化大革命”来防止资本主义复辟。1966 年夏，“文化大革命”全面发动起来。“文化大革命”的十年中，人民代表大会制度、政治协商制度等遭到破坏。

伟大的历史转折　中国经过十年“文化大革命”的动乱，积累了许多严重的政治问题和社会问题。1978 年，思想理论界展开了一场真理标准问题的大讨论。当年 5 月，《光明日报》发表了《实践是检验真理的唯一标准》的文章，开始了真理标准问题的讨论。12 月，邓小平作了《解放思想，实事求是，团结一致向前看》的重要讲话，为中共十一届三中全会提出了基本的指导思想。

1978 年 12 月，中共十一届三中全会在北京召开。全会以邓小平《解放思想，实事求是，团结一致向前看》的重要讲话为指导，决定停止“以阶级斗争为纲”的错误口号，作出把党和国家工作重心转移到经济建设上来，实行改革开放的战略决策。全会重新确立了党的思想路线、政治路线和组织路线，恢复了党的民主集中制的优良传统，审查解决了历史上遗留的一批重大问题和一些重要领导人的功过是非问题。中共十一届三中全会，实现了新中国成立以来党和国家历史上具有深远意义的伟大转折，开启了改革开放和社会主义现代化建设新时期。

1981 年 6 月，中共十一届六中全会在北京召开。全会审议和通过了《关于建国以来党的若干历史问题的决议》，科学总结了新中国成立 32 年来的历史，对统一全党思想，开展改革开放新的伟大革命，打下了重要的思想基础。

新时期政治制度的完善　随着社会主义民主法制建设的恢复和发展，1982 年底，第五届全国人大五次会议表决通过了《中华人民共和国宪法》。这部宪法增加了适应改革开放和社会主义现代化建设的新规定，如进一步完善了人民代表大会制度：改革选举制度，把直接选举人大代表的范围扩大到县一级，实行差额选举；扩大全国人大常委会的职权，固定任期，每届任期五年；赋予省级地方人大及其常委会制定地方性法规的权力，等等。人民代表大会制度已成为中国社会主义政治文明的重要载体。人民代表大会制度是坚持党的领导、人民当家作主、依法治国有机统一的根本制度安排。至此，我国社会主义民主政治建设进入新阶段。

同时，中共中央根据新的形势和任务，进一步明确中国共产党领导的多党合作和政治协商制度是我国政治制度的一个特点和优点，并提出了一整套关于多党合作和政治协商的理论与政策。坚持和完善中国共产党领导的多党合作和政治协商制度，成为中国特色社会主义理论和实践的重要组成部分。“中国共产党领导的多党合作和政治协商制度将长期存在和发展”被写入宪法，使得多党合作和政治协商走上了制度化轨道。

中国特色社会主义理论的完善　2013 年 11 月，中共十八届三中全会决定把完善和发展中国特色社会主义制度、推进国家治理体系和治理能力现代化作为全面深化改革的总目标。2019 年 10 月，中共十九届四中全会在北京召开，通过了《中国共产党关于坚持和完善中国特色社会主义制度、推进国家治理体系和治理能力现代化若干重大问题的决定》。全会系统地总结了我国国家制度和国家治理体系的巨大成就和显著优势，深入阐述了支撑中国特色社会主义制度的根本制度、基本制度、重要制度，对新时代坚持和完善中国特色社会主义制度、推进国家治理体系和治理能力现代化作出顶层设计和全面部署，对坚持和完善党的领导、人民当家作主等制度体系作出新的制度安排，突出强调了中国共产党领导是中国特色社会主义最本质的特征，是中国特色社会主义制度的最大优势。

中国特色社会主义制度坚持把根本政治制度、基本政治制度同法律体系、基本经济制度以及各方面体制机制等具体制度有机结合起来，坚持把国家层面民主制度同基层民主制度有机结合起来，坚持把党的领导、人民当家作主、依法治国有机结合起来，既坚持了社会主义的根本性质，又借鉴了古今中外制度建设的有益成果，符合我国的国情，集中体现了中国特色社会主义的特点和优势。

中国特色社会主义制度和国家治理体系具有强大生命力和巨大优越性，为党和国家事业发展、人民幸福安康、社会和谐稳定和国家长治久安提供了有力制度保障，确保实现“两个一百年”奋斗目标，实现中华民族伟大复兴，使中国特色社会主义制度更加巩固、优越性充分展现。

练习题

一、选择题

1. 为中共十一届三中全会的召开奠定思想基础的是（　　）

A. 关于真理标准问题的讨论　　B. 提出改革开放的决策

C. 提出政治体制改革的决定　　D. 恢复党的民主集中制

2. 中共十一届三中全会是新中国历史上的一个伟大转折，这次会议标志着（　　）

A. 社会主义市场经济体制在中国确立　　B. 党和国家的工作重心发生转移

C. 社会主义政治制度在中国正式确立　　D. 我国政治体制改革全面启动

3. 中共十一届三中全会确定党和国家的工作重心是（　　）

A. 解放思想　　B. 阶级斗争　　C. 对外开放　　D. 经济建设

4. 开启了改革开放和社会主义现代化建设新时期的会议是（　　）

A. 中共十一届三中全会　　B. 中共八大

C. 中共十五大　　D. 中共十四大

5. 1981 年中共十一届六中全会通过了（　　）

A.《解放思想，实事求是，团结一致向前看》

B.《实践是检验真理的唯一标准》

C.《关于建国以来党的若干历史问题的决议》

D.《关于经济体制改革的决定》

6. 增加了适应改革开放和社会主义现代化建设的新规定的宪法是（　　）

A. 1954 年宪法　　B. 1982 年宪法　　C. 1988 年宪法　　D. 1999 年宪法

7. “依法治国”被正式写入我国宪法是在（　　）

A. 1954 年　　B. 1982 年　　C. 1997 年　　D. 1999 年

8. 第一次系统提出党在社会主义初级阶段基本路线的会议是（　　）

A. 中共十二大　　B. 中共十三大　　C. 中共十四大　　D. 中共十五大

9. 中共十五大确立了我国政治体制改革的重点是（　　）

A. 民主集中　　B. 科教兴国　　C. 依法治国　　D. 可持续发展

10. 为实现“中国梦”，中国共产党确立了“两个一百年”奋斗目标，即在中国共产党成立一百年时全面建成小康社会，在新中国成立一百年时建成富强民主文明和谐的社会主义现代化国家。这“两个一百年”的时间起点是（　　）

A. 1919 年、1949 年　　B. 1921 年、1945 年

C. 1921 年、1949 年　　D. 1949 年、1978 年

二、材料分析题

阅读材料，回答问题。

十一届三中全会报告中写道：“会议高度评价了关于实践是检验真理的唯一标准问题的讨论，认为这对于促进全党同志和全国人民解放思想、端正思想路线，具有深远的历史意义。一个党、一个国家，一个民族，如果一切从本本出发，思想僵化，就不能前进……”

（1）真理标准问题的讨论是在什么情况下进行的？

（2）应该怎样看待真理标准问题的讨论与十一届三中全会之间的关系？

（3）解放思想、端正思想路线是十一届三中全会的旗帜。它引来了国家大政方针的深刻变化，试以十一届三中全会以来的有关史实加以说明。

三、问答题

1. 简述党的十一届三中全会的内容和历史意义。

2. 简述新时期中国特色社会主义制度的形成过程并简要评价。

第三节　新中国的民族大团结与祖国统一大业

民族大团结　中国是统一多民族国家。各民族在分布上交错杂居、文化上兼收并蓄、经济上相互依存、情感上相互亲近，在长期的历史发展过程中，逐渐形成你中有我、我中有你

的多元一体格局。

根据我国民族问题的历史特点和现实情况，中国共产党将民族区域自治制度确立为解决我国民族问题的基本政策。民族区域自治制度，是在国家统一领导下，各少数民族聚居的地方实行区域自治，设立自治机关，行使自治权的制度。

民族区域自治制度是我国的一项基本政治制度。早在 1941 年，陕甘宁边区政府颁布的《陕甘宁边区施政纲领》规定，依据民族平等原则，“建立蒙、回民族的自治区”。1947 年 5 月，经中共中央批准，在刚解放的内蒙古地区成立内蒙古自治区。新中国成立后，它成为我国第一个省一级自治区。1949 年通过的《中国人民政治协商会议共同纲领》，将实行民族区域自治作为一项基本政治制度确定下来。1954 年通过的《中华人民共和国宪法》规定：各少数民族聚居的地方实行区域自治；各民族自治地方都是中华人民共和国不可分离的部分；各自治机关都是在国家统一领导下的一级地方政权机关，依法行使规定的自治权。根据《中华人民共和国宪法》，新疆维吾尔自治区、广西壮族自治区、宁夏回族自治区和西藏自治区先后成立。加上更早成立的内蒙古自治区，全国共有 5 个省级自治区。此外还成立了 30 个自治州、120 个自治县（旗）。

实行民族区域自治制度，从制度和政策层面保障了少数民族公民享有平等自由权利以及经济、社会、文化权利。这对维护民族团结、巩固祖国统一和促进民族地区发展具有重大意义，为实现各民族共同发展、共同富裕奠定了基础。

新中国成立前，由于历史和地理的原因，我国各民族发展很不平衡，很多少数民族的生产力水平十分落后。

新中国成立后，党和政府因地制宜，在民族地区进行一系列的民主改革和社会主义改造，废除剥削和压迫，各族人民翻身做主人，迈进了社会主义社会。

国家采取许多优惠政策，派出大批人员，还通过技术、资金、物资等多种方式，加强民族地区的经济建设，促进各民族共同团结奋斗，共同繁荣发展。各民族也根据本民族地区的实际情况，发挥自身优势，发展经济，取得了很大成就。

国家重视少数民族文化的保护与发展。新中国成立时，一些少数民族没有自己的文字。国家按照自愿的原则，帮助侗族等十几个少数民族创制了文字，为这些民族文化传承创造了条件。国家尊重各民族的宗教信仰和风俗习惯，保护少数民族的历史文化遗产。国家还有组织、有计划地开展了少数民族古籍文献的搜集、整理和出版工作，取得了很大成绩。这些措施对少数民族文化的传承和发展具有重要意义。

中共十一届三中全会以后，民族区域自治制度得到进一步发展。1984 年，《中华人民共和国民族区域自治法》正式颁布实施，民族区域自治制度被确立为我国的一项基本政治制度。根据宪法和民族区域自治法，民族自治地方进行了有关自治条例和单行条例的制定工作。1990 年，中共中央提出“三个离不开”，即“汉族离不开少数民族，少数民族离不开汉族，各少数民族之间也相互离不开”，深刻阐述了中国各民族休戚相关、命运与共的血肉关系。随着社会主义民主政治建设的不断推进和依法治国基本方略的实施，民族区域自治制度在我国政治生活中的地位日益提高。1997 年，中共十五大明确把民族区域自治制度确立为建设中国特色社会主义政治的基本政治制度之一。

中共十八大以来，党和国家要求坚持各民族“共同团结奋斗，共同繁荣发展”的民族工作主题，全面贯彻落实党的民族政策，坚持和完善民族区域自治制度，不断增进各族群众对伟大祖国、中华民族、中华文化、中国共产党和中国特色社会主义的认同。

中共十九大报告提出，全面贯彻党的民族政策，深化民族团结进步教育，铸牢中华民族共同体意识，加强各民族交往交流交融，促进各民族像石榴籽一样紧紧抱在一起，共同团结奋斗、共同繁荣发展。铸牢中华民族共同体意识被写入新修订的《中国共产党章程》，赋予民族工作新的内涵和重大历史使命，是习近平新时代中国特色社会主义思想在民族工作领域的具体体现。党和国家努力创造各族人民共居、共学、共事、共乐的社会条件，让各族人民在中华民族大家庭中手足相亲，守望相助，实现中华民族一家亲、同心共筑中国梦的伟大目标。

“一国两制”的构想 香港问题、澳门问题和台湾问题都是历史遗留下来的。解决这些问题，实现祖国统一，是包括港澳台同胞、海外侨胞和祖国大陆全体同胞在内的整个中华民族的强烈愿望。

为早日解决台湾问题，实现祖国统一大业，1979 年元旦，全国人民代表大会常务委员会发表《告台湾同胞书》，提出尊重台湾现状，和平解决台湾问题的方针，建议海峡两岸首先实现通航、通邮、通商和探亲旅游。

20 世纪 80 年代以后，邓小平多次发表讲话，全面阐述了“一个国家，两种制度”的深刻含义：在一个中国的前提下，国家的主体实行社会主义制度，台湾、香港和澳门保持原有的资本主义制度长期不变。两种制度长期共存，这是实现祖国统一的必经之路。

1982 年 12 月，全国人大五届五次会议通过了新的《中华人民共和国宪法》，第 31 条规定：“国家在必要时得设立特别行政区。在特别行政区内实行的制度按照具体情况由全国人民代表大会以法律规定。”这使“一国两制”有了宪法保证。

1984 年，“一国两制”的方针在全国人大六届二次会议上通过，正式成为实现祖国统一大业的指导方针。

邓小平从维护祖国和中华民族根本利益出发，创造性提出的“一国两制”伟大构想，是完成祖国统一大业的基本方针。

“一国两制”的构想，为香港、澳门回归祖国开辟了途径。

20 世纪 80 年代，中国政府同英国政府、葡萄牙政府解决香港和澳门问题的条件逐渐成熟。中国国力增强，国际地位不断提高，“一国两制”的构想和各项具体方针政策日渐完善，为解决香港、澳门问题指明了方向。同时，随着 1997 年的临近，英国政府不断试探中国关于解决香港问题的立场和态度。这样，解决香港问题的时机到来了。

经过多次磋商、谈判，1984 年 12 月，中英两国政府在北京正式签署了《关于香港问题的联合声明》，确认中国政府将于 1997 年 7 月 1 日对香港恢复行使主权，英国政府届时将把香港交还中国。

1997 年 7 月 1 日零时，中国政府恢复对香港行使主权。同日，《中华人民共和国香港特别行政区法》正式生效。香港的回归洗刷了中华民族的百年耻辱，翻开了香港历史新的一页，中华民族在祖国统一大业上迈出了坚实的一步。

《关于香港问题的联合声明》的正式签署，为澳门问题的解决提供了成功的范例。1987 年 4 月，中葡双方在北京正式签署了《关于澳门问题的联合声明》。1999 年 12 月 20 日，中国政府恢复对澳门行使主权，澳门也回到了祖国的怀抱。香港、澳门的顺利回归，是“一国两制”构想成功运用的结果，为国际社会解决国家间的历史问题提供了借鉴。

海峡两岸关系的新发展 随着“文革”的结束，祖国大陆实行改革开放政策，台湾问题的解决提上了议事日程。1979 年元旦，全国人大常委会发表《告台湾同胞书》，宣布了和平统一祖国的方针。同日，国防部长徐向前宣布停止炮击金门，实现两岸30年来真正停火。80年代以来，海峡两岸通邮、通航、通商的限制逐渐放宽，台湾民间回大陆探亲、观光、投资经商、文化交流等活动不断增加。

随着海峡两岸交流日趋密切，1990年台湾成立了海峡交流基金会，次年祖国大陆成立了海峡两岸关系协会。两岸授权这两个民间团体开始进行经济性、事务性商谈和政治对话。1992年11月，两会就如何表述坚持一个中国原则的问题，达成“海峡两岸同属一个中国，共同努力谋求国家统一”的共识，后被称为“九二共识”。海峡两岸关系的发展迈出了历史性的重要一步。

1993年4月27日至29日，在海峡两岸关系协会的倡议和积极推动下，经过海峡两岸的共同努力，备受瞩目的第一次“汪辜会谈”在新加坡正式举行，这是海峡两岸授权民间团体海协会会长汪道涵和海基会董事长辜振甫之间的首次会晤，也是40余年来，两岸高层人士在长期隔断之后的首次接触商谈。尽管这次会谈只局限于民间性、经济性、事务性和功能性的范围，但其本身所具有的意义及对两岸关系的影响已引起台湾岛内的高度重视和国际社会的普遍关注，对促进两岸关系健康发展发挥了积极作用，是两岸关系发展进程中的重要里程碑。

之后，还有1998年的第二次“汪辜会谈”和2008年的“陈江会谈”等，都为促进两岸交流与和平统一做了大量工作。

1995年，江泽民发表《为促进祖国统一大业的完成而继续奋斗》，就台湾问题提出八项主张，强调“坚持一个中国的原则，是实现和平统一的基础和前提”。

2005年3月，全国人大通过《反分裂国家法》，以反对和遏制“台独”势力，促进祖国和平统一，维护中华民族的根本利益。

在反对“台独”和坚持一个中国原则的基础上，两岸关系经历种种风云变幻，不断取得进展。2005年，中国国民党主席连战率“和平之旅”访问团访问祖国大陆。中共中央总书记胡锦涛会见连战一行。双方重申坚持“九二共识”，反对“台独”，主张台海和平稳定。国共两党最高领导人的会见，促进了两岸关系的新发展。

2015年11月，中共中央总书记、国家主席习近平同台湾方面领导人马英九在新加坡会面。在会面中，双方就进一步推进两岸关系和平发展交换了意见。这次会面是1949年以来两岸领导人的首次会面，翻开了两岸关系历史性的一页。

在“和平统一，一国两制”基本方针的指引下，经过海峡两岸同胞、港澳同胞和海外华侨的共同努力，两岸人员往来以及经济、文化等领域的交流蓬勃发展。目前，海峡两岸各领域的正常往来已成为时代潮流，大陆和台湾民间交流日益扩大，经贸联系不断加强，这些已成为两岸和平合作和祖国未来统一的强大动力。

练习题

一、选择题

1. 中国共产党为解决我国民族问题而确立的政治制度是（　　）

A. 金瓶掣签制度　　B. 多党合作协商制度

C. 民族区域自治制度　　D. 基层民主选举制度

2. 我国在少数民族聚居的地方实行（　　）

A. 民族区域自治制度　　B. “一国两制”

C. 人民代表大会制度　　D. 家庭联产承包责任制

3. 我国最早和最晚成立的省级少数民族自治区分别是（　　）

A. 西藏自治区、新疆维吾尔自治区

B. 新疆维吾尔自治区、宁夏回族自治区

C. 内蒙古自治区、西藏自治区

D. 宁夏回族自治区、西藏自治区

4. 最早明确规定民族区域自治制度的法律文献是（　　）

A.《中华人民共和国宪法》　　B.《中华人民共和国民族区域自治法》

C.《中国共产党章程》　　D.《中国人民政治协商会议共同纲领》

5.《中华人民共和国民族区域自治法》正式颁布实施是在（　　）

A. 1949 年　　B. 1950 年　　C. 1984 年　　D. 1997 年

6. 关于民族区域自治制度的表述，正确的是（　　）

①是我国根本的政治制度　②是根据我国民族问题的历史特点和现实情况而制定的

③在国家统一领导下行使自治权　④为实现各民族共同发展、共同富裕奠定了基础

A. ②④　　B. ①③　　C. ②③④　　D. ①②③

7. 中央人民政府每年抽调大批干部支援少数民族地区的主要目的是（　　）

A. 改善生态环境　　B. 培养少数民族干部

C. 传承民族文化　　D. 促进各民族共同繁荣

8. 支援少数民族地区建设的杰出代表是（　　）

A. 孔繁森　　B. 王进喜　　C. 雷锋　　D. 焦裕禄

9. 自 1981 年始，中共中央下发多个文件要求开展对少数民族古籍的保护和抢救工作，并培养了众多专职少数民族古籍整理、研究的人员。据不完全统计，全国各地抢救、整理散藏在民间的少数民族古籍达百万种。此举有利于（　　）

A. 提高边疆地区的教育水平　　B. 促进少数民族地区的经济发展

C. 少数民族文化的传承和发展　　D. 保障少数民族地区的基础设施建设

10. “一国两制”构想的提出最早是针对解决（　　）

A. 台湾问题　　B. 香港问题　　C. 澳门问题　　D. 特区问题

11. “一国两制”的前提是（　　）

A. 一个中国　　B. 两种制度　　C. 独立自主　　D. 和平统一

12. “一国两制”中的两制，最准确的解释是（　　）

A. 两种社会制度　　B. 两种管理制度　　C. 两种法律制度　　D. 两种经济制度

13. “一国两制”正式成为实现祖国统一大业的指导方针是在（　　）

A. 中共七届二中全会　　B. 全国人大五届五次会议

C. 中共十一届三中全会　　D. 全国人大六届二次会议

14. 1979 年元旦《告台湾同胞书》首倡两岸实现“三通”。“三通”指（　　）

A. 通航、通邮、通商　　B. 通邮、通话、通商

C. 通航、通邮、通话　　D. 通商、通话、通航

15. 1992 年海峡两岸达成“九二共识”，其核心是（　　）

A. 求同存异　　B. 坚持一个中国原则

C. 和平共处　　D. 开展两岸政治对话

16. 2005 年全国人大通过《反分裂国家法》，这（　　）

A. 是两岸实现和平统一的基础　　B. 有利于反对和遏制“台独”势力

C. 促进海峡两岸实现三通　　D. 促成两岸以民间团体对话的形式会谈

17. 中国从哪个国家手中收回澳门并恢复行使主权（　　）

A. 葡萄牙　　B. 美国　　C. 西班牙　　D. 英国

18. 中华人民共和国政府对香港、澳门恢复行使主权的时间是（　　）

A. 1949 年 10 月 1 日、1997 年 7 月 1 日　　B. 1997 年 7 月 1 日、1999 年 12 月 20 日

C. 1997 年 10 月 1 日、1999 年 7 月 1 日　　D. 1999 年 7 月 1 日、1999 年 12 月 1 日

19. 香港回归祖国的伟大历史意义是（　　）

①洗刷了中华民族的百年耻辱　②维护了国家主权和民族尊严　③实现了“一国两制”的伟大构想　④提高了中国政府的国际威望

A. ①②　　B. ①②③　　C. ②③④　　D. ①②③④

20. 香港、澳门回归的根本保证是（　　）

A. 港澳同胞渴望回归　　B. “九二共识”的提出

C. 中国外交政策的成熟　　D. 中国综合国力的提高

二、材料分析题

阅读材料，回答问题。

我国自古以来非常重视民族关系的发展。新中国成立后，民族区域自治制度成为中国的一项基本政治制度。

材料一　羁縻制度既是唐王朝处理边疆民族问题的一项重大政策，又是在边疆民族地区实行的一种行政制度。依据少数民族社会经济的特点，“修其教不易其俗，齐其政不易其宜”是我国中原王朝统治周边少数民族的传统政策。唐朝立国之初就在西南、东北诸沿边少数民族地区设置羁縻府州，但是，大规模地普遍设立羁縻府州则是在贞观四年（630）平定东突厥以后，到开元年间设置黑水都督府于黑水靺鞨部为止，百余年间，唐王朝先后在东北、北方、西方、西南、南方设置了八百五十六个羁縻府州。

——摘编自林超民《羁縻府州与唐代民族关系》

材料二　民国时期的政府对蒙古、西藏、新疆等边疆地区的事务日益重视，设置了对应的事务机构，并且在中央设立了专门机构来进行管辖。例如，北洋军阀政府于 1912 年在内务部设立了蒙藏事务处，专门管辖蒙古、西藏等少数民族事务。

——朱敏《试论我国近代民族政策的特点及其对边疆地区稳定发展的影响》

材料三　毛泽东同志指出：“国家的统一，人民的团结，国内各民族的团结，这是我们的事业必定要胜利的基本保证。”1952 年，中央颁布了《中华人民共和国民族区域自治实施纲要》，并在全国范围内大力推行民族区域自治。尔后，建立了省级自治区 5 个，地区级自治州 30 个，县级自治县 122 个。

——杨秀珍《论坚持和完善民族区域自治制度》

（1）根据材料一并结合所学知识，概括唐朝羁縻府州设置的特点，并分析其积极作用。

（2）根据材料二并结合所学知识，简述民国时期政府设立专门管辖少数民族地区机构

的历史背景。

（3）根据材料三并结合所学知识，说明民族区域自治制度的意义。

三、问答题

1. 简述近代以来香港问题的来龙去脉及解决过程。

2. 简述“一国两制”政策的形成过程及其实践效果。

第四节　新中国的外交

和平共处五项原则　新中国成立以后奉行独立自主的和平外交政策。新中国成立初期独立自主外交政策的基本方针是“另起炉灶”——不承认国民政府建立的一切旧的屈辱的外交关系；“打扫干净屋子再请客”——清除帝国主义在我国的残余势力，取缔帝国主义在华的一切特权；“一边倒”——面对两大阵营的尖锐对立，坚定地站在社会主义阵营一边，团结世界各国人民。

我国政府实行和平外交政策。1954 年，周恩来总理访问印度时，提出和平共处五项原则，作为处理两国关系的准则。这五项原则是：互相尊重主权和领土完整、互不侵犯、互不干涉内政、平等互利、和平共处。后来，和平共处五项原则成为解决国与国之间关系的基本准则，在国际上产生了深远的影响。

日内瓦会议和万隆会议　20 世纪 50 年代中期，我国在外交方面不断取得成就。

1954 年，新中国第一次作为世界五大国之一参加日内瓦国际会议，并起到了积极作用。在会上，周恩来总理就印度支那停止敌对行动这一问题提出新的建议，打破了会议的僵局，推动了会议的进展。

1955 年，亚非独立国家在印度尼西亚的万隆举行亚非国际会议。中国代表团团长周恩来针对帝国主义破坏会议的阴谋以及各国间的矛盾和分歧，提出“求同存异”的方针，促进了会议的圆满成功。万隆会议加强了我国同亚非各国的团结和合作。

我国在联合国合法席位的恢复　1971 年，第 26 届联合国大会以压倒性多数通过决议，恢复中华人民共和国在联合国的合法席位。中国重新取得安理会常任理事国的席位。中国在国际事务中发挥越来越重要的作用。

中美、中日外交关系的建立　新中国刚刚成立时，美国和一些帝国主义国家对新的人民政权采取政治上不承认、经济上封锁禁运、军事上包围威胁的政策，企图把新中国扼杀在摇篮里。朝鲜战争停战以后，中国希望美国从台湾海峡撤走它的武装力量，以缓和中美关系。但美国继续敌视中国，利用台湾问题搞“两个中国”的阴谋。美国继续在台湾海峡进行军事活动，还发动了侵略越南的战争，从南面威胁中国。中美关系在整个五六十年代处于敌对的紧张状态。

70 年代，中美关系逐步缓和。1971 年 7 月，尼克松总统的国家安全事务助理基辛格秘密访问中国。1972 年，尼克松总统访问中国，双方签订《中美上海公报》，毛泽东与尼克松的会面结束了中美 20 多年的对抗，两国关系开始走向正常化。

1978 年 12 月，中美两国经过艰苦会谈达成了协议，双方同时公布了《中美建交联合公报》。其主要内容包括：中、美商定自1979年1月1日起相互承认并建立外交关系。公报强调，中华人民共和国政府是代表中国的唯一合法政府，世界上只有一个中国，台湾是中国领土的一部分。中美建交和关系正常化，是两国关系的重大转折性变化，使两国关系进入了一个历史性的新阶段。

但是，在中美已经建交和关系正常化的情况下，卡特政府又推出《与台湾关系法》，宣称要向台湾提供防御性武器。这样，台湾问题便一直成为中美两国关系发展的最主要障碍。

1982年8月17日，中美双方经过谈判，发表了《中美联合公报》，即《八一七公报》。《八一七公报》除了重申上海公报和建交公报中的原则，在售台武器问题上，美国方面承诺：在性能和数量上不超过两国建交以来近几年的水平，逐步减少，并经过一段时间最后解决这个问题。

《中美上海公报》《中美建交联合公报》和《八一七公报》这三个文件构成了中美两国关系的基石。

中美关系的缓和，直接推动了中日关系的发展。1972年，日本首相田中角荣访华，双方签订了中日邦交正常协定，两国建立了外交关系。

全方位外交 改革开放后，中国继续奉行独立自主的和平外交政策，坚持在和平共处五项原则的基础上，同其他国家发展友好合作关系。中国注重改善和发展与周边国家的睦邻友好关系，注重加强同发展中国家的政治经济合作，力争中美、中日关系稳定发展，逐步实现中苏（俄）关系正常化，积极发展与欧盟国家的关系。

中国积极发展全球伙伴关系，秉持共商、共建、共享的全球治理观，顺应和平、发展、合作、共赢的时代潮流，积极参与全球治理体系改革和建设，推动构建人类命运共同体。中国积极拓展多边外交，加强与联合国的合作，为解决区域性争端、维护世界和平和建立一个公正合理的世界新秩序而努力。中国广泛参与多边经济、社会领域的活动，在环境、粮食、预防犯罪、禁毒、难民、妇女等全球性问题上发挥了积极作用。

中国特色大国外交全面推进，形成全方位、多层次、立体化的外交布局。

中国的国际地位不断提高，成为维护和促进世界和平、稳定与发展的坚定力量，在国际事务中发挥着日益重要的作用。

练习题

一、选择题

1. 以下不属于新中国初期独立自主和平外交方针的是（ ）

A. 另起炉灶　　B. 打扫干净屋子再请客

C. 一边倒　　D. 和平共处五项原则

2. “凡与国民党反动派断绝关系、并对中华人民共和国采取友好态度的外国政府，中华人民共和国中央人民政府可在平等、互利及相互尊重领土主权的基础上，与之谈判，建立外交关系。”符合此规定的外交方针是（ ）

A. 另起炉灶　　B. 打扫干净屋子再请客

C. 一边倒　　D. 团结世界各国人民

3. 新中国成立之初，我国与苏联、保加利亚、朝鲜、越南等人民民主国家建交。这体现的外交方针是（ ）

A. 一边倒　　B. 另起炉灶
C. 求同存异　　D. 打扫干净屋子再请客

4. 新中国成立后，取消了外国拥有的海关管理权、驻军权和内河航运权。这体现的外交理念是（　　）

A. 一边倒　　B. 打扫干净屋子再请客
C. 另起炉灶　　D. 和平共处五项原则

5. “和平共处五项原则”除了和平共处外，还有（　　）

①平等互利　②互相信任　③互不侵犯　④互相尊重主权和领土完整　⑤互不干涉内政

A. ①②③④　　B. ①②④⑤　　C. ②③④⑤　　D. ①③④⑤

6. 下列有关和平共处五项原则的表述，正确的是（　　）

①在 20 世纪 50 年代初由中国政府首先提出　②适用于不同社会制度的国家
③打破了西方国家对中国的孤立封锁　④淡化了中国与周边国家的意识形态分歧

A. ①③④　　B. ②③④　　C. ①②④　　D. ①②③④

7. “和平共处五项原则”标志着新中国外交政策的成熟，是因为（　　）

A. 适用于不同社会制度的国家
B. 是新中国首次系统阐述自己的外交政策
C. 使周边国家不再对中国敌视和封锁
D. 成为解决国与国之间问题的基本准则

8. 中国参加日内瓦会议和万隆会议的共同作用是（　　）

A. 确立了不结盟运动的领袖地位　　B. 促成了政治多极化的国际格局
C. 发挥了大国应有的政治影响力　　D. 巩固了社会主义阵营的内部团结

9. 1955 年亚非独立国家在印度尼西亚的万隆举行国际会议。周恩来在会上发言，中国代表团参加会议的目的是“来求团结而不是来吵架的”。这次会议上中国提出（　　）

A. 和平共处五项原则　　B. 不结盟政策
C. 打扫干净屋子再请客　　D. 求同存异方针

10. 20 世纪 60 年代，首先与中国建交的西方大国是（　　）

A. 英国　　B. 法国　　C. 德国　　D. 西班牙

11. 20 世纪 70 年代，中国在外交上不断取得突破，以下不属于该时期外交成就的是（　　）

A. 第一次以世界五大国身份参加国际会议　　B. 中美建交
C. 恢复中国在联合国的合法席位　　D. 中日建交

12. 中华人民共和国恢复联合国合法席位的时间是（　　）

A. 1971 年 7 月　　B. 1971 年 10 月　　C. 1972 年 2 月　　D. 1972 年 10 月

13. 中美关系改善的首要前提是（　　）

A. 美国总统访问中国　　B. 中国恢复在联合国合法席位
C. 美国接受和平共处五项原则　　D. 美国承认只有一个中国

14. 中美两国关系开始走向正常化的标志是（　　）

A. 美国乒乓球队访华　　B.《中美上海公报》的签订
C. 基辛格访华　　D.《中美建交联合公报》的签订

15. 推动中日建交的直接原因是（　　）

A. 日内瓦会议召开

B. 中国恢复在联合国的合法席位

C. 中美关系的缓和

D. 中国的综合国力不断增强，国际地位提升

16. 下列外交事件发生的先后顺序是（　　）

①中美建交　②中日建交　③中苏建交　④中华人民共和国恢复在联合国的合法席位

A. ③①②④　B. ③④①②　C. ③④②①　D. ④①②③

17. 改革开放以来，我国积极开展多边外交的主要原则有（　　）

①和平共处　②平等互利　③形式多样　④共同发展

A. ①②③　B. ①③④　C. ②③④　D. ①②③④

18. 21 世纪初，中国在多边经济领域中取得的显著成就是（　　）

A. 成为不结盟运动的观察员国　B. 正式加入世界贸易组织

C. 建立中国—东盟自由贸易区　D. 与俄罗斯建立“伙伴关系”

19. 2001 年中国与俄罗斯、中亚国家共同创建的区域性国际组织是（　　）

A. 东盟　B. 亚太经合组织

C. 欧盟　D. 上海合作组织

20. 十一届三中全会后，我国在新时期的外交政策有（　　）

①反对霸权主义和强权政治，维护世界和平　②积极开展与周边国家的睦邻友好关系，建设和平的周边环境　③重视和第三世界国家发展关系，在经济文化等方面广泛交流和合作　④坚持独立自主的不结盟的和平外交政策，坚持长期的对外开放政策

A. ①②③④　B. ①②④　C. ①③④　D. ②③④

二、材料分析题

阅读材料，回答问题。

材料一　1949 年 6 月毛泽东在《论人民民主专政》中指出：“一边倒，是孙中山的四十年经验和共产党的二十八年经验给我们的，深知欲达到胜利和巩固胜利，必须一边倒。四十年和二十八年的经验，中国人民不是倒向社会主义一边，就是倒向帝国主义一边，绝无例外。”

材料二　1949 年 10 月，新中国政府宣布：“凡愿遵守平等、互利及尊重领土主权等项原则的任何外国政府，本政府均愿与之建立外交关系。”

材料三　（1949 年 12 月，毛泽东访苏）主要任务有两个：一是参加在莫斯科举行的斯大林 80 寿辰庆典，同斯大林会谈有关两国关系问题及其他问题；二是处理 1945 年同苏联签订的《中苏友好同盟条约》，这个条约是“二战”后，美、苏、英三国首脑背着中国所达成的有损中国利益的《雅尔塔协定》的产物。……（1950 年 2 月）两国外长正式签订了《中苏友好同盟互助条约》《关于中国长春铁路、旅顺口及大连的协定》（即由中苏共管改交中国，修正了《雅尔塔协定》）以及《关于苏联贷款给中华人民共和国的协定》。

——摘自《中华人民共和国对外关系史》

依据以上材料，评述新中国成立之初的外交政策。要求包括外交政策的内容、原因、评价等几方面。

三、问答题

1. 简述新中国初期的外交政策以及二十世纪七十年代外交政策的转变及其原因。
2. 简述近代以来中美关系发展变化历程。

经济史

第七章　中国古代社会经济的发展

第一节　中国古代的农耕经济

远古时期的自然地理环境　古代中国是一个以农耕经济为主的国家。农耕经济的出现，是由所处的自然地理环境决定的。中国地处东亚大陆，最先发展农耕经济的黄河流域基本上属于温带气候。在各种气候中，温带是最适宜人类生存、居住和发展的。在远古时代，由于气候温暖和雨量充沛，黄河流域覆盖着大量植被。地势较高的山地以森林为主，平原地区有草原、众多的河流、湖泊和野生动物，如大象、犀牛、鹿、虎、野猪、水牛、竹鼠等，可谓“草木畅茂，禽兽繁殖”。正因为有森林提供果实，有湖泊提供水产品，有众多野兽作为猎取对象，所以这一地区就成了人类活动和集中的最早区域之一。

黄河中游曲折流过了面积达30万平方公里的黄土高原，并裹挟着大量黄土和泥沙东下而扇积于华北平原，从而使辽阔无垠的华北平原有了与黄土高原大体相同的土质。黄土土质松软，透气性好，非常肥沃，有利于原始耕作方式的土地开垦和作物的浅种直播。加之黄河流域在当时水系发达，气候比现在温暖，特别是七八月份气温较高，雨量集中，非常适合粟类作物的生长。因此，粟类作物最早被人们所种植，农业开始出现。

中国南方的长江流域，远古时期的气候也比现在湿润温和。长江流经的十多个省份，也是森林密布，其间生活着喜暖的动物，如孔雀、猕猴、大熊猫、犀牛、亚洲象、鹿等。在长江中下游地区，由于江水和泥沙的冲积，湖泊星罗棋布，水道纵横交错，到处是沼泽和低洼之地。这独特的生态环境为水稻的生长提供了条件。于是，稻作农业最早在长江流域出现。

农业的起源　原始农业经历了从采集经济向种植经济的发展过程。大约一万年前，农耕经济相继在黄河流域和长江流域出现，它们在发展的初期就已显露出地域的差别。中国是世界上最早培植粟和水稻的国家之一。北方以旱地的粟麦生产为主，南方以水田稻作生产为主，并在各自的扩展、传播中相互交融。黄河流域的原始农业，以陕西西安半坡遗址为代表。在半坡遗址中，发现多处粟的遗存和碳化的菜籽。长江流域的原始农业，则以浙江的河姆渡文化遗址为代表，考古学家们在那里发现了大量的稻谷遗存。

中国拥有丰富的农作物资源。随着农业的发展，家畜饲养业也逐渐发展起来。以种植业为主、家畜饲养业为辅是中国古代农业经济的特点之一，半坡遗址和河姆渡遗址发现的大量家畜骸骨就是证明。

中国古代农民饲养的家畜主要有猪、马、牛、羊、鸡、狗六种，即古代常与“五谷”相提并论的“六畜”。

从耒耜到曲辕犁　刀耕火种是原始农业的主要耕作方式之一。这一时期的人们主要使用石斧、石铲、木耒、骨耜、石镰等简单的劳动工具。进入文明时代，耒耜仍是人们进行农业生产的重要工具。

春秋战国时期，人们掌握了冶炼铁的技术，铁制农具逐渐代替了过去的石制、骨制等笨重易损的农具，由此出现了借助铁制农具和牛力的农业耕作方式，这一变化大大提高了农业生产效率。

借助牛力耕田和不断改良生产工具、生产技术，使精耕细作的农业生产模式日益完善，这也是中国古代农业经济的特点之一。

唐朝时期，在长江下游一带已出现了曲辕犁（又名江东犁）。曲辕犁的发明，是自汉朝之后农具改革的又一次突破，它的出现标志着中国传统步犁的基本定型。

古代灌溉工具的进步，也是推动农业生产发展的重要因素。重要的灌溉工具主要有翻车、筒车等。

水利设施的逐渐完善　农业生产的发展离不开水利设施的兴建。大禹治水的传说，反映了上古时代先民为战胜自然灾害、发展农业生产而兴修水利的艰苦历程。

中国历代王朝都十分重视农业基础设施建设，兴建公共水利工程。兴修水利不仅直接关系到农业生产的发展，而且可以扩大运输，加快物资流转，发展商业，推动整个社会经济的繁荣。正是由于兴修水利具有如此重要的作用，所以不管在和平时期，还是在纷争动乱的岁月，各个朝代的统治者都没有放弃水利事业的兴办。

由于历代政府的重视，中国古代的水利事业不断向前发展。夏朝时我国人民就掌握了原始的水利灌溉技术。西周时期已形成了蓄、引、灌、排的初级农田水利体系。春秋战国时期，都江堰、郑国渠等一批大型水利工程的完成，促进了中原、川西农业的发展。其后，农田水利事业由中原逐渐向全国扩展。两汉时期主要在北方有大量发展（如六辅渠、白渠），同时大的灌溉工程已跨过长江。魏晋以后水利事业继续向江南推进，到唐朝时基本上已遍及全国。宋朝更掀起了大办水利的热潮。元明清时期的大型水利工程虽不及宋朝多，但仍有不少，且地方小型农田水利工程兴建的数量越来越多。各种形式的水利工程在全国几乎到处可见，发挥着显著的作用。

公共水利工程建设，是古代中国国家管理经济的带有决定性意义的重要内容和重要职能。中国历史上留下了不少统治者重视农业基础设施建设的佳话，如汉武帝亲往黄河工地视察，命令随行将军、大臣负草堵河，自己作歌鼓动；隋炀帝兴修大运河；清代康熙帝为组织治理黄河和永定河亲自研究水利学和测量学，还曾六次南巡，到治河工地勘察。

郑国渠、灵渠、都江堰和它山堰合称为中国古代四大水利工程。其中，最为著名的是都江堰。

都江堰位于四川成都平原西部的岷江上，是战国时期秦国蜀郡太守李冰及其子率众修建的一座大型水利工程，是我国现存的最古老且依旧在灌溉田畴、造福人民的伟大水利工程，是我国科技史上的一座丰碑，被誉为世界奇观。两千多年来，都江堰引水灌溉，使蜀地有“天府之国”的美誉。都江堰是“天府”富庶之源，至今仍发挥着无可替代的巨大作用。

都江堰水利工程最主要部分为都江堰渠首工程，这是都江堰灌溉系统中的关键设施。渠首主要由鱼嘴分水堤、宝瓶口进水口和飞沙堰溢洪道三大工程组成。

在开凿以前，宝瓶口是湔山虎头岩的一部分。李冰根据水流及地形特点，在坡度较缓处，凿开一道底宽17米的楔形口子。峡口枯水季节宽19米，洪水季节宽23米。据《永康军志》载“春耕之际，需之如金”，号曰“金灌口”，因此宝瓶口古时又名金灌口。宝瓶口是内江进水咽喉，是内江能够“水旱从人”的关键水利设施。

隋朝时，为了加强南北交通，巩固统治，隋炀帝于605年下令开凿一条贯通南北的大运河。大运河以洛阳为中心，东北通到涿郡（今北京），东南通到余杭（今杭州），全程从北到南分为永济渠（涿郡到洛阳）、通济渠（洛阳到淮河）、邗沟（淮河到长江）、江南河（长江到余杭）四段，全长1 794公里，流经钱塘江、长江、淮河、黄河、海河五大水系。大运河成为南北交通的大动脉，有力地促进了南北经济的交流，是我国古代人民的伟大功绩，也是世界上最伟大的工程之一。

大运河的开凿经过了三个历史阶段：公元前486年，吴王夫差首次在扬州开挖邗沟，沟通了长江和淮河。而至7世纪的隋炀帝时期和13世纪的元代，又先后两次大规模地开凿运河，终于建成了这条沟通我国南北漕运的大动脉。从天津到通州北关、张家湾一段，叫北运河，又称路河，全长186公里。从通州至北京的一段名为通惠河，该河是元代初年伟大的水利专家、天文学家郭守敬设计修建的。因北京地势比通州高，在通惠河上修筑了五道闸门，用来控制水位，使南来的大船可直达北京城内的积水潭。那时积水潭“舳舻蔽水”，成为一个南北漕运的大港口，附近市场繁荣，盛况空前。京杭大运河畅通了数百年，对促进大江南北经济文化的交流，解决南粮北调等问题，均发挥了重要作用。19世纪后，由于南北海运开辟、津浦铁路通车，加之黄河改道淤塞运河中段，部分河段断航，大运河作用下降。

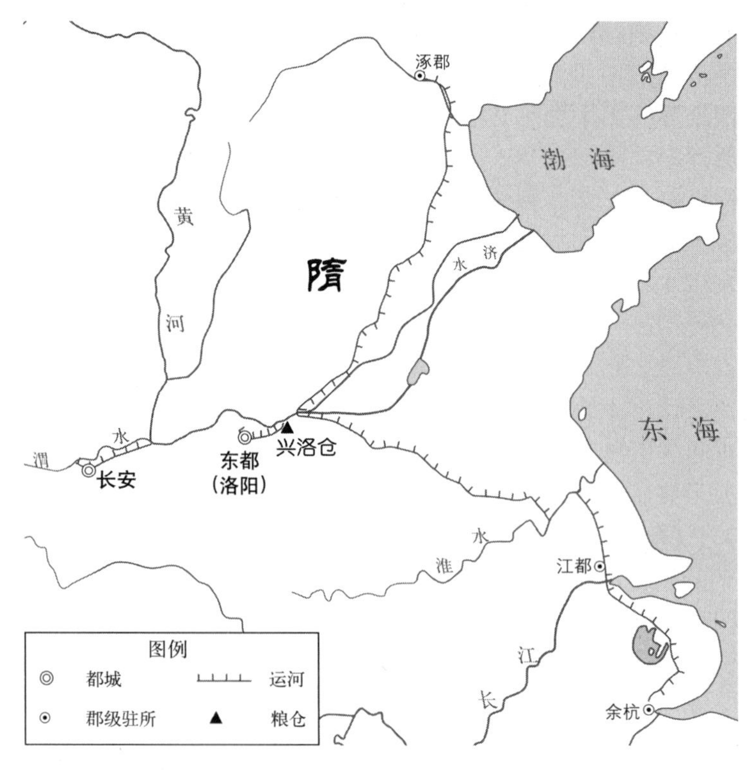

隋朝大运河示意图

长安　今陕西西安　　余杭　今浙江杭州　　涿郡　今北京
兴洛仓　今河南巩义东北　　江都　今江苏扬州

在边疆和自然条件较为恶劣的地区，古代农民充分发挥创造能力，因地制宜，兴建了很多具有地方特色的水利灌溉工程。西域地区的坎儿井就是其中的代表。

坎儿井，早在《史记》中便有记载，时称“井渠”。吐鲁番的坎儿井总数近千条，全长约5 000公里。坎儿井的结构，大体上是由竖井、地下渠道、地面渠道和“涝坝”（小型蓄水池）四部分组成。吐鲁番盆地北部的博格达山和西部的喀拉乌成山，春夏时节有大量融化的雪水和雨水流下山谷，潜入戈壁滩下。新疆人民利用山的坡度，巧妙地建造了坎儿井，引地下潜流灌溉农田。坎儿井不因炎热、狂风而使水分大量蒸发，因而流量稳定，保证了自流灌溉。吐鲁番现存的坎儿井，多为清代以来陆续修建的。如今，这些坎儿井仍浇灌着大片绿洲良田。

从千耦其耘到个体农耕　我国古代农业的耕作方式随时代发展不断发展进步。商周时期，农具原始，人们多采用大规模简单协作方式进行农业生产。《诗经》中的“千耦其耘”或“十千维耦”就是对当时使用简陋农具、大规模集体耕作状况的形象描述。

随着生产工具和耕作技术的进步以及私有土地的出现，自耕农经济，或称个体小农经济应运而生。自耕农出现于春秋时期，他们拥有部分土地，以家庭为单位经营农业，“五口之家，治百亩之田”。与家庭手工业相结合，是当时自耕农的主要经营方式。从此，“男耕女织”的经营方式成为中国古代农业经济的特点之一。

在没有天灾、战乱和苛政干扰的情况下，“男耕女织”式的小农经济可以使农民勉强自给自足。自耕农除盐铁之外，一般不必外求，因此生活比较稳定，也有较高的生产积极性。但小农经济狭小的生产规模和简单的性别分工，使它很难扩大再生产，阻碍了社会分工和商品经济的发展。到近代以后，小农经济已成为阻碍生产力发展的因素之一。

四大经济区的形成　从战国到东汉，全国的经济区域已呈现出多样性和发展不平衡的特点。司马迁根据汉代经济分布的特点，将全国划分为四大经济区：山东（崤山以东，包括现在的河南、山东、河北等地区）、山西（崤山以西，以关中为主，以及河西、巴蜀地区）、江南和龙门碣石以北。

四大经济区中，属于黄河流域的山东、山西是传统的农业区。那里自然条件优越，开发较早，人口稠密，因而经济实力较强，长期居于全国经济重心的地位。

与黄河流域不同，江南地势复杂，气候炎热潮湿，很多地区为原始森林覆盖，不利于开发。两汉时这里大部分地区人口稀少，生产技术落后，与山东、山西相比，经济实力差距较大。

龙门碣石以北是指山东、山西以北的广大地区。这一地区气候寒冷，土地贫瘠，是传统的畜牧区或半农半牧区。它以长城为界，分为塞内、塞外两部分。西汉时塞内一度被辟为农业区，但经济实力十分有限。农耕与游牧两大经济类型之间长期对峙、交流，汇合成互补、互利的统一整体。

中原人口的大量外迁　中国古代，由于天灾人祸不断，人口的流动始终没有停止过，有时还出现大规模的移民浪潮。

两晋之际，由于汉族统治阶级内乱和少数民族内迁，山东、山西沦为主要战场，中原人口纷纷向南迁徙，黄河流域的农业生态环境迅速恶化。两晋之际的人口流动，是中国历史上中原人口南迁的第一次高潮。

中原人口南迁的第二次高潮发生在唐朝安史之乱以后。安史之乱使黄河流域又一次遭到严重破坏，大批北方人口再度南迁，大量涌入长江流域及其以南地区。因此，中唐以后南方的人口迅速增加，经济实力大为提高。

两宋之际，金灭北宋的靖康之变引起北方人口的第三次南迁高潮。

中国古代经济重心的南移 中原人口的南迁，不但为南方地区补充了大量劳动力，而且也带来了较为先进的生产工具和技术。这就使得南方的农业生产水平在量和质上都得到了提高，从而促进了南方经济的发展。南方社会环境相对稳定，再加上本来就蕴涵着发展农耕经济的巨大潜力，因此随着大批中原人口的南迁，中国古代的农耕经济重心也逐渐由北方黄河流域移至南方长江中下游地区。

经过孙吴、东晋、南朝的开发，江南地区初步形成了稻麦兼种、水陆互补的作物体系，南方的耕地面积和粮食产量大幅度增加。农业发展带动了手工业和商业的进步，在南方出现了像建康（今江苏南京）这样人口上百万的大城市。

中唐以后，在广大中原地区"戎事方殷"、经济停滞的同时，南方无论是农业、手工业，还是商业，都在继续加速发展，并逐渐超过了北方。

北宋立国主要依靠东南的财富力量。靖康之变后，南宋建立。因统治区域大部分在南方，所以更致力于南方的经济建设，经济上南强于北的局面完全确立。中国古代经济重心南移的过程完成。

经济重心的南移带来深远的影响：

（1）对我国交通贸易的影响。经济重心的南移，造成了南方沿海城市的迅速发展，海上交通和运输也有了很大的改善。在南宋完成经济重心南移后，南方城市一直到现在都受益匪浅。一些有海港的城市利用海上交通和河运得到了快速的发展，促进了与周边国家的经济和政治交流。

（2）对人口分布的影响。人口的迁移一定程度上致使经济重心由北向南转移，而经济重心的南移又反过来促使北方人民进一步南迁。南方的人口迅速膨胀，使得南部、东南部人口在全国总人口中的比重不断增长。

（3）对人才教育的影响。经济重心的南移，导致了人才教育的相应变化，其中最为明显的就是状元籍贯的变化。自唐至明清，状元籍贯地理分布具有明显自北向南逐渐推移的趋势。唐宋两代来自北方的状元共 68 名，占全国总额的 61%，北方籍状元占明显优势。元明清三代状元籍贯的地理分布与前代发生了明显的变化，这一时期全国共有状元 194 名，其中来自北方的仅 26 名，约占全国总额的 13.4%；南方状元则有 168 名，约占 86.6%，南方籍状元在数额上形成了绝对优势。

（4）对民族关系的影响。经济重心的南移，使我国各民族更好地融合在了一起，北方人民的南迁，使游牧民族和汉族有了更深、更广泛的交流和合作，促进了民族的多样性和统一性的发展。

（5）对南方自然环境的影响。南方一些地区的过度开发，如放火烧荒、围湖造田等，在一定程度上破坏了生态环境，影响了当地可持续发展。

随着中华帝国疆域的不断扩展，区域经济发展的多样性日益突出。经济重心的南移凸显了区域经济发展的不平衡和互补的需求，成为中国古代农耕经济的一大特点。

农耕经济高度发展 14—18 世纪，在明清两朝的鼎盛时期，出现了社会经济全面高速发展的局面。

当时的生产技术水平明显提高，《天工开物》中涉及的约 30 种农业生产技术，基本上都处于世界领先地位。双季稻得到大范围扩种，南方的水稻亩产大多为两石或三石，有的地区达到了五六石。玉米、番薯等高产作物被引进和推广，加上广泛种植棉花，民众衣食结构发生重大变化。

明朝中叶以来，私营手工业迅速发展，逐渐取代官办工场、作坊，占据了主导地位。商品流通扩大，社会上大量使用白银，商业资本日趋活跃。

在大运河沿线、江南等地区，出现了一些专门的手工业产品和原料集散地，聚集了众多商贾、牙行，发展成工商业市镇。仅江南苏、松、杭、嘉、湖五府地区，明朝中后期便兴起了 30 多个市镇，到清朝前期增加到 204 个。

明清国力强盛，突出表现为耕地面积扩大和人口增长。明初耕地面积仅为 8.5 亿亩，到清朝已高达 10 亿亩。明初在籍人口数量约为 6 600 余万，明末已近 2 亿，到 1840 年已增至 4.1 亿。

在 1720—1820 年间，中国国内生产总值在世界生产总值中所占比重的年增长率远高于整个欧洲地区。19 世纪初，世界上 10 个拥有 50 万以上居民的城市中，中国就有 6 个。明朝中后期至清朝前期 200 余年间，世界白银产量的一半流入中国。中国是当时世界经济和贸易的中心地区之一。明清盛世的综合国力较历代王朝明显提高，在世界范围内仍大体保持领先地位。

资本主义萌芽 明朝中叶以后，社会经济繁荣，在一些经济发达地区出现了新的工场手工业经营形式。在这种手工工场中，拥有资金、原料和机器的工场主雇佣具有自由身份的雇工，根据市场的需要进行生产，被学界称为“资本主义萌芽”。

资本主义萌芽是中国封建社会内部资本主义生产的初始形态。中国学者对此课题的研究主要是从 20 世纪 50 年代中期开始的，近年来仍盛。

由于学者们对资本主义萌芽的含义及其存在的条件有不同的理解，对中国资本主义萌芽产生的时间也看法不一。有人认为它出现于北宋，也有人上溯至唐朝，甚至更早。但多数学者把它作为中国资本主义生产关系的发生过程，认为它产生于明朝中叶，到清朝中叶有了较大的发展。

对资本主义萌芽的考察，一般是从生产力水平、产品的商品性、自由雇佣劳动力的规模等方面进行的。但因史料多简略，学者在考证、解释上有不同见解，因而对萌芽经济实体的确认互有参差。比较严谨的看法，认为明朝中叶，在苏州、杭州的丝织业，广东佛山的冶铁、锻铁业中，已出现带有资本主义性质的手工作坊。到清朝中叶，继续出现资本主义萌芽的有江南一些地区的丝织业，陕西南部的冶铁、锻铁业和木材采伐业，云南的铜矿业，山东博山和北京西部的煤矿业，四川的井盐业，山西河东的池盐业，江西景德镇和广东石湾的制瓷业，一些地方的制茶、制烟、蔗糖、榨油等农产品加工业，一些地方的染坊、踹坊、纸坊和木版印刷业，上海的沙船运输业等，共约 20 个行业。但这仅是指这些行业的部分业户，如景德镇制瓷业，具有资本主义性质的只是制坯户中的少数大户，而窑户中未见。不过，这是根据史料考察的结果，尚未发现直接史料记载的行业和地区，不能断定其必无萌芽。但当时中国最重要的，也是产值和商品值最大的棉纺织手工业，仍属农家副业，没有资本主义萌芽，则是肯定的。

苏州的工匠分“匠有常主”和临时工两种，他们每日黎明按工种专长分立一些固定的场所“听大户呼织”，这表明当地已初步形成了劳动力市场。

另据史书记载，江西景德镇制瓷业分工极细。万历年间“镇上佣工，皆聚四方无籍游徒，每日不下数万人”，长年受雇者按年或季发工钱，临时工则按日或计件发工钱。这种把分散的雇工集中起来分工协作、社会化程度和劳动效率较高的民营手工工场，与传统官办手工工场和民间小手工作坊相比已发生了质的变化。

但这种新的因素还只是在江南等局部发达地区的一些生产行业中存在。耕织结合、自给自足的农耕经济结构在全国范围内仍居主导地位，加上官府的沉重剥削，导致农民极端贫困、购买力低下，严重阻碍了商品经济和新经济因素的发育和成长。

明清的专制统治也成为新经济因素成长的阻碍。明朝和清初都曾实施“海禁”，并认为“开矿必当聚众，聚众必当妨乱”，多次颁令实行矿禁。清朝统治者还奉行“使人力无遗而地力殆尽”的政策，以避免“为农者相率而趋于工矣”。这种把大量过剩劳动力控制在有限耕地之内的高度密集型经营模式，限制了市镇工商业的发展，大大削弱了开发新能源和科技创新的驱动力。成本低廉的“男耕女织”家庭生产结构长期滞存，强化了农耕自然经济形态。

官府限制经营、强制摊派、低价征购等“重本抑末”政策的打压，也迫使一些商人和工场主转而投入“衣租食税”的土地剥削之中，从而限制了新生产关系的辐射力，压制了工业化的变革。

练习题

一、选择题

1. 刀耕火种是原始农业的主要耕作方式，这一时期人们主要使用的劳动工具是（　　）

A. 石器　　B. 青铜农具　　C. 牛耕　　D. 铁制农具

2. 原始农业时期，我国长江流域主要种植的农作物是（　　）

A. 稻　　B. 粟　　C. 麦　　D. 豆

3. 在西安半坡遗址中，发现装有粟和菜籽的陶罐，还发现了一批猪骨。这反映出（　　）

A. 长江流域是我国原始农业的发源地之一

B. 我国是世界上最早培植粟和水稻的国家之一

C. 当时农业已经形成精耕细作的生产模式

D. 当时已经出现了家畜饲养业

4. 春秋战国时期出现了我国农业技术史上“农用动力的一次革命”，这是指（　　）

A. 铁农具的使用　　B. 牛力的耕作　　C. 曲辕犁的发明　　D. 水利的兴修

5. 春秋战国时期，铁器牛耕的使用和推广产生的社会影响有（　　）

①促使井田制瓦解　②导致地主阶级兴起　③引发变法风潮　④加强周王统治

A. ①②　　B. ②③　　C. ①②③　　D. ①②③④

6. 播种耧车发明于（　　）

A. 春秋战国　　B. 西汉时期　　C. 曹魏时期　　D. 隋唐时期

7. 标志着中国传统步犁基本定型的发明是（　　）

A. 耒耜　　B. 踏犁　　C. 耦犁　　D. 曲辕犁

8. 元代《农书》中写道：“凡制此车，先视岸之高下，可用轮之大小，须要轮高于岸，筒贮于槽，乃为得法。……轮辐之间，除受木板外，又作木圈，缚绕轮上，就系竹筒或木筒，于轮之一周。水激轮转，众筒兜水，次第下倾于岸上所横木槽，谓之天池，以灌田

稻。”该书所记载的工具是（　　）

A. 筒车　　B. 翻车　　C. 耧车　　D. 坎儿井

9. 以下属于我国古代灌溉工具的是（　　）

①桔槔　②水排　③翻车　④筒车

A. ①②③　　B. ①③④　　C. ②③④　　D. ①②③④

10. 战国时期修建的某项水利工程，使关中平原成为千里沃野。该水利工程是（　　）

A. 郑国渠　　B. 灵渠　　C. 它山堰　　D. 白渠

11.《水经注》记载：“岷山，即渎山也……秦昭王以李冰为蜀守，作大堰于此……是以蜀人旱则藉以为溉，雨则不遏其流……水旱从人，不知饥馑，沃野千里，世号陆海，谓之天府也。”该书记载的“天府”是指（　　）

A. 江南地区　　B. 关中平原　　C. 岭南地区　　D. 成都平原

12. 公元前219年秦始皇派史禄在今广西兴安境内修建一条人工运河，沟通了湘江与漓江。秦始皇修建该运河旨在（　　）

A. 发展岭南农业　　B. 统一岭南地区　　C. 解决农田灌溉　　D. 促进文化交流

13. 唐朝时有书生从洛阳出发沿大运河到江都，途经的河段依次是（　　）

A. 邗沟、江南河　　B. 永济渠、通济渠

C. 通济渠、邗沟　　D. 通济渠、江南河

14. 以下连通了长江和淮河的人工河道是（　　）

A. 江南河　　B. 通济渠　　C. 通惠河　　D. 邗沟

15. 司马迁根据汉代经济分布的特点，将全国划分为四大经济区。以下表述无误的是（　　）

①山东、山西地区开发较早，是传统的农业区　②江南地区地势复杂，两汉时经济实力相对较弱　③龙门碣石以北地区是传统的畜牧区或半农半牧区　④山东、山西地区始终是我国的经济重心

A. ①②③④　　B. ①②③　　C. ①③④　　D. ②③④

16. 中原人口南迁的第一次高潮发生在（　　）

A. 春秋战国之际　　B. 两晋之际　　C. 两宋之际　　D. 明清之际

17. 东晋南朝时期，江南地区农业得到开发的主观原因是（　　）

A. 大批北方人口的南迁　　B. 南方少数民族与汉族的融合

C. 南方社会相对稳定　　D. 南方统治者推行有利于农业发展的政策

18. 我国古代经济重心由北方移到南方的局面完全确立是在（　　）

A. 汉初　　B. 中唐　　C. 南宋　　D. 晚清

19. 玉米、番薯在何时被引进中国（　　）

A. 汉朝　　B. 唐朝　　C. 明朝　　D. 清朝

20. 下列能够反映明朝中叶出现资本主义萌芽现象的是（　　）

A. 苏湖熟，天下足　　B. 机户出资，机工出力

C. 机杼之声，比户相闻　　D. 织造尚松江，浆染尚芜湖

二、材料分析题

阅读材料，回答问题。

材料一　楚越之地，地广人希（稀），饭稻羹鱼，或火耕而水耨，……不待贾（买卖）而足……无积聚而多贫。是故江淮以南，无冻饿之人，亦无千金之家。

——摘自《史记·货殖列传》

材料二　（东晋建立后）百许年中，无风尘之警，区域之内，晏如也。……地广野丰，民勤本业。一岁或稔（丰收之年），则数郡忘饥。会土（会稽郡）带海傍湖，良畴亦数十万顷，膏腴上地，亩值一金……荆城（荆州）跨南楚之富，扬部（扬州）有全吴之沃，鱼盐杞梓之利，充仞八方，丝棉布帛之饶，覆衣天下。

——摘自《宋书》卷五十四

材料三　朝廷在故都（东京开封）时，实仰东南财赋，而吴中又为东南根柢。语曰："苏湖熟，天下足。"

——摘自《陆游集》

材料四

三次南迁南北人口对比

朝代	南方		北方	
	人口（户）	占全国人口数比例（%）	人口（户）	占全国人口数比例（%）
西汉	2 470 685	19. 8%	9 985 785	80. 2%
唐朝	3 920 415	43. 2%	5 148 529	56. 8%
北宋	11 224 760	62. 9%	6 624 296	37. 1%

——摘自杨远《西汉至北宋中国经济文化向南发展》

（1）材料一反映南方经济状况如何？材料二、三、四反映南方经济有哪些发展？

（2）上述材料反映我国古代经济发展出现了什么重大变化？

（3）南方经济发展的原因是什么？

三、问答题

1. 中国古代农耕经济高度发达跟哪些因素密切相关？
2. 中国经济重心南移的原因和影响有哪些？
3. 简述隋朝大运河修建的目的、基本情况，并对隋朝大运河进行评价。

第二节　中国古代的土地和赋税制度

一、中国古代的土地制度

废井田，开阡陌　随着国家的出现，阶级的分化，在商周时期，原始社会的村社结构虽然保留，但土地公有制遭到破坏，井田制出现。

所谓“井田”，就是具有一定规划、面积和疆界的方块田。长、宽各百步的方田叫一“田”，一田的面积为百亩，作为一“夫”，即一个劳动力耕种的土地。井田规划方式各地区不一致。有些地方采用十进制，有些地方则以九块方田为一“井”。把九块方田组在一起，恰好是一个“井”字形，井田的名称就是这样得来的。一井的面积是方一“里”；一百井是方十里，叫一“成”，可容纳九百个劳动力；一万井是方百里，叫一“同”，可容纳九万个劳动力。

在井田的田与田、里与里、成与成、同与同之间，分别有大小不同的灌溉渠道，叫遂、沟、洫、浍；与渠道平行，还有纵横的通行道，叫径、畛、途、道。各种渠道的大小、深浅和通道的宽窄，都有一定的规格。

井田制下的土地名义上为国家公有，周王将全国土地层层分封给各级贵族。井田制中有“公田”和“私田”之分。“公田”实际上为贵族占有，“私田”是村社成员的份田，只有使用权，没有所有权。

周朝实行井田制，既作为诸侯百官的俸禄等级单位，又作为控制奴隶的计算单位。井田制下的土地一律不准买卖，只能由同姓依照嫡庶的宗法关系去继承。耕种井田的奴隶也随着土地同属于奴隶主所有，终生不得离开土地，更不准转业。

西周的各级统治者把井田分为三类。他们各自把其中最好的部分（即位于河流附近、背山向阳的平整土地）留给自己，叫“公田”。因为公田的面积很大，所以也叫“大田”，驱使奴隶集体耕种。把距城市较近的郊区土地，以田为单位分给与统治者同族的普通劳动者耕种。这部分人因为住在“国”（即城市）里，叫“国人”。国人不负担租税，只负担军赋和兵役。他们每年向国家交纳一小罐米和一捆牧草，作为军费。战时当兵，自己准备武器、粮食和军需。国人有当兵和受教育的权利，所以也叫“武夫”或“士”。他们所受的教育主要是军事训练和礼仪学习。这部分人是奴隶社会里的普通平民，他们表面上不受剥削，是自食其力的劳动者，但是，奴隶社会的掠夺战争是十分频繁的，他们经常被征调去打仗，结果家里的田园都荒芜了，因而负债破产。打了胜仗，掠夺来的土地和财富统归统治者所有，如果打了败仗，还有被俘沦为奴隶的危险。因此，国人的地位是经常变动的。

春秋时期，井田制开始走向崩溃。它一方面表现为大量“公田”被抛荒，另一方面则是部分“私田”逐渐成为使用者的私有土地。

随着土地私有现象的日益普遍，各诸侯国为刺激生产积极性、扩大剥削量，先后进行了税制改革。这些改革的基本精神都是打破井田制中“公田”与“私田”的界限，一律按土地好坏收税，在客观上承认了土地的私有权，加速了井田制的瓦解。

战国时期，商鞅在秦国大举变法，正式宣布“改帝王之制，除井田，民得卖买”，从法律上废除了井田制，对土地私有制给予全面的肯定。商鞅还实行“依军功行田宅”的制度，培植了一批新兴大土地所有者。

多种形式的土地私有制 战国时期，贵族占有土地的井田制已经崩溃，代之而起的是多种形式的土地私有制，这种局面一直延续了2 000多年。

公元前216年，秦始皇昭告天下“使黔首自实田”，即让全国百姓自报自己占有的土地数量，以便政府统计收税。同时，这也标志着国家对土地私有制的承认。自此以后，拥有土地的地主和农民可以自由地处理其土地而不受束缚，土地买卖之风迅速兴起。需要指出的是，山林、沼泽、湖泊还是国有的，不允许私人占有。因此，就形成了中国土地占有制度上的土地国有制和土地私有制并行的格局。战国时期土地国有制转化为土地私有制，是中国封建土地制度演变的第一幕。

曹魏时期的屯田制 秦汉时期，封建土地私有制迅速发展，但由于土地买卖之风盛行，加之官僚、地主的恃强豪夺和政府沉重的赋税与徭役负担，越来越多的农民失去了土地，成为流民，社会矛盾激化，最终导致了东汉末年农民大起义的爆发和全面的军阀混战。这反过来破坏了社会经济，许多人被杀或逃亡，特别是中原地区大片耕地成为无主荒地，重新转变为国家政权拥有的土地。国有土地的大量增加，为统治阶级对田制进行改革提供了条件，于是屯田制出现了。

当时最先推行屯田制的是曹操。建安元年（196年），面对中原社会经济严重破坏的局面，为安顿流民和解决军粮问题，曹操采用了枣祗和韩浩的建议，在许昌大规模屯田。

屯田，大约起源于西汉汉文帝时期。当时为加强西北边陲的防务，就在西北部等边郡徙民屯田，且耕且守，称为民屯。后来，这种制度发展到内地，即在重要的军事区，因军队比较集中，便实行军屯。民屯和军屯的实施，有利于就地解决粮饷，减轻了远道运输的劳顿，收到了军事和经济上的双重效果。曹操时，把屯田制作为一项经常性的土地制度来推行，使民屯和军屯结合，并把屯田收入作为国家财政的一个重要来源，这在过去是没有的。

曹操的做法是：其一，由政府招募流民，并以军事编制组织起来垦荒种地。全国所有的这类民屯，都由大司农掌握，民屯所在地的郡国，设立典农中郎将（相当于郡守），中郎将以下设典农都尉（相当于县令），典农都尉以下是管理一屯的屯司马。每一屯的屯司马，管辖屯客50人。可见，民屯的军事色彩浓厚。其二，在某些地区（如江淮）的军队驻守之地推行军屯。由中央派出的司农校尉（或司农度支校尉、度支中郎将、度支校尉）管理军屯，其下按军队原有的军事编制系统进行管理。最基层的组织为营，一般“五里设一营，营六十人，且佃且守”。其三，士家屯田。屯垦者为士兵家属，即从征将士的家属和尚未抽调的后备役兵士。这些屯田的士家没有戍边的职责，也不在边防前线，一般是全家一起从事农业生产，而且拥有自己的农具。

由于参加民屯的屯田客们经营的土地是属于政府的，所以对农产品分配实行的是分成制，用官牛者向政府缴纳六成的收获，不用官牛者与政府五五平分。除交纳田租外，屯田客还要在农闲时服一些较轻的徭役，如修路、建造粮仓等，但不用服兵役。对于从事军屯的将士，生产的谷物要全部上缴国家，将士按日或按月领取自己的生活用品。对于士家屯田（实际是军屯的一种）的士家而言，其收获物亦实行分成制，分配办法同于民屯客。

曹操开始在许昌实行屯田，当年就得谷百万斛，取得了极大成功。于是下令在各州郡推广，每年都有数千万斛的谷物收获。曹魏的屯田制度，对于稳定社会秩序，促进农业发展，解决军需粮草等问题起了重要作用。

屯田制度尽管有不可否认的积极性，但它毕竟是一种剥削和压迫制度，其弊端日益暴露。如屯田客无人身自由，军屯兵士束缚更为严重，兵士逃亡又要罚及妻子。屯田制的剥削太重，特别是后来，如西晋初年“持官牛者，官得八分，士得二分；持私牛及无牛者，官得七分，士得三分”，“自顷以来，日增田顷亩之课，而田兵益甚，功不能修理，至亩数斛已还，或不足以偿种”。原先的屯田规定也常常被破坏，兵役和各类杂徭频频而至，屯田客无法忍受，纷纷逃亡，加之达官贵人肆意侵吞屯田土地，或利用权势任意将屯田和屯田客赏赐他人，使屯田制度逐渐遭到破坏。另外，对屯田管理的系统不同，也造成了政令的紊乱，加速了屯田制度的衰落，国家财政收入日益下降。鉴于此，公元264年，司马炎以“均政役”为由，下令废止屯田制，屯田官改为地方官，屯田客转化为编户齐民。266年，刚刚建立西晋政权的司马氏再次颁诏废除民屯。至此，屯田制作为一种国家的经济制度被废止了。但值得注意的是，屯田这一生产组织形式并未因此终结，直到清朝，各个朝代仍有规模不一的屯田。

两晋南朝的占田制　屯田制被废除后，西晋在灭吴之后的280年，颁布实行占田制。其具体内容为：

（1）百姓占田：按人口占用，有丁男的户，男子一人占田70亩，女子30亩。丁男课田50亩（即交50亩的地租），丁女20亩，次丁男为丁男的一半，次丁女不课。

（2）王公占田：王国公侯可在京城有邸宅一处，大国可有近郊田15顷，次国10顷，小国7顷。

（3）品官占田：一品50顷，二品45顷，依次类推，每降一个品位减少5顷，到九品时为10顷。

从上述规定看，占田的土地应该是国家所有的公田，其中多数应该是原来屯田的土地。国家土地的使用者只需向政府办理登记手续，经核准便可占用一定数量的公田。政府规定一个占田的最高限度，在保证统治阶级既得利益的前提下，一定程度上限制了土地兼并的发展。占田制的实行促进了社会生产的发展。因为当时荒地很多，无人开垦，不利于发展生产。占田制施行后，不管农民是否有自己的私田，都可以通过简单的手续而获得一块国有的公田，这在无形中起到了督劝农民垦荒种地的作用。而且，按占田规定，课税数额是固定的，农民占田多寡，并不影响课税的数额，这就等于鼓励农民尽量多占土地，起码占足规定的数额，否则就会吃亏。占田制是在承认土地私有制的前提下实行的一种土地制度，它不是要平分土地，也不会侵犯私人拥有的土地，只是对国有土地使用数规定一个最高限额而已，从这一方面来讲，其历史意义是有限的。

西晋灭亡后，北方的土地关系全被打乱，而南方的土地关系则承袭了西晋占田制的做法。当时北方的士族纷纷南迁，肆意在南方侵占国有土地。到刘宋初年，政府又不得不颁布占山法，规定一品到九品官员应占不同数量的山泽面积。大致是：官员一至九品的，应占山泽3顷到1顷不等；平民可占山1顷。未达法定数额的可以占足，达到者不能再占。士族地主在此前已占的山泽，只要已经栽树养活并进行利用者，不再剥夺。这实际上承认了私人对国有土地的占有权，其作用类似于西晋的占田令。

北朝和隋唐的均田制　均田制最早出现在北魏时期，中经北齐、北周和隋朝，到唐朝中叶后消失，历时300年左右。它是在特定历史条件下，政府为对官私土地进行某种调节、控制和管理而制定的一种土地法规。

北魏实行均田制与当时的背景有关。首先，自西晋末大乱之后，北方社会经济遭到严重破坏，加之“五胡十六国”的混战，中原地区更加破败不堪，许多房舍被焚毁，田园荒芜，百姓死亡或逃亡，北方地区人口剧减（不及原来的十分之一二），由无主荒地转化而来的国有土地大增，这就为新的政权灵活处理土地奠定了物质基础。其次，北魏政权起源于北方的一个游牧民族，建国（最初都城在平城，即大同）之后才开始定居，并对汉族的农业文明深感兴趣。所以，北魏立国伊始就重视农业生产，不仅使各部落成员分土定居成为国家的编户齐民，而且还在398年和413年，两次迁徙大批人口至京师附近开垦荒地，所用都是计口授田的办法，即以户为单位，统计户内人口数，给予一定土地，有时还发给耕牛，土地受领者将收获物的一部分交给国家，这是最初的均田制。正是这种实践，为后来定都洛阳后在全境范围内推行均田制提供了经验。其三，在北方地区大乱后，许多没有外逃的大族为避侵扰，纷纷以宗族为单位筑坞壁自保，不少流民逃入坞壁庄园，成为大地主的荫户。这就造成了两种结果：一是许多农民失去土地和人身自由，沦为半奴隶身份的佃客；二是国家的编户齐民数量下降，政府财政收入和服役人数减少。

尽管政府采取了一些措施，让荫户离开地主庄园，回到故土，但因土地问题引起的纠纷不断，迫使统治者不得不考虑正确的解决办法。太和九年（485年），北魏孝文帝采纳了李安世的建议，颁布了均田令。主要内容为：

（1）15岁以上的男子可分露田（未种树的田）40亩、桑田20亩，妇人可分20亩露田。其中露田可以加倍或两倍分给农户，以备休耕，70岁后土地还给政府。桑田可以作为世业，子孙相传，不必还给政府，但要求种上一定数量的桑、榆等。若家中原有种了桑树的私田，可以用来抵消应分桑田及露田的份额。不适宜种植桑树的地方，可以分给男子麻田10亩，妇人5亩。

（2）露田不得买卖。原有桑田超过20亩的，超出部分可以出售，不足的可买到20亩为止。

（3）地主可按照其拥有的奴婢和耕牛数量，另外分给土地。奴婢分得的土地数量与普通农民相同。耕牛每头可分田地30亩，每人最多分给4头耕牛的土地。

（4）土地不足的农民，可以迁移到土地多的地方，并根据力所能及的条件，借用国家土地。对于迁移到边疆的罪犯和家中没有人来守家业及田产的人户，其土地归国家所有，但不属于均田分配范围。

（5）地方官按官阶高低分给农田。刺史15顷，太守10顷，治中别驾各8顷。县令、郡丞各6顷，所分土地不得买卖。田中收入作为官员的俸禄，官员离职时，移交下任。

均田制的实行，对农业经济的恢复和社会稳定以及保证国家赋税的征收有一定的积极意义。它把农民与土地重新结合了起来，使荒地得到了开垦和利用，使农业得到了恢复和发展，使大批流民归附，使社会走向稳定；鼓励人口稠密地区的农民向空旷地区流动，一方面减轻了人多地少造成的矛盾，另一方面促进了边疆和地广人稀地区的开发；由于奴隶和荫户都可以分得平等的一份土地，这就促使相当数量的奴婢和荫户脱离世家大族或大地主门下而成为国家的编户，国家也因为编户的增多而增加了赋税收入；规定均田土地不许买卖，这在一定程度上抑制了土地兼并，有助于缓和阶级矛盾。

但是，均田制并没有改变私人土地的占有制度。因为实行分配的只是国有土地，对私人土地不能收回再分配。对于私田，国家只是进行登记而已，低于标准的可以补足，超出标准的不予收回，还可出售。从这一方面讲，均田制实际上是均荒制。国有土地分配后，除一部分土地（如桑田）成为私有土地外，其余的实际上也多在户内进行还授。因此可以说，在国有土地上受田的农户，事实上也取得了对土地的占有权。从这一意义上讲，均田制又推动了国有土地向私有土地转化的速度。所以，均田制在性质上不是革命性的土地变革，更不是平均分配利益，相反，在农民得到部分利益的同时，贵族和地主获得了更大的利益。正是这一原因，均田制的推行得到了权贵和地主们的拥护。

后来的北齐、西魏、北周、隋和唐朝中期以前，都继续推行均田制，虽然在均田的具体规定上有些出入，但总的精神是一致的。如唐朝规定：成年男子授永业田 20 亩，口分田 80 亩，狭乡（人多地少的地方）口分田减半。永业田世代继承，口分田在受田者老死后或年满 60 岁后交还政府。授田对象扩大到僧尼道观、工商业者以及寡妻妾等，但奴婢、妇人和耕牛不再授田。

唐朝中叶后，由于人口增长迅速，政府手中已无大量的公田可供分配，再加上土地自由买卖导致的土地兼并严重，均田制名存实亡。尤其是“安史之乱”，使实行了 300 年之久的均田制终于走向瓦解。自此之后，谁想获得土地，只能通过买卖。从这一意义上讲，唐朝中叶以后，中国确立了相对完全、相对自由的土地私人占有制度。当然，这里所说的私人占有制，主要是指以官吏、豪富和富商大贾的私人占有为主体，一般的编户齐民没有或有很少自己的土地。这些缺少土地的编户齐民，为了生计，不得不竞相从拥有大量土地的地主那里租佃土地，于是就形成了中国封建社会特有的农民——租佃农民，同时引起了赋税和地租形式的变化——两税法出现了；地税中的劳役地租、实物地租和货币地租出现了。地主正是看到了无地和少地农民必须从他们那里取得一定数量的土地经营权和使用权才能生存，看到农民为增加收入而在租地上追加资本和劳动后使生产力有所发展，因而常常采取“夺佃”“改佃”和“换佃”等方式，以达到增加地租的目的，致使中国封建社会自唐朝中叶以后农民生活更加困苦，阶级矛盾也更加激化。

综上可知，在唐朝中叶以前，由于人口较少，国家控制的无主荒地较多，因此，官田比重较大，政府在调剂土地余缺的问题上弹性较大，如屯田制、占田制和均田制等。政府可以向无地和少地农民授田，培育更多的自耕农，以保证政府对赋税和徭役的直接控制。唐朝中叶以后，人口增多，土地有限，大量的公田也因各种原因而流失严重，致使私田数量上升，官田比重下降，政府对土地的余缺调整无力在全国范围内大规模进行，只能在某种特定条件下进行局部的土地分配。

中国封建社会的民田，属私人所有，它包括地主用于出租的土地和农民用于自己耕种的土地。以社会团体或家庭名义占有的土地，如族田、祠田、寺观田等，基本上属于地主所有。自战国以后，私人土地占有受到保护，即使占田制或均田制，都是在承认土地私人占有的基础上实行的，未损害到私人土地占有者的利益。

在土地私人占有的队伍中，分为地主土地占有制和小自耕农土地占有制。其中，小自耕农土地占有制越发展，对封建国家的统治和社会稳定越有利，因为小自耕农是国家赋税征课与承担徭役的主要对象，所以，统治者总是要采取种种措施以扩大自耕农的队伍而限制地主土地所有制的发展。唐朝中叶以前的占田制、均田制等，都含有抑制土地兼并的成分，如规定桑田、露田或永业田不准买卖或限制买卖等，就是如此。

唐朝中叶以后，政府一方面因官田数量的下降而无力进行大规模的土地余缺的调整，另一方面又取消了国家对地主占田的限制。从此，人们由过去主要依靠政治权利占有土地而转向主要依靠经济权利占有土地。这样，土地买卖成了人们获取土地的主要途径，土地买卖的市场迅速扩大，土地的流转速度加快，导致了封建土地所有权的极不稳定。特别是小自耕农的土地占有份额迅速下降，地主土地占有制迅速发展，到清朝前期，地主占有的土地占全国耕地的 80% 以上，自耕农占有的土地不到 10%。在地主土地占有制中，又以中小地主拥有的土地占绝对优势。原因在于：自明朝开始，封建专制制度更加强化，贵族和官僚地主的特权日趋削弱，取得地主经济身份的标准降低和工商业的发展以及多子继承财产制度的发展，为中小地主的发展提供了较为宽松的环境。这是中小地主占有制大发展的基础。

二、中国古代的赋税制度

所谓赋，就是对土地出产的征收，又叫田赋。此外还有“税”的说法，如田税（即田赋）、户税、人口税、公商杂税等。在这些税中，对一般百姓压迫最重的是田赋、户税和人口税。这三税都是无偿地从劳动人民那里获得的，所以合而称为“赋税”。

赋税制度是随着国家的出现而产生的。在中国五千年的历史长河中，田赋大致经历了六次变化。三代至春秋时期是贡、助、彻制，战国至两晋时期为租税制，北魏至隋唐是租调制，唐朝中期至明朝中期为两税法，明朝中叶至清初为一条鞭法，清初至民国初年为地丁银时期。这六大变化又可分三大阶段：即贡、助、彻时期，租调制时期和两税法时期。明朝的一条鞭法和清朝的地丁银制，实际上是唐朝两税法的继续和完善，因此纳入两税法的范围。这三大阶段，后两阶段属于封建社会时期的税制（有部分时间延续到了半殖民地半封建社会的初期），前一阶段则属于奴隶制社会的田赋制度。前一税制是后一税制的基础，后一税制则是前一税制的发展。

贡、助、彻制 夏、商、周时代的贡、助、彻，是我国税收的雏形。国家以贡、助、彻的形式征收土地产物，既有税的因素，又有租的成分，具有租税不分的性质。

在井田制实行的时期，一般采取“贡、助、彻”法，《孟子·滕文公上》在叙述井田之制后说：“夏后氏五十而贡，殷人七十而助，周人百亩而彻，其实皆什一也。”对于贡、助、彻的解释，学术界历来见解各异。各种经济史著作的表述也不一致。一种意见认为，“五十而贡”，指一夫授田 50 亩，将收获的 1/10 上缴作为税谷；“七十而助”指一夫授田 70 亩，并以其劳力助耕公田；“百亩而彻”指一夫授耕 100 亩，“彻取”1/10 作为公田，以其收获贡纳天子。“彻”仍属于井田制下的力役税制。

三代的农民除了缴纳贡、助、彻的田税外，还要出军赋和服劳役。军赋包括兵员与军用物资；服劳役主要是从事各种土木建筑工程。

租调制度 租调制度（包括租庸调）是从东汉末年曹操开始（204 年）到唐朝中期实行的一种赋税制度。这种制度以带有公田性质的占田制、均田制为基础，但它源于秦汉时期的租赋制度。租是田租，或称田税；赋指户税和人口税，又称算赋和口赋。在战国时期，就出现了以土地田亩多少而征收田租的做法，而且也出现了按家庭征户税和按人口征人头税的做法，如《管子》一书中说齐国要每户每年缴税 10 钱，每人每月缴 30 钱。秦国在公元前 348 年实行“初为赋”，也就是征收按人头的口赋，亦称“算”。秦汉继承了这一做法，如田租方面，秦始皇统一中国后，宣布“黔首自实田”，目的就是为了确定土地数量而核定各家田租。秦朝的田租约占总收获量的 2/3，相当沉重。此外，每亩土地还要交饲草 360 斤、禾秆 240 斤。汉朝建立后，吸取了秦亡的教训，在田租上大大减轻农民负担，汉高祖时行十五税一；后多为什一税；惠帝时恢复十五税一，景帝二年实行三十税一，自后除东汉初年一度实行什一之税外，三十税一为两汉定制。

东汉末期，由于社会动乱，人口逃亡，从而造成了两大问题：一是国家难以有效地掌握社会物资，如绢、帛等；二是按人口征收的算赋和口赋，因失去对象而导致税收下降。于是，曹操于 196 年，开始在许昌推行屯田。204 年又颁布了租调制，规定：百姓每亩地向国家纳粟4升，称田租；每户出绢（粗绸）2匹、绵（即丝绵）2斤，称户调。过去征收的算赋、口赋等废止。这样，人头税变为户税了，百姓和豪强都必须缴纳。这样，一种新的赋税制度——租调制出现了。

西晋建立后，进一步发展了租调制。田租因推行了占田制，其中50亩地的地租共4斛，即每亩8升；丁女收20亩的地租；次丁男收25亩的地租。收地租的田，又称课田，少数民族及边远地区不课田的地方，每户缴义米3斛。户调（又称赋）的规定是：丁男作户主的，每年缴绢3匹、绵3斤；丁女及次丁男立户者纳半数，边郡民户户调为规定数目的2/3，更边远的为1/3。由此可见，西晋的田租和户调与曹操时相比，负担增加了。西晋的租调制，在东晋与南朝宋、齐时仍沿袭，只是个别内容有所变动。

北魏的租调制度，因推行了均田制，所以征收对象是以一夫一妻为单位的。一夫一妇租（税）粟2石、帛1匹；15岁以上未成年男子4人纳租粟2石、帛1匹；从事农耕的奴婢8人出粟2石、帛1匹；耕牛20头，亦纳一夫一妇的租调。产麻之乡纳布，数额同纳帛一样。

后来的北齐、北周和隋，都因承袭了北魏的均田制，在租调制上虽然有稍许变动，但基本内容都继承了下来。

总之，北魏到隋的租调征收，是以人丁而不是以田亩为标准的，其结果对豪强地主更为有利。

到唐朝前期，土地制度仍实行均田制，但把过去的租调制发展成为租庸调制。具体内容为：每丁每年缴纳租粟2石，户调随乡所产，绫或绢或绝各2丈，绵3两；如果缴布，则为2.5丈，麻3斤。每丁年服役20天，闰年22天。如果不服役，可每天缴纳绢3尺或布3.75尺，以代替徭役，此称“输庸代役”，简称“庸”。如果政府额外加役，加役15天，可免调；加役30天，可租调全免。这样，庸就正式把部分力役税转变为实物税了。租庸调制的实施，提高了农民的生产积极性。

租调制从204年产生到780年被废止，共实行了近600年。其主要特征在于：一是以均田制为基础；二是以限制土地兼并和保证农民对小块土地的占有权和使用权来保障国家的赋税收入；三是按负担能力来平均赋税。

两税法 两税法出现于唐朝后期。安史之乱后，原来的均田制瓦解，构成租庸调的赋税制度失去了存在的前提条件。因为当时农民逃亡现象严重，土地兼并猖狂，户籍空存，以土地和人丁为对象的租庸调失去了基础，政府的财政收入下降。为此，宰相杨炎于大历十四年（779年）改革税制，实行两税法，次年即德宗建中元年（780年）开始实施，这是我国历史上沿用了800余年的两税法的起点。

两税法的具体内容是：①规定国家财政原则是“量出制入”。即在确定第二年全国财政收入的总额时，先把国家各项经费支出的多少进行估算，然后以此数额向下层征收。②课征主体是以各地的现居人口为主，不分土户与客户、行商与定居商，都在纳税范围。③实行两税，即地税和户税。地税征粮，户税征钱，两者各于夏秋两季征收。这样，两税之名称出现，主要指夏秋两税，也指地税和户税。大致来讲，原则上地税交实物，户税交钱，但在实际缴纳时再按国家规定可以折钱折物。夏税不得晚于6月底，秋税不得迟于11月底。④地税按田亩等差确定税率，户税不按丁数多寡，只对各家资产进行估算，配以不同税额，官民相同。商人的税按收入的三十分之一征收。

两税法的改革，在中国赋税史上具有划时代的意义：“量出制入”的财政原则，虽然使全国没有一个长期统一的税额，但把国家支出控制在一定的范围之内，这有利于限制赋外加赋的发生；征税以土地和财产为对象，实现了中国古代长期实行的人头税向资产税的转化，照顾了人民的负担能力，体现了合理负担的原则；课税主体不分主客，人不分丁中，一律在所居住地区纳税，从而杜绝了偷税漏税行为的发生，体现了税收普及的原则；把各种租税加以合并，分夏秋两季征收，简化了征收手续，减少了贪官污吏的侵蚀机会，使商民少受苛剥之苦；货币税逐渐取代实物税，以租缴实物、户税纳银代之的做法，适应了商品经济的发展要求。总之，两税法既有总的原则，又有具体规定；既抓土地、资产，又不放松对民户（农、商）的控制；既抓官、又抓民，这对增加国家财政收入有积极意义。

但是，两税法改革只进行了三年，杨炎就因事被贬，不久罪死，此项改革未能真正完成。但自两税法实施后，直到明朝中期实行一条鞭法为止的800余年间，虽有王安石的方田均税法和募役法以及元朝在部分地区推行的“税粮”等，两税法的基本框架没有大变。

一条鞭法 到明朝中期，由于军费开支过大，加之土地兼并日益猖獗，地主与官吏勾结转嫁赋税负担，百姓徭役负担沉重，或倾家荡产，或四处逃亡，生产荒废，社会生产力遭到破坏，封建国家的财政收入锐减。为了摆脱困境，明王朝于万历九年（1581年）在全国推行了一条鞭法。

一条鞭法的主要内容是：以州县为单位，将各项复杂的田赋附征和各种性质的徭役一律折合成银两，汇成总数，然后分摊到田亩中；力役纳银后由政府雇人，官收官解，化繁为简。一条鞭法的推行，既是统治阶级解决财政危机、稳定社会经济的迫切需要，同时又适应了社会经济长期发展的客观需要，因而具有积极作用。特别是在赋税制度方面实行纳银代役和据地料差的做法，是两税法实施以来在“度人而税”向“度地而税”转化进程中的又一大进步。

摊丁入亩 清朝时期实行的摊丁入亩，最后完成了“度地而税”的转变过程。

清朝入关后，仍沿用明朝的一条鞭法。随着清朝统治的稳定和社会经济的发展，人口迅速增加，但土地增辟有限。为了防止丁役加重，民户逃亡，社会动荡，清政府下令：以康熙五十年（1711年）的人丁数为征收丁银的标准，并把丁银额固定下来，以后“滋生人口，永不加赋”。这个措施虽然未取消人头税，但把丁银总额加以固定，不再增加，为摊丁入亩创造了条件。

1716年，即康熙五十五年，康熙帝采纳了御史董之燧提出的“统计丁粮，按亩均派”的建议，下令在广东、四川首先实行摊丁入亩，即把“所属丁银，就各州县地亩摊征”。到雍正元年（1723年），摊丁入亩在全国范围内推行。经过半个世纪的努力，到乾隆四十二年（1777年），全国各地基本上完成了这一赋税制度的改革。

中国的赋税制度，从战国开始就出现了丁、地兼税和税、徭并行的特点，特别是人头税和力役，一直是统治阶级重要的征敛手段。随着社会经济的不断发展，赋税的演进应是以减轻人头税和徭役而相对加重田赋为主流，具体来讲，就是从人、地、役分征，逐渐向以地为主，徭、役逐渐并入赋税。虽然在唐朝两税法后的征课重点已从前者转向后者，并出现了役并入赋、人头税归于土地的发展趋势，但直到清朝实施摊丁入亩前，对人头税的征课始终存在。两税法中虽然规定“准以资产为宗，不以丁身为本”，但在实际的定户征税时，还是参酌民户的人丁多少来确定的，有些政府的徭役还需丁壮承担，因此“丁额不废”。明中期推行一条鞭法，将力役折银，把部分役银并入田赋中征收，但仍有一部分征诸人丁，沿袭下来成为丁银。所以，从两税法到一条鞭法，人头税并未绝迹，仍是人口、土地并征的二元税制。清朝的摊丁入亩，把丁银总额固定，并摊入地亩之中，从此取消了人丁编审，彻底解决了丁、田并征的双轨制的征税形式，成为唯一的土地税制，这标志着中国历史上漫长的赋税制度改革的最终完成。尽管摊丁入亩后原来的丁银额仍然保留，地丁银的叫法仍然存在，但这已同人丁没有完全的关系了，从法律上讲，人头税已与人口数量的多少没有联系，那只是土地占有者的事情，包括徭役，无地者也不再负担了。这样，使贫者富者之间的赋役在制度上趋于合理。

练习题

一、选择题

1. 下面有关井田制的叙述，不正确的是（　　）

A. 是奴隶社会的土地国有制　　B. 受封者只能世代享用，不能买卖

C. 实质上是封建土地私有制　　D. 受封者要交纳贡赋

2. 井田制中有“公田”和“私田”之分，其中“公田”的实际占有者是（　　）

A. 周王　　B. 贵族　　C. 村社成员　　D. 奴隶

3.《诗经》载：“载芟载柞（除草砍树），其耕泽泽。千耦其耘，徂隰徂畛（前往洼地坡田）。”从中得出的历史信息是（　　）

A. 土地私有制的大量出现　　B. 铁器牛耕的普遍使用

C. 男耕女织生产效率更高　　D. 奴隶在井田上集体耕作

4. 从西周时的“普天之下莫非王土”到战国时的“废井田开阡陌”，导致这一变化的根本原因是（　　）

A. 土地兼并的加剧　　B. 铁器牛耕的使用

C. 分封制度的瓦解　　D. 各国的税制改革

5. 我国封建土地所有制的确立始于（　　）

A. 春秋时期　　B. 战国时期　　C. 秦朝建立后　　D. 西汉初期

6. 商鞅变法宣布：“改帝王之制，除井田，民得买卖”。这种做法实质上（　　）

A. 肯定了井田制的合法性　　B. 巩固了奴隶主贵族的权力

C. 严禁人们自由买卖土地　　D. 从法律上确立土地私有制

7. 东汉末年，曹操推行的屯田制的性质是（　　）

A. 土地国有制　　B. 地主土地私有制

C. 自耕农土地私有制　　D. 君主土地私有制

8. 屯田制实施的前提条件是（　　）

A. 北方地区经济得到恢复　　B. 中原地区大片耕地成为无主荒地

C. 北方战乱民众流离失所　　D. 政府减轻赋税，兴修水利工程

9. 均田制是中国古代重要的土地制度，推行该制度的朝代有（　　）

①西周　②西晋　③北魏　④北周　⑤唐朝　⑥宋朝

A. ①②③　　B. ②③⑤　　C. ③④⑤　　D. ④⑤⑥

10. 均田制的“均田”实质是（　　）

A. 政府按全国人口平均分配土地

B. 政府对无地农民平均分配土地

C. 完全废除了地主阶级土地所有制

D. 政府将掌握的无主荒地授予无地、少地农民

11. 中国古代与均田制相应的赋税制度是（　　）

A. 租调制　　B. 一条鞭法　　C. 两税法

12.《孟子》记载："夏后氏五十而贡，殷人七十而助，周人百亩而彻，其实皆什一也。"这反映出当时（　　）

A. 采用大规模的集体耕作　　B. 土地兼并严重，农民弃农经商

C. 政府对农业的经济剥削　　D. 赋税较轻，农民生产积极性高

13. 下列各项属于人头税的是（　　）

①算赋　②口赋　③调　④租

A. ①②　　B. ②③　　C. ①③　　D. ②④

14. 开始改变战国以来以人丁为主的征税标准的赋税制度是（　　）

A. 井田制　　B. 两税法　　C. 租调制　　D. 方田均税法

15. 标志着我国古代白银货币化的赋税改革是（　　）

A. 募役法　　B. 一条鞭法　　C. 两税法　　D. 摊丁入亩

16. 唐朝前期推行的租庸调制中的"庸"是指（　　）

A. 纳绢代役　　B. 谷物　　C. 绢或布　　D. 白银

17. 有关两税法的表述正确的是（　　）

①按土地和财产多少征税　②一年按夏秋两季两次收税

③按土地和人口多少征税　④加强了封建人身依附关系

A. ①②　　B. ①④　　C. ②③　　D. ②④

18. 在王安石的变法措施中，引起"隐匿田亩、逃避赋税之人"最强烈反对的是（　　）

A. 募役法　　B. 方田均税法　　C. 青苗法　　D. 农田水利法

19. 明朝的"一条鞭法"和清朝的"摊丁入亩"的共同作用有（　　）

①都是我国赋役史上的重大改革　②都在一定程度上减轻了农民的负担

③都有利于农业的商品化　④都加强了农民对封建国家的人身依附关系

A. ①②　　B. ①②③　　C. ②③④　　D. ①③④

20. 中国古代赋役制度发展的基本趋势有（　　）

①赋税种类由繁多到逐渐减少　②征税标准由人丁为主向田亩为主过渡

③赋税形式由实物向货币演变　④农民对封建国家的人身依附关系逐渐松弛

A. ①②③　　B. ①②④　　C. ②③④　　D. ①②③④

二、材料分析题

阅读材料，回答问题。

材料一　一条鞭法者，总括一州县之赋役，量地计丁，丁粮毕输于官。一岁之役，官为佥募。力差，则计其工食之费，量为增减；银差，则计其交纳之费，加以增耗。凡额办、派办、京库岁需与存留、供亿诸费，以及土贡方物，悉并为一条，皆计亩征银，折办于官，故谓之一条鞭。立法颇为简便。嘉靖间，数行数止，至万历九年乃尽行之。

——《明史》卷七十八《食货二》

材料二　在一条鞭法已实行的地区，有的地方官府仍逼使农民从事各种徭役；有的额外加赋，条鞭之外更立小条鞭，火耗之外复加秤头；更严重的是借一条鞭法实行加赋，有的地区条鞭原额每亩税银五分，崇祯年间为了抗击清军有的加至一钱以上。

廖焕水认为，张居正的一条鞭法虽符合社会发展和农民利益要求，具有一定的进步性、合理性，但未能从机制上清除加重赋役的内在原因，没能跳出“黄宗羲定律”的怪圈。张勇认为一条鞭法的实施使两税法以来由“度人而税”向“度地而税”的转化进程大大地前进了一步，为清初真正完成这一变革奠定了坚实的基础。

——胥思省《近十年来一条鞭法研究综述》

（1）根据材料一，概括一条鞭法的主要特征。
（2）根据材料二并结合所学知识，评析一条鞭法在中国赋税制度演变中的作用。

三、问答题

1. 中国古代有哪些土地制度？推动这些制度演变的主要因素有哪些？
2. 中国古代的赋税制度主要有哪些？其发展趋势有何规律？

第三节　农耕时代的手工业

金属冶炼术的进步　从二里头文化时期到春秋末期，历时约 15 个世纪，这是我国的青铜时代。商周时期青铜铸造技艺已相当成熟，不仅数量多，种类齐备，而且工艺精湛，器物造型生动，展示了灿烂辉煌的青铜文明。

四羊方尊

虎食人卣

春秋时期人们发明了冶炼生铁和钢的技术，这是我国古代冶金技术的重大成就，也是世界冶铁史上的奇迹。铁器的广泛使用，特别是把钢应用到农具和手工业工具的制作上，大大推动了生产力的发展。

中国是世界上最早发现和使用煤的国家。早在汉朝，人们就开始用煤做燃料，并用来冶铁。北宋时，用煤冶铁已相当普遍，冶炼出的钢铁的硬度和质量大大提高。南宋末年，我国开始用焦炭冶铁，明朝时流行开来。

衣被天下　中国是世界上首先发明丝织技术的国家，早在遥远的上古时代，人们就已经学会了养蚕缫丝。

西周以后，丝织工艺有了突飞猛进的发展，品种日益丰富，花色图案日益精美。汉朝丝绸远销欧洲，使中国获得了“丝国”的称号。

唐朝出现的缂丝技艺，以本色生丝为经、彩丝为纬，以“通经断纬”手法自由变换色彩，纹饰更加绚丽，极具艺术神韵。

宋末元初以来，边疆地区种植的棉花迅速向内地传播，棉纺织业成为新兴的手工业部门。元朝黄道婆推广先进的“捍、弹、纺、织之具”，全面革新内地落后的棉纺织技术。她发明的脚踏三锭纺车，取代手摇一锭纺车，能同时纺出三根纱。先进技术的推广，使江南的松江在元明时期迅速崛起，成为全国棉纺织业中心。柔软结实的棉布日益流行，到明朝后期已取代丝、麻、毛，成为广大民众的主要衣料。

从烧陶到制瓷 陶器的发明是新石器时代手工业中最重要的成就。中国古代先民创造了闻名于世的陶器工艺，如纹饰缤纷的彩陶，薄如蛋壳、黑亮如漆的黑陶，熠熠生辉的白陶等。

陶器为人类共有，瓷器则是中华民族的伟大发明。东汉晚期和南北朝时期，人们先后成功地烧制出了青瓷和白瓷。

隋唐时期，陶瓷工艺臻于成熟，瓷质的硬度、釉色的纯度都远胜前代。唐朝瓷窑遍布南北，制瓷业成为一个独立的生产部门，瓷器成为人们不可缺少的日常生活用品。

宋朝时，景德镇成为“瓷都”，全国各地出现了各具特色的地方瓷窑。元朝承前启后，开始进入彩瓷生产时期。明清时期创造出更加丰富多样的制瓷工艺，瓷器与丝绸成为对外出口的大宗产品。

唐三彩

中国瓷器

官私手工业的消长 农业与家庭手工业相结合是中国古代农业经济的特点之一。小农的家庭手工业生产也十分普遍，其产品多供自己消费和交纳赋税，很少进入市场。家庭手工业生产对于稳定小农经济起了一定作用，但技术落后、生产分散，妨碍了市场发展。代表中国古代手工业水平的是官营和专业的私营手工业生产。

西周时期，手工业由官府统一管理，按行业设立车正、陶正等工官管理工匠。工匠集中在官府设立的作坊内，使用官府供给的原料，制作加工官府指定的产品。他们职业世袭，世代为官府劳作。

官营手工业资金雄厚、规模经营，为细密分工和协作创造了条件；众多高水平工匠一起工作，加之对产品质量的严格管理，有利于手工业技艺的提高。直到明朝前期为止，官营手工业都代表着当时生产技艺的最高水平。但官营作坊原料由官府提供，不计成本，不进入市场，缺乏竞争力；且采取强制工匠服役的手段，引起了工匠的不满。

战国时期，随着生产力的提高、生产关系的变革，私营工商业勃然兴起，工、商开始与士、农并称为国家的“四民”。四民是古代中国对平民职业的基本分工，但其排列次序历代有所不同。

《春秋穀梁传·成公元年》按“士商工农”划分：“古者有四民：有士民，有商民，有农民，有工民。”但有论者认为这个次序并无隐含社会高低之义。《荀子·王制篇》亦有“农士工商”的排列。

明末清初学者顾炎武在《日知录》中曾说：“士农工商谓之四民，其说始于管子。”认为春秋时期齐国宰相管仲最先定下“士农工商”的次序，一直沿用下来。《管子》曰：“士农工商四民者，国之石，民也。”

由于商品经济和私营手工业的发展，官营手工业内部的生产关系不得不加以调整，唐宋时期出现了雇募工匠。从征役制到雇募制，是生产关系上的一大进步。

此后，私营手工业日益成为手工业生产的重要组成部分，明朝中叶以后更在制瓷、矿冶、纺织等诸多行业中，超越官营手工业，占据主导地位。同时，私营手工业的经营方式也在不断变化。一方面，唐宋以来，商品经济繁荣，私营手工业的产品大量进入市场；另一方面，到明朝中后期，雇佣众多工人的大规模手工作坊或工场日益增多，并从中孕育出了“机户出资、机工出力”“计工受值”式的雇佣劳动关系。

练习题

一、选择题

1. 下列有关我国古代手工业地位的表述，不正确的是（　　）

A. 中国是最早发现和使用煤的国家　　B. 瓷器是中华民族的伟大发明

C. 中国是最先发明丝织技术的国家　　D. 中国最早冶炼的金属是铁

2. 我国的“青铜时代”是指（　　）

A. 尧、舜、禹时期　　B. 夏、商、周时期

C. 春秋战国时期　　D. 魏晋南北朝时期

3. 我国以煤为冶铁燃料始于（　　）

A. 春秋时期　　B. 西汉时期　　C. 南宋时期　　D. 明末清初

4. 有文献记载：“钢铁是杂炼生（生铁）鍒（熟铁）作刀镰者”，这种金属冶炼技术发明于（　　）

A. 春秋战国时期　　B. 两汉时期　　C. 魏晋南北朝时期　　D. 两宋时期

5. 东汉杜诗发明了水排，其用途是（　　）

A. 冶铁　　B. 播种　　C. 纺织　　D. 灌溉

6. 中国有“丝国”之称始于（　　）

A. 西周　　B. 汉朝　　C. 唐朝　　D. 明朝

7. “布衣”指平民百姓最普通廉价的衣服，但不同时期的衣着原料各不相同。诸葛亮在《出师表》中说：“臣本布衣，躬耕于南阳。”在他所处的时代，平民百姓的“布衣”原

料主要是（　　）

A. 麻　　B. 丝　　C. 棉　　D. 毛

8. 元明时期，全国的棉纺织业中心是（　　）

A. 乌江　　B. 松江　　C. 珠江　　D. 漓江

9. 改进了棉纺织技术和工具，被誉为“元代纺织技术家”的是（　　）

A. 郭守敬　　B. 郦道元　　C. 黄道婆　　D. 贾思勰

10. 有关我国古代纺织业发展的成就，表述正确的是（　　）

A. 西周时开始养蚕缫丝　　B. 汉朝时发明脚踏三锭纺车

C. 唐朝时出现缂丝技艺　　D. 东晋时棉花种植遍及南方

11. 以下陶瓷制品属于新石器时代的是（　　）

①白陶　②黑陶　③白瓷　④彩陶

A. ①②③　　B. ①③④　　C. ①②④　　D. ②③④

12. 唐诗“九秋风露越窑开，夺得千峰翠色来”赞美的是（　　）

A. 白瓷　　B. 秘色瓷　　C. 唐三彩　　D. 青花瓷

13. 江西景德镇成为“瓷都”是在（　　）

A. 商朝　　B. 汉朝　　C. 隋朝　　D. 宋朝

14. 有关我国古代陶瓷业发展历史，叙述不正确的是（　　）

A. 商周时期出现原始瓷器　　B. 东汉晚期烧制出成熟的青瓷

C. 南北朝时期成功烧制白瓷　　D. 明朝开始进入彩瓷生产时期

15. 制瓷业成为独立的生产部门是在（　　）

A. 西周　　B. 南北朝　　C. 唐朝　　D. 元朝

16.《国语》记载：“公食贡，大夫食邑，士食田，庶人食力，工商食官。”这说明西周时期（　　）

A. 手工业由官方统一管理

B. 手工业不受官府的干预

C. 手工业开始成为独立生产部门

D. 存在官营手工业和私营手工业的区别

17. 中国古代的各种手工业形态中，最早出现的是（　　）

A. 家庭手工业　　B. 官营手工业　　C. 私营手工业　　D. 雇佣工匠

18. 中国古代资本主义生产关系的萌芽首先产生在（　　）

A. 官营手工业　　B. 私营手工业　　C. 家庭手工业　　D. 农业

19. 官营手工业长期代表生产技艺的最高水平，其优势是（　　）

①官府投资，对产品质量严格把控　　②官府提供原料，生产不计成本

③工匠集中生产，推动技艺提高　　④产品精美，投入市场深受喜爱

A. ①②③　　B. ②③④　　C. ①③④　　D. ①②③④

20. 私营手工业在制瓷、纺织等行业中超越官营手工业，占据主导地位的局面出现在（　　）

A. 战国时期　　B. 唐朝中叶　　C. 两宋之际　　D. 明朝中叶

二、材料分析题

阅读材料，回答问题。

材料一　明初，瓷都景德镇有官窑58座，资金充足，设备先进，民窑不过20座。但官窑管理腐败，成本高昂，很快衰落下去。为完成上贡任务，只好改行“官搭民烧”，由民窑烧造。从事商品生产的民窑迅速崛起，明末达到二三百座……清代御窑仅6座。

材料二　明清时期，自由手工业者的数量扩大并成为手工业生产的主导，手工业产品大量增加，各具特色的专业化工商业市镇大量涌现，“匠有常主，计日受值”的生产方式更为普遍。

材料三　明清时期，江浙布、丝手工业已发展到相当规模，企业数量多，规模较大，产品衣被天下，导致棉花、棉布、生丝、丝织品成为在全国范围内流通的主要大宗商品。江浙是多数大宗商品（茶叶除外）贸易的中心，辐射向全国。在手工业发展的基础上，以江浙为中心的全国统一市场在19世纪初已经形成。

——据罗肇前《全国统一市场形成于19世纪初：兼论明清手工业和商品经济的发展》

材料四　江南是明清时期中国原始工业化（指这一时期已出现了工业革命的某些有利因素）水平最高的地区。在18世纪中期，英国工业革命爆发前夕，江南的原始工业化程度绝不亚于英国，而双方都以轻工业为主。彼此不同之处在于，英国的重工业自16世纪开始便迅速发展，在工业上所占的比重也日渐增加，但这种现象没有在江南出现。其主要原因是重工业需消耗大量能源和材料，而轻工业对能源和材料的需求相对较小，对劳动力的依赖却相当高，因此劳动力充足、能源和材料缺乏的江南很自然地便偏重轻工业的发展，注重技巧而不注重机器。但重工业的发展和矿物能源的大量使用，正是工业革命的大前提。

——据梁柏力《被误解的中国》

（1）材料一中提到的“官窑”“民窑”各属于什么经营形态的手工业？它们各有什么功能？

（2）据材料二概括指出，明清时期我国手工业的发展出现了哪些新特点。

（3）结合材料三、四，指出明清时期有利于工业革命的因素。根据以上材料和所学知识，分析这一时期中国最终未能发生工业革命的原因。

三、问答题

中国古代手工业有哪些成就？

第四节　农耕时代的商业与城市

商业的发展　商朝时期，职业商人和最早的货币已经产生。周朝实行“工商食官”政策，将商人集中起来，设官统一管理，为他们提供衣食，驱使他们为政府服务。

春秋战国时期，许多庶人冲破官府的束缚，经营商业致富，成为有强大实力的商人，私商逐渐取代官商成为商人的主体。随着商业的繁荣，形成了许多著名都会。

隋唐时期，政治上的统一和大运河的开通，密切了南北方的经济往来，商业贸易蓬勃发展起来。西域以及阿拉伯、波斯商人来往经商频繁，陆上和海上丝绸之路都呈现出空前繁荣的景象。宋朝出现了世界上最早的纸币，集镇、夜市兴盛，元朝更是广泛流通纸币，古代商业的发展步入了一个新的高峰期。

明清时期，商业的发展出现了许多新的特点。不但商业市镇兴起，货币经济占据主要地位，农产品也大量进入市场。棉花、茶叶、甘蔗、染料等经济作物普遍种植，作为农产品加工的副业产品，也都成为商品。白银在流通中的广泛使用，便利了商品贸易和商业资本的集聚。

《清明上河图》表现了北宋东京的繁荣景象

商人在古代最初只是个体分散式的经营，没有出现什么大的商人群体，可以说是有“商”而无“帮”。但到明清时期，由于商业经济的快速发展、商人地位的提高、竞争的加剧以及人们从商观念的转变等因素，全国各地逐渐形成了一个个各具特色的、以地域为中心的商帮，商人开始以群体形象活跃在历史舞台。明清时期的地域商帮不胜枚举，比较著名的有山西商人（即山右商）、洞庭商人、徽州商人、广东商人、福建商人、宁绍商人、江西商人（即江右商）等。对这些行贾四方的商人来说，会馆与公所就是他们与家乡以及同行间进行联系的纽带，是他们在异乡可以依靠的组织。

城市的繁荣 城市是社会的中心，商业繁荣总是与城市发展联系在一起。随着商业贸易的发展，古代城市的功能与格局也发生了变化。

自周秦至唐朝，凡县治以上的城市，都有官设的市作为交易场所，设市令或市长管理。市处于城中特定位置，以墙垣围住并与民居隔开。县城以下，一般禁止设市。这时期的城市主要是政治中心、军事重镇，商业贸易和市场的规模不大。

唐朝长安城承袭西周以来的城市布局并加以完善，实行整齐划一的坊市制。到宋朝，随着商品经济的发展，坊市界限不复存在。市分散于街巷，形成街市。原先禁止设市的城郭和乡村，也被允许置市贸易了。除了一般的市场外，还出现了夜市、晓市、草市等。商业活动不再受官府的监控，城市的经济功能大大增强，呈现出前所未有的繁荣景象。

唐宋时期，海上贸易的兴盛也促使沿海港口城市走向繁荣。除早已发展起来的广州之外，泉州、明州（今宁波）、杭州、扬州、登州（今蓬莱）等都繁盛一时。各港口城市"蕃客"（来自波斯、阿拉伯、印度和欧洲各国的客商）云集，船舶数不胜数，货物堆积如山。

明清时期，除了南北两京等传统大都会外，在工商业发达地区和交通要冲兴起了一大批工商业市镇，尤以江南地区为盛。这些市镇商业繁荣，人口密集，有的多达数万人。

重农抑商 农耕时代的中国商业和商人的命运，与王朝的政策紧密相关，而政策的变化，也与不同时代的形势相关联。由于商业在社会经济和财政税收中发挥着重要作用，统治者一般对商业还是给予了一定的重视和鼓励。

商业的不稳定性及商人流动性大等特点，与战国时期强调耕战、加强中央集权的取向发生矛盾，于是出现了"重农抑商"的思想。

汉初民生凋敝，商人却囤积牟利。汉高祖"乃令贾人不得衣丝乘车，重租税以困辱之"，并严禁商人购置土地，这些政策有效地避免了因商人非法牟利对恢复社会经济造成的阻碍。

中唐以来，重农抑商政策有了松动，朝廷对海外贸易的鼓励以及官商分利政策的实行，使商人地位得以提高。

明清时期，商品货币经济空前活跃，国家财政也从商业税收中得到很大补充。但统治者认为商品交换并不能创造新的财富，"市肆之中多一工作之人，即田亩之中少一耕稼之人"，对商业发展并不采取鼓励政策，还经常以各种方式对商人进行盘剥。

明清时期的抑商政策，并不能完全遏制民间商品经济的发展，但确实阻碍了新经济因素的成长，成为导致中国被甩在世界工业文明潮流之后的一个重要原因。

练习题

一、选择题

1. 下列关于商代经济的描述，不正确的是（ ）

A. 商朝人以贝作为货币

B. 商朝的都城是当时繁荣的商业城市

C. "商人"一词是因商朝人善于经商而被沿用

D. 商朝交通发达，中原地区已出现了统一市场

2. 被后人尊奉为“商圣”的是（　　）

A. 姜尚　B. 范蠡　C. 沈万三　D. 吕不韦

3. 世界上最早的纸币“交子”出现于（　　）

A. 唐朝的四川地区　B. 南宋的江南地区

C. 北宋的四川地区　D. 明朝的广东地区

4. 白银成为普遍流通的货币是在（　　）

A. 秦汉时期　B. 隋唐时期

C. 宋元时期　D. 明清时期

5. 我国历史上管理对外贸易的机构最早设在（　　）

A. 泉州　B. 广州　C. 扬州　D. 上海

6. 汉唐时期通过陆上丝绸之路和海上丝绸之路，中国产品都可直接到达的地方是（　　）

A. 欧洲　B. 非洲　C. 东亚　D. 南亚

7. 在南宋时期，人们能种植的经济作物是（　　）

A. 茶树、玉米　B. 棉花、茶树

C. 棉花、烟草　D. 玉米、烟草

8. 明清时期的商业发展出现了新的特点，主要有（　　）

①工商业市镇的兴起　②大量农产品投入市场

③地域商帮实力雄厚　④外国商人来往频繁

A. ①②③　B. ①③④　C. ②③④　D. ①②③④

9. 在唐代商业活动中，具有现代金融业务性质的机构是（　　）

A. 草市　B. 邸店　C. 柜坊　D. 坊市

10. 唐朝后期全国最繁华的工商业城市是（　　）

A. 长安　B. 洛阳　C. 扬州　D. 益州

11. 下列对宋朝城市发展的叙述，正确的是（　　）

①坊和市打破了空间的限制　②城市的政治功能大大增强

③营业时间不受限制　④商业活动不再受官府监视

A. ①②③　B. ①③④　C. ②③④　D. ①②③④

12. 宋代民谚“苏湖熟，天下足”中的“苏”“湖”分别指现在的（　　）

A. 苏州、湖州　B. 江苏、湖南　C. 苏州、芜湖　D. 江苏、湖北

13. 明清之际兴起一批手工业发达、商业繁盛的市镇，其中有“天下四大镇”之称的是（　　）

A. 佛山镇、景德镇、汉口镇、朱仙镇　B. 乌镇、汉口镇、佛山镇、芙蓉镇

C. 沙湾镇、景德镇、芙蓉镇、朱仙镇　D. 乌镇、景德镇、沙湾镇、朱仙镇

14. 明清时期是我国城镇化迅速发展的重要时期，许多小镇迅速发展为人员众多的城镇，城镇建设也呈现出更为灵活自由的布局形式。明清时期城镇发展呈现如此特点的重要原因是（　　）

A. 政府支持城镇商业发展　B. 闭关锁国促进国内商业发展

C. 工商业的迅速发展　D. 传统经济结构的根本性调整

15. 关于古代重农抑商政策的表述，正确的是（　　）

①出现于战国时期　　②维护了地主阶级的利益

③始终有利于社会发展　　④历代统治者都严格执行

A. ①②　　B. ①③　　C. ②④　　D. ②③④

16. 以下秦国商鞅变法的内容体现了重农抑商政策的是（　　）

A. 废井田，开阡陌　　B. 军功授爵　　C. 废分封，立县制　　D. 奖励耕织

17. 《史记》载：“天下已平，高祖乃令贾人不得衣丝乘车，重租税以困辱之。孝惠、高后时，为天下初定，复弛商贾之律，然市井之子孙亦不得仕宦为吏。”这表明西汉初期实行的政策是（　　）

A. 重农抑商　　B. 工商皆本　　C. 禁止经商　　D. 闭关锁国

18. 《史记·货殖列传》引《周书》说：“农不出则乏其食，工不出则乏其事，商不出则三宝绝，虞不出则财匮少。财匮少而山泽不辟矣。此四者，民所衣食之原也。”材料表述的经济主张是（　　）

A. 以农为本　　B. 工商食官　　C. 闭关锁国　　D. 农工商并重

19. 人们常用“本末倒置”比喻颠倒了事物的轻重主次，古代统治者认为的“本”是指（　　）

A. 农业　　B. 手工业　　C. 商业　　D. 对外贸易

20. 清朝前期推行“闭关锁国”政策，表述正确的是（　　）

①与自给自足的自然经济相适应　②完全禁止对外贸易

③目的在于维护国内的商品市场　④阻碍了中国手工业的发展

A. ①②　　B. ①③　　C. ①④　　D. ③④

二、材料分析题

1. 阅读材料，回答问题。

材料一　吾邑（婺源）习俗每喜远商异地，岂果轻弃其乡哉！亦以山多田寡，耕种为难，而苦志读书者又不可多得，是以其谋生之策，成远游之风，南北东西，本难悉数。而始而经商继而遂家者，则有迁江浦、湖南、广西、成都、金陵、繁昌、桐城、蔡田等处。

——《畉煌郡洪氏家谱》

材料二　邑中商业以盐典茶木为最著。在昔盐业尤兴盛焉，两淮八总商邑人恒占其四。……彼时盐业集中淮扬，全国金融几可操纵，致富较易，故多以此起家。席丰履厚，闾里相望。其上焉者，在扬则盛馆舍，招宾客，修饰文采；在歙则扩祠宇，置义田，敬宗睦族，收恤贫乏。下焉者，则但侈服御居处，声色玩好之奉，穷奢极靡，以相矜炫已耳。

——《歙县志》

材料三　徽人在扬州最早，考其时代，当在有明中叶。故扬州之盛，实徽商开之。扬，盖徽商“殖民地”也。徽郡大姓，如汪、程、江、洪、潘、郑、黄、许诸氏，扬州莫不有之，大略皆因流寓而著籍者是也。……清代盐商歙县人汪应庚除重建平山堂外，还斥巨资修建西园、平楼、蜀冈万松亭等园林和亭台建筑设施。乾隆二年，盐商祁门人马曰琯一人独捐2 400两白银疏浚扬州广渠门至便益门的街道；扬州康山南河下至钞关北地势低洼，街衢易

积水，歙县大盐商鲍志道更是独立出资为其“易砖为石”，铺垫了石板路面，还斥资修造了虹桥……在扬州的徽州盐商周围，集结了大批学者和文人，明代休宁商人汪新经商于扬州，“既雄于赀，又以文雅游扬缙绅间，芝城姜公、金公辈名儒巨卿皆与公交欢”。

——摘编自卞利《无徽不成镇》

（1）根据材料一，并结合所学知识，指出婺源徽商兴起的原因。

（2）根据材料二，指出徽商的商业地位，并据徽商资本的流向指出其本质。

（3）根据材料三，概括指出徽商对扬州发展做出了怎样的贡献。

（4）综合上述材料，指出徽商与城市发展的关系。

2. 阅读材料，回答问题。

材料一 秦朝统治者实行“上本除末”的政策，正式把商人及商业活动贬为末等之民和末业。秦在商鞅变法之后，国家为了加强对商人的监管，将城市商人户口进行专项登记，列入“市籍”，以区别一般编户齐民的“户籍”。秦朝多次将六国的大手工业主迁徙到边远地区。……采取这样的政策，目的在于彻底摧毁六国的经济势力，使反抗者失去经济基础。同时又将许多私营工商业主迁徙到秦朝统治地区如咸阳、巴蜀一带，允许他们继续经营手工业，也有发展秦朝经济的目的。这与摧毁六国经济势力并不矛盾。另外，商人被抑制还表现在徭役征发上。……此目的也在于摧毁六国的经济势力。由于秦朝短祚，私人富商们只是受到暂时的压制，很快随着秦王朝的灭亡而迅速复兴。

材料二 汉武帝时，通过行政干预和经济剥夺来削弱高赀、富商大贾的势力，使抑商政策达到极端：实行盐铁酒专卖，迫使大商贾退出商业活动的主要阵地，起到了压制商人的目的……改币制，也在于打击“不佐国家之急”的商人；均输、平准的实行更是以官办贩运货易排除私商，并由政府垄断物价，而征收财产税及算缗、告缗几乎使全国所有富商大贾陷于破产。同时，朝廷任用商贾子弟东郭咸阳、孔仅、桑弘羊等，相继“以赀”入选为郎，入朝为官，就是利用其固有经验，从商贾发财致富的经济活动中获取财政收入，以支持对外用兵。虽然国家出台了许多与民争利的措施，但到昭帝时，文学言：“今郡国有盐铁、酒榷、均输，与民争利。散敦厚之朴，成贪鄙之化。是以百姓就本者寡，趋末者众。”

——以上材料均摘编自王惠茗《论秦汉时期的抑商政策与商人社会地位的变化》

（1）根据材料一、二，分别指出秦、汉两朝抑商的手段及目的。

（2）根据材料一、二，指出秦、汉两朝实施抑商政策的结果。

三、问答题

1. 中国古代商业的发展有何特点？

2. 中国古代重农抑商政策的利弊？

第八章　中国近代社会经济的发展

第一节　中国近代社会经济结构的变动

经济结构的变化　鸦片战争前，自给自足的小农经济在中国一直占统治地位。个体农业和家庭手工业相结合，构成社会经济稳固的基础。农民不但生产自己需要的农产品，而且生产自用的大部分手工业品。这种经济结构通常以家庭为单位，其特点是耕织结合。鸦片战争后，在外国商品的冲击下，传统的经济结构发生了变化，小农经济开始解体。

鸦片战争是中国历史的转折点，使中国的社会经济发生了根本性的变化。西方列强通过不平等条约，不断扩大对中国的侵略，冲击着中国传统的自给自足的小农经济。中国逐渐依附于世界资本主义体系，沦为列强的商品销售市场和原料产地。

鸦片战争不仅改变了中国传统的经济结构，而且使中国的社会结构发生了变化。

自然经济解体的过程　鸦片战争以后，西方资本主义国家凭借不平等经济特权的保护，对中国进行大规模的商品输出，并掠夺中国的农副产品，使中国传统的自然经济受到了冲击，并逐步走向解体。其解体过程主要分如下步骤：

（1）洋纱代替土纱，使纺与织分离。

鸦片战争后，英国的棉纺织品对中国的出口增长很快。据统计，1867—1911 年，仅棉纱对中国的出口就由 1 615 766 海关两上升到 49 735 140 海关两，前后增加了 29 倍多。由于洋纱进口数量的激增，中国市场上洋纱充斥。在 19 世纪 40—70 年代，西方纺纱技术进步很快，棉纱价格低廉，在中国市场中，如在 1887 年的牛庄，洋纱每包价格为白银 57 两，土纱售价却为 87 两。由于价格的巨大差距，不少人争购洋纱织土布，致使纺车弃而不用。

（2）洋布代替土布，使织与耕分离。

英国对中国第一次销售棉布在 1786 年，是由东印度公司进行的，但是并未销售出去。19 世纪 20 年代后，英国棉布的生产在普遍使用机器后，数量和质量迅速提高，于 1827 年在中国市场上站住了脚，英制印花布在广州市场上第一次获得了利润。鸦片战争后，棉布输入量逐年增加，价格普遍下降，竞争力大增。但是，洋布代替土布比洋纱排挤土纱的过程要缓慢得多。原因有两点：①从资本主义国家来讲，机器织布业大大落后于机器纺纱业。当时一个机器纺纱工人的劳动生产率相当于手工纺织的 80 倍，而机器织布工人的劳动生产率只相当于手工织布的 4 倍，所以，洋纱价格可以降到土纱完全无力抗衡的地步，而洋布却不能达到这个程度。19 世纪 60 年代末，英国驻汉口领事把当时洋布与土布的价格作了一番比较后得出结论说，洋布价格按重量计算虽然低于土布，但相差有限。这说明洋布的市场竞争力还是非常小的。②从中国本身讲，织布是贫苦农民的半个饭碗，为了维持生活，农民自己种棉花，或以自己田里的生产物交换棉花，通过自己做成的简单的织布机梳棉纺纱，除了家庭成员的帮助之外，不需要其他人的帮助，就可以把棉花织成布。只要以较棉花略高的价格把土布卖出去，就能维持生产。为了与洋布竞争，他们可以放弃土纱的劳作，用洋纱织布以降低成本，却不愿放弃土布的劳作去花钱使用洋布。正因如此，洋布的销售不如洋纱好，织与耕的分离就比较缓慢。

在自给自足的自然经济结构中，耕织结合是核心，耕与织出现断裂，就标志着自然经济的解体。从上述资料看出，耕织的分离过程虽然不是那么迅速，其分离过程在各地情况也不一，但它的出现，确实反映了鸦片战争后中国自然经济正逐渐走向瓦解。

自然经济解体的特点和意义　鸦片战争后中国自然经济的解体，具有如下特点：①解体主要不是本国资本主义生产关系产生和发展的结果，而是由外国资本主义经济侵略促使的。②由于中国幅员辽阔、经济发展不平衡，加之外国资本主义经济深入各地的时间不一、商品倾销和原料掠夺数量与品种不同等因素，中国各地自然经济的解体程度也差别较大。沿海地区和交通便利的地方，自然经济的解体速度快一些、程度深一些，内地和偏僻地区就晚一些、程度浅一些，有些地方甚至直到 1949 年新中国成立时，仍未发生太大变化。③一般资本主义国家的自然经济解体，时间短促，过程迅速而彻底，中国则相反，持续时间长，过程缓慢而不彻底，即使在某些自然经济解体较早的地区和行业中，在不同环节也会保留着一定的自然经济特征。④自然经济的解体，虽然促使了中国农村商品经济的发展，但并未相应地促进农村中资本主义经济的正常发展。

总之，自然经济的解体，主要是由鸦片战争后西方资本主义的经济侵略引起的，所以，自然经济的解体对西方资本主义的发展更为有利。因为它方便了西方列强对中国进行商品倾销和原料掠夺，使中国陷入了世界资本主义的剥削网络之中，中国社会经济日益烙上殖民地半殖民地的印记。但是，也要看到，从本质上讲自然经济与资本主义经济是根本对立的，所以，自然经济的解体又为中国资本主义的产生和发展准备了前提条件，即扩大了商品市场、劳动力市场，加速了货币财富在少数人手中的积累。如果没有这些条件的加速形成，中国资本主义的产生或许要晚上几十年甚至数百年。当然，推动中国资本主义的提前诞生并不是西方资本主义国家的本来愿望，其目的只是要将中国变为其殖民地和半殖民地，至于在中国经济活动中所产生的积极意义只是客观的作用而已。

农业生产专门化区域形成　农业生产专门化区域的形成，是指在一些区域专门生产一种市场产品，另一些区域又专门生产另一种市场产品，而且农业的其他方面也都适应于这种主要的产品。如民国初年，东北成为大豆的专门生产区，山东、河北和河南等地成为花生的集中种植地，河南、山东和四川的烟叶生产在全国的烟草种植中也占有较高的比重，茶叶的生产以浙江等东南各省居多，芝麻的主要产区在河南，蚕丝的生产主要分布在浙江、江苏、广东和四川。

农业生产专门化区域的形成，是农业中社会分工发展的一种途径或特殊表现形式，它不仅引起农产品与工业品间的交换，而且引起各种不同的农产品间的交换。由此可见，农业产品专业化区域的形成，在一定程度上加速了农业商品生产的发展。

经济作物种植比重上升　在农作物的种植中，经济作物种植比重上升是农业商品化发展的一个重要指标。特别是 20 世纪初以后，经济作物的种植面积出现了较快发展。据资料统计，1840 年，中国经济作物在农业种植中的比重为 10%，1914 年为 11.1%，1937 年为 17%，1940 年为 19%。从资料上看，经济作物的种植比重到 1946 年仍未达到 20%，说明农村商品生产还很不发达，但从比重不断上升的趋势看，农村的商品化生产在不断向前发展。

主要农产品商品量值和商品率提高 据统计，1840 年中国棉花、粮食、大豆、茶叶、蚕茧、土丝等几种主要农产品的商品值为 24 987.2 万元，1894 年为 78 574.9 万元，1919 年为 217 171.9 万元，1936 年为 45 亿元。1840—1894 年，商品值增加了近 2 倍，年均增长 15%，若按 1840 年不变价格计算，增加了 76.6%；1894—1919 年，商品值增加了 1.76 倍，年均增长 5%，若按 1894 年不变价格计算，则增加了 43.7%；1919—1936 年，商品值增加了 1.07 倍，年均增长 5%。到 1936 年，几种主要农产品的商品率约为 29.7%。在上述作物中，我国粮食的商品率在 1840 年约为 10%，1895 年约为 16%，1920 年约为 22%，1936 年约为 30%；棉花的商品率在 1840 年约为 27%，1894 年约为 33%，1920 年约为 42%，1936 年约为 51%。

由此可知，鸦片战争后到 1936 年，无论是农产品的商品量值和商品率都在不同程度的增长。大致来讲，甲午中日战争前，农产品商品化的速度较为缓慢；甲午中日战争后，商品化速度加快。不过，从 1936 年到 1952 年，却出现倒退的现象。

农村各阶层与市场的联系日益密切 鸦片战争前的中国社会，由于一家一户的自然经济结构占统治地位，所以以农民为主体的农村各阶层与市场的联系并不密切。鸦片战争以后，随着外国经济侵略的加深和自然经济的日益解体，农村各阶层与市场的联系日益紧密，依赖程度加深。据调查，在 1921—1925 年安徽等 7 省 17 处 2 866 个田场收支中，收入中的货币部分平均为 58.1%，支出部分货币占 47.6%。其中货币支出最低的地方是河南新郑，为 25.6%，最高的是浙江镇海，为 85.6%；货币收入比重最低的地区为河北盐山，1923 年仅为 30.3%；比重最高的是江苏镇江，为 84.3%。

由上看出，尽管各地区农户田场收支中的货币部分所占比重不同，但从平均水平来看，在 50% 左右。从这个比例看出，农村经济仍保持着半自给的状态，但与鸦片战争前相比，农村货币经济在总体上还是有较大发展的，以农民为主体的农村各阶层的经济生活，起码有一半是通过市场来实现的，这是农村生产商品化发展的又一体现。

农产品流通的地域范围和数量不断扩大和增加 在农产品商品化程度较低的情况下，农产品交换的地域范围主要是近距离的产地市场。随着农产品商品化的提高和近代新式交通运输业的发展，农户运销的地域范围必然要扩大和延伸，农户的商品种类和数量也会随之上升。据估计，1900 年前后，在我国全部农业产量中，在产地周围几十里范围内的农村集镇上进行贸易的产品占 20% ~30%，只有 5% ~7% 的产品进入了省际长距离贸易，至于输出国外的产品则更少，约为 1% ~2%。20 世纪初以后，随着铁路的发展，农产品长距离运输的数量和范围便迅速地上升和扩大。在对外出口的长距离运输中，1894 年的出口值为 2.9 亿海关两，1919 年达 127.8 亿海关两。国内各地相互贸易值在 1894 年为 4.41 亿海关两，1919 年达 15.49 亿海关两。在铁路运输方面，1916—1920 年间，全国铁路运输中的农产品为 311 万吨，平均吨行程 260 公里；1918 年，农产品运输量为 401 万吨，平均吨行程 273 公里；1920 年，农产品运输量为 518 万吨，平均吨行程 319 公里。

农村人口在总人口中所占比重下降 列宁说："商品经济的发展就是表示日益众多的人口与农业分离，即表示工业人口之由农业人口减少而增加。"我国农村人口在总人口中比重的变化则是测定我国商品经济状况的一个方面。

关于我国农村人口的变动，徐新吾先生估计：1840 年我国农村人口占城乡总人口的比重为 95%，1860 年为 94%，1894 年为 92%，1913 年为 91%，1920 年为 90%，1936 年为 88%。另据许仕廉先生的估计，在 20 世纪 30 年代，我国农村人口在全国人口中的比重与徐新吾先生的研究相同。中国近代农村人口比重的下降，是商品经济发展的一个重要标志。

中国近代农业商品化的发展，原因是多方面的，主要表现在如下几点：①西方资本主义国家对中国倾销商品和掠夺原料的推动；②国内近代工业的发展，在一定程度上刺激了农业商品化的发展；③地租和赋税的货币化；④农作物品种改良和推广工作的发展；⑤交通运输业的发展，改善了运输条件。

鸦片战争以后中国农产品商品化的发展，是在中国进入半殖民地半封建社会的条件下进行的，因此它有一些突出的特点：农产品商品化的发展受西方资本主义市场需求变化的支配，其发展在很大程度上取决于资本主义国际市场的变化；农产品的商品化是建立在小农经营的基础之上的；农产品商品化的发展，主要是以牺牲广大农民的必要劳动来维持的。

练习题

一、选择题

1. 鸦片战争爆发前，占统治地位的经济形态是（　　）

A. 商品经济　　B. 自然经济　　C. 市场经济　　D. 计划经济

2. 中国自给自足的小农经济开始解体是在（　　）

A. 鸦片战争前　　B. 鸦片战争后　　C. 甲午中日战争后　　D. 抗日战争时期

3. 中国传统的自然经济开始解体的表现是（　　）

A. 机工、机户的出现　　B. 纺织分离、耕织分离

C. 闭关锁国的废除　　D. 洋布大量涌入中国

4. 明代松江地区棉纺织业兴盛，但在鸦片战争后走向衰落，究其原因是（　　）

A. 内忧外患阻断了棉布外运　　B. 廉价的洋纱、洋布大量倾销

C. 该地区棉花产量急剧下降　　D. 该地区民众吸食鸦片无钱购买

5. 据统计，晚清时期，一个机纺工人的出纱能力相当于一个手纺工人的 80 倍，一个机织工人的出布能力相当于手织工人的 4 倍。光绪十三年，土纱每包售价 87 两，而洋纱只售 57 两。这表明（　　）

A. 机器纺织品物美价廉　　B. 机器生产对传统纺织业造成冲击

C. 本土手工纺织品质量更高　　D. 中国自给自足的自然经济开始解体

6. 鸦片战争后，中国的茶、丝出口量迅速增长，一些地区的农民甚至放弃粮食生产而种桑植茶。这说明了（　　）

A. 中国的茶丝产品质量优良　　B. 中国完全卷入世界市场

C. 中国开始了近代化的历程　　D. 中国自然经济开始解体

7. 鸦片战争后，中国农村棉纺织业先后出现洋纱代替土纱、洋布代替土布的现象。这一现象（　　）

A. 形成原因是西方对华大量商品输出　　B. 客观上促进了中国商品经济的发展

C. 是中国主动参与世界分工的结果　　D. 反映了中国的自然经济已完全解体

8. 近代沿海和通商口岸邻近的城市手工纺织者，大多用洋纱代替土纱来织布。这体现了（ ）

A. 商品经济日渐萧条　　B. 中国传统经济结构出现变动

C. 传统手工业日渐式微　　D. 中国社会结构发生巨大变化

9. 1852 年英国驻广州代办说：“经过和这么一个大国开放贸易十年之久，并且双方都已废除了一切独占制度，而拥有如此庞大人口的中国，其消费我们的制品竟不及荷兰的一半……这好像是一个奇怪的结局。”造成此现象的根本原因是（ ）

A. 清政府继续实施闭关锁国政策　　B. 中国手工棉纺织品物美价廉

C. 自然经济对外来商品的抵抗　　D. 鸦片输入削弱国人的购买能力

10. 19 世纪 60 年代以后，中国农副产品出口不断增长，所产生的社会影响不包括（ ）

A. 促使自然经济进一步解体

B. 扭转了中英贸易入超的局面

C. 有利于农村商品经济的发展

D. 对中国资本主义经济的发展起到刺激作用

11. 1837 年中国茶叶内销 200 万担，外销 60.5 万担；1861 年内销 202.5 万担，外销 110 万担；1886 年内销 205 万担，外销 362 万担。造成此现象的主要原因是（ ）

A. 自然经济解体加速了农产品商品化

B. 民族工业发展带动消费水平提高

C. 伴随国际市场扩大，茶叶需求量增加

D. 茶叶产量增加推动外销数额增长

12. 19 世纪中后期，中国市场上的洋货日益增多，火柴、洋布等用品“虽穷乡僻壤，求之于市，必有所供”。这表明（ ）

A. 民众生活与市场的联系日益紧密　　B. 自然经济彻底瓦解

C. 统治者开始主动开放国内市场　　D. 商品经济高度繁荣

13. 安徽茶叶在历史上往往是自安徽经江西至广东然后出海外销，到 19 世纪 40 年代后，逐步转为自安徽至上海后运往世界。安徽茶叶外销线路变化的时代背景是（ ）

A. 古代经济重心的南移　　B. 近代交通方式的进步

C. 江南自然经济的解体　　D. 上海开放为通商口岸

14. 天津开埠后，直隶地区的农民开始在农闲时结伙赴陕甘蒙等地贩运皮毛，冬去春回。到 20 世纪初，收购的皮毛除大量转运到天津供出口外，部分生皮在直隶地区加工成皮袄、皮褥等向国内销售。在皮毛运销和加工业的带动下，从事非农业生产的人越来越多。这一现象主要表明（ ）

A. 中国内地农村经济市场化程度提高　　B. 天津是近代北方重要的港口城市

C. 外国资本主义全面冲击中国传统经济　　D. 中国农村的自然经济开始解体

15. 上海开埠后不久，原来为广州贸易服务的商人、买办、船民、运输工人大量转向上海，利用乡土关系来上海谋生的游民也不断增加。这反映出，当时上海（ ）

A. 贸易地位快速提升　　B. 自然经济彻底破坏

C. 实践了《资政新篇》　　D. 成为民主革命中心

16. 以下不是经济作物的是（　　）

A. 花生　　B. 茶叶　　C. 小麦　　D. 甘蔗

17. 以下民国初年农业专门生产区匹配，不正确的是（　　）

A. 大豆—东北　　B. 芝麻—河南　　C. 花生—山西　　D. 茶叶—东南

18. 关于农业生产专门化区域的形成，表述正确的是（　　）

①是社会分工发展的特殊表现形式　　②引起农产品和工业品间的交换

③引起各种不同的农产品间的交换　　④加速了农业商品生产的发展

A. ①②③　　B. ②③④　　C. ①③④　　D. ①②③④

19. 晚清时期，江南、华南部分地区，扩大经济作物的种植面积，传统的粮食生产比重降低。这一现象表明上述地区（　　）

A. 农产品商品化程度逐渐提高　　B. 普通农户收益锐减

C. 人口变动导致粮食需求减少　　D. 农业生产出现衰退

20. 中国近代农业商品化发展的原因有（　　）

①西方资本主义国家对中国大量商品输出

②国内近代工业的发展，在一定程度上刺激了农业商品化的发展

③农作物品种的改良和推广工作的发展

④交通运输业的发展，改善了运输条件

A. ①②③　　B. ①③④　　C. ②③④　　D. ①②③④

二、材料分析题

阅读材料，回答问题。

材料一　旧时妇女织成布匹，经纬之纱，都出女手。自洋纱盛行，而轧花、弹花、纺纱等事，弃焉若忘。……此又今昔不同之一端，而生活中少一技能矣。……女工本事纺织，今则洋纱、洋布盛行，土布因之减销，多有迁至沪地，入洋纱厂、洋布局为女工者。虽多一生机，而风俗不无堕落。

——黄炎培等《川沙县志》

材料二　除了旧生产方式逐步解体所产生的苦难之外，还应当有新生产方式破土而出的生机和朝气。……历史的主题应当是后者而不是前者。

——陈旭麓《近代中国社会的新陈代谢》

（1）依据材料一，概括在近代历史变迁中，国人“迷惘和阵痛”的表现。

（2）运用所学知识，理解材料二中“历史的主题应当是后者而不是前者”的含义。

三、问答题

1. 中国近代社会经济结构发生了怎样的变化？为什么会有这种变化？

2. 中国近代农业商品化的表现有哪些？原因是什么？

第二节　中国近代资本主义的产生和发展

外国资本主义在中国的发展　1840年至1894年，西方列强通过战争和其他手段，迫使清政府签订了一系列不平等条约，从中国攫取了许多政治和经济特权。其中，对中国经济危害最大的权益有如下几方面：商埠权、租界权、海关行政管理权和协定关税权、鸦片贸易合法化、掠夺华工权、片面最惠国待遇、沿海内河通航贸易权和内地通商权等。

鸦片战争后到1894年甲午中日战争爆发前，是西方资本主义国家对中国进行企业投资的初期阶段。在这个阶段中，它们陆续在中国兴建了100多个企业，主要分布在轮船修造业、砖茶制造业、机器缫丝业、金融业、贸易业、进出口加工业等领域。

尽管这一阶段外国资本对中国的企业投资只是作为其对中国进行掠夺性贸易的附属物，数量不多，生产规模不大，但是作为独立的企业，已对中国的社会经济产生了相当大的影响。它一方面压抑了中国私人资本主义的产生和发展，另一方面又对中国经济近代化的发展在客观上起了一定的促进作用。

1895年，中日《马关条约》签订后，列强可以在中国通商口岸直接投资设厂。于是，外国资本主义掀起了在中国投资设厂的热潮。一时间，外国资本主义在华经济势力大增。

总之，外商在华企业投资的扩张，在一定程度上刺激和诱发了中国经济的近代化发展，同时，也直接或间接促进了中国政治、思想和文化的新旧嬗递。但是，外商投资给中国社会经济带来的负面作用是主要的，对中国经济近代化发展所起的积极作用是客观的和次要的。

中国官办资本企业的产生与发展　19世纪50—60年代，清政府内部的一些有识之士认识到学习西方先进技术的重要性，发起了一场旨在“自强”“求富”的洋务运动。

军事工业是他们首先重视的领域。1861年，曾国藩在安庆开办了安庆军械所，这是清政府创设的第一个军工企业。到1894年，清政府先后创办了20余家大小不等的军事工业，其中以江南制造总局、金陵机器局、福州船政局、天津机器局规模较大。

江南制造总局，是李鸿章于1865年在上海创办的，到甲午中日战争前夕，它已发展成为一家综合性的近代军工企业，主要生产大炮和兵轮。

金陵机器局是李鸿章于1865年在南京建立的，主要生产大炮、火药等。

福州船政局又称马尾船政局，是左宗棠在1866年于福建海口马尾山下建立的。它在1868年建成，1869年造出了第一艘轮船。1884年，该厂被法国海军炮击炸毁，战后又重建。至1897年，该厂共造出大小轮船21艘。

天津机器局是崇厚于1867年在天津创办的，主要生产枪支、子弹、火药。19世纪90年代初，该厂又增建了一座小型炼钢厂。

清政府从19世纪70年代初开始创办民用工业，到1894年共设立了铁厂20多家。比较著名的有上海轮船招商局、开平矿务局、天津电报总局、上海织布局、汉阳铁厂等。

轮船招商局是清政府创办的第一家民用企业，由李鸿章于1873年1月在上海设立。到1876年已有轮船11艘，总吨位11 854吨，并开辟了上海至日本、东南亚的远洋航线，以及沿海和长江航线等。

开平矿务局是唐廷枢于1878年在唐山开平镇设立的。1881年正式出煤，日产量300吨左右。以后产量不断提高，到1884年7月以后，日产量基本稳定在900吨以上。

天津电报总局是李鸿章于1880年在天津设立的，后来迁沪，改名中国电报总局。

上海机器织布局是李鸿章于1878年在上海筹建的。1889年开工生产，有男女工4 000余人。1893年该厂每昼夜可产纱50包、布700匹，并享有10年专利权。可惜的是，1893年10月织布局失火被毁。1893年11月，织布局重建，取名“华盛纺织总厂”。

汉阳铁厂是张之洞于1893年在汉阳大别山下建成的。1894年开始出铁，此时厂内有工人3 000人，外国工程师约40人。

清政府创办的这些军事工业和民用工业，就其性质而言，属于资本主义性质，原因在于：它们都是仿效西方资本主义机器大工业的生产模式建立起来的，采用了机械化程度较高的近代生产技术；在生产经营原则和组织管理制度方面，也有明显的资本主义特征；企业内部普遍采用的是资本主义式的雇佣劳动制；企业的产品生产，均受价值规律的支配等。

这一时期的军事和民用工业采取的经办方式主要是官办、官督商办和官商合办。其中，军事工业全部为官办，经费来源由政府拨款；民用企业除少数为官商合办和官办外，其余为官督商办，经费来源主要是商人入股。

尽管洋务企业在兴办过程中存在种种问题，也未能真正达到“自强”“求富”的目的，但是，它对中国的早期现代化却起到了不小的推动作用。

民族工业的出现 19世纪70年代前后，在外资企业和洋务派创办工业的刺激和影响下，民间出现了以上海发昌机器厂、广东继昌隆缫丝厂、天津贻来牟机器磨坊为代表的一批民族工业。

民族工业的初步发展 甲午中日战争后，清政府放宽了对民间设厂的限制，并于1903年设立商部，奖励工商。由此，社会上兴起一股实业救国的热潮；涌现出张謇、荣宗敬、荣德生等一批实业家。

甲午中日战争后至1913年，是私人资本企业的初步发展阶段。初步发展的主要表现有：①设厂数目增加。在甲午战争前的20多年中，新开设的资本在1万元以上的纯粹商办工矿业只有50余家，平均每年设立约2家。甲午战争后的19年间，设立厂矿达463家，年均设厂24.4家，是过去的10倍以上。②资本额扩大。1894年私人资本总额为710万元，1913年达到1.62亿元，前后相比，翻了约22倍。③私人资本企业的平均规模大大提高。1894年万元以上的私人资本企业中，平均规模为9.2万元，1913年则为19万元。④投资领域进一步扩大。投资领域除了纺织、面粉、采矿、船运、机器制造、修理、火柴、染织、榨油等外，又在机器卷烟、玻璃制造、酿酒、建筑材料等领域设立新厂。另外，在金融业方面，1906—1913年间，共成立了33家近代银行。

这一时期私人资本企业的发展，有如下四个原因：其一，革命运动的推动。1898年的戊戌变法，颁布了一系列鼓励和发展资本主义经济的政策和措施，这在一定程度上推动了私人资本企业的发展。1911年的辛亥革命，不仅在思想上对发展私人资本经济是个解放，而且在措施上也为私人资本经济的发展提供了保证。其二，抵制洋货和收回利权运动也为私人资本企业的发展提供了动力。抵制洋货运动在20世纪初发生过多次，如1905年的抵制美货运动，1908年的抵制日货和德货运动，1909年东北又一次爆发了抵制日货运动等。人们在抵制洋货的同时，大力提倡国货，这对民族经济的发展是有利的。收回利权运动是一个持续的过程，开始于1903年，直到1910年，先后争回了不少矿权和路权。这些斗争振奋了民族精神，激励着民族企业家前进。其三，清政府“新政”运动的影响。1901年开始，清政府推行“新政”改革，其中内容之一是成立发展经济的机构和颁布推动经济发展的法律和政策。这些做法也影响和推动了私人资本企业的发展。其四，甲午战争后铁路的修建和自然经济的进一步解体，也为私人资本企业的发展提供了必要条件。

民族企业的快速发展　1914—1927 年，是私人资本企业的快速发展阶段。在这个阶段中，私人资本企业的发展速度和水平是空前的。造成这个快速发展局面的主要原因是：

（1）南京临时政府发展实业政策所产生的积极效应。南京临时政府成立后，颁布了《中华民国临时约法》，规定保护国民私有财产和营业自由。同时又颁布了《商业注册章程》以及改革币制、整顿金融和发展经济等一系列振兴实业的方针和政策。在此推动下，全国范围内出现了一个实业救国和建国的热潮。这不仅推动了当时私人资本企业的纷纷建立，而且对此后民国历届政府制定经济政策均产生了示范效应。

（2）民国北京政府鼓励发展私人资本主义经济的新措施。民国北京政府尽管是由北洋军阀所把持，但是在发展私人资本主义经济的问题上，他们没有开历史的倒车。原因是：其一，从袁世凯开始的历届北京政府中，与经济有关的主要部门基本上是由身兼官商两种身份的资产阶级代表人物所掌握，如张謇、周学熙、梁士诒、陆徵祥、熊希龄、蔡元培等；其二，政府企图通过振兴实业作为充裕财政的重要渠道；其三，当时有不少军阀官僚投资近代企业，为维护其经济利益亦通过自身的军事和政治地位对政府经济政策施加影响。正因如此，民国北京政府为发展资本主义经济出台了不少新的鼓励政策：①颁布了《暂行工厂通则》《工会法》《公司保息条例》《矿业条例》《矿业注册条例》等法律法规，扶植和保护工矿企业的发展；②举办国货展览会（1915 年），鼓励中国产品参加各种国际博览会等，以提高产品的质量和声誉；③对一些出口商品采取减税等优惠措施；④积极提倡引进外资兴办实业。

（3）第一次世界大战的原因。由于战争本身的作用，西方列强放松了对中国市场的控制，同时又加速了对中国产品的采购，使中国商品销售的国内和国外市场扩大，推动了中国加工工业、矿业等产业的发展。

（4）交通条件的进一步改善。这一时期，国内铁路业进一步发展，轮船航运业也有了明显进步，这对私人资本经济的发展是有利的。

（5）群众性抵制外货运动的继续推进。1915 年中国人民为反对日本灭亡中国的“二十一条”，掀起了大规模的抵制日货运动。1918 年为抵制段祺瑞与日本签订《中日陆军共同防敌军事协定》和《中日海军共同防敌军事协定》，全国人民再次掀起了抵制日货和提倡国货的浪潮。1919 年五四运动中，上海和其他城市再次出现了罢市和拒售日货的运动。这些爱国运动，对于遏制外货特别是日货在中国的销售、推动国货市场的扩大都起了积极作用。

在私人资本企业的迅速发展中，1914—1922 年间发展最快。据统计，1913 年私人资本的厂矿为 698 家，资本额为 33 082.4 万元，1920 年私人资本厂矿数增加到 1 759 家，资本额上升至 50 062 万元，分别增长了 152% 和 51.3%。其中，棉纺织业、面粉业、卷烟业、火柴业、电力和机械采煤业的发展速度，平均增长率均在 10% 以上。在私人资本技术装备水平上，也明显提高。1913 年，全国民族工业企业使用的蒸汽动力总功率为 4.3 万匹马力，1918 年增加到 8.2 万匹马力。同一时期中，全部机械动力也增加了 1 倍多。这种情况，在进口的商品值中也会表现出来，1913 年中国的机械输入总值为 800 万两，1921 年增加到了 5 700万两。短短 8 年间，机器进口值增加了 7 倍多。私人资本企业的投资地域进一步扩展，战前的私人资本企业较多地集中于上海和东南沿海地区，这一时期，私人资本企业在内地和华北地区都大量出现，武汉、天津、石家庄、济南、唐山、青岛、开封、安阳等地逐渐发展成为新的工业城市。在行业上，除了纺织、面粉、卷烟、火柴等原有工业继续发展外，一批新的工业行业，如化工、针织、搪瓷、橡胶业等涌现出来。某些薄弱的行业，如重工业等也有所加强。随着私人资本企业的发展，开始出现了一批具有竞争实力的资本集团。在银行业中，也出现了一些私营银行团。

总之，1914—1927 年间，是私人资本企业发展较快的时期。其间的 1923—1924 年，部分企业虽然受到一些负面影响而发展停滞或下降，但时间不长，并未影响私人企业在整体上的上升趋势。

私人资本发展的曲折和波动 1927—1949 年，是南京国民政府的统治时期，也是中国私人资本企业发展波动很大的一个时期。在这一阶段中，中国的政治格局出现了很大的变化。东北地区自 1931 年九一八事变后，就被日本占领（1945 年 8 月结束）。1937 年卢沟桥事变后至 1945 年 8 月，关内大片领土又被日军占领，成了沦陷区。国民政府统治地盘日益缩小，后来只限于以西南为中心的后方地区。中国共产党以延安为中心，建立了自己的根据地，实行了新民主主义的经济政策。这样，中国大地上形成了三种不同的政治和经济格局。因此，谈到这一时期中国私人资本企业的发展，只是局限于国统区。在国统区中，私人资本企业的发展不仅受国民党经济与政治政策的影响，而且还严重地受到了外部环境的制约，即国民党统治区外的各种因素的牵制。正是这些内外不确定因素的变动，极大地影响了私人资本企业的发展。因此，这一时期私人资本企业的发展就呈现出了曲折变化、上下波动的态势。

南京国民政府成立后，对私人资本企业采取了积极的鼓励政策：不仅允许私人经营建设事业，准许“借用外资，并发行公司债券”，对创造发明给予奖励和保护，鼓励改造技术设备和提高产品质量，而且还对困难的私人资本企业给予一定的扶持和救济等。正是这些做法，使私人资本企业在 1927 年后的几年间，得到了持续的快速发展，新设厂矿增加、企业技术设备水平继续提高。

1929 年世界经济危机爆发，物价在全球范围内迅速下跌，到 1932 年跌到了谷底。由于中国是银本位的国家，在世界金贵银贱的作用下，中国的货币对外实际在不断贬值（1929 年为 1∶38.6，1932 年为 1∶73.5），这就阻碍了进口，刺激了出口贸易，进而促进了中国私人资本企业在 1927—1931 年间的繁荣。当 1932 年世界物价停止下跌后，中国则从当年开始陷入了物价狂跌的大潮中，加之西方各国先后放弃金本位，尤其是美国采用“购银”政策后，中国私营资本企业的发展阻力更大，并很快转入了萧条，直到 1935 年国民政府推行法币政策后才有所好转。

1933 年，国民政府以国内币制紊乱、影响经济发展为由，于 4 月初起在全国“废两改元”，即废除银两和完全采用银元。这一做法，尽管并不彻底，但统一了货币，在客观上对推动经济的发展和商品流通有积极作用。废两改元后，中国仍是银本位制的国家，但银的价格却不是由中国人决定的，而是控制在外国人手中。1933 年美国在世界范围内大量购买白银，引起了伦敦、纽约市场银价的上升，从而使中国白银大批外流，致使中国出口下降，市场货币紧缩，加剧了中国工商业的衰落。1935 年 11 月，南京政府下令推行法币政策，废除银本位制，规定中央银行、中国银行、交通银行（后来加上中国农业银行）发行的钞票为法币，社会上所有的银币在规定期限内换领法币，并规定了法币与美元、英镑等外币的兑换比例。这一货币政策，切断了中国与国际市场上金银比价波动的联系，有利于国内金融市场的稳定和经济的恢复。同时，货币发行权趋于统一，有利于中国政府根据本国经济的发展需要，进行货币盈亏的调整。另外，通过与美元和英镑汇率的调整，也有利于中国对外贸易的发展，再加之20世纪30年代初前后国民党关税自主活动的努力——于1933年和1934年先后颁布了第三和第四个国定税则。这些努力，都在一定程度上促进了国内经济的恢复和发展。

1935年11月后，全国物价开始回升，产品的生产变得有利可图。对外出口出现好转，国内私人资本企业的发展也出现了转机。

总之，私人资本主义经济自1935年底开始出现好转，1935年底到1947年上半年，又进入了较快的发展时期。

私人资本企业在经过短暂的繁荣之后，1947年后又陷入了减少和倒闭的境地中。造成中国私人资本企业破产的根本原因在于：其一，国民政府在1948年前后大搞通货膨胀，发行金圆券等货币造成了对社会金融市场的破坏；其二，美货在中国市场上泛滥，对私人资本企业造成了冲击；其三，官营企业的垄断地位，使私人资本企业在原料、燃料、电力、资金等方面承受极大压力；其四，国民政府为解决财政困难对私人资本企业加重捐税；其五，1948年开始，受解放区迅速扩大和国民党统治全面败退政局的影响。

练习题

一、选择题

1. 《南京条约》中的“协定关税”反映了列强的哪一侵略要求（　　）

A. 鸦片贸易　　B. 瓜分领土　　C. 商品输出　　D. 掠夺金银

2. 规定中国变更税率须与各国商议的条约是（　　）

A. 《南京条约》　　B. 《望厦条约》　　C. 《虎门条约》　　D. 《天津条约》

3. 在不平等条约的条款中，对我国民族工业发展直接造成严重损害的是（　　）

A. 协定关税　　B. 片面最惠国待遇　　C. 掠夺华工　　D. 领事裁判权

4. 列强的经济侵略从以商品输出为主转向以资本输出为主是在（　　）

A. 鸦片战争之后　　B. 第二次鸦片战争之后

C. 甲午中日战争之后　　D. 八国联军侵华战争之后

5. 洋务派创办的第一家军工企业是（　　）

A. 安庆军械所　　B. 江南制造总局　　C. 福州船政局　　D. 汉阳铁厂

6. 洋务运动前期，以“自强”为口号开办的企业是（　　）

A. 福州船政局　　B. 汉阳铁厂　　C. 轮船招商局　　D. 大生纱厂

7. 下列企业由李鸿章创办的是（　　）

①上海机器织布局　②天津电报总局　③轮船招商局　④江南制造总局

A. ①②③④　　B. ①②③　　C. ①③④　　D. ②③④

8. 洋务企业的经办方式有（　　）

①官办　②官督商办　③官商合办　④商办

A. ①②③　　B. ①③④　　C. ②③④　　D. ①②③④

9. 洋务运动对中国近代化进程的主要影响是（　　）

A. 建立了近代第一个外交机构　　B. 建立了近代第一支海军

C. 开始引进西方先进生产方式　　D. 形成了完整的工业化体系

10. 下列近代企业，创办地点不在通商口岸的是（　　）

A. 江南制造总局　　B. 轮船招商局

C. 继昌隆缫丝厂　　D. 贻来牟机器磨坊

11. 江南制造总局和大生纱厂都是中国近代企业的突出代表，两者的相同点是（　　）

A. 都创立于甲午中日战争后　　B. 都属于民族资本主义企业

C. 都推动了中国近代工业化　　D. 产品全部投入市场销售

12. 中国民族资本主义产生于（　　）

A. 明朝中后期　　B. 两次鸦片战争之间

C. 洋务运动时期　　D. 辛亥革命之后

13. 民族工业在近代中国步履艰难、发展缓慢的根本原因是（　　）

A. 外国资本主义的压迫　　B. 民族资产阶级的软弱

C. 本国封建势力的压制　　D. 中国的社会性质

14. 中国近代民族资产阶级的“两面性”是指（　　）

A. 既是剥削阶级又是受压迫阶级　　B. 既要反侵略又要反封建

C. 既要依靠人民又没有发动群众　　D. 既有革命性又有妥协性

15. 中国民族资本主义得到初步发展是在（　　）

A. 鸦片战争后　　B. 甲午战争后

C. 洋务运动后　　D. 抗日战争后

16. 民国初年，民族工业发展最快的行业是（　　）

A. 采煤业和冶金业　　B. 火柴业和卷烟业

C. 纺织业和面粉业　　D. 化工业和皮革业

17. “一战”期间，中国近代民族工业出现了“短暂的春天”。促使这一局面出现的外部条件是（　　）

A. 群众性的反帝爱国运动　　B. 清政府放宽了对民间设厂的限制

C. 实业救国思潮的推动　　D. 欧洲列强暂时放松对华经济侵略

18. 20 世纪 30 年代中期，为应对世界经济危机、遏制白银大量外流，中华民国推行了（　　）

A. 法币改革　　B. 废两改元　　C. 改订新约　　D. 发行债券

19. 抗日战争时期，日本对沦陷区大肆进行经济掠夺的直接目的是（　　）

A. 实现同化政策　　B. 实现中日经济共同发展

C. 转嫁经济危机的打击　　D. 满足战争需要，以战养战

20. 民国后期，中国民族工业陷入困境的原因有（　　）

①政府统制经济政策　②官僚资本主义的压迫　③美国对中国的经济侵略　④封建君主专制的阻碍

A. ①②③　　B. ①③④　　C. ②③④　　D. ①②③④

二、材料分析题

1. 阅读材料，回答问题。

近代一批仁人志士提出“商战”，即发展实业，以收回利权，挽救民族危亡，可称之为“中国近代经济民族主义”，其发展与抵制洋货运动密切相关。

材料一　1919 年五四运动期间的抵制日货运动使上海华商纱厂盈利迅速提高，并出现了建立新厂、增加设备的热潮，形成了中国棉纺织业发展史上的所谓“黄金时期”。与此同时，华商烟厂、火柴厂等也得到了相应的发展……据统计，1919 年在农商部注册的工商企业达到 104 家，超过历年最高水平，1920 年更达到 142 家。其中注册的工业公司在 1919 年为 65 家，资金为 44 728 300 元，也是亘古未有。

材料二　1925 年，上海发起了抵制日货运动……由于运动期间禁止提取洋栈货，引起煤荒和粮价上涨，既严重影响了民族工业的商业利润，又波及人们的日常生活。上海人民出现心理恐慌，运动难以持续下去。于是，在资产阶级各团体的纷纷要求下，上海总商会同意提取英日货。同时，帝国主义为了反抵制，工部局停供华商工厂电力达两个月之久，导致上海 13 家华商纱厂被迫停工，失业工人达 6 万多人，损失 326 万元以上，严重危及上海民族纺织业的生存。

——以上材料均摘编自李宗超《近代中国经济民族主义的理性与非理性》

（1）根据材料一，概括近代中国民族工业发展的特点。根据材料二，指出 1925 年抵制日货运动“难以持续下去”的原因。

（2）综合上述材料并结合所学知识，评述“中国近代经济民族主义”。

2. 阅读材料，回答问题。

材料一　1932 年，日本在上海挑起一·二八事变。鉴于中国重要工厂绝大部分都集中于上海，而内地各省几乎没有工业基础，难以满足抗战的物资需要，南京国民政府计划将工厂内迁。1937 年，国民政府制定了《工厂迁移协助办法》，打算在武汉建立新工业区。截止到 1937 年底，上海迁出民营企业 146 家，各种机件 14 600 余吨。南京沦陷后，国民政府再次动员企业迁移，拟定《西南西北工业建设计划》。从 1938 年 7 月起，已在武汉的工厂又大规模拆迁，主要迁往湘、桂、黔、滇、陕、川，共迁出企业 304 家，物资 511 825 吨。

材料二　我（刘鸿生：中国近代著名爱国实业家）在重庆办的中国毛纺织工业部、火柴原料厂及兰州办的毛纺厂，都有官僚资本的投资。我原来在上海是大老板，到重庆却成了大老板的伙计。

1936 年 3 月，宋子文趁南洋公司资金困难之机，低价收买股票 20 万股，占南洋公司股票总额的一半，从而控制了这家中国最大的民营烟草公司。

（1）结合材料一及所学知识，概述 20 世纪 30 年代中国民族工业内迁的原因及过程。

（2）材料二反映了近代民族资本主义的特点是什么？

三、问答题

1. 近代中国资本主义是怎样产生的？
2. 简述近代中国民族资本主义的发展情况。
3. 为什么第一次世界大战期间中国资本主义会迎来发展的“短暂的春天”？

第三节 中国近代社会的变迁

“断发易服” 鸦片战争前后，西式服饰传入中国，民间仿效之风悄然兴起。长袍马褂与西装革履并行不悖，成为近代中国特有的景观。

民间服饰变革之风对官定服饰制度形成了巨大冲击。迫于时势，清政府不得不实行改革。清政府仿照西方各国，颁布了男女礼服的形制。随着法令的推行，新服饰迅速走向社会中下层民众。人们根据各自的生活方式、审美情趣和经济能力，随心所欲地选择服饰。

洋装在中国的流行，促使中国服饰的改良。中山装和旗袍的出现，就是中西合璧的产物。

“断发”和不缠足运动具有鲜明的政治色彩。1910 年，清政府颁布准许自由剪发的法令。辛亥革命之后，民国政府发出《剪辫通令》，结辫陋习至此革除。

在西方民主平等思想的影响下，维新人士倡导发起女权运动。康有为在广东南海首创《不缠足会草例》，其后与康广仁等在广州正式成立了“不缠足会”，并逐渐推广，新学堂则以不缠足为基本的入学条件，不缠足运动轰轰烈烈地开展起来。

中山装

报刊与电影 鸦片战争前夕，中国出现近代报刊。到 1911 年，全国共有约 500 种报刊。

“三寸金莲”绣花鞋

太平天国起义爆发后，各报刊用大量篇幅及时报道时局和战况，一时间洛阳纸贵，报纸成为抢手货，民众开始有了“新闻”的观念。

1872 年创刊的《申报》是近代中国出版时间最长、影响最大的报纸之一。1884 年，申报馆创办《点石斋画报》，开新闻画报之先河，报刊读者愈加广泛。《小说林》《月月小说》《绣像小说》和《新小说》号称清末四大小说杂志。各类通俗性报刊受到社会各阶层民众的普遍欢迎。

维新运动中，国人办报的热情空前高涨，报纸成为宣传政治纲领和开展政治斗争的武器。新文化运动以后，阅读报刊成为民众生活的重要内容。

电影是一种以活动画面表现的艺术，富于大众性，自产生之日起，便成为最活跃的文化形式之一。19 世纪末电影传入中国，看电影迅速成为民间喜闻乐见的娱乐活动。

1905 年，北京丰泰照相馆摄制了谭鑫培的京剧短片《定军山》，这是中国人第一次尝试拍摄影片。《定军山》是我国最早的一部无声戏曲武打纪录短片，谭鑫培也成为我国第一位涉足影坛的表演艺术家。《定军山》在拍摄手法上受到一些西方国家的影响，但取材却与我国传统的民族戏曲和古典文学相结合，非常符合观众的欣赏习惯。影片上映后受到热烈欢迎，曾出现万人空巷盛况。

1913 年，张石川、郑正秋合作导演的《难夫难妻》是中国第一部故事影片，它以潮州的买卖婚姻习俗作为题材，讽刺旧式婚姻压抑人性的虚伪和丑恶。1930 年底，中国第一部有声影片《歌女红牡丹》在上海摄制成功。该片主旨为揭露旧礼教对妇女的精神毒害。

1931 年 1 月下旬，《歌女红牡丹》在明星大戏院试映。由于是中国第一部有声片，片未开映，座已告满，盛况空前，不仅轰动了全国各大城市，同时也吸引了南洋的侨胞。上海远东公司、青年公司纷纷以高出影片十余倍的价格，购买该片在南洋各地的上映权，一时传为美谈。

近代报刊和电影以丰富的内容和生动直观的形象，及时传播时事信息，娱乐生活，促进了科学知识的普及，开阔了人们的视野。

移风易俗　在纲常礼教束缚下，古代中国形成了一套体现贵贱尊卑的日常礼仪。清代礼仪根据身份与场合，分三跪九叩、长拜作揖等，陈腐而刻板。

民国之初，为了体现民主共和精神，民国政府正式宣布废除跪拜、作揖等礼节，代之以鞠躬、握手。礼仪的简化，显示出平等、自由等文化精神。

新文化运动和国民革命洪流，推动了近代婚姻的变革进程。

婚姻风俗的变革主要发生在通商口岸的知识分子和官宦人家，而内地和农村地区却几乎没有什么变化。

厚葬风气相沿成习，变革最为迟缓。直到 19 世纪中期，西方文明、卫生、简洁的丧葬礼仪引起了国人的注目。

近代社会生活的变迁是在西方物质文明和民主思潮影响下发生的，这些变化反映了社会物质文明的进步，折射出人文精神和民主意识，有些还成为妇女解放的重要标志。

由于中国近代政治经济发展的极端不平衡，在广大内地农村几乎看不到新生活气息，闭塞和贫困依然是下层民众普遍的生存状态。

交通与通信的变化　铁路是交通（道路邮传的总称）运输建设的重点，因速度快、运力大、费用低廉而便于国计民生，成为近代中国国民经济发展的动脉。

1881 年，中国自建的第一条铁路——唐胥铁路，在一片反对声中建成通车。由于地近京畿，引起朝野关注，并引发了长达十余年的铁路之争。火车轮下伸向远方的双轨、风驰电掣般的速度、欢快的轰鸣，昭示着新时代的到来。到 19 世纪 90 年代末，反对之声已波澜不兴。

甲午战争以后，列强激烈争夺在华铁路的修筑权。其结果，一方面迫使清政府放弃自主修路的权利，另一方面也促使清朝官员改变观念，认识到修路的紧迫性。修铁路，修更多的铁路成为中国人救亡图存的强烈愿望。1909 年，中国工程师詹天佑设计施工的京张铁路建成通车，成为中国铁路史上的里程碑。

到 1911 年，全国铁路多由外国修筑并控制。民国以后，各条商路修筑权收归国有。由于政潮迭起，军阀混战，社会经济凋敝，铁路建设始终未入正轨。

除了铁路交通，变化还包括轮船航运、航空以及邮传通信。

1872 年，近代第一家轮船航运公司——轮船招商局正式成立，标志着中国新式航运业的诞生。1900 年前后，民间兴办的各类轮船航运公司近百家，几乎都是在列强联手压价、竞争排挤中艰难求生。民国以后，这种情况还是没有多少改观。

中国航空事业起步于 1918 年。当时附设在福建马尾造船厂的海军飞机工程处开始研制水上飞机。同年，北洋政府在交通部下设“筹办航空事宜处”，先后拟订以北京为中心的五大民航线路。此后十年间，航空事业获得较快发展。

鸦片战争以后，外国人在通商口岸地区设立“领事邮政代办所”，专门处理各国在华邮政业务。1896 年，“大清邮政局”宣告成立。此后清政府又设立邮传部，邮传正式脱离海关。

民国时期邮政进一步发展。1913 年，北洋政府宣布裁撤全部驿站。1920 年中国首次参加万国邮联大会，签订一系列相关国际邮政条约。数年后，外国在华开办的“客邮”被撤销。

1877 年，福建巡抚在台湾架设第一条电报线，成为中国自办电报的开端。仅短短数年，电报线遍及各省，民用电报事业也普遍开展起来。1880 年，李鸿章在天津设立电报总局，推盛宣怀为总办，它是中国最早设立的电报局。电报总局开始时即在全国一些地方设立分局，并架设电报线达 2 500 公里。1884 年，总局迁移上海。

民国时期战乱频仍，电报电信事业一度发展缓慢，直到 20 世纪 30 年代情况才逐渐发生变化。

新式交通促进了经济发展，改变了人们的通信手段和出行方式，还一定程度上转变了人们的思想观念。交通近代化使中国同世界的联系大大增强，使异地传输更为便捷，促进了中国的经济与社会发展，也使人们的生活更加多姿多彩。

练习题

一、选择题

1. 下列属于中西合璧的产物是（　　）

①长袍马褂　②中山装　③旗袍　④西装

A. ①②　　B. ②③　　C. ③④　　D. ②③④

2. 中国近代“断发易服”开始于（　　）

A. 辛亥革命之前　　B. 辛亥革命之后

C. 新文化运动时　　D. 五四运动之后

3. 结辫陋习被革除是在（　　）

A. 清政府时期　　B. 南京临时政府时期

C. 北洋军阀政府时期　　D. 南京国民政府时期

4. 1912 年南京临时政府发布《各省劝禁缠足文》，1928 年南京国民政府也发布《禁止妇女缠足条例》，并多次下令禁止缠足，但是一直到中华人民共和国成立后，缠足现象才逐渐消失。这从侧面反映出（　　）

A. 民国政府首倡废止缠足　　B. 优秀传统文化的生命力顽强

C. 传统风俗习惯根深蒂固　　D. 政府法规引导风尚变迁

5. 堪称“中国近代史料宝库”，出版时间最长、影响最大的近代报纸是（　　）

A.《新青年》　　B.《申报》　　C.《时务报》　　D.《点石斋画报》

6. 清末四大小说杂志不包括（　　）

A.《小说林》　　B.《月月小说》　　C.《故事会》　　D.《绣像小说》

7. 近代中国先后出现《国闻报》《民报》《中央日报》《新华日报》等报刊，这体现了（　　）

A. 民主共和的观念深入人心　　B. 报刊成为政治宣传的武器

C. 近代中国社会生活的丰富性　　D. 阅读报刊成为民众生活习惯

8. 1905 年梨园泰斗谭鑫培主演的《定军山》首映成功。该影片在中国电影史上的地位是（　　）

A. 中国第一部彩色影片　　B. 中国第一部有声电影

C. 中国人自摄的第一部影片　　D. 中国第一部获国际荣誉的影片

9. 第一部以“讽刺旧式婚姻压抑人性的虚伪和丑陋”为题材的故事影片是（　　）

A.《渔光曲》　　B.《难夫难妻》　　C.《十字街头》　　D.《故都春梦》

10.《义勇军进行曲》是以下哪部影片的主题曲（　　）

A.《英雄儿女》　　B.《闪闪的红星》

C.《风云儿女》　　D.《一江春水向东流》

11. 下列情况，在 1920 年的中国不可能出现的是（　　）

A. 在西餐厅就餐　　B. 在电影院观看《歌女红牡丹》

C. 穿中山装上班　　D. 路上行人互相称呼“先生”

12. 以下礼仪体现民主共和精神的是（　　）

①三跪九叩　②长拜作揖　③鞠躬　④握手

A. ①②　　B. ③④　　C. ①③　　D. ②④

13. 直接推动近代婚姻变革进程的事件有（　　）

①鸦片战争　②辛亥革命　③新文化运动　④国民革命

A. ①②　　B. ③④　　C. ①③　　D. ②③④

14. 1881 年，中国自建的第一条铁路是（　　）

A. 淞沪铁路　　B. 唐胥铁路　　C. 京张铁路　　D. 京汉铁路

15. 关于京张铁路的描述，不正确的是（　　）

A. 是首条中国人自行设计和施工的铁路　　B. 由詹天佑设计

C. 成为中国铁路史上的里程碑　　D. 位于今天的河南省

16. 标志着中国新式航运业诞生的近代第一家轮船航运公司是（　　）

A. 轮船招商局　　B. 福州船政局

C. 马尾造船厂　　D. 中国国营招商局

17. 中国航空事业起步于（　　）

A. 1912 年　　B. 1918 年　　C. 1928 年　　D. 1946 年

18. 中国第一个飞机设计师是（　　）

A. 容闳　　B. 茅以升　　C. 冯如　　D. 李四光

19. 1877 年，中国架设的第一条有线电报线在（　　）

A. 上海　　B. 广州　　C. 台湾　　D. 南京

20. 导致近代中国交通和通信事业发展缓慢的根本原因是（　　）

A. 传统观念的抵制　　B. 中国政治经济发展的极端不平衡

C. 外国列强的入侵　　D. 中国半殖民地半封建的社会性质

二、材料分析题

1. 阅读材料，回答问题。

材料一　今之辫、服，牵掣行动，妨碍操作，游历他邦，则都市腾笑，申申詈予；于时为不宜，于民为不便，稍窥世变者，已熟察而稔知之矣。

——《辛亥革命前十年间时论选集》

材料二 “革命后……湖南女子开始冲破旧礼教的封锁线，要求有选择配偶的自由。”1905 年，李叔同为母亲办丧事，概不收受财物，参加追悼会的人，不行旧礼，改行鞠躬礼，整个仪式简朴感人。

材料三 天津通商后不出十年，租界里中国人的时髦打扮已变成“短衫窄裤，头戴小草帽，口衔烟卷，时辰表链挂胸前”。甲午战争前，即便是内地甚至某些乡村，日用洋货也有所流行。洋货成为某些人生活的必需品，原先的“扬气”“今则竟曰‘洋气’了”。

——摘编自孙燕京《晚清社会风尚研究》

（1）材料三中的“洋气”是指什么？结合所学知识，分析从“扬气”变为“洋气”的原因。

（2）综合上述史料，你认为影响社会生活风尚的因素有哪些？

2. 阅读材料，回答问题。

材料一 《申报》原名《申江新报》，1872 年 4 月 30 日在上海创刊，1949 年 5 月 27 日停刊，是近代中国发行时间最久、具有广泛社会影响的报纸，是中国现代报纸开端的标志。《申报》是 1872 年由英商美查同伍华特、普莱亚、麦洛基合资创办，以营利为主要目的的商业报纸。《申报》对新闻业务进行了改革，规定报纸的言论要“有系乎国计民生”，要“上关皇朝经济，下知小民稼穑之苦”。

——熊月之《〈申报〉与近代上海文化》

材料二 *TIME*（即《时代》周刊），是美国乃至世界知名的时事性周刊之一。1923 年 3 月由亨利·R. 卢斯和布里顿·哈登创办。它旨在使“忙人”能够充分了解世界大事。该刊的特色是将一周的新闻加以组织、分类，并提供背景材料，进行分析解释。立足美国、关注全球一直是《时代》周刊的一大特色。《时代》周刊对新闻的关注极其敏锐，哪里有好新闻，哪里就有《时代》周刊记者的身影。它的笔端触及世界的每一个角落。

——王琴琴《美国〈时代〉周刊的报道特色分析》

（1）根据材料一并结合所学知识，分析《申报》创办的历史条件。简要概括《申报》成为近代中国发行时间最久、影响最广的报纸的有利因素。

（2）根据材料二并结合所学知识，分析《时代》周刊“立足美国、关注全球”的原因。综合以上材料，说明报纸杂志与社会发展的关系。

三、问答题

1. 简述近代中国社会生活演变的原因、内容和影响。

2. 简述近代中国交通发展的原因、特点和影响。

第四节　中国近代主要经济思想

“求富”思想　“求富”思想是19世纪70年代至90年代由洋务派提出的。在此之前，洋务派积极追求的是“自强”运动。所谓自强，就是积极仿效西方国家建立军事工业，制造枪炮、战船，以武装军队和建设国防等。在“自强”口号下，洋务派兴办了一批军事企业，并进行了海军建设和新式陆军的编练。但随着“自强”运动的发展，特别是到19世纪70年代前后，洋务派又提出了“求富”的主张，而且这一主张还成为70年代后洋务派追求的主要目标。那么，洋务派为什么要提出“求富”主张呢？这与如下因素有关：第一，以太平天国为中心的全国性农民起义走向低潮，而民族矛盾上升，特别是西方资本主义国家对华军事和经济侵略日益加深，使清政府不得不把心思和精力由对内转向对外，以抵御外侮。对外侮的抵御不仅要体现在军事上，还要体现在经济上“与洋人争利”。第二，在“自强”运动中创办的军事工业和新式军队，出现了因缺乏经费、原料、运输、电讯等方面的支持而维系困难。李鸿章意识到：“今日当务之急，莫若借法以富强，强以练兵为先，富以裕商为本。”就是说，求强必须求富，富是强的根本，强大的军事力量必须建立在雄厚的经济实力基础上。

怎样求富呢？洋务派把眼光转向了发展工商业方面。李鸿章说：“西洋方千里数百里之国，岁入财赋动以数万万计，无非取资于煤铁、五金之矿、铁路、电报、信局、丁口等税。酌度时势，若不早图变计，择其至要者逐渐仿行，以贫交富，以弱敌强，未有不终受其敝者。”他还就强与富的关系进行强调：“臣维古今国势，必先富而后能强，尤必富在民生，而国本乃可益固。”在这一认识下，李鸿章提出了一些具体的发展项目：“用洋法开采煤铁”“改驿递为电信，土车为铁路”“设法仿造（外国机器纺织业），以分洋人之利”。

其实，在如何“致富”的具体做法上，薛福成讲得更为具体：“中国地博物阜，甲于五大洲，欲图自治，先谋自强，欲谋自强，先求致富。致富之术，莫如兴利除弊。兴利奈何？一曰煤铁之利。每省能开一二佳矿，则船政、枪炮、制造各局所需，无须购之外洋，可省无穷之费。一曰五金之利。云南产铜，山东、吉林产金，广东产水银，四川产银，诚能广为开采，妥为经营，则货不弃于地矣。一曰鼓铸之利。如能仿英、美诸国之铸金银，公家之利甚薄，而钞票之法亦寓乎其中，即银行之利亦可兴焉。一曰组织之利。织绒机器应设于直隶、天津，以取口外之驼毛、羊毛；织布机器设于苏州、上海，以取滨海之木棉；织绸缎机器设于苏杭嘉湖，以购江浙之蚕丝。一曰铁路之利。所以与轮船招商局相表里，而二十行省之土货可以广销，则愈产愈丰矣。”

洋务派在发展工商业的设想上，还进行了较为详细的构思。如在发展工业方面，主张尽可能地使用机器生产，因为使用机器可以“用力少而成功多，是可资以治生”。对于机器的来源，洋务派提出了中国自造的主张。郑观应指出：“论商务之原，以制造为急，而制造之法，以机器为先……人但知购办机器，可得机器之用；不知能自造机器，则始得机器无穷之妙用也。宜设专厂制造机器。”若“中国不能制机，中国之工商即永不能力争先著也”。在发展商业问题上，洋务派提出：应实行保商政策，提高商人的社会地位；积极发展对外通商，并力争关税自主；为增强中国商人的市场竞争力，政府可组织公司，发挥大资本经营的优点。在交通运输业领域，不仅要发展铁路，还应发展公路和水路交通。洋务派认为，发展交通运输业，不仅对国防有益，而且对发展商务、解决国家财政困难以及社会风气好转都有积极意义。

在上述思想的影响下，洋务派创办了一批民用企业，其中包括采矿、冶炼、纺织等工矿业以及航运、铁路、电讯等交通电报业。这些以“求富”为目的的企业，大多采用了“官督商办”的形式。这些企业的创办，在一定程度上引进了西方资本主义的经营和管理方式以及西方的先进技术，促进了中国资本主义经济的发展，也或多或少地起到了抵御外来经济侵略的作用。

在思想上，洋务派的“求富”主张对传统的“重农抑商”“重义轻利”的价值观和道德观造成了冲击，推动了人们思想观念的近代化。

但是值得注意的是，洋务派的“求富”观只是在“以新卫旧”的“中体西用”思想之下的一种派生，所以，它不可避免地受到“中体”思想的束缚而难以在近代化思想发展的道路上正常前进，且不时出现矛盾现象。尽管如此，“借法以求富”的思想，在特定的历史阶段中，毕竟使中国人开阔了思路，打开了眼界，为近代经济思想的发展开辟了道路。

商战论 商战论是中国近代早期改良派思想家们提出的一种反对外国资本主义经济侵略的思想。

第二次鸦片战争后到甲午中日战争前的几十年间，在西方资本主义商品侵略的冲击之下，中国社会经济遭到了严重破坏，对外贸易出现逆差，幼弱的民族工商业受到了压抑和摧残，这引起了有识之士的关注。他们为挽回利权、堵塞漏卮、救亡图存，进而喊出了“商战”的口号。

最早提出“商战”二字的是曾国藩。1862 年，曾国藩在给湖南巡抚毛鸿宾的信中说：“至秦用商鞅以耕战二字为国……今之西洋以商战二字为国。”意即要求设法迎接来自西方列强的商战。

1878 年，御史李璠即引曾国藩的说法，更详细地分析了中西通商的局面：“泰西各国，谓商务之盛衰关乎国运，故君民同心，利之所在，全力赴之。始而海滨，继而腹地，既蚀人之资财，并据人之形势，盘踞已久，遂惟所欲为。古之侵人国也，必费财而后辟土；彼之侵人国也，既辟土而又生财。故大学士曾国藩谓‘商鞅以耕战，泰西以商战’，诚为确论，此洋人通商弱人之实情也。”基于此，李璠点出：“夫轮船招商，坚壁清野之策也，外洋贸易，直捣中坚之策也。”在这里，李璠已点明了“商战”的功用和贸易的意义。

1879 年，薛福成又秉承曾国藩的观念而审视纵论当时商政之对策说：“昔商君之论富强也，以耕战为务。而西人之谋富强也，以工商为先。耕战植其基，工商扩其用也。然论西人致富之术，非工不足以开商之源，则工又为其基，而商为其用。迩者英人经营国事，上下一心，殚精竭虑。工商之务，蒸蒸日上，其富强甲于地球诸国。诸国从而效之，迭起争雄。泰西强盛之势，遂为亘古所未有。”

在李、薛直承抒论之前，王韬在 19 世纪 70 年代初就提出：面对西方列强之“兵力”和“商力”，中国也应“兵力、商力二者并用，则方无意外之虞”。出此可见，在当时的知识分子群中，“商战”观念极具代表性。其中，以“商战”为题旨，直抒“商战”专论的重要代表人物，首推商人出身并终身经营商业的郑观应。

郑观应把西方资本主义对外侵略的方式和手段总结为“兵战”“商战”和“传教”。他把兵战与商战加以分析比较，认为“兵战之时短，其祸显；商战之时长，其祸大”，“兵之并吞祸人易觉，商之掊克（掠夺）敝国无形”。因此，他提出：“习兵战，不如习商战。”为同西方资本主义进行“商战”，他主张以商业为中心全面发展中国的资本主义经济，做到“中国所需于外洋者，皆能自制；外国所需于中国者，皆可运售”。

为了有效地进行商战，以郑观应等人为代表的早期改良派思想家们无一例外地强烈要求清政府改变传统的“轻商”“贱工”政策，以扶助和保护民族工商业。

“商战”口号的提出在当时的历史形势下有积极意义。它把发展国内资本主义经济同抵抗外国资本主义经济侵略直接联系起来，把发展资本主义工商业提高到了民族存亡兴衰的高度，表现出强烈的爱国热情。“商战”口号的提出和传播，打击了传统的义利观，推动了晚清重商主义思潮的兴起。因此，这个口号不仅在政治和经济上有积极意义，而且有解放思想的进步意义。但是，“商战”口号是在不触动封建统治的前提下提出的，所以不可能在同外国资本主义的“商战”中取得胜利，对其所产生的实际效果也不应估计过高。

实业救国论　实业救国论是19世纪末20世纪初中国民族资产阶级的一些代表人物所宣传的以通过兴办各种实业、建立起独立自主的民族资本主义经济体系作为救国救民主要途径的一种思想。

这种思想自甲午战争后开始出现，到辛亥革命前后发展成为一种颇有影响的思潮。甲午战争后，陈炽于1895—1896年写成了自称为“救中国之贫弱而作”的经济专著——《续富国策》，声称今后中国的存亡兴衰“皆以劝工一言为旋转乾坤之枢纽”，此说可谓中国近代实业救国论的滥觞。义和团运动后，面对民族危机，张謇更坚定地认为实业乃是决定国家命运的大问题。他说：“救国为目前之急……譬之树然，教育犹花，海陆军犹果也，而其根本则在实业。若骛其花与果之烁烂甘美而忘其本，不知花与果将何附而何自生。”张謇是中国近代的第一个状元实业家，在工商业界很有影响力。实业救国论经其提倡，很快在社会上，特别是在资产阶级上层人物中风行一时。

20世纪初的中国，一方面，资本主义有了初步发展，民族资产阶级队伍日益壮大；另一方面，在西方资本主义对中国疯狂的资本输出和原料掠夺下，民族危机日益加深。于是，民族主义思潮兴起，一个又一个救国方案被中国社会不同阶级和阶层的人们提了出来。“实业救国”这个反映民族资产阶级利益和愿望的口号就迅速传播开来。

在宣扬实业救国论的人物中，张謇、梁启超、穆藕初等最具代表性。

张謇的实业救国思想产生于甲午战争后。在中国战败和随之而来的瓜分狂潮面前，他看到中国“一天比一天危迫下去……因此就想到要中国不贫不弱，救醒它起来，除掉振兴工商业，决没有第二办法”。于是，张謇以“救醒”中国为目标，以兴办实业为唯一出路。他认为“国非富不强，富非实业不能，救贫之法惟实业，致富之法亦惟实业”。实业包括农、工、商各部门在内的整个国民经济，其中最重要的是工业和农业部门。为此，他提出了“棉铁主义”和“振兴农务”的主张。

梁启超也竭力宣传实业救国论。1910年，他在《敬告国中之谈实业者》一文中强调：“苟实业更不振兴，则不出三年，全国破产，四万万人必饿死过半。”梁启超主张按照西方垄断资本主义的做法，依靠大资本家来振兴实业。1903年他游美返回后，写了《二十世纪之巨灵：托拉斯》一文，认为托拉斯的产生和发展是“天演自然之力，终非人事所能违抗也”，它是实现“以最小率之劳费，易最大率之利益”的最善法门。中国要抵御资本主义的经济侵略，最大的希望在大资本家身上，并力主中国在重要产品生产方面应建立托拉斯。

穆藕初也是一个实业救国论的积极倡导者。他认为振兴实业“非但足以图本国地位之安全，亦足以消弭他国之侵掠和冲突，而间接造世界之公福”。在他看来，“世界之纷乱，人类之惨劫，非缘于生产之过剩，实缘于生产之不足”。因此，实业的不发达不仅仅关系到国家之存亡，同时也是世界战乱的直接原因。

实业救国的思潮，是“求富”论和“商战”主张的继承和发展，是先进的中国人在西方列强对中国进行大规模资本输出后采取的一种救亡图存的选择，同时在经济上全面揭示了中国资本主义发展的历史内涵，因而具有积极意义。但是，实业救国的倡导者们没有看到中国的危机和遭受欺凌的主要原因是帝国主义的侵略和封建主义的统治，不在政治上打倒帝国主义和封建主义，仅仅在经济上全面发展资本主义以达到图存和富强，是不可能的。

民生主义　民生主义是孙中山为推动中国经济发展和改善人民生活而设计的经济纲领。孙中山说：“民生就是人民的生活、社会的生存、国民的生计、群众的生命……故民生主义就是社会主义，又名共产主义，即是大同主义。”民生主义主要包括平均地权和节制资本两个经济纲领以及实行民生主义的具体措施——《实业计划》。

平均地权，是资产阶级民主革命的一个根本性的问题。孙中山认为：“若能将平均地权做到，那么，社会革命已成了七八分了。”土地是自然物，在人类出现以前，它就存在，人类灭亡以后，土地仍将长期留存。因此，土地应为社会公有，而不应该归任何人私有。关于地租和地价的暴涨，那是“社会进化”（特别是革命胜利后随着工业的进步和城市的发展）的结果，而不是“地主之力”，地主获取地租及地价增长的利益，完全是“坐享其成”“不劳而获”，由此造成的社会贫富悬殊，必将严重阻碍社会经济的发展。基于上述认识，他宣称自己的平均地权纲领，就是要在革命后消灭私人对土地的垄断，逐渐实行土地国有，以消灭地主将来获取这种暴利的可能性。这样做，不仅可以防止贫富分化，而且可以预防由贫富分化引起的社会动乱，同时国家也可以从不断增长的地租中获得大量的财政收入。

孙中山的土地国有化设想，并不是无偿没收地主的土地，而是主张通过将土地收归国有的办法来实现。孙中山认为，没收地主土地，会激化阶级矛盾，阻力太大，不宜实行。同时他又认为，如果由国家来收买全国的土地，不可能有那么多的资金，因此应采取约翰·穆勒的办法，把土地原价归地主、增价归国家作为实施平均地权的具体措施。其主要内容是：在革命胜利后，由地主向国家自行申报自己拥有的土地数量和价格，国家照价每年按一定比例征收地价税，同时保留照价收归国有的权利。这样既可防止地主高报地价，又可防止地主故意少报土地数量，减少纳税负担。革命后土地价格增加的部分则全部归国家所有。为了避免资金不足问题，孙中山又提出变相收买的方式，即土地定价后，国家暂不付给地主原价，土地仍旧归地主经营，待土地增价后，以增价部分交给地主，即以增价付原价，以购买土地的所有权。

孙中山在主张保留生产资料私有制的情况下，通过增价归公、变相收买的方式来逐渐取消土地私有制，这是一种明显的资产阶级土地国有化的理论和措施。虽然这一措施有不彻底性和妥协性，却反映了民族资产阶级的利益和要求，具有一定的积极意义。

在旧民主主义革命时期，孙中山的平均地权的思想和理论，主要着眼于城市土地问题，以及革命后资本主义的发展和建设问题。这反映了城市资产阶级的要求，而未能反映农民的要求，即没有明确提出解决农民的土地问题。正因为如此，没有出现一个“农村的大变动”，这也是辛亥革命失败的一个重要原因。到新民主主义革命时期，在中国共产党的影响和帮助下，孙中山才对中国的土地问题和农民问题有了深入的认识，进而明确提出了解决农民土地问题的“耕者有其田”的新主张，公开宣布“农民之缺乏田地沦为佃户者，国家当给以土地”，这是孙中山土地思想和理论的一个重大进步。

节制资本，是孙中山民生主义学说的又一主要内容。早在民主革命的准备时期，孙中山就有节制资本的想法，但正式提出并将其作为资产阶级民主革命的经济纲领，却是在《中国国民党第一次全国代表大会宣言》中。

节制资本的基本内容有两个方面：一是对国内具有垄断性的企业，不论其属于中国人还是外国人，一律收归国家经营，以防止私人资本操纵国计民生；二是“凡夫事物之可以委诸个人，或其较国家经营为适宜者，应任个人为之，由国家奖励，而以法律保护之”，即亦给予私人资本活动和发展的种种便利条件。这两个方面的内容可以概括为“节制私人资本和发展国家资本”。

为什么孙中山要提出节制资本呢？他认为中国资本主义经济的发展，有可能出现像西方国家那样少数大垄断资本控制国家经济命脉和排挤、压迫中小资本而造成贫富悬殊的现象，这种现象必然会使社会阶级矛盾加剧，以致无法收拾的地步。所以，用节制资本的办法“来阻止私人的大资本，防备将来社会贫富不均的大毛病”。但节制资本，并不是完全限制私人资本的发展，因为中国私人资本并不发达，中国还没有大富的特殊阶级，就算中国有了大富的资本家，和外国资本家相比，还是一个小贫，其他的穷人都可以说是大贫，因此中国还没有贫与富的区别，只有大贫与小贫的不同。所以，中国应该大力鼓励私人资本的发展，如果一味节制，就会破坏经济的发展速度。但他又认为，即使这样，也要事先打好预防针，采取预防措施，防止私人资本的无限膨胀，如实行征收所得税、遗产税的办法，限制私人资本的经营范围（银行、森林、铁路、矿山、航路之属由国家管理）等。孙中山认为，这种发展国家资本和限制私人资本的措施，又叫国家社会主义政策。

孙中山的这种主张，反映了民族资产阶级的愿望和要求。因为民族资产阶级力量弱小，经济实力不强，没有经营铁路、电力和矿山等大实业的能力，同时又担心外国资本利用极少数的大实业实行垄断经营和发展，使自己受到更大的排挤和打击。但是，他们要发展实业，又必须有廉价电力、交通和原料的支持，这些又必须有大实业来支撑。因此，民族资产阶级只好寄希望于国家来经营这些大实业，为自己服务，并抵御外国资本的竞争和压迫。

《实业计划》是孙中山为实现民生主义所制订的一个极为重要的具体措施。孙中山认为，“要解决民生问题，一定要发达资本，振兴实业”，《实业计划》就是发达资本和振兴实业的具体总战略。

对于《实业计划》，孙中山说，它“首先注重于铁路、道路之建设，运河、水道之修治，商港、市街之建设，其次则注重于移民垦荒、冶铁、炼钢”。由此看来，孙中山是把交通运输业和农、矿原材料生产作为实业发展的重点。

关于振兴实业的资金和人才问题，孙中山主张利用外资和外国人才来解决中国大规模振兴实业的需要，但借用外资和人才的前提，必须以维护国家主权的独立自主为原则，使发展之权“操之在我”。孙中山还认为，振兴实业必须有一个根本的政治前提，即坚持一定的政治改革，排除帝国主义和封建主义的统治，为中国实业的发展创造前提条件。

孙中山的实业计划，是在继承前人思想成就的基础上提出的一个既全面又有重点的工农业生产现代化的宏伟计划，它无论是在实业建设的规模上，还是在发展实业诸多关系的认识上，都达到了空前高度。这个计划虽然未能实现，但它反映了孙中山对中国社会未来的殷切关注和孜孜探求的爱国精神，并为中国后来的经济建设留下了极为有益的思想遗产。

练习题

一、选择题

1. 提出“求富”思想的是（　　）

A. 顽固派　　B. 洋务派　　C. 维新派　　D. 革命派

2. 最早提出“商战”二字的是（　　）

A. 李鸿章　　B. 张之洞　　C. 曾国藩　　D. 郑观应

3. 洋务运动后期，以“求富”为口号开办的企业是（　　）

A. 福州船政局　　B. 汉阳铁厂　　C. 金陵机器局　　D. 大生纱厂

4. 轮船招商局成立六七年，收入大约有 2 000 万两，将中国航运业利权收回约五分之三。这体现了洋务运动的民用企业（　　）

A. 起到抵御了外国经济侵略的作用　　B. 引进了西方管理方式和先进技术

C. 促进了民族资本主义经济的发展　　D. 推动人们思想观念向近代化转变

5. 洋务派创办民用企业的直接原因是（　　）

A. 发展资本主义经济　　B. 解决军事工业的困难

C. 抵制外国经济入侵　　D. 增加清政府的财政收入

6. “欲攘外，亟须自强；欲自强，必先致富；欲致富，必首在振工商。”此观点出自（　　）

A. 《海国图志》　　B. 《天朝田亩制度》

C. 《天演论》　　D. 《盛世危言》

7. 下列言论中符合早期维新派“商战”思想的是（　　）

A. “自强之术，在于练兵”

B. “改良社会经济组织，使人民有生之乐”

C. “师夷智以造炮制船，尤可期永远之利”

D. “今之国若有十万之富豪，则胜于有百万之劲卒”

8. “商战”口号的表述，正确的是（　　）

①打击了传统的义利观　②表现了强烈的爱国热情　③推动了晚清重商主义思潮的兴起　④推翻了封建政治统治

A. ①②③　　B. ①②④　　C. ②③④　　D. ①②③④

9. 被誉为中国近代第一个状元实业家的是（　　）

A. 林则徐　　B. 严复　　C. 梁启超　　D. 张謇

10. 抱着“实业救国”的理想所创办的企业是（　　）

A. 汉阳铁厂　　B. 开平矿务局　　C. 大生纱厂　　D. 继昌隆缫丝厂

11. 实业救国思想出现在（　　）

A. 鸦片战争后　　B. 洋务运动后　　C. 甲午战争后　　D. 维新变法后

12. 毛泽东曾说：“讲到重工业不能忘记张之洞，讲到轻工业不能忘记张謇。”两人的共同点是（　　）

A. 都是洋务派的代表人物　　B. 都提出“求富”的口号

C. 都提出了“实业救国”的口号　　D. 都为中国近代工业的发展作出了贡献

13. “实业救国”思想在实践中遭到挫折的根本原因是（　　）

A. 中国的社会性质　　B. 封建主义的压迫

C. 帝国主义的入侵　　D. 人民群众的愚昧

14. 孙中山认为：“土地就等于空气一样，应该为大家公共享受，所以土地不能归诸私人，而应归国家所有才对。”这种思想反映了三民主义中的（　　）

A. 驱除鞑虏　　B. 创立民国　　C. 平均地权　　D. 节制资本

15. 孙中山为推动中国经济发展和改善人民生活提出的民生主义，是指（　　）

①恢复中华　②节制资本　③驱除鞑虏　④平均地权

A. ①②　　B. ①③　　C. ②③　　D. ②④

16. 孙中山的民生主义代表了（　　）

A. 地主阶级的利益　　B. 民族资产阶级的利益

C. 农民阶级的利益　　D. 无产阶级的利益

17. 孙中山认为，西方国家贫富不均，劳资矛盾尖锐，“社会革命为期不远”，中国应该防患于未然，因此他提出了（　　）

A. 民主主义　　B. 民族主义　　C. 民权主义　　D. 民生主义

18. 19 世纪末 20 世纪初，实业救国、立宪救国、革命救国等各种社会思潮不断兴起，下列救国方案与代表人物的搭配，正确的是（　　）

A. 立宪救国——李鸿章　　B. 实业救国——张謇

C. 革命救国——康有为　　D. 教育救国——孙中山

19. 清末某官员谈到铁路修建时说：“内开未尽之地宝，外收已亏之利权。是铁路之利，首在利民，民之利既见，而国之利因之。利国之大端，则征兵转饷是矣。”这一言论体现的思想是（　　）

A. 自强求富　　B. 师夷长技以制夷

C. 实业救国　　D. 民生主义

20. “1895 年，中国有三个名人各自做出自己一生最为重要的选择：康有为选择了变法，孙中山选择了革命，张謇选择了实业。”三人的选择可谓“异曲同工”，都是为了（　　）

A. 实行君主立宪制度　　B. 推翻清政府腐朽统治

C. 挽救中华民族危亡　　D. 建立资产阶级共和国

二、材料分析题

阅读材料，回答问题。

材料一　中国文武制度，事事远出西人之上，独火器万不能及。……中国欲自强，则莫如学习外国利器，欲学习外国利器，则莫如觅制器之器，师其法而不必尽用其人。

——《江苏巡抚李鸿章致总理衙门原函》

材料二　西人立国……育才于学堂，论政于议院，君民一体，上下同心，务实而戒虚，谋定而后动，此其体也。轮船、火炮、洋枪、水雷、铁路、电线，此其用也。中国遗其体而求其用，无论竭蹶步趋（意为：艰难勉强地跟着走），常不相及。就令铁舰成行，铁路四达，果足恃欤？

材料三 中华而自安卑弱，不欲富国强兵，为天下之望国也，则亦已耳。苟欲安内攘外，君国子民，持公法以永保升平之局，其必自设立议院始矣！

——郑观应《盛世危言》

（1）李鸿章和郑观应在探索中国富强之路问题上有什么相同点和不同点？

（2）郑观应对洋务运动提出了怎样的批评？

（3）郑观应认为中国要富强应从什么方面入手？依其设想能否使中国富强？简述理由。

三、问答题

简要评述本节所涉及的几种经济思想。

第九章　中国社会主义建设发展道路的探索

第一节　中国社会主义经济建设的曲折发展

社会主义工业化的开端　新中国建立之初，工业基础差，底子薄，正如毛泽东所说："现在我们能造什么？能造桌子椅子，能造茶碗茶壶，能种粮食，还能磨成面粉，还能造纸，但是，一辆汽车、一架飞机、一辆坦克、一辆拖拉机都不能造。"所以，新中国成立之初，进行经济调整，大力恢复与发展国民经济成为当务之急。到 1952 年，国民经济形势基本好转，工业化建设提上日程。

1953 年，为建立社会主义制度的经济基础，中共中央在过渡时期总路线中提出了社会主义工业化的主张。这条总路线的内容是：从中华人民共和国成立到社会主义改造基本完成，这是一个过渡时期。党在过渡时期的总路线和总任务，是要在一个相当长的时期内，逐步实现国家的社会主义工业化，并逐步实现国家对农业、手工业和资本主义工商业的社会主义改造。

中国借鉴苏联社会主义建设的经验，做出了优先发展重工业的决定，并强调要处理好重工业、轻工业和农业之间的关系。1953 年，国家开始实施"一五"计划。这是新中国第一个发展国民经济的中长期计划。1951 年开始编制，1955 年正式通过并公布。

第一个五年计划的基本任务，是根据过渡时期的总路线提出来的。其内容是集中主要力量进行以苏联帮助我国设计的 156 个建设项目为中心、由限额以上的 694 个建设单位组成的工业建设，建立我国社会主义工业化的初步基础；发展部分集体所有制的农业生产合作社，并发展手工业生产合作社，建立对农业和手工业的社会主义改造的初步基础；基本上把资本主义工商业分别纳入各种形式的国家资本主义的轨道，以建立对私营工商业社会主义改造的基础。

围绕着这些基本任务，提出了第一个五年计划的 12 项具体任务，即：建立和扩建重工业；建设轻纺工业；利用原有的工业企业；改造小农经济，发展农业生产；发展运输业和邮电业；统筹安排，组织特种行业；在国营经济领导下，利用、限制、改造资本主义经济；保证市场的稳定；发展文化教育和科学研究事业；厉行节约，反对浪费，扩大资金积累，保证国家建设；逐步改善劳动人民的物质和文化生活；发展少数民族经济与文化事业。

1957 年，我国"一五"计划超额完成，在社会主义改造和建设上，取得了巨大成就。其成就如下：

一、社会经济结构发生根本变化

通过三大改造，到当年年底，参加农业生产合作社的农户占全国农户总数的98%，其中高级社户数已占96%；参加手工业合作组织的人数为589万人，占全国手工业者总数的90%左右。

未改造的资本主义工业，在全国工业总产值中的比重，已下降到千分之一以下；私营商品（主要是小商业），在商品零售额中只占3%；私营运输业的改造已基本完成。三大改造的胜利完成，使我国社会经济结构发生了根本变化。在国民经济收入中，1957年与1952年相比，国营经济由19%上升到33%，集体经济由1.5%上升到56%，公私合营经济由0.7%上升到8%，个体经济由72%下降到3%，资本主义经济由7%下降到1%。

二、各项经济事业迅速发展

（1）基本建设投资加大。五年内，全国完成的基建投资总额达550亿元。“一五”期间施工的工矿建设单位达1万个以上，其中，限额以上的921个，比计划规定的单位数量增加了227个。这921个限额以上的建设项目，是我国现代化建设的骨干，其中许多是过去没有的新兴工业，从而改变了新中国成立前工业残缺不全的状况，为实行整个国民经济技术改造提供了可靠的物质技术基础。

（2）工业生产迅猛发展。1957年工业总产值783.9亿元，比1952年增长128.3%，平均每年增长18%。五年间，我国工业发展速度远远超过了世界主要资本主义国家。

（3）农业生产增长很快。1957年，农业总产值比1952年增长25%，平均每年增长4.5%。

随着1956年底国家对农业、手工业和资本主义工商业的社会主义改造基本完成，社会主义计划经济在中国基本确立。1957年，“一五”计划的超额完成，为中国社会主义工业化的发展奠定了基础。

1956—1976年的曲折发展　1956年，中国共产党第八次全国代表大会指出，社会主义制度在中国已经基本建立起来。中国国内的主要矛盾，已经是人民对于建立先进的工业国的要求同落后的农业国之间的矛盾，人民对于经济文化迅速发展的需要同当前的经济文化不能满足人民需要的状况之间的矛盾。党和全国人民当前的主要任务，就是要集中精力来解决这个矛盾，把中国尽快地从落后的农业国变为先进的工业国。在“八大”路线的指引下，社会主义经济建设蓬勃开展起来。

但毛泽东等中央领导人片面追求经济建设中的高速度。1958年，党的八大二次会议提出了“鼓足干劲，力争上游，多快好省地建设社会主义”的总路线。接着，轻率地发动了以大炼钢铁为中心的“大跃进”和以“一大二公”为特点的人民公社化运动。这样，在经济建设中，以高指标、瞎指挥、浮夸风和共产风为主要标志的“左”倾错误迅速发展，使国民经济和生态环境遭到严重破坏。“大跃进”期间，中国经济损失在1 000亿元以上。

人民公社化运动试图以大规模生产的方式提高生产效率，但它并不适合农村生产力的实际发展水平，导致生产效率低下，严重挫伤了农民的生产积极性。

由于这些错误，1959—1961年，我国经历了连续三年的严重经济困难时期。

针对“大跃进”造成的国民经济严重困难，1960年冬，中央决定实行“调整、巩固、充实、提高”的方针。这八字方针的中心是调整。这个方针到1962年召开“七千人大会”

时得到了全面贯彻。贯彻这个方针，在缩小投资规模、放慢发展速度、恢复工农业生产并抑制通货膨胀、保证人民最低生活标准的同时，在经济体制上也有相应的对策。

首先，加强中央的集中统一管理，搞好综合平衡。为了克服无政府主义和分散主义，经济管理上加强集中统一。

其次，开始注意运用经济杠杆的调节作用。为了纠正否定价值规律的错误，注意运用经济杠杆来调节经济运行。

再次，制定各种管理条例，加强经济监督。为了制止几年中造成的各经济领域的混乱现象，除制定了《农业六十条》外，还先后制定了《工业七十条》《商业四十条》《手工业三十五条》和《高等教育六十条》《科学研究四十条》以及计划、财政等各项工作条例。

在调整过程中，还对体制改革进行了若干探索。例如：试办托拉斯，用经济组织管理经济，在工业、交通部门按照专业化协调的原则办了一些全国性的、地区性的和地方性的公司；改革企业管理体制，按照《工业七十条》，要求国家对企业实行“五定”，企业对国家实行“五保”，并建立党委领导下的厂长负责制等；改进物资管理，要求对生产资料参照商业部门的做法，合理安排流转环节，按照经济区设供应网点；试行两种劳动制度和两种教育制度，即固定工与合同工、临时工、亦工亦农并存，全日制学校与半工半读、半农半读并存；适当扩大地方管理权限，在继续加强集中统一的前提下，逐步把一些该由地方管理的事情下放给地方管理，包括计划留有机动和提高财政预备费的比例、给予调剂物资分配的权限等。调整时期的体制演变，针对以调整为主的任务，强调集中统一，取得了很大成绩，克服了困难，经济很快恢复，效益逐步提高，出现了以前少有的好形势。

1966—1976年的“文化大革命”严重干扰和破坏了国民经济建设，导致人民生活水平长期在低水平线上徘徊。据估算，“文化大革命”十年，国民经济损失约5 000亿元。

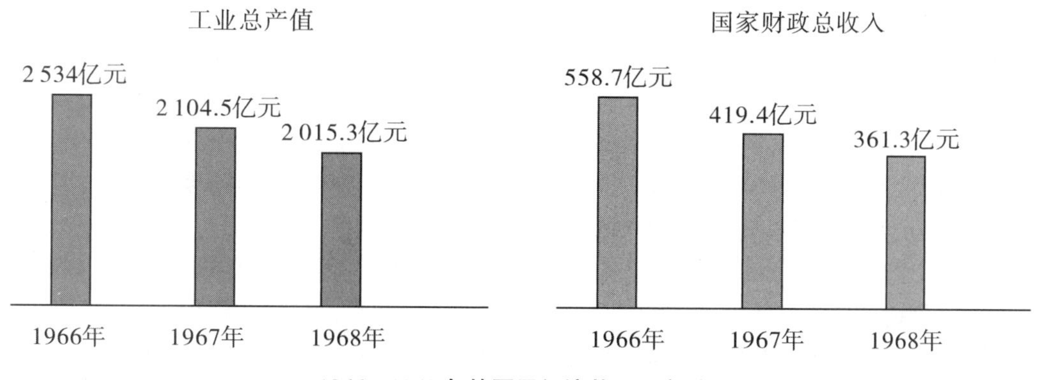

1966—1968年的国民经济状况（部分）

练习题

一、选择题

1. 新中国成立时，人民政府面临的经济形势十分严峻，这主要是因为（　　）

①帝国主义的长期掠夺　②工农业生产下降，交通运输阻塞

③长期战争的严重破坏　④国民政府和官僚资本的大肆搜刮

A. ①②③　　B. ①②④　　C. ①③④　　D. ②③④

2. 1950 年新中国政府先后开展了“银元之战”和“米棉之战”，其主要目的是（　　）
A. 消灭私有制　　B. 稳定全国物价
C. 建立国营企业　　D. 合理调整工商业
3. 我国彻底废除数千年的封建剥削土地制度的标志是（　　）
A.《共同纲领》的颁布　　B. 三大改造的基本完成
C.《土地改革法》的颁布　　D. 全国土改的基本完成
4. 新中国成立后，使农民获得土地所有权的经济改革是（　　）
A. 土地改革　　B. 农业合作化运动
C. 人民公社化运动　　D. 家庭联产承包责任制
5. 新中国成立初期，社会主义国营企业的建立和壮大主要得益于（　　）
A. 人民政府投资　　B. 调整私营工商业
C. 没收官僚资本　　D. 对资本主义工商业进行改造
6. 1952 年底，中国人民生活水平显著提高，这主要得益于（　　）
A. 过渡时期总路线的执行　　B. 国民经济的恢复和发展
C. “一五”计划取得成功　　D. 苏联对中国的经济援助
7. 1953 年，中共中央提出了过渡时期总路线，主要内容有（　　）
①提出了工业化的主张　②提出了对农业、手工业、资本主义工商业进行社会主义改造
③提出了土地改革的任务　④提出合理调整资本主义工商业的任务
A. ①②　　B. ②③　　C. ①③　　D. ③④
8. 过渡时期的总路线和总任务简称为“一化三改”，其中“一化”指的是（　　）
A. 民主化　　B. 工业化　　C. 城市化　　D. 现代化
9. 1953 年开始的社会主义改造偏重于（　　）
A. 思想改造　　B. 生产方式的改造
C. 发展生产　　D. 生产资料所有制形式的改造
10. 1953 年我国开始实行农业合作化的主要目的是（　　）
A. 彻底废除封建土地制度　　B. 为工业化建设提供条件
C. 为国民经济恢复作准备　　D. 加快社会主义建设速度
11. 社会主义制度基本在我国确立的标志是（　　）
A. 全国土改的基本完成　　B. “一五”计划的超额完成
C. 三大改造的基本完成　　D. 过渡时期总路线的提出
12. 新中国第一个五年计划中，工业建设方面的最大特点是（　　）
A. 优先发展轻工业　　B. 优先发展重工业
C. 轻重工业并举　　D. 优先发展高科技产业
13. “一五”计划的完成标志着我国（　　）
A. 建立了社会主义性质的国营经济
B. 基本完成对资本主义工商业的社会主义改造
C. 初步奠定了社会主义工业化的基础
D. 实现把生产资料私有制转变为社会主义公有制
14. 以下不属于我国“一五”计划的建设项目的是（　　）
A. 鞍山钢铁公司　　B. 沈阳机床厂

C. 大庆油田　　D. 长春第一汽车制造厂

15. 沟通西藏与各地联系的康藏、青藏、新藏公路，均建成于（　　）

A. 国民经济恢复时期　　B. “一五”计划时期

C. 十年探索时期　　D. 改革开放之后

16. 中共八大制定的经济建设方针是（　　）

A. 合理调整工商业

B. 鼓足干劲，力争上游，多快好省地建设社会主义

C. 集中力量优先发展重工业

D. 既反保守又反冒进，在综合平衡中稳步前进

17. 中共八大指出，在社会主义制度建立后，党和全国人民的主要任务是（　　）

A. 集中力量建成先进的工业国　　B. 加快社会主义民主政治进程

C. 大力发展社会主义国营企业　　D. 构建社会主义市场经济体制

18. 1958 年，社会主义建设总路线和“大跃进”失误的根源在于（　　）

A. 片面追求社会主义建设高速度

B. 违背了经济建设应综合平衡的原则

C. 高指标、瞎指挥、浮夸风

D. 夸大人的主观能动作用，忽视客观经济发展规律

19. 1960 年冬，党中央确定对国民经济实行“调整、巩固、充实、提高”的方针。该方针提出的背景是（　　）

A. 中共八大正确路线的确定　　B. 三大改造的基本完成

C. 国民经济出现严重困难　　D. 人民公社化运动开始

20. 1960 年，我国提出“调整、巩固、充实、提高”的方针，主要是调整（　　）

A. 经济建设与国防建设的关系　　B. 中央与地方的关系

C. 国民经济比例失衡的问题　　D. 城市与农村的关系

二、材料分析题

1. 阅读材料，回答问题。

材料一　土改后的几组调查材料：1952 年对山西 49 村农民的调查：有 10 780 亩土地被出卖；1953 年对湖北、湖南、江西三省农村的调查：有 12.52% 的农户出租土地；1952 年对山西忻县的调查：在被调查的 2 486 户农民中，放高利贷的有 20 户。

——《中国近代现代历史讲座》教学参考书

材料二　邓子恢在《在全国第一次农村工作会议上的总结报告》中指出：今天农业生产的发展，还有许多困难的条件限制了它，约束了它要在现有基础上提高一步，就必须帮助农民解决以下三个问题：①必须帮助贫困农民解决生产资料的困难，主要是牲畜、农具、肥料、种子等困难。②帮助农民减少自然灾害，如水灾、旱灾、虫灾等。……用什么办法帮助农民解决生产中的这些困难呢？当然，国家要大力帮助。……另一条道路是新道路，是领导农民组织起来，靠大家互助合作的力量……

——《中国近代现代历史讲座》教学参考书

材料三　1951 年 9 月全国第一次互助合作会议制定了《中共中央关于农业生产互助合

作的决议（草案）》指出：必须提倡组织起来，按照自愿互利的原则发展农民的劳动互助的积极性。1953 年到 1955 年，农业互助合作组织继续稳步发展。这时期建立起来的合作社，80% 以上增产增收，15% 持平，5% 减产减收……

——林志坚《新中国要事述评》

材料四 在农业合作化的过程中，一部分干部滋长了急于求成的情绪，在合作社的发展上盲目求多求快，强迫农民入社。结果出现了一些农民杀猪砍树，卖羊卖牛，不积极生产，甚至破坏农具的现象。

——林志坚《新中国要事述评》

材料五 1955 年 7 月，毛泽东约见中央农村工作部负责人邓子恢谈话，主张 1956 年要在现有 65 万个合作社的基础上发展到 130 万个，但邓子恢坚持只按原计划发展到 100 万个。后来毛泽东批评邓子恢犯了右倾机会主义错误，像一个“小脚女人”一样走路，东摇西摆，老是埋怨别人走快了，走快了，满脑子无穷的忧虑和数不清的清规戒律。

——林志坚《新中国要事述评》

（1）材料一、二反映了什么现象？据此分析农业互助合作的必要性和迫切性。
（2）结合有关材料分析合作化的意义。
（3）材料四中某些农民的行为说明了什么？
（4）邓子恢、毛泽东争论的焦点是什么？哪个人的观点更正确？为什么？

2. 阅读材料，回答问题。

材料一 “要用最高的速度来发展国家的社会生产力”，“速度是总路线的灵魂”，“快，这是多快好省的中心环节”。

——1958 年报刊关于总路线的宣传

材料二 1958 年 8 月，中共中央政治局在北戴河举行扩大会议……会议正式决定 1958 年钢产量要比 1957 年翻一番，达到 1 070 万吨……会后为了在余下的四个月时间里（前八个月只生产钢 400 万吨）完成……1 070 万吨的任务，在全国掀起大炼钢铁的群众运动……砍树挖煤，找矿炼钢，建起了上百万个小土高炉、小土焦炉，用土法炼铁炼钢。……1958 年底，共生产钢 1 108 万吨，其中合格的钢只有 800 万吨。

——《中国共产党的七十年》

（1）材料一对总路线的宣传，从思想路线上说失误何在？
（2）根据材料二，概括大炼钢铁运动的危害有哪些？
（3）结合材料，谈谈为什么“大跃进”没能实现经济建设的真正跃进？

三、问答题

1. 1949—1976 年中国经济建设有哪些成就，又有哪些经验教训？
2. 根据过渡时期总路线的要求，中央人民政府制定了第一个五年计划。据此回答：
（1）我国是在什么历史条件下实施第一个五年计划的？
（2）“一五”计划完成后，有哪些主要成就？
（3）结合“一五”期间的有关史实分析取得这些成就的原因有哪些？

3.《中国共产党的七十年》一书中指出，在前后约二十年（1957—1976年）之久的时间里，我党在两个问题上一再失误。请问这两个问题是什么？它们是如何影响发展的？

第二节　经济体制改革

农业家庭联产承包责任制　1978年12月，中国共产党十一届三中全会召开。会议确立了改革开放、把党的工作重点转移到经济建设上来的方针，从而揭开了中国经济改革的序幕。全会明确指出：实现工业、农业、国防和科学技术的现代化，要求大幅度地提高生产力，同时要求多方面地改变同生产力发展不适应的生产关系和上层建筑，改变一切不适应的管理方法、活动方式和思想方法。

中国农村率先进行改革，改变了人民公社吃“大锅饭”的生产组织形式，普遍实行了家庭联产承包责任制。

家庭联产承包责任制是指在土地公有制基础上，把土地长期承包给各农户使用，农业集体生产变为分户自主经营，自负盈亏。用农民们的话简单概括就是：“交够国家的，留足集体的，剩下都是自己的。”

以包产到户为主要特征的家庭联产承包责任制，使农民获得了生产和经营的自主权，极大地调动了农民群众的生产积极性。

1982年1月，中共中央下发了《全国农村工作会议纪要》，指出全国农村已有90%以上的生产队建立了农业生产责任制。1984年，中国粮食产量突破4亿吨，基本解决了8亿农民的温饱问题。农村改革进入调整产业结构、大力发展乡镇企业时期。

农村乡镇企业的发展，进一步提高了农民的生活水平，有利于农业的现代化建设和农村经济的发展。

国有企业改革　在农村改革的推动下，城市经济体制改革也迈开了稳健的步伐。1984年10月，中共中央十二届三中全会通过了《中共中央关于经济体制改革的决定》，城市经济体制改革在全国全面展开。城市经济体制改革的中心环节是增强企业活力，目标是建立有计划的社会主义商品经济。

国有企业改革增强了企业的竞争力，逐渐形成了一批有实力和活力的大企业集团，使国有资产大幅度增加，有利于国民经济的稳定和健康发展。

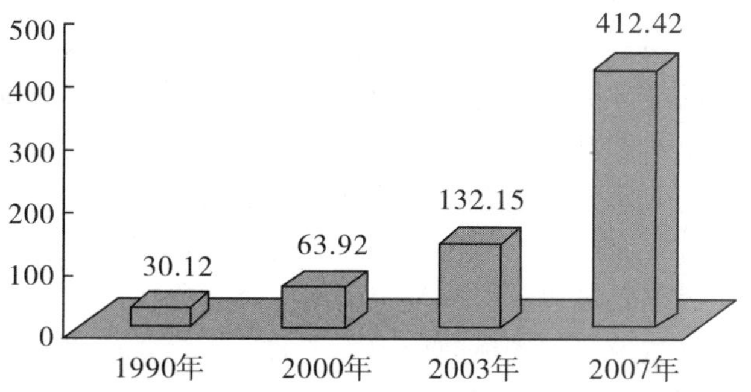

国有及国有控股工业企业利润（亿元）

社会主义市场经济体制的确立 发轫于1978年底的改革开放，转眼间走过了13年的历程，步入了1992年。这一年，中国的改革开放酝酿着重大突破，并最终走上了一个新的起点。

1992年初，88岁的邓小平又一次来到了中国的南方，并发表重要讲话。这次南方之行，正值国际政治格局大变、国内改革面临理论困境的重要时刻。

在国际上，前一年年底，苏联解体，冷战结束，世界社会主义运动遭受了前所未有的挫折。在国内，计划和市场的冲突在20世纪80年代末更趋激烈。棉花大战、钢材大战、蚕茧大战此起彼伏。1988年，超过20%的通货膨胀导致老百姓抢购成风，经济秩序出现混乱局面。中央不得不从1989年开始，花三年的时间采取治理整顿的措施。在这种情况下，有人认为经济的混乱是市场因素造成的，甚至主张把“市场”这只“鸟”再关回“计划”的“鸟笼”里去。中国的改革又走到了一个历史性关头。

对于如何看待改革中出现的新事物和新问题，邓小平提出，不要搞争论。不争论是为了争取时间干，一争论就复杂了，把时间都争掉了，什么也干不成。发展才是硬道理。邓小平的意见正是发表在1992年的这次南方之行期间。一个多月的时间里，他在武昌、深圳、珠海、上海发表了多次讲话。

从1979年到1992年，邓小平先后十多次论述了计划与市场问题，1992年的这次南方之行终于捅破了从计划到市场的这层窗户纸。他说：“计划多一点还是市场多一点，不是社会主义与资本主义的本质区别。计划经济不等于社会主义，资本主义也有计划；市场经济不等于资本主义，社会主义也有市场。计划和市场都是经济手段。”

这一论断使全党从根本上解除了把计划经济和市场经济看作属于社会基本制度范畴的思想束缚，使我们对什么是社会主义的问题有了更加深刻的认识，对社会主义基本理论的创新具有里程碑的意义。

1992年10月，中国共产党第十四次全国代表大会明确指出，我国经济体制改革的目标是建立社会主义市场经济体制。

1993年，全国人大将《宪法》第15条修改为“国家实行社会主义市场经济”。社会主义市场经济第一次写进我国宪法。1997年9月，中国共产党第十五次全国代表大会对社会主义市场经济理论有了更进一步的创新。党的十五大报告指出：“非公有制经济是我国社会主义市场经济的重要组成部分。”这对我国社会经济的发展起到了很大的促进作用。

到21世纪初，中国已经初步建立起社会主义市场经济体制，以公有制为主体、多种所有制经济共同发展的经济格局基本形成。

社会主义市场经济体制的确立，解放了中国的生产力，使中国经济与世界经济真正接轨，大大促进了经济的发展，加快了中国现代化发展的进程。

改革开放以来我国的经济体制和运行机制已发生了深刻的变化，高度集中、以行政手段为主的计划经济体制已基本“瓦解”，市场在国家宏观调控下对资源配置的基础性作用已大大加强，新体制的基本构架已大体确立，对外开放的格局基本形成，综合国力大大增强，人民生活水平显著提高。

总之，改革开放使我国经济运行机制发生了历史性变化，行政指令性、计划纵向分配资源的方式已基本上向多家竞争、市场横向配置资源的方式转变；实现了由凭票供应、商品匮乏的卖方市场向品种繁多、产品丰富的买方市场转变；实现了由封闭半封闭的经济向多层次、全方位开放的经济转变；经济运行由以“短缺”为基本特征的供给约束型向以市场需求约束为主并与资源约束相结合的类型转变；经济增长方式正由粗放经营向集约经营转变；国民经济由大起大落转向持续、快速、健康发展。改革开放有力地推动了经济和社会各项事业的发展，使我国发生了翻天覆地的变化。

练习题

一、选择题

1. 我国进入社会主义建设新时期的标志是（　　）

A. 三大改造完成后　　B. 人民公社化运动结束后

C. 中共八大　　D. 十一届三中全会

2. 中共十一届三中全会是新中国成立以来党的历史上具有转折意义的会议。其“转折”主要体现在（　　）

A. 从新民主主义社会转向社会主义社会

B. 党的工作重心从农村转向城市

C. 从“以阶级斗争为纲”转向经济建设

D. 挽救了党，挽救了中国革命

3. 1985 年邓小平说：“改革是中国的第二次革命。”其本质含义是（　　）

A. 把工作重心转移到经济建设上

B. 改变陈旧落后的思想观念

C. 改革不适应经济发展的管理体制

D. 解放和发展社会生产力

4. 十一届三中全会后，率先进行经济体制改革的是（　　）

A. 农村　　B. 城市　　C. 沿海地区　　D. 西北地区

5. 农村经济体制改革的主要形式是（　　）

A. 乡镇企业　　B. 农业生产责任制

C. 非农产业　　D. 人民公社体制

6. “交够国家的，留足集体的，剩下都是自己的”这句话描述的是（　　）

A. 人民公社运动的发展　　B. 城市经济体制的改革

C. 农村乡镇企业的发展　　D. 家庭联产承包责任制

7. 改革开放后，率先在农村推行家庭联产承包责任制的省份是（　　）

A. 安徽、四川　　B. 广东、福建　　C. 四川、浙江　　D. 安徽、湖南

8. 家庭联产承包责任制的主要特征是（　　）

A. 包产到户　　B. 自主经营　　C. 集体生产　　D. 长期承包

9. 关于家庭联产承包责任制的表述，不正确的是（　　）

A. 农民获得了所承包土地的所有权

B. 改变了以往分配中的平均主义

C. 农民获得了生产和经营的自主权

D. 调动了农民的生产积极性

10. 发展农村乡镇企业的重大意义有（　　）

①提高农民的生活水平　②有利于农业的现代化建设　③促进了农村的经济发展　④有

助于安置农村剩余劳动力

A. ①②③　　B. ①③④　　C. ②③④　　D. ①②③④

11. 通过城市经济体制改革在全国全面展开的会议是（　　）

A. 十一届三中全会　　B. 十二届三中全会

C. 中共十四大　　D. 中共十五大

12. 城市经济体制改革的中心环节是（　　）

A. 增强企业活力　　B. 建立现代企业制度

C. 扩大企业自主权　　D. 工资改革和物价改革

13. 1992 年，中共十四大确立了进一步深化国有企业改革的目标是（　　）

A. 扩大企业自主权　　B. 建立社会主义市场经济体制

C. 建立现代企业制度　　D. 建立社会主义有计划的商品经济

14. 建立现代企业制度的要求有（　　）

①产权清晰　②权责明确　③政企分开　④管理科学

A. ①②④　　B. ①③④　　C. ②③④　　D. ①②③④

15. 十一届三中全会后，农村和城市经济体制改革的共同点不包括（　　）

A. 促进了农村和城市经济的发展　　B. 改变了公有制的主导地位

C. 调动了劳动者的积极性　　D. 目的是解放和发展生产力

16. 1993 年 5 月，北京最后停止使用粮票，粮票全面退出历史舞台。随后布票、油票、肉票也相继退出了人们的日常生活。这反映出的本质问题是（　　）

A. 产品分配方式的变化　　B. 科学技术发展

C. 经济管理体制的变革　　D. 人民生活改善

17. 1949 年以来我国农业生产关系的变革或调整，按时间排序是（　　）

①土地改革　②人民公社化　③农业合作化　④家庭联产承包责任制

A. ①④②③　　B. ①③②④　　C. ③①②④　　D. ④①②③

18. 中共十四大明确指出我国经济体制改革的目标是建立（　　）

A. 社会主义市场经济体制　　B. 发展乡镇企业

C. 社会主义计划经济体制　　D. 发展国有企业

19. 社会主义市场经济第一次写进我国宪法是在（　　）

A. 1978 年　　B. 1992 年　　C. 1993 年　　D. 1995 年

20. 提出“非公有制经济是我国社会主义市场经济的重要组成部分”的会议是（　　）

A. 十一届三中全会　　B. 中共十三大　　C. 中共十四大　　D. 中共十五大

二、材料分析题

1. 阅读材料，回答问题。

材料一　1956 年 9 月，中共八大的决议指出：我们国内的主要矛盾，已经是人民对于建立先进的工业国的要求同落后的农业国的现实之间的矛盾，已经是人民对于经济文化发展的需要同当前经济文化不能满足人民需要的状况之间的矛盾。这一矛盾的实质，在我国社会主义制度已经建立的情况下，也就是先进的社会主义制度同落后的社会生产力之间的矛盾。党和全国人民的当前的主要任务，就是要集中力量来解决这个矛盾，把我国尽快地从落后的农业国变为先进的工业国。

材料二　1958年5月，中共八大二次会议断言："在整个过渡时期，也就是说社会主义社会建成以前，无产阶级同资产阶级的斗争，社会主义道路同资本主义道路的斗争，始终是我国内部的主要矛盾。"

材料三　1979年9月，叶剑英代表党中央在庆祝中华人民共和国成立三十周年大会上的讲话中指出，我国还是发展中的社会主义国家，社会主义制度还不成熟不完善，经济和文化还不发达，搞社会主义现代化有一个从初级到高级的过程，社会主义制度还处在幼年时期。必须坚定不移地把工作重点放在经济建设上，大力发展社会生产力，逐步改善人民生活。

（1）材料二的论断对材料一的论述有何修改？导致修改的主要原因有哪些？联系1958—1976年的重要史实，说明这种修改造成的严重后果。

（2）材料一和材料三的论述有何共同点和不同点？其不同点说明了什么？

2. 阅读材料，回答问题。

材料一　1961年春，安徽在一些地区试行"定产到田、责任到人"的农业责任制。此后，湖南、广西、广东等省农村也作了试点工作。实行生产责任制要求做到"五统一"，即生产计划、大农活安排、抗灾、用水和分配方面的统一。

材料二　1962年，中央农村工作部部长邓子恢在《关于农村问题的报告》中指出，分配中的平均主义和经营管理中的混乱，是造成当前我国农业生产力下降的重要原因之一。要调动社员的积极性，克服平均主义，必须有严格的生产责任制。

材料三　1979年1月，安徽凤阳县犁园公社小岗村18个农民搞起了大包干，率先敲响了农村改革的鼓点。从此以后，农村生产责任制在全国普遍实行。当时的农业生产责任制大体可分为两类，一类是小段包工，定额计酬；一类是包工包产，联产计酬（可包干到户）。后来全国主要采用把土地包干到户经营，不定额，不计酬，不统一分配，有人形象地称为"自负盈亏"。

（1）综合材料一、材料二，并结合所学知识分析20世纪60年代初实行农村生产责任制的原因。

（2）20世纪60年代的农业生产责任制与1979年以后的农业生产责任制有何异同？

（3）20世纪60年代的农业生产责任制刚刚实行即被批判是"社会主义同资本主义尖锐斗争的表现"。1979年的农业生产责任制实行后，有人说中国农村又恢复到农业合作化以前的状况，中国农村必将两极分化，地主阶级将再次出现，剥削制度将在农村复辟。请结合材料简述上述观点。

三、问答题

1. 概括指出1949—1952年底、1956—1978年以及1978年以后三个阶段，我国所有制结构的基本状况，并分析其对当时国民经济发展所起的作用。

2. 我国的市场经济体制改革取得了哪些突破性进展？

第三节 对外开放格局的形成

经济特区和经济开发区 中国共产党十一届三中全会确定了对外开放的方针。从1980年起，我国先后建立了深圳、珠海、汕头、厦门和海南五个经济特区。

在深圳、珠海、汕头、厦门建立经济特区，主要是因为它们是中国南方对外交通的重要陆路通道和重要海运港口，是著名的侨乡，离香港、澳门、台湾较近，在历史上与海外有密切交往。

1984年，中共中央、国务院决定进一步开放大连、秦皇岛、天津、广州等14个沿海港口城市。随后，相继把闽南三角地区（厦门、漳州、泉州三角地区）、长江三角洲、珠江三角洲等地辟为沿海经济开发区。

1992年，上海浦东开发区的开发成为经济建设的重点，同时也成为中国进一步对外开放的标志。

从2004年以来，天津滨海新区的开发建设引起世人关注，这一地区的进一步开发开放，可以有效地提升京津冀和环渤海地区的经济发展水平。

目前，中国的对外开放已经形成了从经济特区到沿海开放城市，再到内陆省会城市，从东部到中西部全方位、多层次的新格局。它有力地推动了中国经济的发展，越来越适应经济和科技发展的全球化趋势。

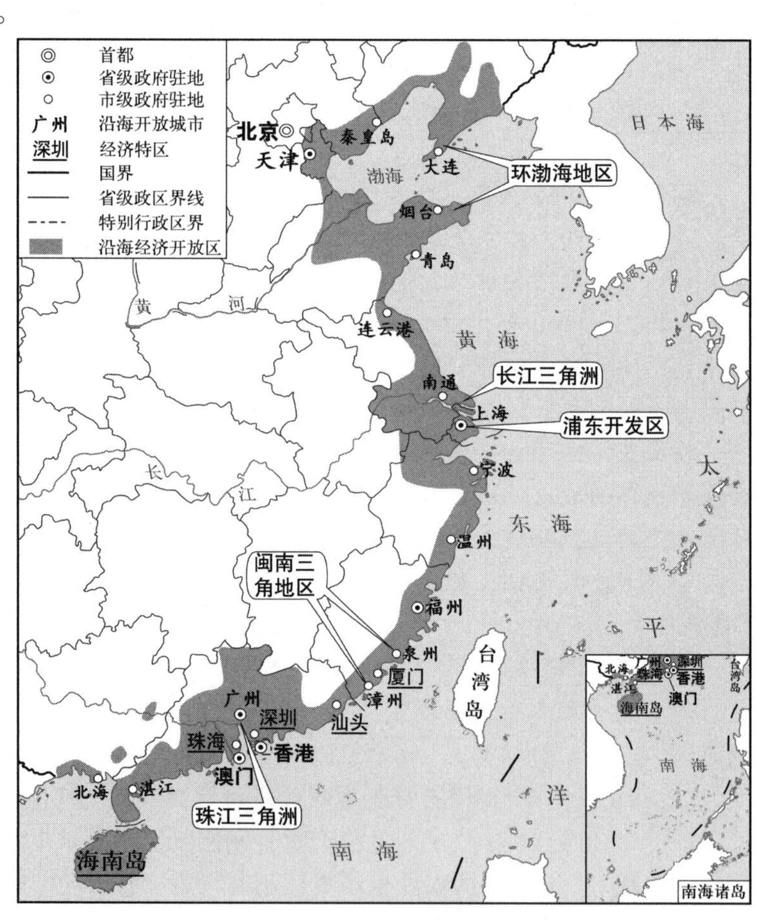

沿海地区对外开放示意图

加入世界贸易组织 2001年12月11日，中国加入了世界贸易组织（World Trade Organization，WTO），标志着我国对外开放进入到一个新阶段。

世界贸易组织是各国之间从事经济贸易活动的世界性统一市场。凡是经过批准手续、领取了“营业执照”的世界贸易组织成员，都可以进入这个市场。

中国是关贸总协定的创始国之一。中华人民共和国成立后，由于历史原因，中止了在关贸总协定中的活动。1981年，中国首次派观察员列席关贸总协定主持召开的国际纺织贸易协议谈判会议。1986 年 7 月，中国正式申请恢复在关贸总协定中的缔约国地位，并为此做了许多努力。经过长达 15 年的艰难谈判，中国终于在 2001 年 12 月成为世界贸易组织正式成员。

加入世界贸易组织是中国融入世界经济的必然选择，也是中国与世界经济实现全面接轨的一个契机，标志着世界大市场对中国的开放，总体上符合我国的根本利益。同时，中国经济融入世界，必将有力地推动全球经济的繁荣与发展。

练习题

一、选择题

1. 改革开放后出现的经济特区，“特”是指特区（　　）

A. 实行不同于内地的政治经济制度　　B. 处于沿海独特的地理位置

C. 采用特殊的经济政策和管理方法　　D. 建设独立的市场经济体制

2. 十一届三中全会以后，我国实行对外开放的根本目的是（　　）

A. 引进先进技术和管理经验　　B. 扩大对外贸易，吸引外资

C. 发展我国的社会主义经济　　D. 尽快加入世界贸易组织

3. 从 1980 年起，我国先后建立了五个经济特区，分别位于（　　）

A. 广东、福建、浙江　　B. 广东、福建、海南

C. 福建、浙江、江西　　D. 广东、广西、海南

4. 我国设立的首批经济特区是（　　）

A. 深圳、泉州、扬州、上海　　B. 福州、厦门、广州、珠海

C. 汕头、深圳、上海、温州　　D. 深圳、珠海、汕头、厦门

5. 十一届三中全会后，我国设立的第一个经济特区是（　　）

A. 深圳　　B. 珠海　　C. 香港　　D. 澳门

6. 十一届三中全会后，广东成为最早对外开放的地区之一，其优势在于（　　）

①毗邻港澳，有对外开放的地理优势　②著名的侨乡，更利于吸引外资

③工业基础比内地更雄厚，人口众多　④在历史上与海外有密切交往

A. ①②③④　　B. ①③④　　C. ②③④　　D. ①②④

7. 1980 年设立的四个经济特区城市，其中有一个在 1842 年中英《南京条约》中被开放为通商口岸，该城市是（　　）

A. 上海　　B. 厦门　　C. 广州　　D. 汕头

8. 下列属于 1984 年开放的 14 个沿海港口城市的是（　　）

A. 天津　　B. 厦门　　C. 珠海　　D. 深圳

9. 某城市既是古代中国的对外贸易港口，又是近代中国了解西方的窗口，还是现代中国改革开放的前沿。这座城市是（　　）

A. 长沙　　B. 广州　　C. 南京　　D. 重庆

10. 20 世纪 80 年代开辟的沿海经济开放区有（　　）

①闽南三角地区　②上海浦东开发区　③长江三角洲　④珠江三角洲

A. ①②③　　B. ②③④　　C. ①②④　　D. ①③④

11. 20 世纪 90 年代，中国改革开放的重点与标志是（　　）

A. 四大经济特区的设立　　B. 中国加入亚太经合组织

C. 上海浦东新区的开发　　D. 中国加入世贸组织

12. 下列地区对外开放的先后顺序是（　　）

①深圳　②广州　③珠江三角洲

A. ①②③　　B. ②①③　　C. ①③②　　D. ③②①

13. 我国对外开放经历了“点—线—面”的发展，其中“面”是指（　　）

A. 经济特区　　B. 沿海开放城市

C. 沿海经济开放区　　D. 经济技术开发区

14. 我国全方位对外开放格局形成的过程是（　　）

①开放沿海港口城市　②开辟沿海经济开放区　③设置经济特区　④开放内陆省会城市

A. ①②③④　　B. ②③④①　　C. ③①②④　　D. ④①②③

15. 我国对外开放格局的特点不包括（　　）

A. 全方位　　B. 多层次　　C. 宽领域　　D. 无差别

16. 以下对“全方位的对外开放格局”的理解有误的是（　　）

A. 开放对象既包括发达国家又包括发展中国家

B. 适当引进资本主义国家政治、经济等方面的制度

C. 不仅在经济方面对外开放，在精神文明方面也坚持对外开放

D. 不仅沿海地区开放，内地也要对外开放

17. 中国正式成为世贸组织成员是在（　　）

A. 1981 年　　B. 1988 年　　C. 1996 年　　D. 2001 年

18. 标志着我国对外开放进入到一个新的阶段的是（　　）

A. 开放海南经济特区　　B. 开放上海浦东新区

C. 中国加入世贸组织　　D. 开发河北雄安新区

19. 改革开放的对外开放和晚清的开埠通商最本质的区别是（　　）

A. 开放的对象不同　　B. 开放的前提不同

C. 开放的领域不同　　D. 开放的方法不同

20. 我国对外开放的基本顺序是（　　）

①加入 WTO　②开放浦东　③建立经济特区　④建立沿海开放城市

A. ②③④①　　B. ①②③④　　C. ③④②①　　D. ③④①②

二、材料分析题

1. 阅读材料，回答问题。

材料一　1834 年，新任英国驻华商务监督律劳卑到达广州，要求中国打破行商制度，实现自由贸易，建立政府之间的日常对等关系。清朝地方官员以律劳卑未经批准进入广州和所送信件格式是“公函”而非“禀”，内文用了“平行款式”等“错误”为由，勒令律劳卑立即离开广州。律劳卑拒绝离开，谴责广州地方当局容许行商停止贸易是“无知和顽愚的”，会“使得依靠贸易为生的中国人吃亏”，并招来英舰向中国示威。

梁启超：“吾国四千余年大梦之唤醒，实自甲午战败……以后始也。”

材料二　一切民族、一切国家的长处都要学……外国资产阶级的腐败制度和作风，我们要坚决抵制和批判。但是这并不妨碍我们去学习资本主义国家的先进技术和企业管理方法中合乎科学的方面。

——毛泽东《论十大关系》

材料三　中国的社会主义现代化建设，在改革开放以前基本不考虑全球化的问题，关起门来自搞一套，因而对外部资源、模式和市场的利用极其有限，也影响了现代化的发展速度。改革开放以后，对现代化的全球化倾向有了明确的认识，提出要与世界接轨……从而实现了现代化进程的全球化与中国化的合理结合。习近平指出，实现中华民族伟大复兴，就是中华民族近代以来最伟大的梦想。到新中国成立100周年时，中华民族伟大复兴的梦想一定能实现。

（1）依据材料一并结合所学知识，试从文明史观角度概括1834—1894年“天朝梦碎”的历史必然性。

（2）比较材料二中的两段材料，概括指出中国现代化建设理论与实践的矛盾之处，解释形成这种现象的国际因素。

（3）阅读材料三并结合所学知识，从国际背景方面简要说明20世纪90年代以来实现“中国梦”伟大理想的有利条件，以及中国政府为此所采取的政治、经济措施。

2. 阅读材料，回答问题。

材料一　历史上的海上丝绸之路是在东南亚直到非洲东海岸之间一系列港口组成的海上贸易网络，从唐后期到宋朝形成高度繁荣态势，促成了贸易交流与地理知识、航海科技的传播。在古代这就是中国与南亚、东南亚各国和平友好往来的见证，也反映了中国在历史上的强大时期与周边国家睦邻友好，注重平等的经贸往来。

材料二　中国展现大国担当，从引进来到走出去，从加入世界贸易组织到共建“一带一路”，为应对亚洲金融危机和国际金融危机做出重大贡献，连续多年对世界经济增长贡献率超过30%，成为世界经济增长的主要稳定器和动力源，促进了人类和平与发展的崇高事业。博鳌亚洲论坛成立以来，立足亚洲，面向世界，在凝聚亚洲共识、促进各方合作、推进经济全球化、推动构建人类命运共同体等方面建言献策，提出许多富有价值的“博鳌方案”，做出了积极贡献。

——摘编自习近平《开放共创繁荣　创新引领未来：在博鳌亚洲论坛2018年年会开幕式上的主旨演讲》

（1）根据材料一，指出我国古代的对外政策，结合史实说明“唐后期到宋朝形成高度繁荣态势”的主要原因。

（2）根据材料二并结合所学知识，分析新时期我国“一带一路”倡议提出的背景。综合上述材料简述中国为构建人类命运共同体所做的努力。

三、问答题

1. 改革开放时代的对外开放与晚清时期的被迫开放通商口岸有何区别？

2. 加入世界贸易组织对中国既是机遇又是挑战，这种说法对吗？

第四节　社会主义经济建设的成就

恩格尔系数连续下降，生活水平连上台阶　新中国是建立在战争的废墟上的。新中国成立初期，党和国家带领人民迅速恢复生产，改善了居民的吃饭穿衣问题。但“文化大革命”把经济又推向崩溃边缘，人民生活水平停滞不前。

国家统计局报告指出，到改革开放前夕，城镇居民刚刚脱贫，但仍在温饱最低线上徘徊，家庭恩格尔系数（食物支出占总支出比例）达57%以上；全国仍有2.5亿农民处于绝对贫困线以下，整体上农民还未跨入温饱行列，恩格尔系数在67%以上。

党的十一届三中全会以后，随着农村家庭联产承包责任制的推行，农村居民生活水平大幅度提高。1984年经济改革的重心由农村转移到城市，城镇居民收入水平也有了明显提高。到1991年，城乡居民家庭恩格尔系数都已小于60%，基本解决了温饱问题。

1992年以后，经济改革迈出了重大步伐，为居民增收创造了良好的环境。根据《全国人民小康生活水平的基本标准》测算，到2000年全国城乡居民生活基本实现了总体小康。

进入21世纪，中央先后出台了逐步减免农业税、实行粮食直补等前所未有的惠农举措，城镇分配制度改革进一步推进，城乡居民收入快速增长，消费质量全面提高。2008年城乡居民恩格尔系数已经分别降至37.9%和43.7%。

城乡居民收入存款成倍增长，来源日益多元化　国家统计局报告指出，中华人民共和国成立以来，我国城乡居民的收入增长经历了“曲折—徘徊—腾飞”的过程，经济长期高速发展带动城乡居民收入实现了大飞跃。

城镇居民收入实际增长近20倍。新中国成立初期，党和国家采取了一系列措施医治战争的创伤，居民收入逐年提高。改革开放30年是城镇居民收入增长最快的30年。2008年全国城镇居民人均可支配收入比1949年增长157.6倍，扣除价格因素，实际增长18.5倍。

农村居民收入名义增长近108倍。“一五”时期，由于土改和合作社的发展，农民收入年均增长10%左右。农村率先推行改革后，农民收入大幅提高。2008年，全国农民人均纯收入达4 761元，比1949年增长了107.7倍。

与收入增长相对应，全国居民储蓄存款余额从1952年的8.6亿元增加到2008年的217 885.4亿元。

收入来源日益多元化。改革开放前，农民从集体所得的工分收入是最主要的经济来源。目前，家庭经营收入成为农民收入的主体，工资性收入已经成为农民增收的重要来源。2008年，城镇居民人均工资性收入占总收入的66.2%，比1949年下降了约24%。经营净收入成为城镇居民收入的重要来源。财产性收入的增长与城镇居民的财富积累紧密相连。

城镇化水平大大提高　新中国成立以来，我国城镇化的发展成就举世瞩目，城乡面貌发生了日新月异的变化。国家统计局数据显示，到2008年底，我国城镇人口6.07亿人，城市化水平由1949年的7.3%提高到2008年的45.68%，提高了5倍多；城市个数由新中国成立前的132个增加到2008年的655个。与此同时，小城镇蓬勃发展，城镇化进程快速推进，城市发展布局和结构日趋合理，城乡社会经济及基础设施建设突飞猛进，城镇居民的生活水平、生活环境有了根本性的改善。

“城市长大了，城镇变多了，竞争力强了。”人们这样感慨。新中国成立初期，大城市还寥寥无几，到 2008 年，人口 100 万以上城市达 122 个，50 万～100 万人口城市达 118 个。与此同时，小城镇快速发展，打破了城乡分割的体制，聚集效应显现。2008 年底，全国共有建制镇 19 234 个，小城镇人口占城镇总人口的比重由 1978 年的 20% 上升到 45% 以上。城市群的崛起，成为中国经济新的增长点。京津冀、长三角、珠三角三大城市群，用不足 3% 的国土面积，聚集了中国 14% 的人口，创造了 42% 的国内生产总值。我国已初步形成以大城市为中心、中小城市为骨干、小城镇为基础的多层次协调发展的城镇体系，走出了一条具有中国特色的城市化发展道路。

城镇化水平的逐步提高，带动区域经济持续发展。以服务业为代表的第三产业增速迅猛，城市的产业结构实现了优化升级；一大批跨国企业集团落户城市，商业连锁店、百货超市等涌现大街小巷，极大促进了城乡市场的繁荣兴旺；乡镇企业异军突起，实现了连续 5 年 14% 左右的速度递增。截至 2008 年底，全国各类农业产业化组织总数达到 20. 15 万个，带动农户 9 808 万户。

为促进农村劳动力转移就业，越来越多的农民“洗脚进城”。为加快城镇化发展，各级政府的职能定位、管理理念、行为方式在发生变化，深圳建立起农民工社保体系；有的地方采取措施提高农民工工资；有的城市打破城乡壁垒，将农民工子女纳入城市义务教育范围……一系列政策措施的出台，让农民就业由亦工亦农转向全职非农，由城乡流动逐步趋于稳定。据统计，2008 年全国非农就业的农民工总量超过 2. 2 亿，农民工在我国第二产业从业人员中占 58%，在第三产业从业人员中占 52%，已成为支撑我国工业化发展的重要力量。

城镇化的发展，使得与老百姓生活相关的公共设施从少到多、由弱到强，城镇功能日趋完善，承载能力逐步提高。昔日是“无风三尺土，有雨一街泥”，现在是路网纵横交错，交通基础设施得到较大改善。到 2008 年底，全国公路总里程已达 373 万公里，是新中国成立初期的 46 倍，全国 97. 8% 的行政村通公路。人均生活用水量从 38 升提高到 178 升，用水普及率从 42% 上升到 95%，64. 7% 的农村通了自来水。全国共 230 多个城市设置了公交优先车道或专用车道，搭公交、坐地铁逐渐成为大多数城市居民出行的优先选择。

居民收入水平明显增长，城乡居民生活水平、生活环境发生了根本性的改变。抽样调查显示，2008 年全国城镇居民人均可支配收入已达 15 781 元，比 1949 年增长 157. 8 倍。过去住的是大杂院、亭子间、土坯房、茅草房，如今变成了单元楼、公寓房，“楼上楼下，电灯电话”的昔日梦想走进千家万户。

综合国力不断提升　改革开放以来，中国经济一直保持较快增长。2021 年，中国经济总量突破 110 万亿元，人均 GDP 达到 80 976 元，按年平均汇率折算达 12 551 美元，超过世界人均 GDP 水平。

中国基础设施建设在众多领域走在世界前列。2021 年，中国铁路营运总里程突破 15 万千米，其中高速铁路超过 4 万千米。世界港口吞吐量前 10 位里中国占有 7 席。以“复兴号”为代表的新一代高铁技术、特高压输变电技术、“神威·太湖之光”超级计算机、“蛟龙号”载人深潜器、载人航天和探月工程、国产民用大飞机 C919、世界最大单口径射电望远镜 FAST（天眼）等，都展示了中国自主研发和制造的实力。中国移动通信技术实现了 4G 同步、5G 引领跨越的快速发展。得益于云计算、移动通信和卫星精准定位系统，中国移动支付走在世界前列，全球将近 40% 的网上交易发生在中国。以港口机械装备全自动化、物流全自动分拣流水线等为代表的人工智能，助推中国在新一轮科技革命和产业变革中实现跨越式发展。

练习题

一、选择题

1. 新中国成立以来，中国老百姓的家居用品从缝纫机、自行车、手表、收音机的“旧四大件”，发展到彩电、冰箱、洗衣机、空调的“新四大件”。时至今日，手机、电脑、汽车已走进千家万户。这一变化主要得益于（　　）

A. 新中国成立　　B. 三大改造　　C. 人民公社化　　D. 改革开放

2. 从一张粮票到现金交易、刷卡结算，再到移动支付。支付方式的变化从一个侧面反映了我国人民生活的巨变。这主要体现了我国（　　）

A. 经济和科技水平大幅度提高　　B. 彻底摆脱贫困全面实现小康

C. 人们日常生活消费方便快捷　　D. 生产资料所有制形式多样化

3. 关于城镇化的表述，不正确的是（　　）

A. 又称城市化，是指人口、用地和经济文化、生活模式由农村型向城市型的转化

B. 是衡量一个国家现代化发展水平的重要指标之一

C. 新中国成立后，我国城市化进程速度快，发展顺利

D. 出现了京津冀、长三角、珠三角三大城市群，为中小城市和城镇的发展提供依托

4. 我国城镇化进程中出现了（　　）

A. 城市边缘化的倾向　　B. 城市中心化的倾向

C. 城市区域化的倾向　　D. 城市功能化的倾向

5. 以下有关中国特色的城市化发展道路的表述正确的是（　　）

①以大城市为中心　②以中小城市为骨干　③以小城镇为基础　④是多层次协调发展的城镇体系

A. ①②③④　　B. ①②③　　C. ①③④　　D. ②③④

二、材料分析题

阅读材料，回答问题。

下图是1978—2012年我国外汇储备余额变化情况。

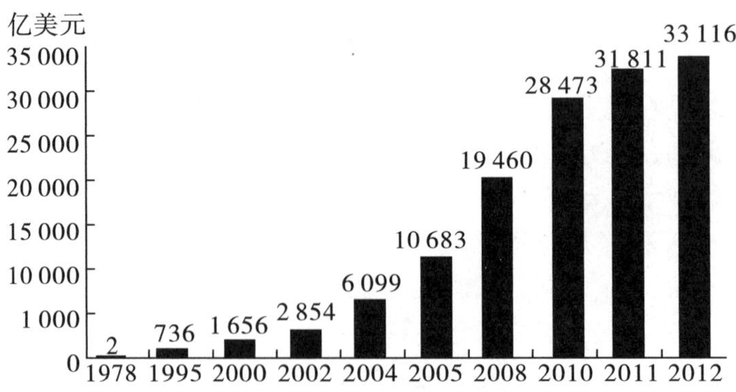

1978—2012 年外汇储备余额

（1）分析上图所显示的中国改革开放以来外汇储备发展变化的特点。
（2）分析上述特点产生的原因。

三、问答题

改革开放以来，我国经济建设取得了哪些成就？取得这些成就的主要原因有哪些？

文化史

第十章　中国古代思想、科技与文学艺术

第一节　中国古代思想

一、孔子、老子与孙子

孔子的学说　孔子，名丘，字仲尼，春秋时期鲁国人，当过鲁国的司寇（即司法长官），是我国历史上著名的思想家、教育家，也是儒家学派的创始人。在中华民族的思想和文化发展史上，孔子的思想影响最大、历时最久、程度最深。中国在世界上被称为“文明古国”和“礼仪之邦”，与孔子的思想是分不开的。孔子思想体系的核心是“仁”和“礼”，其主要内容是“仁者爱人”和“克己复礼”。

孔子提出“仁”，要求统治者体察民情，反对苛政和任意刑杀；提倡广泛地理解和体贴他人，以此调整人际关系，稳定社会秩序。孔子非常重视将“仁”付诸实践。有一次，孔子路过泰山旁边，见一妇女在坟边痛哭。询问之后才知道，她的公公、丈夫和儿子都被老虎咬死了。孔子问她为什么不早些离开，她回答：“因为这里没有苛政。”孔子十分感慨，要弟子记住：“苛政猛于虎也!”孔子认为，要实现“爱人”，必须遵循“忠恕”之道，要做到“己所不欲，勿施于人”，即自己所不希望的事情，也不要强迫别人接受。

孔子（前551—前479年）

孔子讲“克己复礼”，是要求人们的行为符合“礼”的准则。孔子追求的“礼”，是西周时的等级名分制度。它规定了一整套在衣食住行方面必须合乎尊卑等级身份的仪礼规范，并发展成指导人们日常行为的基本准则。为了实现“礼”，孔子进一步提出了“正名”的主张。“正名”，是按照周礼的制度把当时已经混淆了的社会等级秩序矫正过来，以使名正言顺、贵贱有序。这体现了他政治思想中保守的一面。孔子对鲁国大夫季氏越级用天子才能享用的8排64人规格的乐队在庭院奏乐大为不满，感叹道：“是可忍也，孰不可忍也!”有一次，齐景

公问孔子怎样才能管好政事，孔子回答说："君君、臣臣、父父、子子。"齐景公高兴地说："你讲得太好了！如果君不像君，臣不像臣，父不像父，子不像子，虽有粮食，我还能吃得着吗?"

孔子提倡"为政以德"，要求统治者爱惜民力，用"德"教化百姓；也不排除在以"礼"治国的同时，逐步改良政治。同时他主张对鬼神敬而远之，把探讨和解决人世间的实际问题放在优先位置。

孔子也是伟大的教育家，他的教育思想同样对后世产生了深远的影响。他兴办私学，广收门徒，主张"有教无类"，招收学生不分贵贱，打破了"学在王宫"的局面，扩大了教育面，使平民百姓也有机会接受教育。据说他的学生很多，达到 3 000 人，其中有较大成就的门徒 72 人，所以叫做"弟子三千，贤人七十二"。孔子在教育和学习方面有一整套主张，可以说思想严密，体系完整。他主张"因材施教"，针对每个学生的不同情况施以不同的教育；他主张启发式教育，不要求学生读死书，要求他们学习时要触类旁通，举一反三。孔子提出的许多教育原则，至今仍为教育界尊奉，如"学而不厌，诲人不倦"，"温故而知新"，"不耻下问"，"三人行，必有我师"等。对学生的学习态度，甚至品德教育，孔子都明确指出要"知之为知之，不知为不知"，"见贤思齐，见不贤而内自省也"。孔子还主张把学与思结合起来，鼓励学生独立思考，敢于坚持正确意见，"当仁不让于师"。

孔子对我国古代文献的整理也作出了巨大的贡献。他整理和校勘了西周时流传下来的民歌，最后订正为305 首，这就是著名的古代文化典籍《诗经》。他还删定整理了夏、商、周相传下来的历史文献，汇编成《尚书》，这是我国历史上最早的历史文献汇编。他在鲁国史官编写的史书基础上修订成了我国第一部编年体史书《春秋》，这不仅保存了许多珍贵的历史资料，而且为后世编年体史书的编撰开了先河。此外，孔子还记录、整理和编辑了有关礼、乐及古代思想的书籍，集中华古代文化之大成，这对古代文化的保存、传播和发展，起了承上启下的积极作用，后人称其为"六经"(《诗经》《尚书》《仪礼》《乐经》《周易》《春秋》)。孔子的弟子及再传弟子把孔子的言行辑录成书，叫做《论语》。后世把《论语》奉为儒家经典和入仕求官之必读书籍，《论语》也成为后人研究孔子思想的主要历史资料。

孔子的思想在诸国争霸和社会变革的时代并未受到太多重视，汉代大一统之后经过历代学者的发扬和统治者的改造，逐渐形成完整的儒家思想体系，成为中国传统文化的主流。

老子与《道德经》 老子，姓李名耳，又名老聃，春秋末期楚国人。老子是我国春秋时代著名的思想家，道家学派的创始人。老子与孔子同时代，年纪比孔子稍长，曾做过周朝的史官，管理王室的藏书。他博学多识，精通礼法，熟悉各种典章制度。史书上有孔子向老子问礼的记载。他留下了著名的哲学著作《道德经》。《道德经》又称《老子》，总计约 5 000 字，是战国时期道家学派整理老子思想的著作。全书充满哲理和东方智慧，一直流传至今。老子将"道"抽象化，概括为普遍的、无所不包的最高哲学概念。在他看来，"道"是凌驾于天之上的万物的本原。他还提出"天法道，道法自然"的思想，摒除了"天命"的绝对权威。老子以前的天命观认为天是最高的主宰，天有意志，有知识，能喜能怒，能作威作福。而老子认为，人世间的万事万物都是"道"派生

老子（约前 571—前 471 年）

出来的。“道”无形无迹，玄妙莫测，是无意志的、无为的自然本体。

老子哲学中包含着丰富的辩证法思想。他指出，任何事物都有矛盾对立的两个方面，诸如高和下、前和后、有和无、难和易、生和死、贵和贱等，矛盾双方可以互相转化，所谓“祸兮，福之所倚；福兮，祸之所伏”。他主张只要能“守静”，就可以“以弱胜强”。有一次，老子的朋友常枞张大嘴巴问老子：“我的舌头在吗?”老子回答：“在。”常枞又问：“我的牙齿在吗?”老子回答说：“不在了。”老子从而领悟到柔弱者生命力可能比刚强者还强的道理。

老子从“天道自然无为”的哲学思想出发，倡导政治上“无为而治”，以“无事取天下”。老子认为治理大国的方法，就和烹小鱼一样。统治者治理天下，要仔细谨慎，要把复杂的事情简单化，不要使用权谋，要“无为而治”。所谓“无为”，是指不妄为，不胡作非为、为所欲为，如此方能真正取得“无不为”的效果。他警告统治者不要过分威逼百姓，“民不畏死，奈何以死惧之”。老子向往“鸡犬之声相闻，民至老死不相往来”的原始纯朴风气。他还主张“圣人之治，虚其心，实其腹，弱其智，强其骨，常使民无知无欲”。这些反智思想在历史上曾产生了一定的消极影响。

道家学派对中国文化，包括哲学、伦理学以及中国人的思想方式、道德行为等都产生了深远影响。

孙武与《孙子兵法》 孙武，春秋末期齐国人，曾任吴国的将军，是我国古代杰出的军事家。他善于练兵用兵，曾以3万军队打败楚国20万大军，攻占楚国都城郢（今湖北江陵北），使吴国强盛起来，“北威齐晋，显名诸侯”。在总结前人以及自己的作战经验的基础上，孙武写成《孙子兵法》一书。《孙子兵法》共十三篇，约6 000字，反映了孙武的战争观，系统地阐述了战略战术和治军的原则。他强调指出，打仗时“知己知彼，百战不殆；不知彼而知己，一胜一负；不知彼不知己，每战必殆”。《孙子兵法》还揭示了兵贵神速，出其不意、攻其无备，用兵伐谋，先为不可胜，三军可夺气，不战而屈人之兵以及系统性、整体性控制等一系列具有普遍意义的军事规律，提出了一套完整的军事理论体系，几乎涉及古代战争的各个方面。《孙子兵法》被尊崇为兵学圣典，不仅在我国影响深远，而且在世界上也享有极高的声誉。

二、战国时期的百家争鸣

春秋末年和战国时期，铁器和牛耕推动了生产力迅速发展，促进了商业繁荣和城镇兴盛，传统的礼法秩序受到猛烈冲击。在各国竞相改革的潮流中，一批士人冲破礼法束缚，四处游说、讲学，极大地开阔了人们的视野，促进了文化的传播。不同阶层、派别的代表人物，对各种问题提出不同的见解，涌现了许多作出开创性贡献的学术大家，形成了思想领域中百家争鸣的局面。当时主要的学术派别有：墨家、儒家、道家、法家、纵横家、名家、农家、兵家、阴阳家等。

传统上关于百家的划分，最早源于司马迁的父亲司马谈。他在《论六家要旨》中，将百家首次划分为阴阳、儒、墨、名、法、道六家。后来，刘歆在《七略》中，在司马谈划分的基础上，增加了纵横、杂、农、小说四家，成为十家。班固在《汉书·艺文志》中承袭刘歆，并认为：“诸子十家，其可观者九家而已。”后来，人们去掉“小说家”，将剩下的九家称为“九流”，故有“九流十家”之说。历史学家吕思勉先生在《先秦学术概论》一书中再增加了“兵、医”两家，认为：“故论先秦学术，实可分为阴阳、儒、墨、名、法、道、纵横、杂、农、小说、兵、医十二家也。”

孟子、荀子与儒家　战国时期，儒家的代表人物主要有孟子和荀子。孟子，名轲，字子舆，鲁国邹城人。孟子是鲁国没落贵族的后裔，在成为著名学者后，与学生一起周游列国，宣传自己的政治主张。他和弟子的言论后来被汇编整理成《孟子》一书。作为战国时期著名的思想家，他继承并发展了孔子的学说，成为儒家学派的重要奠基人。

孟子把孔子“仁”的学说发展为系统的“仁政”学说，这是孟子政治思想的核心。他要求统治者以仁爱之心对待人民，以德服人，争取民心。孟子又提出了“民为贵，社稷次之，君为轻”的重民思想，认为国君应与民“同忧”“同乐”。孟子主张人性本善说。他认为人一生下来就有仁、义、礼、智等天赋道德意识，人的品质不是外加的，是与生俱来的。孟子对“性善说”做过一个形象的比喻：一个小孩在井边玩耍，不小心跌入井中，路过井边的人都会毫不犹豫地去救助这个小孩。这便是一种与生俱来的“恻隐之心”。这说明人的内心本来就存在着善良的本性。

孟子倡导“养浩然之气”。他强调先义后利，舍生取义。孟子要求人们应具有“富贵不能淫，贫贱不能移，威武不能屈”的人格精神。他的另一名言“劳心者治人，劳力者治于人；治于人者食人，治人者食于人”，反映了他维护统治阶级压迫和剥削人民的消极一面。但总的来说，他的思想对后世产生了深刻而积极的影响。唐代以后，《孟子》一书被当作经典。南宋朱熹将其列为“四书”（《论语》《孟子》《大学》《中庸》）之一。孟子被尊为“亚圣”，地位仅次于孔子。

荀子，名况，赵国人。他曾在齐国的稷下学宫讲学。现存的《荀子》一书共有 32 篇，保存了荀子的主要思想。作为战国时期儒家的另一位重要代表，荀子具有朴素的唯物思想。他认为，“天”就是客观存在的自然界，自然界的运行有自己的规律，不以人的意志为转移，即“天行有常，不为尧存，不为桀亡”。但人也可以发挥自己的主观能动性去改造自然，“制天命而用之”。荀子主张“性恶论”。他认为，人性生来就是恶的，但凭借后天教育可以使人由恶变善。荀子说，由于人生来好利欲、好声色，所以才会发生争夺、残害、淫乱的事情。如果顺从这种性情发展，就会引起争夺和暴乱。因此，环境和教育对人的成长非常重要。

荀子的思想取诸百家，与孔孟的思想并不完全一致。但他基本上继承了儒家思想，认为治国应以礼教为主，同时又主张礼法并施。荀子作为战国时期百家思想的集大成者，其学说对中国哲学具有深远的影响。

墨子与墨家　墨子，名翟，战国时期鲁国人，墨家学派创始人。他出身于“贱人”，曾做过造车的工匠，后来官至宋国的大夫。相传他早年曾“学儒者之业，受孔子之术”。后来他放弃儒学，自创墨家学派。今存《墨子》一书，为墨子的门徒所编，代表了墨子和后期墨家的思想。墨子主张“兼爱”“非攻”。他把“兼爱”称为“仁”，但与孔子所说的“仁”有很大的差异。孔子所说的“仁”是以血缘关系为基础的，是有等级差别的爱；而墨子主张的兼爱则是没有等级差别的爱，不论“王公大人”还是普通“万民”，都不分轻重厚薄。墨子的“非攻”，就是反对不义的兼并战争，主张各国和平相处。历史上有名的“止楚攻宋”的故事，就表现了墨子这一思想。在当时的战争环境中，以墨子为首的墨家学者为宣传和平四处奔走呼吁。

墨子主张“节用”“节葬”，反对统治者铺张浪费和厚葬。墨子主张“尚贤”，即选举贤能做国君和各级官吏，“官无常贵，民无终贱，有能则举之，无能则下之”是他的名言，他的思想在当时是进步的。他还提倡“尚力”，强调生产劳动在社会生活中的地位。墨子的思想代表了下层劳动群众，特别是手工业者的利益。他的思想曾被其他学派广泛吸收，但到战国以后，墨子的思想便不受人们重视了。

庄子与道家 庄子，名周，宋国人，战国时期的隐士。庄子鄙视富贵利禄，痛恨“窃钩者诛，窃国者诸侯”的社会不公。楚王曾派人带着重礼聘庄子为令尹（相国），但遭到拒绝。庄子过着贫穷的生活，以著书自娱。据说，他曾“著书十余万言”。庄子的思想主要体现在《庄子》一书中。他继承和发展了老子的思想体系，是战国时期道家的主要代表，后世将他与老子并称为“老庄”。

庄子提出了“齐物”的观点。“齐物”，就是万物齐一。庄子认为，任何事物在本质上都是相同的，没有区别。他讲过这样一个故事：有个老人养了一群猴子，他对猴子说：“每天早晨给你们三个栗子，晚上给四个栗子，怎么样?”猴子听了，都怒气冲冲。老人改口说：“那么早晨给四个，晚上给三个，怎么样?”猴子听了，都很高兴。在这里，食物的名称和数量没有一点变化，为什么猴子会先怒后喜呢？这是因为猴子不了解它们在本质上是相同的。庄子认为，如果人们不知道世界上的各种事物在本质上是相同的，就会像猴子一样，陷入莫名其妙的烦恼之中。

从“齐物”的观点出发，庄子提出“逍遥”的人生态度。所谓“逍遥”，就是对事物的变化采取一种旁观、超然的态度。要想达到“逍遥”，就不能“有所恃”，不要受各种条件左右。他说，大鹏固然飞得很高，但需要有很大的翅膀；列子能乘风而行，但也要借助于风。因此他们都是“有所恃”的，只有至人才能“无所恃”，才能达到“逍遥”的境界。

庄子认为，天与人“不相胜”。庄子说的“天”是指自然，“人”是指人为。人为是对自然状态的一种破坏，无利而有害。因此，人必须顺应自然，应该“无为”。庄子说，在世界的中央有一个神叫混沌。混沌没有长耳、目、口、鼻，住在南海和北海的两个神很可怜混沌，就想为他开窍，他们凿了七天，终于开通了混沌的七窍，结果混沌却死了。由此，他认为“有用”还不如“无用”的好。

韩非子与法家 韩非子，韩国贵族出身。他与李斯同为荀子的学生。秦王嬴政看到他的书后非常赞赏。为得到韩非子，嬴政加紧进攻韩国。但韩非子到了秦国，还未受到任用，就因受到李斯陷害而死于牢狱。韩非子的著作经后人整理成《韩非子》，有55篇，其中有些可能不是韩非子所作。他是战国时期著名的哲学家、思想家，是法家的集大成者。他的思想成为秦国治理国家的指导思想。

法家思想是由儒家和道家分化发展而来的。战国时期法家主要有两派：一派以李悝、吴起、商鞅为代表，主张用法制代替礼制，强调法的重要性；另一派以申不害为代表，主张“循名责实”，要求统治者以权术控制臣下、统治百姓。韩非子在总结两派观点的基础上，吸收荀子的某些思想，构建了一整套法、术、势相结合的君主集权理论。

韩非子主张法、术、势相结合，建立一个君主专制的中央集权国家。他认为，法律是处理政事的基本；权术是君主控御群臣的工具；势力是君主的政权、威势，即权威，是君主的“筋力”。法、术、势三者不可分离，势是法和术的前提，法是要求臣下必须遵守的，术是君主时刻不能离开的。有一次，韩昭侯喝醉酒后睡着了。典冠（管帽子的人）怕韩昭侯受凉，便在他身上盖了一件衣服。韩昭侯醒后很高兴，问旁边的人：这是谁盖的衣服？旁边的人说，是典冠。韩昭侯下令将管衣服的人抓来问罪，却把那个典冠杀了。对于此事，韩非子评论说：韩昭侯将管衣服的人问罪，是因为他失职，杀典冠是由于他侵权越职。韩昭侯之所以这样处理，是因为他认为侵权越职的行为危害更大。

韩非子认为，社会不断发展变化，历史永远不会倒退，他反对儒家“是古非今”的历史观。他主张变法革新，“世异则事异”，“事异则备变”，不必因循守旧。韩非子说，如果有人在夏朝还构木为室，钻燧取火，一定会被人们嘲笑。同样，如果有人现在还称颂尧、舜、禹、汤、武之道，也应该被人嘲笑。他还说，如果用先王的政治来治理现在的人民，就像守株待兔一样可笑。

韩非子的思想适应建立统一的中央集权政治体制的需要。自西汉以后，这种思想与儒家思想互为表里，成为中国古代社会统治思想的理论基础。

孙膑与兵家　孙膑，齐国人，传说为孙武后人，是战国时期兵家的代表人物。他主要受《孙子兵法》的影响，同时广泛地吸收了法家和其他各家的思想。魏国将军庞涓自认才能比不上孙膑，便将孙膑骗到魏国，借故对他施以刖刑，并加以软禁。后来，孙膑在齐国使臣的帮助下秘密回到齐国，被任命为齐国军师，辅助齐将田忌打了很多胜仗。孙膑的军事思想被编为《孙膑兵法》一书。孙膑强调要懂得战争的规律，注意利用和创造有利于己的形势，重视人的作用。他的军事思想对后世有深远影响。战国时期著名的兵家人物还有吴起、尉缭、魏无忌、白起等。

名家　名家是战国时期的重要学派之一，因从事论辩名（名称、概念）实（事实、实在）为主要学术活动而被后人称为名家。当时人称其为“辩者”“察士”或“刑（形）名家”。名家在中国开创了逻辑思想探究，代表人物为惠施和公孙龙。

阴阳家　阴阳家是战国时期重要学派之一，因提倡阴阳五行学说，并用它解释社会人事而得名。这一学派，源于上古执掌天文历数的统治阶层，代表人物为战国时齐人邹衍。阴阳学说认为阴阳是事物本身具有的正反两种对立和转化的力量，可用以说明事物发展变化的规律。五行学说认为万物皆由木、火、土、金、水五种元素组成，其间有相生和相胜两大定律，可用以说明宇宙万物的起源和变化。邹衍综合二者，根据五行相生相胜说，把五行的属性释为“五德”，创“五德终始说”，并以之作为历代王朝兴废的规律，为新兴的大一统王朝的建立提供理论根据。

纵横家　纵横家是战国时期以纵横捭阖之策游说诸侯，从事政治、外交活动的谋士。列为诸子百家之一。主要代表人物是苏秦、张仪等。战国时南与北合为纵，西与东连为横，苏秦力主燕、赵、韩、魏、齐、楚合纵以拒秦，张仪则力破合纵，连横六国，分别事秦，纵横家由此得名。他们的活动对于战国时期政治、军事格局的变化有重要的影响。《战国策》对纵横家的活动有大量记载。

杂家　杂家是战国末期的综合学派。因“兼儒墨、合名法”“于百家之道无不贯综”而得名。秦相吕不韦聚集门客编著的《吕氏春秋》，是一部典型的杂家著作集。

农家　农家是战国时期重要学派之一。因注重农业生产而得名。此派出自上古管理农业生产的官吏。他们认为农业是衣食之本，应放在一切工作之首。《孟子·滕文公上》记有许行其人，“为神农之言”，提出贤者应“与民并耕而食，饔飧而治”，表现了农家的社会政治理想。此派对农业生产技术和经验也注意记录和总结。《吕氏春秋》中的《上农》《任地》《辩土》《审时》等篇，被认为是研究先秦农家的重要资料。

小说家　小说家是先秦十家之一，乃采集记录民间传说议论，或呈报上级，或借以考察各地民情风俗。《汉书·艺文志》云：“小说家者流，盖出于稗官。街谈巷语，道听途说者之所造也。”小说家常被后世学者视为不入流者，故有“九流十家”之说。

稷下学宫与百家争鸣 稷下学宫是战国时期齐桓公始设的一处学宫，因建立在齐国国都临淄的稷门附近而得名。战国时期，在齐国稷下学宫进行的各家学术的争鸣，堪称百家争鸣的高潮。在争鸣中，黄老之学占了重要地位。在稷下学宫，各家各派有着相当大的学术自由，对政治也可以议论。可以说，稷下学宫的设立最终引发了“百家争鸣”局面的形成，其中最为著名的便是稷下学宫论战。稷下学宫论战是稷下学宫迎接学者入齐的大典。最为精彩的论战发生在稷下学宫迎接孟子入齐的大典上，法家学者申不害、公孙鞅同孟子进行了激烈而精彩的论战，在当时产生了很大的影响。

百家争鸣促进了当时中国思想的大解放和文化的大繁荣，形成了中国历史上第一次思想解放的高潮，奠定了中国两千多年精神文明的基础，对当时和后世社会的发展起了巨大的推动作用。先秦时期，诸子百家在经济、政治、法律、哲学、军事、外交、文学艺术和自然科学等众多领域内所形成的思想理论，对后世文化学术的发展产生了极大的影响。其中，儒家思想孕育了我国传统文化中的政治思想和道德准则；道家学说构成了2 000多年传统思想的哲学基础；法家思想中的变革精神，成为历代进步思想家、政治家改革图治的理论武器。它们共同构造了中华民族传统文化的基本精神，也形成了中国思想文化兼容并包和宽容开放的特点。

三、汉代的思想大一统

西汉初期统治者汲取秦朝灭亡的教训，实行无为而治、与民休息的政策，社会经济得到恢复和发展。随着大一统国家的发展和中央集权的加强，实现思想上的统一成为迫切的要求。

西汉初年的黄老之学 西汉初年，经济残破，百废待兴，社会需要休养生息。因此，从汉高祖到汉武帝即位约70年的时间里，黄老思想一直是政治上的指导思想，在社会上居于支配地位。黄老之学是指道家学说中的两派。“黄”是指黄帝的学说，在当时的传说中，黄帝善于养生并最终得道成仙；“老”是指老子的学说。黄老之学的内容包括两个方面，一个是治身（养生），一个是治国。黄老之学强调“无为而无不为”，既尊重自然规律，反对盲目行动，又主张发挥人的主观能动性，倡导“等时而动”“因时制宜”，是一种“积极无为”的哲学观。

黄老思想的实施使汉初社会迅速恢复了元气。此后，随着社会稳定，经济发展，黄老之学不再适应强化中央集权形势发展的需要。与此同时，儒家学说经过一段时间的自我调整，整合出了一整套为中央集权服务的新的理论体系。

景帝时，黄老学派与儒家学派发生了一场大争论。儒生辕固生公然把《老子》一书说成是“家人言”，指斥老子为异端。崇信黄老之学的窦太后勃然大怒，命令辕固生去和野猪搏斗。幸赖景帝调解，辕固生才免于丧命。直到窦太后去世，汉武帝任命田蚡为丞相，“绌黄老刑名百家之言，延文学儒者数百人”。两派斗争终以儒家获胜而结束。

罢黜百家，独尊儒术 汉武帝即位后，进一步开拓和发展大一统事业。他接受董仲舒“罢黜百家，独尊儒术”的建议，将儒学确立为中央王朝的统治思想。董仲舒，广川（今河北景县西南）人。武帝时，举贤良对策，他上“天人三策”，建议“罢黜百家，独尊儒术”，为武帝采纳。其著作大多遗失，现存有《春秋繁露》和《举贤良对策》等。

汉代的儒学已不同于先秦儒学。它是董仲舒依据《公羊春秋》学说，融合阴阳家、黄老之学以及法家思想而形成的新的思想体系。《春秋》原本是鲁国的史书，据说孔子晚年曾对其进行"笔（增)、削（删)"。大约在西汉初年，出现了一部《公羊春秋》，传为公羊高所作。它以大一统思想解释《春秋》，为汉武帝所提倡。孔子"正名分"的政治观和《公羊春秋》主张的大一统思想，适应了西汉中期社会发展的需要；阴阳家学说，是战国时兴起的将金、木、水、火、土五行思想社会化、神秘化的一种思想流派，秦汉时期仍保持深远影响。

董仲舒（前 179—前 104 年）

董仲舒认为《春秋》推崇的大一统是天地之常经。如果各师其道，各持一端，就无法维护一统，因而提出"罢黜百家，独尊儒术"。董仲舒新儒学的基础是"天人感应"学说。他神化皇权，宣扬"君权神授"，人君受命于天，统治天下，所以应当"屈民而伸君，屈君而伸天"。同时，他还提出，如果人君无道，天就会降下灾异加以谴责和威慑，因此人君必须遵循天道，实行仁政。董仲舒强调君王施政应以德为主，以刑辅德，并提出仁、义、礼、智、信"五常之道"为人伦道德标准；而"君为臣纲，父为子纲，夫为妻纲"则为天经地义、绝对不能改变的"王道之纲"。

董仲舒借用阴阳家的思想对儒家思想进行改造，使之有利于巩固中央集权和打击割据势力，这是汉武帝采纳董仲舒主张的根本原因。同时，董仲舒宣扬"天人感应"，也有限制君主权力过度膨胀和防止暴政的目的。

"罢黜百家，独尊儒术"是中国政治史和思想史上的一件大事。儒学在政治上占据统治地位，有利于巩固大一统国家和稳定统治秩序。从此，儒学成为各级学校的必修内容和朝廷选官的考察标准，确立了在中国传统文化中的主流地位。

四、魏晋玄学

玄学是魏晋时期流行的一种哲学思潮，它是以老庄思想为主旨，又糅合儒家经义而产生的一种新的学说。"玄"就是老子所说的"玄之又玄，众妙之门"，指深奥难测而又无法用语言明确表达的某种状态、关系或道理，研究这种深奥难测的状态、关系或道理的学问，就可称为"玄学"，而魏晋间的名流学士则多称之为"玄谈""谈玄"或"玄风"等。

"玄学"之风，早在三国曹魏时已经出现。那时有何晏（？—249 年）和王弼（226—249 年）二人喜好老庄，何晏著《道德论》和《论语集》，王弼著《周易注》和《老子注》等，二人都主张"贵无"，认为"天地万物以无为本"，强调"返本归真，一任自然"。到魏晋之际，便有嵇康、阮籍、郭象等人，大力宣扬何、王二人的观点，遂使玄学大盛。嵇康、阮籍都是"竹林七贤"中的人物，他们的根本主张是宣扬道家的自然主义思想，抨击虚伪的儒家名教。当时的一些读书人群起仿效，崇尚清谈，不拘礼教，行为放荡，使"自然"与"名教"完全对立起来。这时，便有裴頠、郭象等人针对这种无德无行的现象，主张"贵有"，反对"贵无"，力图使自然与名教、道家与儒家等统一起来。直至东晋以后，佛、道二教流行，玄学才走向衰微。玄学作为一种哲学思潮，整整影响了魏晋南北朝三百余年的社会生活。

玄学的内涵，实际是以"本末有无"为核心所展开的本体和本性之学，它所探求的是宇宙存在的根据，是企图透过宇宙万有的现象，直接探求其本体和本性。宇宙本体是"无"，形形色色的存在是"有"，"无"是"有"的根据，"本"是"末"的根据，"一"

是“多”的根据，“静”是“动”的根据，等等。就人的本性而言，玄学认为人性自然，人性的表现应当顺其自然，不能有任何模仿或造作。虽然在自然与名教的关系上，玄学家们的看法并不相同，但在人性自然这一点上，观点还是一致的。魏晋玄学及其思辨方法，如“得意忘象”“得意忘言”等，对中国文学艺术产生了深刻的影响。

五、宋明理学

南北朝时期儒、道、佛三教并立，刺激了中唐以后儒学的复兴。在一批心志高远的儒家学者促进下，理学于宋代兴起，到明代掀起高潮，将儒家思想发展到了一个新高度，绵延700余年，对中国的思想文化及社会生活产生了深远影响。

儒学的危机 随着社会发展，汉代儒学粗糙的天命思想已经无法控制人心，所谓“儒门淡薄，收拾不住”。与此同时，魏晋南北朝以来，佛教、道教迅速传播，吸引了众多信徒，儒学的发展出现了危机。如唐代诗人杜牧所描述，“南朝四百八十寺，多少楼台烟雨中”。社会的动荡不安和人生的苦难造成人们对宗教的渴求，道教、佛教相继兴盛发展。修炼养生、因果轮回等观念流传开来，人们纷纷炼制丹药，追求长生，或者写经造佛、修建寺观，以求冥福。

儒、道、佛在彼此反复辩驳的过程中也相互吸纳渗透，到唐宋时期，调和之风尤其兴盛，“三教合一”的潮流弥漫到社会生活各个领域。为了重兴儒学，回应社会上礼佛、崇道的挑战，唐宋儒家学者不断进行思考和探索。他们弘扬积极入世、关怀现实的儒学传统，吸收和融合佛教、道教思想，使儒学体系得到了丰富和更新。

程朱理学 新兴的儒学思潮既要涵盖佛、道关于宇宙、自然的深层思考，还要把这些思想与传统儒家对现实人生的关怀联系起来。到宋代，新兴的儒学逐渐确立了一套更为精密的以“理”或“天理”为核心的观念体系，因而被称为“理学”。对理学的发展起了突出作用的是“二程”，即程颢、程颐两兄弟。南宋朱熹继承“二程”的思想并成为集大成者。人们把他们的新儒学统称为“程朱理学”。

“二程”和朱熹把维护专制统治和纲常名分的观念抽象化为天地万物始源的“理”，建立起理学体系，从哲学的高度论证专制统治和君臣父子尊卑等级秩序的合理性。在理学家看来，“理”是世界的本原，是天下万物都要遵循的普遍原则。“理”体现在社会上是儒家道德伦理，体现在人身上就是人性，由此将个人、社会及宇宙联系起来，构建起理学的世界观。

要把握“理”，就需要通过“格物致知”的方法，即通过接触世间万事万物，在体会各种知识的基础上加深对先天存在的“理”的体验。其最终目的在于融会贯通而明“理”，并对客观规律和真理进行探索。个人修养要以敬畏天理为准则，才能达到圣贤之道。当人的私欲与准则发生冲突时，就要“存天理，灭人欲”。理学家对妇女“饿死事极小，失节事极大”的极端强调由此而发。

程朱理学适应了统治阶级的需要，南宋以后逐渐发展成为居统治地位的官方哲学。元朝曾将朱熹编著的《四书章句集注》作为科举考试的内容。明初继承这一趋势，确定了程朱理学在思想界的统治地位。这一思想还流传到朝鲜、越南、日本，产生了很大影响。

朱熹（1130—1200 年）

王守仁（1472—1529 年）

陆王心学 南宋时期，一些理学家对程、朱探究真理的烦琐方式表示不满。陆九渊认为“理”不需要到身心以外的事物上去寻找，提出“心即理也”，“宇宙便是吾心，吾心即是宇宙”，心就是天地万物的渊源。他的思想因此被称为“心学”。陆九渊认为，“理”就像太阳、月亮一样明显，不用学习也能体会。因此，他提出“发明本心”以求“理”的方法。求“理”就是进行内心的反省。这与朱熹“格物致知”的观念发生分歧。

明朝中期，程朱理学已经成为人们求取科举功名的敲门砖，逐渐失去以之寻求圣贤学问的精神。王守仁等很多学者认为学术流弊导致道德沦丧，从而引起社会动荡，主张以心学来更新理学。这种思潮的结晶是“阳明心学”。王守仁年轻时曾和朋友一起对着竹子“格物致知”，坚持七天却毫无所得，反而生了一场大病。由此，他对朱子之学产生疑惑，一度崇信佛、道思想，曾在家乡阳明洞中筑室静修。后因反对宦官而被贬到贵州龙场（今修文县），在那里他静心钻研学问，终于有所领悟。

王守仁的思想核心是“致良知”，认为良知就是本心，就是理。人天生具有良知，因此天理就在自己心中，不必外求，只要克服私欲、恢复良知就能成为圣贤。这就强调了自我的主动作用，激励人们奋发立志。王守仁曾多次参与镇压农民起义和地方平叛。他认为“破山中贼易，破心中贼难”，意识到重树思想标准的重要性。其学说在当时风行一时，并流传到海外。

理学是宋明时期的儒学主流，经过几百年的发展，对我国政治生活、文化教育和社会习俗等方面都产生了深远影响。宋明理学强调三纲五常和名分等级的永恒性，用以维系专制统治，压抑和扼杀人们的自然欲求，产生了消极影响。如清人戴震所抨击的，“酷吏以法杀人，后儒以理杀人”，“人死于法，犹有怜之者；死于理，其谁怜之”。但理学重视主观意志力量，注重气节、品德，讲求以理统情、自我节制、发奋立志，强调人的社会责任和历史使命，凸显了人性的庄严。

六、明清之际的进步思潮

明清之际的中国经历着翻天覆地的变化。随着商品经济的蓬勃发展、农民起义的风起云涌，新的思想在孕育萌生。然而，专制腐败的王朝政治、因循守旧的八股取士又严重地阻挠着新思想的破土而出。

“异端”思想家李贽 明代晚期，以程朱理学为标准的科举考试使思想界呈现出因循守旧、陈腐不化的习气，同时，在商品经济浸润下，社会拜金逐利风气盛行，传统的道德观念受到猛烈冲击。在此背景下，不少士人试图摆脱“四书五经”的束缚。他们冲破传统儒学的束缚，蔑视礼法，追求个性发展，在一潭死水的思想文化领域掀起了重重波澜。明朝万历年间的著名思想家李贽就是其中的重要代表人物。

李贽，号卓吾，福建晋江人，祖辈世代经商，26 岁中举，以后 20 余年辗转各地任中下级官员。于 1580 年辞官，依靠朋友接济先后寓居湖北黄安、麻城和直隶通州等地，专心从事讲学和著述。

李贽对统治阶级极力推崇的程朱理学大加鞭挞，否认孔孟学说是万世之至论，认为人人都有权作出自己的判断，不应以“四书五经”作为统一的思考标准。他以戏谑嘲讽的笔调评论孔子，认为孔子并非圣人，“亦庸众人类也”。如果一定要将孔子奉为偶像，言行举止都学孔子，那就是“丑妇之贱态”了。

李贽极为痛恨那些满口仁义道德、维护传统礼教的卫道士，指斥他们借儒学这块敲门砖，为自己谋取高官厚禄。他认为人皆有私，“穿衣吃饭，即是人伦物理”，追求物质享受乃是“秉赋之自然”。每个人都可以顺其“自然之性”，“各从所好，各骋所长”，使个性得到自由发展。李贽还特别提出男女平等的观点，宣称“有好女子便立家，何必男儿”，赞扬汉代卓文君私奔再嫁司马相如“正获身，非失身”，“当大喜，何耻为”。

李贽用夫妇生育比喻人类社会发展，提出“万物皆生于两”，即源于矛盾着的阴阳二气，而“不生于一”，并非生自“三纲五常”天理。这种“更不言一，亦不言理”的观点，否定了“天理”的存在，摇撼了“存天理，灭人欲”的理论基础。

明末清初三大思想家 明末清初，一些士大夫努力寻求改革社会的方案。他们猛烈批判君主专制统治和宋明理学，倡导“经世致用”，开创了一股要求个性解放、平等民主的具有批判、务实精神的进步思潮。其中影响最大的代表人物是王夫之、黄宗羲和顾炎武三大思想家。

王夫之系统地批判宋明理学，建立起较为完整的朴素的唯物主义思想体系。他从哲学的根本问题入手，强调“理在气中”，即天地万物的规律体现在物质世界之中。在认识论方面，他宣扬“形、神、物三相遇而知觉乃发”，即通过考察客观事物可以得到正确认识，由此颠覆程朱理学“道在气先”的唯心主义先验论的理论根基。他还提出“私欲之中，天理所寓”，充分肯定作为人本能要求的情感欲望和私利的合理性。

黄宗羲反对专制暴君政治，宣扬早期民主思想。他在《原君》篇中指责君主“以天下之利尽归于己，以天下之害尽归于人”，“敲剥天下之骨髓，离散天下之子女，以奉我一人之淫乐”。他公然宣称皇帝乃“天下之大害者”。他认为君臣的关系不是主仆而应是平等的“师友”，从根本上否定了陈腐的伦理纲常。黄宗羲提出了种种限制君权的理论和设想，其中最主要的观念是倡导言论自由，建立自下而上的监督机构，以保证各级政权机关清正廉洁、决策正确和社会安定。

黄宗羲提出用“各得其私，各得其利”为原则的“天下之法”取代“桎梏天下人之手足”的“一家之法”，以约束帝王的“人治”。他主张“是非决于学校”，国家最高权力机关是内阁，另设监察和咨询机关即“学校”。学校不仅是培养人才的场所，而且是参与国家政治的机构，定期听取宰相的政务报告，并有权对皇帝和大臣进行监督和批评。

顾炎武针对明代读书人沉湎于诵读程朱注解、严重脱离社会现实的空疏学风，发出“天下兴亡，匹夫有责”的呼声。他主张为学应求真务实，应关乎国计民生，致力于社会变革，“经世致用”“明道救世”。顾炎武还身体力行，长年用两匹骡驮着书籍四处考察山川关隘、民间风俗和民生疾苦，写出了《天下郡国利病书》等许多与社会实际问题密切相关的著作。

明末清初思想家们的经世致用思想影响深远。其重视调查研究、实事求是、博学考据的治学方法开清代考证学术之风气；其立足现实、学以致用的观念也为后世理论联系实际的学风提供了重要的思想源泉。明清时期，宋明理学始终占据官方统治思想地位。但进步思想家对理学的反思和批判，植根于商品经济的发展和市民工商阶层的兴起，为儒学的发展变革注入了新的活力。这股带有早期启蒙性质的进步思潮，对君主专制统治造成了强烈的冲击，在其后数百年间仍具有振聋发聩的启蒙作用，给后世民众以深刻的启迪。

明末的批判思潮深刻地影响着清末民初的思想家和民主革命家。谭嗣同十分推崇王夫之，认为其著作是“兴民权之微旨”。章炳麟改名绛（顾炎武初名绛），号太炎，明确宣示他是顾炎武学说的继承者。梁启超将黄宗羲的《明夷待访录》视为“宣传民主主义的工具”。孙中山则抽印《明夷待访录》中的《原君》《原臣》分发给同志，发起反对清朝的民主革命。

练习题

一、选择题

1. “百家争鸣”局面的形成与下列诸因素有关系的是（　　）

①社会的剧烈变革　②各国纷争的社会环境　③封建经济的迅速发展　④私学的兴盛

A. ①②③④　　B. ①②　　C. ③④　　D. ②③④

2. 孔子思想体系的核心是（　　）

A. 宽刑薄赋　　B. 克己复礼　　C. 仁　　D. 无为而治

3. 老子在政治上主张（　　）

A. 任人唯贤　　B. 无为而治　　C. 以法为本　　D. 贵贱有序

4. 提出“天有常道，地有常数”“制天命而用之”的思想家是（　　）

A. 庄子　　B. 孟子　　C. 韩非子　　D. 荀子

5. 孟子“民贵君轻”的思想主张（　　）

A. 具有民主政治的性质　　B. 代表了人民的利益

C. 适应了君主统治需要　　D. 否定了君主专制

6. 战国时期显赫一时的法家后来衰败下去，主要是因为法家的理论（　　）

A. 不利于确立中央集权制度　　B. 不利于缓和社会矛盾

C. 没有反映地主阶级利益　　D. 维护奴隶主贵族特权

7. 主张“政在得民”，反对苛政的思想家是（　　）

A. 荀子　　B. 庄子　　C. 孔子　　D. 孟子

8. 主张“明主峭其法而严刑”“威势之可以禁暴，而德厚之不足以止乱”的思想家是（　　）

A. 韩非子　　B. 荀子　　C. 老子　　D. 孟子

9.《墨子》中有关于“圆”“直线”“正方形”“倍”的定义，对杠杆原理、声音传播、小孔成像等也有论述，还有机械制造方面的记载。这反映出，《墨子》（　　）

A. 体现了贵族阶层的旨趣　　B. 包含了劳动人民智慧的结晶
C. 形成了完整的科学体系　　D. 汇集了诸子百家的思想精华

10. 先秦诸子百家既相互辩难，也相互影响。儒家与法家主张的共通之处是（　　）
A. 厚古薄今　　B. 重视道德与人伦
C. 重农抑商　　D. 强调制度与秩序

11. 汉武帝采纳董仲舒的建议，“罢黜百家，独尊儒术”。这里的“儒术”指（　　）
A. 糅合了道家、阴阳家等学说的儒学　　B. 儒家学说与权术
C. 吸收了佛教、道教等思想的儒学　　D. 正统的孔孟学说

12. 汉武帝“罢黜百家，独尊儒术”的目的是（　　）
A. 向西域传播儒家思想　　B. 加强君主专制中央集权
C. 使儒生成为官僚队伍主体　　D. 彻底抛弃法家思想

13. 汉武帝“独尊儒术”，主要利用儒家的（　　）
A. “性善论”　　B. “己所不欲，勿施于人”的主张
C. “大一统”的思想　　D. “民贵君轻”的思想

14. 从战国“百家争鸣”到西汉“独尊儒术”的转变体现了（　　）
① 大一统局面的形成　②思想控制的加强　③中央集权的强化　④儒家以外各学派的消亡
A. ②④　　B. ①②④　　C. ①③　　D. ①②③

15. 宋代以朱熹为代表的新儒学所吸收的思想是（　　）
A. 法家思想和“经世致用”学说　　B. 佛教和道教思想
C. 佛教思想和“经世致用”学说　　D. 佛教、道教和法家思想

16. 朱熹提出“存天理，灭人欲”，其中“天理”主要是指（　　）
A. 封建道德规范和等级秩序　　B. “天人感应”理论
C. 社会发展规律　　D. 天体运行法则

17. 我国反封建思想的先驱是（　　）
A. 李贽　　B. 黄宗羲　　C. 顾炎武　　D. 王夫之

18. 黄宗羲和顾炎武思想的共同点是（　　）
A. 都主张政治上要“趋时更新”　　B. 都反对君主专制制度
C. 都强调“经世致用”的实际学问　　D. 都反对重农抑商

19. 《四库全书总目提要》称某人的著述“狂悖乖谬，非圣无法”，“排击孔子，别立褒贬”。这里的“某人”是指（　　）
A. 黄宗羲　　B. 王夫之　　C. 顾炎武　　D. 李贽

20. 孔子、孟子、程颐、朱熹、王阳明等人的思想共同点是（　　）
A. “理”　　B. “格物致知”　　C. “心外无物”　　D. “仁”

二、材料分析题

阅读材料，回答问题。

一个伟大的君主，一个强大的帝国的背后，都有一个伟大的思想家。例如秦始皇和韩非，汉武帝和董仲舒。这就是文化的作用在治国中的体现。

（1）在春秋战国的乱世中，哪位思想家会被重用来治国，为什么？
（2）在西汉初年，哪位思想家会被重用来治国，为什么？

三、问答题

春秋战国时期思想文化繁荣局面形成的原因有哪些？

第二节　中国古代科技

高度发达的农耕文明，孕育和推动了中国古代在农学、天文学、数学、医学等科学技术领域的发展。以造纸术、印刷术、火药、指南针这“四大发明”为代表的科技成果，对世界文明的发展作出了突出的贡献。

古代科技的里程碑——四大发明　殷商时期，人们把文字契刻在甲骨、陶器上，或镌铸在青铜器上。后来使用竹、木简和缣帛作为书写材料，但是竹简太重，缣帛太贵，很难推广。

西汉时已发明植物纤维纸，但纸质比较粗糙。到了东汉，蔡伦改进造纸术，制成能书写的纤维纸。这种纸，原料易得，绳头、乱麻、树皮、桑根、藤、苔、竹子、稻草、麦秆、布片都可以作为造纸的原料，并且纸张质地细腻，时人称之为“蔡侯纸”，成为人类文明史上一项重要发明。

印刷术是造纸术之后的又一项重要发明。世界上现存最早的有明确时间记载的印刷品是唐咸通九年（868 年）雕版印刷的《金刚经》。雕版印刷，每印一页书就得雕一块版，雕错一个字就要重新换版。北宋初年刻印《大藏经》，雕版多达 13 万块，费时 12 年。

北宋时期，平民毕昇发明了活字印刷术。活字印刷节省印刷费用，大大提高了印刷效率，对人类文明的进程产生了巨大影响。毕昇发明的活字印刷术，活字用胶泥刻成，排版印刷后可拆散保存，反复使用。此后又出现木活字，至 13 世纪出现金属活字。13 世纪中期，活字印刷术传到朝鲜，以后又从西域传到欧洲。

唐朝时，人们在炼丹制药时偶然发明了火药。最早关于炼制火药方法的记载，见于唐初孙思邈著的《丹经》，称作硫磺伏火法。唐朝末年火药已应用于战争。五代和宋朝时，火药还广泛应用于狩猎、开山、采石和火器。当时的火器主要有火炮、火箭、火蒺藜、突火枪等，威力巨大。14 世纪初，火药由阿拉伯人传入欧洲，对西方社会产生了巨大影响。

指南针在四大发明中历史最为久远。早在战国时人们就利用磁石指示南北的特性发明了指南仪器——司南，此后又出现了指南车、指南鱼等。北宋时进而发明了使用人工磁体的指南针，并应用于航海。13 世纪，指南针传入西欧，在地理大发现中起了重要作用。

司南

北宋工匠把铁片剪成鱼形，放在火里烧红，趁热夹出，顺南北方向放在地面上，等到冷却后因受地磁感应而带磁性，就做成了“指南鱼”。南宋时，人们又把磁针和分方位的底盘连成一体，发明了罗盘，时人称之为“地螺”，又称“针盘”“子午盘”等。南宋时的罗盘分 48 向，每向隔 7 度 30 分，比起后来欧洲通用的 32 向罗盘的定向要精确得多。

天文学成就 中国古代在天文学方面成就突出，形成了一套完整的古代天文学体系。中国古代的天象观测在很长时间内都处于世界前列。殷商时代的甲骨文中已有关于日食的记载，这是目前所知世界上最早的日食记录。我国对彗星和哈雷彗星的记录分别比欧洲早1 000多年和670多年。中国古人对太阳黑子的记录，也比欧洲早800多年。

战国时期的《甘石星经》是我国最早的一部天文学专著。当时楚人甘德和魏人石申在长期观测天象的基础上，分别写出《天文星占》和《天文》（又称《石氏星经》），后人把这两部著作合起来称为《甘石星经》。《甘石星经》记录了800颗恒星的名字，其中有121颗恒星的位置记录精确，是世界上最古老的恒星表。战国时期，人们对金、木、水、火、土五大行星的运行情况和它们的出没规律已有精密的观测和精确的记载，1972年在长沙马王堆汉墓出土的古天文书《五星占》，对五大行星的观测记录始于战国末期，其精确度与今天科学测定的结果相差无几（误差不到1%），这是世界罕见的。

在天体测量方面，古代中国也取得了突出的成就。东汉科学家张衡发明了浑天仪，他关于地球为圆形的见解比西欧人早1 000多年。张衡还发明了候风地动仪，可以遥测到千里以外地震发生的方位，曾经成功地测出发生于陇西的一次地震。张衡发明的地动仪，是世界上最早的测定地震方位的仪器，比欧洲出现的第一台地动仪要早1 700多年。

地动仪

唐代著名天文学家一行与梁令瓒共同创制了黄道游仪，用它发现了恒星位置的变动，这在世界上是首次。724年，一行倡议在全国24个地方测量北极高度和冬、夏至日与春、秋分日的日影长度，他从实测中得出了子午线的长度（经度一度约为129.22千米），与现代精确测量的子午线长度111.2千米比，相差约18千米，虽然有较大的误差，但这是世界上第一次测量子午线，比国外早约90年。一行研制的浑象仪用水激轮，使其自转，一日一夜转一周，365转为一年；又安装自动报时器，两个木人，每一刻一击鼓，一时辰一撞钟。据推测，内中已有类似现代钟表的擒纵器装置，是天文钟和机械史上的一大创造。

元代天文学家郭守敬制成了一种新型浑仪——简仪，它具有实用、简便、灵巧的特点，比欧洲发明同类仪器要早300多年。欧洲采用中国简仪的赤道坐标，被认为是文艺复兴时期天文学的一大进步。简仪的原理在现代工程与地形测量以及航空和航海仪器中得到广泛应用。郭守敬还主持了全国范围内的天文测量工作，通过实测，于1280年他编写成《授时历》，同现行公历的一年周期相同。按《授时历》的计算，一年的时间为365.242 5天，同地球绕太阳一周的实际时间（365天5小时48分46秒）相差仅26秒，比现行公历的确立要早300年。

《九章算术》与圆周率 中国古代在数学方面也取得了突出的成就。春秋时期已出现九九乘法口诀。春秋战国时期，发明了用竹棍作算筹的筹算计算法。到元代又发展成简便高效的珠算法。

东汉时期的《九章算术》分九章，总结了周秦到汉代的数学成就，书中记载了当时世界上最先进的数学运算方法，涉及算术、代数和几何等几个方面的内容，其中许多数学上的重要成就在当时世界上都是先进的。全书的体例与现在的数学习题集类似，里面记载了田亩面积和谷仓容积的计算方法，还总结了正负数加减运算、一元二次方程解法以及勾股定理的应用等。《九章算术》的出现标志着我国以解决实际问题为主要内容、以算筹为计算工具、运用十进制记数系统计算的古代数学体系的形成。唐宋时《九章算术》被官方列为数学教科书之一，隋唐时传入朝鲜、日本，后被译成日、俄、德、法等多种文字。

圆周率（π）的计算一直是中国古代数学家关注的问题。南朝时期的祖冲之将圆周率精确到小数点后第七位，在 3.141 592 6 到 3.141 592 7 之间。这一成果领先世界达1 000年之久。

古代农书 南北朝时期的《齐民要术》是我国现存最早、最完整的农书，作者是北魏的贾思勰。《齐民要术》总结了我国北方劳动人民长期积累的农业和畜牧业生产经验，介绍了各种耕作技术，保存了许多宝贵资料，提出了因地制宜、因时制宜、多种经营的宝贵思想，是世界农学史上的优秀著作。

元代王祯的《农书》，共 37 卷，13 万字有余，其重点放在生产工具的改革方面，其中《农器图谱》占全书篇幅的 4/5，附有 306 幅插图。这部农书特别重视用机械代替简单工具、用水力代替人力和畜力的变革。书中详细记载了冶金“水排”、水转大纺车、木活字和“转轮排字盘”等重大发明，在世界范围产生了深远影响。

明代徐光启编写的《农政全书》，共 60 卷，约 70 万字。全书围绕屯垦、水利和荒政三项主题，对古今中外农业生产和农学研究的利弊得失作出全面的评价和总结，并提出进一步发展农业生产的设想。作者不但系统总结历代经验、吸收最新实践成果，而且充分汲取西方农业科技思想和方法，开展农业科技实验，体现了科学性、创新性和先进性。徐光启也因此被誉为“中国近代科学先驱”。徐光启还与意大利传教士利玛窦等人合作翻译了《几何原本》等西方科技著作，将西方科技介绍到中国。

从《黄帝内经》到《本草纲目》 《黄帝内经》编撰于战国，成书于西汉，是中国现存最早的中医理论专著。全书共有 18 卷，叙述了人体内脏的部位和血脉循环的情况，提出了病理学说，介绍了 311 种病候和多种治疗方法，还提出了“治未病”（即预防为主）的先进思想，这在当时的世界上都是很了不起的。《黄帝内经》反映了中国古代医学的早期成就，奠定了中医学理论的基础。

东汉张仲景撰写的《伤寒杂病论》阐述了中医理论和治疗原则，系统论述了“望、闻、问、切”四诊疗法，成为中医临床医学的经典，张仲景也被后世称为“医圣”。与张仲景同时期的华佗也是当时的名医。他精于方药针灸，还擅长外科手术，发明了最早的麻醉药剂“麻沸散”，是世界上最早采用全身麻醉方法的医生。此外，华佗还认识到生命在于运动的道理，发明了五禽戏，教人用来锻炼身体，这是中国早期的体育保健体操。

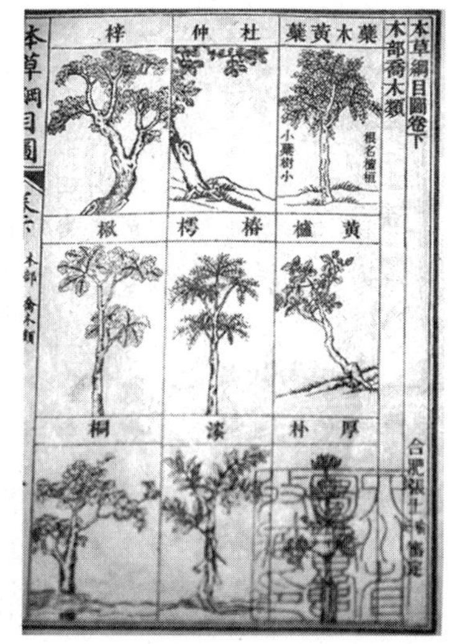

《本草纲目》

中国古代药物学的最高成就是明代李时珍的《本草纲目》。这部书共 52 卷，190 多万字，记载了 1 892 种药物。李时珍对每种药物的产地、形状、颜色、功能等都详加说明，并附有大量插图。书中还记载了 11 096 个药方。该书按无机界、植物界、动物界三个层面 16 部，“从微至巨”“从贱至贵”排序分类。书中还指出猿猴和人相似的地方，注意到环境对生物的影响，记载了金鱼、鸡等生物的遗传和变异的现象。其中有关资料曾被达尔文在论证动物和植物在家养条件下的变异时所引用。该书全面系统地总结了中国16世纪以前的药物学成就。《本草纲目》创立了当时世界上最先进的分类法，体现了生物进化的思想，推进了世界生物学的发展。《本草纲目》刊行后，已被翻译成多种文字，其中英文译本达十余种，流传于世界，被誉为“东方医学巨典”。

练习题

一、选择题

1. 中国古代记载物理学知识，其中包括杠杆原理与浮力原理、声学与光学知识的著作是（　　）

A. 《墨子·墨经》　B. 《甘石星经》　C. 《考工记》　D. 《农政全书》

2. 反映春秋战国时期我国物理学重大成就的是（　　）

A. 出现世界上最早的天文学著作　B. 首次关于哈雷彗星的记录

C. 《墨经》光学八条　D. 形成自己固定的历法系统

3. 郭沫若为张衡墓题词：“如此全面发展之人物，在世界中亦所罕见。”此评价的依据之一是张衡（　　）

A. 最早做了关于太阳黑子的记录　B. 制定了《大衍历》

C. 创制了简仪　D. 最早对月食作了科学的解释

4. 既通天文，又擅文学，其发明创造保持世界纪录长达1 700多年的我国科学家是（　　）

A. 屈原　B. 张衡　C. 祖冲之　D. 徐光启

5. 一行在编制《大衍历》时发现：“日难至（冬至），其行最急，急而渐损，及春分及中，而后迟，追北至（夏至），其行最舒，而渐益之，以至秋分又及中，而后益急。”这实际上是（　　）

A. 更精确地测算出地球公转的周期

B. 发现了地球自转的周期

C. 因设备简陋而造成的观察误差

D. 发现了一年中地球公转速度变化的现象

6. 元朝郭守敬在天文历法方面的杰出成就是（　　）

A. 主持全国天文测量，编写了《授时历》

B. 使中国古代历法体系成熟

C. 留下了哈雷彗星和太阳黑子的最早记录

D. 发明了测量经线的科学方法

7. 西汉太中大夫东方朔撰文上呈汉武帝，所用竹简需两人抬进宫。以后改变携书不便现象首先得益于发明了（　　）

A. 雕刻技术　B. 制墨技术　C. 造纸技术　D. 活字技术

8. 将“嫦娥一号”成功送入太空用的是“长征三号甲”运载火箭。中国最早的“火箭”与现在的火箭虽然相差甚远，但都是利用反冲运动的原理，中国最早的“火箭”出现在（　　）

A. 秦朝　B. 唐朝　C. 元朝　D. 明朝

9. 毕昇发明活字印刷术是在 11 世纪中期，欧洲人用活字排版印刷应出现在（　　）

A. 13 世纪　　B. 14 世纪　　C. 15 世纪　　D. 16 世纪

10. 在中国古代四大发明向西方传播的过程中，作出杰出贡献的是（　　）

A. 阿拉伯商人　　B. 日本的“遣唐使”

C. 中国航海家　　D. 意大利的传教士

11. 世界上第一次把圆周率的数值，计算到小数点以后第 7 位数字的数学家是（　　）

A. 贾思勰　　B. 司马迁　　C. 郦道元　　D. 祖冲之

12. 下列世界领先的数学成就中，不属于《九章算术》的是（　　）

A. 正负数的加减运算法则　　B. 圆周率的计算

C. 负数的概念　　D. 涉及很多实际生活中的计算问题

13.《齐民要术》的下列内容中，最能体现其时代特征的是（　　）

A. 游牧民族的生产经验总结　　B. 农产品的加工方法

C. 家畜、家禽和鱼类的饲养方法　　D. 农作物的种植方法

14. 记载“甘薯所在，居民便有半年之粮，民间渐次广种”一语的只能是（　　）

A.《四民月令》　　B.《氾胜之书》　　C.《农政全书》　　D.《伤寒杂病论》

15. 东汉张仲景是中医临床理论体系的开创者，为中医药学的发展作出了巨大贡献。他的主要医学著作是（　　）

A.《四部医典》　　B.《伤寒杂病论》　　C.《本草纲目》　　D.《千金方》

16. 中国的传统医学历史悠久，名医辈出。东汉末年，为外科手术制成麻醉药，并编创了防病健体医疗体操的名医是（　　）

A. 扁鹊　　B. 张仲景　　C. 华佗　　D. 孙思邈

17. 下列中国古代科学技术成就在一定程度上对哥伦布发现美洲做出重要贡献的是（　　）

A. 指南针　　B. 医药学　　C. 印刷术　　D. 火药

18. 中国古代除了四大发明以外，在天文学、数学、农学和中医学等领域也取得了重大成就。下列人物中属于中国古代杰出医学家的是（　　）

①孙思邈　②郭守敬　③祖冲之　④刘徽　⑤一行　⑥张仲景　⑦贾思勰

A. ①⑥　　B. ②⑤　　C. ③④　　D. ④⑦

19. 中国传统中医文化博大精深，以下可以为我们提供医疗和防治借鉴的中医学著作是（　　）

A.《牡丹亭》《石头记》　　B.《四民月令》《氾胜之书》

C.《天工开物》《农政全书》　　D.《伤寒杂病论》《本草纲目》

20. 英国汉学家麦都思指出：“中国人的四大发明，对欧洲文明的发展提供了异乎寻常的推动力。”其中对欧洲作战方式产生巨大影响，推动欧洲社会变革的是（　　）

A. 活字印刷术　　B. 指南针　　C. 火药　　D. 造纸术

二、材料分析题

阅读材料，回答问题。

2016 年，中国科学院推选出影响文明进程的“中国古代重要科技发明创造”88 项，其

中本草学作为研究药物名称、性质、效能、产地、入药部位、主治病症等的一门传统学科，在中国古代取得了一系列的成就，成功入围。

（1）请列举宋元以前的主要药物学著作（5 部即可）。
（2）请简要介绍一下李时珍的《本草纲目》。

三、问答题

1. 宋元时期，科技文化“中学西传”有哪些具体表现？对欧洲产生了什么影响？
2. 明清以前，中国古代科技文化为什么能长期领先于世界？

第三节　中国古代文学艺术

一、汉字与书法

汉字构型独特，数量繁富，是一种形、义、音紧密结合的单体文字，记录着世界上最大一支人群的“母语”。它经历了约 3 000 年的发展，至今仍充满活力。汉字不仅是传播和交流的工具，而且还作为基本要素，构成了独特的东方书法和篆刻艺术。

从汉字起源到“书同文”　文字的发明是人类发展史上石破天惊的大事。它将人们的思维、语言、经验以及复杂的社会现象记录下来，使文化得以传播交流和世代传承。早在新石器时代，陶器上就出现了一些刻画符号，虽然还不能被准确识读，但与后来的成熟文字有一定的渊源联系。

距今 3 000 多年的商代甲骨文，是目前所知最早的成熟的汉字。商周时期铸在青铜器上的文字，被称为“金文”。春秋战国社会大变革时期，汉字的使用更为广泛和频繁，人们对文字的丰富、发展作了有益的尝试。但各诸侯国对汉字任意简省笔画、紊乱偏旁，造成异体杂出、一字多形等混乱状况，削弱了汉字的交流功能，不利于文化的发展和生产的进步。到秦统一时，秦始皇推行“书同文”，以秦国的小篆为基础，统一全国文字。后来，书写简便的隶书也得到推广。文字的改革对统一的多民族国家的形成和发展产生了深远的影响。

甲骨文

书艺历程　书法以笔墨的黑白空间和线条的刚柔枯润来抒情达意，显现了东方审美情趣。字形丰富、数量庞大的单体汉字，为富于个性化的艺术再创造准备了很好的材料。从后人的眼光看，秦小篆和汉隶都具有书法的美感：小篆圆润纤细，布局均匀；汉隶雄放洒脱，浑厚深沉。但无论从刻石、简牍，还是从碑刻来看，它们大多还是实用性文字。

汉字发展为自觉的书法艺术，是在魏晋南北朝时期。在对汉末社会危机深刻反省的同时，一个特立独行的士人群体逐渐形成，书法成为士人表达自我对意境、神韵、风骨追求的理想形式。笔墨纸张等文具的改进，也为这一时期书法技巧的创新提供了条件。晋人书法起笔之藏露、运笔之迟速、转折之方圆、收笔之锐钝，都能曲尽其妙。东晋的王羲之是我国古代杰出的书法家。他在书法艺术上继承汉魏雄奇伟丽的传统，尽显虚玄灵动的时风，成为继往开来的“书圣”。他的行书“飘若浮云，矫若惊龙”，飘逸潇洒，浸透了晋人诗文、绘画、雕塑“越名教而任自然”的神韵，达到了当时士大夫追求的美的极致，代表作《兰亭序》被誉为“天下第一行书”。后人评价说《兰亭序》中 20 个左右的“之”字居然个个写得“别开生面，无一雷同”。王羲之的儿子王献之的书法造诣不在其父之下，所以人们把他们父子俩合称为书法“二王”。

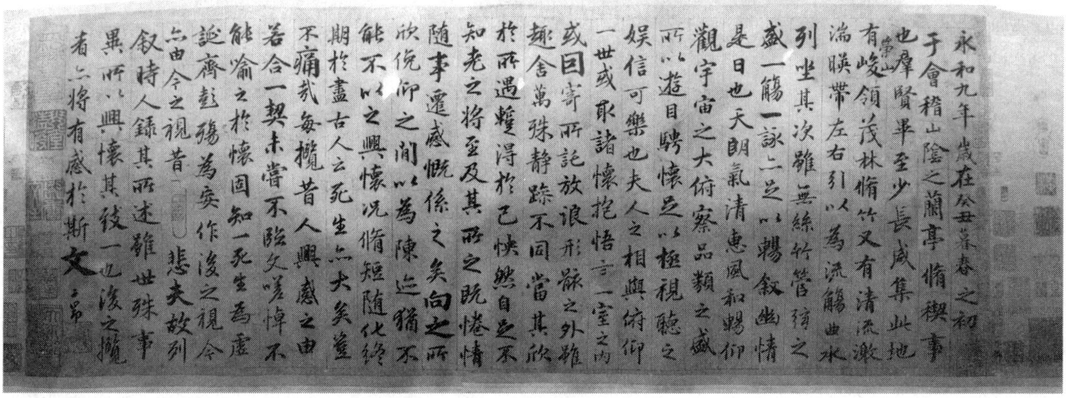

《兰亭序》

隋唐时期，书法艺术达到了新的高峰，既有张旭、怀素狂放不羁的草书，也出现了欧阳询、颜真卿、柳公权等注重规范法度的楷书。张旭是草书圣手，他的狂草“伏如虎卧，起如龙跳，顿如山峙，控如泉流”。怀素的书法笔势飞动，意绪狂放，有如“惊蛇走虺，骤雨狂风”。张旭、怀素把草书艺术推向了高峰。颜真卿的楷书气势雄浑，形状敦厚，内含筋骨，是丰裕的盛唐气象，人称“颜体”，传世的《多宝塔碑》是他不朽的杰作。柳公权的楷书方折峻丽，骨力劲健，人称“柳体”，《玄秘塔碑》是他的代表作。在我国书法艺术史上他们两人的书法风格被并称为“颜筋柳骨”。相传，昏庸的唐穆宗曾向柳公权问及书法要领，柳公权乘机借谈笔法来劝谏昏君，他说：“用笔在心，心正则笔正。”在我国书法艺术史上留下了笔谏的佳话。

宋代市民阶层兴起，社会生活丰富多样，书法艺术出现各具情态的苏（轼）、黄（庭坚）、米（芾）、蔡（襄）四大家。他们推崇魏晋书法风范，追求个性，忽略法度，倡导“有意无法”。他们的书法各有新意。米芾能书能画，擅长行草，学习东晋王献之，技巧有独到之处。他在皇帝面前评价同时代人的书法风格时说，蔡襄是在石头上刻字，黄庭坚是在描字，苏轼是在画字，他自己是在刷字。所谓刷字，即用笔迅疾而劲健，尽兴、尽势、尽力。

明代书法随着社会进一步平民化、世俗化，更加强调个性化的创造。

书法正是通过自由变化的线条和疏密得宜的布局，同时将绘画艺术的情境美和书写的内容融合在一起，成为一种表现士人追求自我理想和个性的独特艺术。

中国印章的刻制，常用汉字篆体入印，称篆刻。秦印雍容大度，精致不苟；汉印方正质朴，端庄豪放。到明朝中叶以后，篆刻发展成与书法、绘画一起相得益彰的姊妹艺术。

二、绘画

中国的绘画艺术以其独特的用具、颜色、表现手法、审美情趣和艺术追求，成为世界文化艺术宝库中的无价之宝。它注重线条，讲求神似、意境和气韵，在内容上透射出中国传统的宇宙观、自然观、人生观，在形式上写意传神，独树一帜，成为中国传统文化的重要组成部分。

绘画艺术的起源 新石器时代先民用稚拙的线条、简单的色彩和图案，将人物、动物形象或抽象的几何图案描绘在地面上、岩壁上、陶器上，既自然生动又质朴粗犷，也不失浪漫。战国时期，已出现用毛笔绘制在绢帛上的作品。汉代帛画充满了珍禽异兽、神仙魔怪，色彩鲜艳，气势宏大，形态飞扬，浪漫神秘又不失古拙。战国楚帛画《人物龙凤图》，构图精到，主次分明，墨线细若蚕丝，人物气定神闲，泰然自若，与矫健飞腾的龙凤恰成动静对照。

从顾恺之到吴道子 魏晋时期，士人群体的追求也体现在文学艺术作品中，开始出现凸显个性的文人画。东晋顾恺之不仅长于丹青，还提出了“以形写神”的绘画理论。他擅长人物画，线条优美活泼，人物传神，很有个性。他作画很多，流传下来的有摹本《女史箴图》和《洛神赋图》。唐代的政治统一和经济繁荣，推动了文化的进一步发展。在诗文、书法、乐舞、雕塑、建筑艺术全面辉煌的氛围中，画家们创制法度，淋漓尽致地表现了雍容华贵的盛唐气象。吴道子是盛唐画风的代表人物。他改革传统的线描，用圆润丰腴、粗细变化的线条，将晕染法的立体效果融入传统线描法中，颇有动感，产生了“天衣飞扬，满壁风动”的效果，被誉为“吴带当风”。吴道子一生作壁画无数，仅长安、洛阳的寺观里，就有300多幅，《天王送子图》是他的代表作。吴道子被后世称为“画圣”。

《洛神赋图》（局部）

文人意趣 进入宋代，文人阶层不断壮大，理学的兴起使文人更注重内心的修养，文人山水画也从注重写实变为更加注重意境。北宋的文人山水画构图气势宏伟，画风阳刚豪放。南宋偏安一隅，其文人描绘的对象变为江南风光，构图不追求对称，墨色恬淡。像马远、夏圭往往把景物放在画面一侧，被人称为“马一角”“夏半边”，他们的画作又被称为“残山剩水”。到了元代，南方士人的郁闷心情更通过山水画作抒发出来。

明清时期的文人画或继承宋代宫廷画风，或沿袭元人山水意趣。在时代变化、社会动荡的背景下，出现了一些风格奇特的画家。他们的艺术风貌不拘成法，与正统画风形成强烈对比。清初的画家有石涛和八大山人，他们的山水画很有特色，能突破陈规，别开生面。画僧八大山人为明宗室，本名朱耷。明亡之后，他装聋作哑，常常穿着破袍，拖着露脚跟的鞋子，在街上东游西逛。其写意手法画的花卉、鸟兽，形象洗练，造型夸张，奇特险怪。在他的笔下，鱼、鸟等多是“瞪眼鱼”“伤心鸟”，表情冷冷逼人，“白眼看青天”，神情桀骜不驯。清朝中期，最著名的画家群体是“扬州八怪”。他们的画个性突出，意境深远，对后世有很大的影响。这八位画家是：金农、郑燮（号板桥）、罗聘、李鱓、黄慎、李方膺、高翔和汪士慎。

民间风情 宋代以后，伴随着商业兴盛、城市发展和文化的普及，民间文化日益繁荣，出现了许多描绘民间风情的作品。在描绘市井生活的作品中，最著名的当数北宋张择端的《清明上河图》。该画以长卷式构图，描绘了北宋都城汴梁的生活场景。画面分为三个部分：郊外的村野风光，以虹桥为中心的汴河两岸赶集场面，以及城内的繁华街市。有人称，看了这幅画，“恍然如入汴京，置身流水游龙间，但少尘土扑面耳”。

明清时期，小说成为雅俗共赏的文学读物。木刻版画作为其中的插图，反映了世俗的审美趣味。百姓喜闻乐见的年画、布贴画、剪纸画，形象生动，充满浓郁的生活气息。

在漫长的历史过程中，中国绘画形成了独特的风格。宫廷和民间绘画注重写实；文人画注重写意，融诗、书、画、印为一体。中国画讲求神似、意境和气韵，注重个人主观性情的抒发，表现手法灵活、自由，在启迪民族的自信心和自尊心等方面起到了潜移默化的作用。

三、诗歌、散文与小说

诗歌是人类心灵的窗口，时代精神在这里凝结、积淀，人们的思想情感在这里郁积、释放。明清小说则将日常生活和普通市民都纳入创作视野，不仅真实地反映了当时社会的全景，还蕴涵着作者对现实的敏锐洞察和犀利批判。

《诗经》、楚辞与汉赋 《诗经》是我国最早的一部诗歌总集，经过孔子的辑录、删定，保存了从西周初期到春秋中期大约500年的诗歌，共305篇。《诗经》分风、雅、颂三部分。风是周朝时各诸侯国的民歌，统称“国风”；雅是西周的宫廷乐曲歌词；颂是为宗庙祭祀配以舞曲的歌词。其中风的内容最为丰富，有的揭露统治者的剥削和压迫，有的颂扬劳动人民的反抗精神和对美好生活的向往，真实而深刻地反映了当时的社会生活。《诗经》以四言为主，多采用重章叠句的句式，语言质朴丰富，是中国诗歌形成的重要标志。它的现实主义色彩和“赋、比、兴”的艺术手法，都对后世的诗歌创作产生了深远影响。《诗经·硕鼠》篇以“硕鼠硕鼠，无食我黍”的形象比喻，抗议统治阶级对民众的剥削。《关雎》篇中“关关雎鸠，在河之洲。窈窕淑女，君子好逑”的诗句，则表现了对爱情的赞美和追求。

楚辞是战国时期屈原等人吸收南方民歌精华，采用楚国方言，创造出的一种新体诗歌。楚辞采用自由灵活的句式，更适合表达复杂丰富的思想感情。楚辞以瑰丽华美、想象奇特著称，开创了中国古典文学抒情浪漫风格的先河。屈原的作品，前期有《桔颂》和《九歌》，流放期间有《离骚》《天问》和《九章》等。其中最著名的作品是《离骚》，它是屈原一生中最宏伟的诗篇，也是我国古代少见的一篇抒情长诗。《离骚》以宏大的气魄、丰富的想象和强烈真挚的感情，表达了屈原对楚国和人民的热爱。诗中大量运用象征、比喻的手法，把神话传说、历史人物、山川日月、香草幽花编织在一起，构成一幅幅雄奇瑰丽的图画。“骚体”（楚辞）与“风”（《诗经》）合称“风骚”，成为中国古代诗歌的两大源头。

汉朝政治统一，经济发展，一种专重铺陈排比、文采华丽的文体——赋应运而生。赋是吸收了先秦《诗经》和楚辞表现手法的带韵散文。汉赋的著名作家有贾谊、枚乘、东方朔、司马相如、班固和张衡等。汉赋名篇有贾谊的《吊屈原赋》、枚乘的《七发》、司马相如的《子虚赋》和《上林赋》、班固的《两都赋》和张衡的《二京赋》等。其中司马相如的《子虚赋》和《上林赋》为汉赋中的上乘之作，作品既歌颂了汉朝的强盛和大一统国家的声威，又寄寓了戒奢劝俭之意。

唐诗、宋词与元曲　唐代是中国古代诗歌创作的黄金时期。繁荣、开放和文化多元的盛唐造就了诗歌的辉煌。科举取士制度的确立，使得许多来自中下层的文人有机会施展抱负。他们把丰富的生活体验以及自信乐观、昂扬进取和忧国忧民的精神融入诗歌，弹奏出开朗奔放、刚健清新和雄浑深沉的时代音调。汉代以来五言诗、七言诗的发展，也为唐诗在格律形式等艺术创作方面提供了借鉴，韵律更加工整、回还有致。唐诗一改汉赋专重铺陈描述之风，更多地抒发诗人的感受与情怀。

清人所编的《全唐诗》，收集了2 300多位诗人的48 900多首诗。唐诗数量之繁多，内容之丰富，风格流派之迥异，远远超过了过去任何一个朝代。其中最著名的诗人有李白、杜甫和白居易，他们是唐朝三个不同时期诗人的杰出代表。

李白，字太白，生活在唐朝的繁盛时期，是我国诗歌史上积极浪漫主义的杰出代表。他放荡不羁，诗风飘逸、豪放，纵横开阖，体现了盛唐张扬个性、蓬勃向上的时代精神。他写下了大量笑傲王侯、抨击社会黑暗和追求理想、歌颂大好河山的千古名篇，人称“诗仙”。在他充满浪漫主义奇特想象的诗篇中，蕴涵着深刻的现实意义和对人世的真挚关爱。代表作有《早发白帝城》《蜀道难》《梦游天姥吟留别》等。

李白（701—762年）

杜甫，字子美，生活在唐朝由强盛转向衰落的时代，是我国诗歌史上杰出的现实主义诗人。他忧国忧民，长期生活在颠沛流离和饥寒交迫中，体味着国破家亡的痛苦。杜甫创作了大量反映社会现实的诗作，诗风凝重浑厚、沉郁顿挫，人称“诗圣”，他的诗作被誉为“诗史”。首都长安失陷时，杜甫泫然写下《春望》：“国破山河在，城春草木深。感时花溅泪，恨别鸟惊心。烽火连三月，家书抵万金。白头搔更短，浑欲不胜簪。”忧国思家之情跃然纸上。其代表作有“三吏”（《新安吏》《石壕吏》和《潼关吏》）、“三别”（《新婚别》《垂老别》和《无家别》）等。

中唐以后，战乱的平息并没有带来往昔的盛世华年。白居易，字乐天，是唐朝后期杰出的现实主义诗人，新乐府诗歌运动的代表，其作品通俗流畅，在对黑暗现实的猛烈批判中表达了诗人对民间疾苦的深切同情。人称“诗魔”，其代表作有《秦中吟》10首和《新乐府》50首等。此外，其长篇叙事诗《长恨歌》和《琵琶行》，也深受人们喜爱。

宋词是继唐诗而起的又一文学高峰。词的起源丰富而复杂，有的改自格律诗，有的传自教坊曲，有的源于民间。词又称“长短句”，其格式便于作者更加灵活自如地表达情感。词可配乐演唱，人们可按特定的乐调曲谱“填词”。

面对天下分裂、战乱频仍的现实，一批有识之士希望振奋人心，他们的词作也显示出一派既飘逸又豪放的高远境界。苏轼，号东坡，四川眉山人，北宋时期最著名的文学家、词人。其词风意境开阔，雄浑壮观，《念奴娇·赤壁怀古》是其代表作。

苏轼（1037—1101年）

南宋词人辛弃疾投笔从戎，他的词慷慨激昂、沉郁悲凉，代表作有《破阵子·醉里挑灯看剑》等。“金戈铁马，气吞万里如虎”是他的名句。他的词继承和发扬了苏词的豪放风格，在思想和艺术上都达到了很高的水平。苏轼与辛弃疾被合称为“苏辛”，是豪放派的代表人物。

宋代市井生活丰富，娱乐场所需要大量的歌词。北宋柳永的词作体现市民情趣，委婉含蓄、回还往复，成为宋词另一派别——婉约派的代表。其代表作有《雨霖铃》等。

两宋之交的女词人李清照是婉约派的另一杰出代表，她的词委婉清新、感情真挚。前期的词，充满了生活气息，如她描写雨后的海棠时说：“知否？知否？应是绿肥红瘦。”她在《声声慢》里，用“寻寻觅觅，冷冷清清，凄凄惨惨戚戚”开篇，开创了词史上7个叠词连用的先例。北宋灭亡以后，国破家亡，又痛失夫君，李清照的作品渗透了忧伤的感情。她在《永遇乐》中写道：“如今憔悴，风鬟雾鬓，怕见夜间出去。不如向、帘儿底下，听人笑语。”表现了婉约派词作对国家兴亡和个人命运的关注。

元曲是在宋词、金元俚曲俗谣基础上经文人重新创作而形成的新文学体，虽然也有格律曲牌限制，但大量使用白话、方言、衬字，是与音乐、戏曲结合比较紧密的文学形式。著名元曲作家及代表作品主要有关汉卿的《窦娥冤》《救风尘》、王实甫的《西厢记》、马致远的《汉宫秋》、白朴的《墙头马上》、郑光祖的《倩女离魂》等。关汉卿、白朴、马致远、郑光祖被称为“元曲四大家”。

元曲题材广泛，有反对封建官府、追求婚姻自由的内容，也有历史故事，还有的反映了少数民族的生活。汉族文人在元朝进取无望，心情压抑，他们常用散曲来抒发愁闷情怀：“不读书有权，不识字有钱，不晓事倒有人夸荐。”人生的失意和理想的幻灭让他们无奈地自嘲：“争名利何年是彻?”“想人生有限杯，浑几个重阳节。”社会的黑暗和人民的悲惨遭遇也经常被生活于社会下层的文人们诉诸笔端：“有钱的纳宠妾买人口偏兴旺，无钱的受饥馁填沟壑遭灾障。小民好苦也么哥，小民好苦也么哥，便秋收，鬻妻卖子家私丧!”面对此情此景，元曲大家张养浩慨然发出“兴，百姓苦；亡，百姓苦”的感叹。

散文 中国散文具有悠久的历史，先秦的散文包括历史散文和诸子散文。先秦的历史散文内容丰富，形式多样。有编年体的《左传》，有国别体的《国语》和《战国策》等，是我国叙事散文的源头，具有很高的文学价值。尤其是《左传》，将真实性、鲜明性、生动性有机结合，形成了我国历史散文的优良传统。先秦诸子散文产生于春秋战国时期。春秋战国之交以《论语》和《墨子》为代表，战国中叶以《孟子》和《庄子》为代表，战国后期以《荀子》和《韩非子》为代表。诸子散文从孔子开始，就注重文学色彩，特别到了战国后期，比喻、排比、夸张、映衬等修辞手法被普遍地使用，寓言的运用成了新风气，使先秦文学园地更添光彩。

秦代在文学史上起到一定影响的散文是《吕氏春秋》和李斯的《谏逐客书》。两汉和魏晋是我国散文迅速发展的时期。西汉散文中最先发展起来的是政论文。贾谊和晁错是西汉初年政论文的代表人物。汉代散文中成就最突出，在我国古代文学史上占有重要地位的是《史记》《汉书》，在整个封建时代，都被史学家和文学家奉为典范。三国两晋时期的散文抒情色彩更加浓郁，骈偶化逐渐明显，更加讲求遣词造句的技巧，体裁也更加多样化。曹魏散文名家，首推曹氏父子。魏晋之际最重要的是散文，其次是书序之类。这时的散文家大致可以分为两派，一为阮籍、嵇康；一为王弼、何晏。书序类中以李密《陈情表》为最。陈寿的《三国志》是这个时期重要的历史著作。两晋散文骈偶化越来越严重，骈文此时已臻于成熟。东晋文坛盛行骈文，不过也有少数人仍用散文写作，或以散驭骈，前期如王羲之，后期如陶渊明。南朝最有成就的作家是鲍照、江淹、刘峻、徐陵。北朝郦道元的《水经注》

颇多佳篇，杨炫之的《洛阳伽蓝记》亦颇生动，南北朝成就最高的是骈文家庾信，著有《瘐子山集》。

唐宋“古文运动”推动了散文的繁荣和发展，涌现了唐宋八大家和不少优秀散文作品。唐朝散文，既革除六朝旧习，又开辟了宋、元以后散文的发展道路，在中国文学发展史上起着承前启后的作用，占有重要地位。唐朝散文风格多样，名篇佳作数量可观。如韩愈的《师说》《杂说》《送孟东野序》是议论文的上乘之作，《张中丞传后叙》是公认的记叙名篇，《祭十二郎文》是颇具感染力的佳作。柳宗元的《封建论》被称为“古今至文”，他的“永州八记”脍炙人口，在中国文学史上具有特殊的地位。唐朝散文作家除韩、柳外，魏征、王勃、刘知几、李峤、刘禹锡、杜牧、白居易、孙樵等，也都有名篇传世。

宋朝散文有显著的成就和重要特色，历来为人们所重视。北宋初年第一个起来提倡古文的是柳开。欧阳修则是宋朝散文的第一位大师，是宋朝散文的奠基者。北宋后期是宋朝散文发展的黄金时代。活跃在这时文坛上的有苏洵、曾巩、王安石、苏轼、苏辙等人，其中苏轼为散文创作开拓了新天地，是北宋最杰出的大作家。南宋时期的文天祥、郑思肖、谢翱等人的散文迸发出爱国主义的光芒。

明朝散文中亦有不少佳作，主要作家是明初的宋濂、刘基，明朝中叶的王慎中、唐顺之、茅坤、归有光等人。尤其是晚明小品文，是中国散文发展史上的一项重大突破，从观念到创作实践都有显著的变化。

清朝散文上承秦汉唐宋，较明朝有所发展，形成了自己的时代风格和特点。这一时期，作家辈出，佳作甚多，在古代散文史上有重要地位。清初散文有“学人之文”与“文人之文”两派。清朝中叶出现了“桐城派”，代表人物是方苞、刘大櫆、姚鼐。就作品的艺术成就论，以姚鼐为最高。清朝后期散文都与“桐城派”有渊源。鸦片战争前夕，以龚自珍、魏源为代表的启蒙思想家，讲求“经世致用”之学，不株守儒家思想，文章糅合子、史和佛家言，打破陈规旧貌，为清文一大变化，开了近代散文的先河。

明清小说 明清时期，工商业城镇和市民阶层的兴起，对文学的发展起到了推动作用。由宋元话本脱胎而来的章回体小说，逐渐发展成文学的主流。在印刷术不断完善和新兴社会群体对文学精神食粮需求的刺激下，各书坊争相刻印畅销的文学作品。一些市井文人将说书的话本加工创作成供人阅读、情节内容复杂的小说。它们或者由某一历史事件改编而成，或者虚构神魔之争，或者描绘人生百态。在表现形式上体现了分标章节回目、首尾完整相连的特点。

明朝风靡全国的“四大奇书”中，罗贯中的《三国演义》是中国古代第一部长篇历史小说，施耐庵的《水浒传》开英雄传奇和武侠小说的先河，吴承恩的《西游记》堪称神魔小说的典范，兰陵笑笑生的《金瓶梅》则为描摹世态人情、反映社会风尚变迁的世情小说的经典之作。晚明短篇小说集《喻世明言》《警世通言》《醒世恒言》和《初刻拍案惊奇》《二刻拍案惊奇》（即“三言”“二拍”）等也广受人们青睐。

明朝中后期，以市井芸芸众生为主人公的世情小说勃兴。这些作品，有的描绘小手工业者之间真诚互助的新型职业道德，有的宣扬蔑视金钱等级、贵在知心互重的婚恋观念，有的歌颂商人追求金钱、海外冒险的理想，生动细腻地反映出这一时期市镇平民的人生理想和追求个性发展等价值观念的变迁，展现了这一时期广阔的社会风貌。

明清社会繁荣的背后也蕴藏着深刻的危机。政治黑暗、官场腐败，各种社会矛盾逐渐加深。清朝涌现出一批批判现实的文学力作，其中曹雪芹的《红楼梦》是深刻反映现实的百科全书式巨著，是我国古典小说中思想性和艺术性结合得最好的一部作品，达到中国古代小说艺术发展的最高峰。蒲松龄的《聊斋志异》是假借谈狐说鬼，宣泄对社会现实不满的“孤愤之书”；吴敬梓的《儒林外史》则以入木三分的辛辣嘲讽揭露丑恶的世风百态，成为长篇讽刺小说的开山之作。

明清小说无论在思想性还是艺术成就方面都达到了新的高峰，成为我国古典文学中熠熠生辉的瑰宝。

四、梨园春秋

戏曲的起源　中国古代的戏曲起源于祈获丰收和庆祝狩猎胜利的原始宗教歌舞。先民头戴面具装扮成神灵、野兽，载歌载舞，通过娱神来祈求神灵保佑。这种带有巫术色彩的仪式活动被后人称为“傩”，其中便蕴涵着戏曲的萌芽。

春秋战国以后的宫廷宴乐、杂技百戏具有更多的戏曲元素。唐代宫廷中设有教练歌舞艺人的专门场所，称“梨园”，表演的歌舞戏有一定情节性、叙事性和戏剧冲突。

宋朝社会经济迅速发展，出现了许多喧闹的集市和专门的娱乐场所——瓦舍。两宋之际，在浙江温州一带流行起一种戏曲，称“南戏”。南戏用多种表现手法演出完整的故事情节，形成完备的戏曲形式。

京剧

元杂剧与昆曲　元朝进入了古代戏曲的黄金时代。元杂剧将诗词、歌唱、对白、音乐、舞蹈等多种表演形式结合起来，有完整的故事情节和角色配合，标志着中国古代戏曲的成熟。其中用演员虚拟动作表现剧中时空场景更替的手法，形成了中国戏曲时空自由和以象征虚拟动作表意的特殊传统。

关汉卿是元杂剧的奠基者。他生活于金末元初，博学多才，滑稽睿智，曾“面敷粉墨”登台演出。他的代表作《窦娥冤》，用“六月飞雪”的冤情控诉官府腐败黑暗，撕心裂肺地呼唤：“地也，你不分好歹何为地！天也，你错勘贤愚枉做天！”

王实甫也是元代著名的杂剧作家，他最有影响的作品是《西厢记》。《西厢记》曲词优美，表现当时青年男女反叛传统礼教、争取爱情自由的共同心声，第一次响亮地喊出“愿普天下有情的都成了眷属”的口号。

明朝中叶到清朝中期，是昆曲艺术的鼎盛时期。兴起于江南昆山的昆曲，文辞典雅华美，寓意深切，发音吐字讲究格律板眼。昆曲的表演以载歌载舞为主要特色，将柔曼的舞姿融入婉转优雅的唱腔中，给观众以极大的视听享受。昆曲风靡大江南北，发展成全国性剧种，对京剧、川剧、湘剧、越剧和黄梅戏等众多剧种的形成和发展都产生了深远的影响，因而被誉为“百戏之祖”。

汤显祖创作的《牡丹亭》，讴歌青年女子追求个性解放和婚姻自由。全剧构思奇巧，绘景抒情，词曲真切婉丽，充满诗情画意。《牡丹亭》的演出在社会上产生极大震撼，至今传唱不衰。

“国粹”京剧　明清时期，北京作为政治、经济和文化中心，不仅是达官贵人的天堂，各地商人也纷纷建立会馆、商号。为满足皇室贵族、官员、商人和广大居民的文化娱乐需要，四方艺人荟萃一堂，争奇斗艳。

清朝乾隆年间，徽戏剧团三庆班等四大徽班相继到京城献艺。徽班兼容并蓄、融会贯通，吸取了湖北汉调以及昆曲、秦腔、梆子腔等剧种的腔调和表演形式，字韵上也受京城文化的熏陶感染，更加规范考究。经过不断融合吸收，在北京形成了新的剧种——京剧。

京剧集古代戏曲艺术之大成，发展出一套近乎完美的艺术程式，从脸谱、服装、唱腔、动作等方面将角色划分为生、旦、净、丑四大行当。在表演艺术上发扬象征虚拟、歌舞并重的传统，综合运用唱、念、做、打等艺术手段，用锣鼓、京胡、二胡、笛子等乐器控制节奏、渲染气氛，在“字正腔圆”的唱腔和念白中渗透着诗词的文学情韵，亮相和定型则给人以雕塑的美感，从而在小小的戏台上随心所欲地展现大千世界。

京剧将独具特色的中国戏曲推向一个新的高峰，被誉为“国粹”，在人类文化艺术的殿堂上放射出奇光异彩。

练习题

一、选择题

1. 据目前所知，商朝出现的成熟文字是（　　）

A. 甲骨文　　B. 大篆　　C. 楷书　　D. 行书

2. 中华文化源远流长，其中文字起到了重要的纽带作用。秦统一后，颁行全国的通用文字是（　　）

A. 金文　　B. 小篆　　C. 行书　　D. 楷书

3. 下列书法字体首次出现于曹魏时期的是（　　）

A. 金书　　B. 草书　　C. 楷书　　D. 小篆

4. 三国两晋南北朝时期，留下了许多璀璨的科学和艺术瑰宝。下列属于东晋王羲之成就的是（　　）

A. 独创草书书法，刚柔兼备，多有异趣

B. 被尊为“书圣”，代表作有《兰亭集序》

C. 擅长人物画，代表作有《天王送子图》

D. 开创了中医临床理论体系，被尊为“药王”

5. 下列有关汉字演变顺序的排列，正确的是（　　）

A. 金文→甲骨文→小篆→楷书→隶书　　B. 甲骨文→金文→隶书→小篆→楷书

C. 甲骨文→金文→小篆→隶书→楷书　　D. 金文→甲骨文→隶书→楷书→小篆

6. 隋唐时期，绘画艺术高度发展，产生了对后世影响较大的画家，其中被称为“画圣”的是（　　）

A. 王羲之　　B. 张择端　　C. 阎立本　　D. 吴道子

7. 《洛神赋图》依据曹植的名篇《洛神赋》而作，开创了中国传统绘画长卷的先河。《洛神赋图》的作者是（　　）

A. 王献之　　B. 顾恺之　　C. 阎立本　　D. 颜真卿

8. 英国著名的历史学家汤恩比说：“宋朝是最适合人类生活的朝代，如果让我选择，我愿意生活在中国的宋朝。”下列史料中能反映出宋朝景象的是（　　）

A. 《汉书》　　B. 《后汉书》　　C. 《资治通鉴》　　D. 《清明上河图》

9. 由屈原所创的新的诗歌体裁是（　　）

A. 诗经　　B. 元曲　　C. 楚辞　　D. 赋

10. “四书五经”是儒家的经典，“五经”包括（　　）

①《诗经》　②《尚书》　③《大学》　④《易》　⑤《中庸》　⑥《春秋》　⑦《礼》

A. ①②③④⑤　　B. ①②④⑥⑦　　C. ②③④⑤⑥　　D. ①②③⑥⑦

11. 寄情山水、留恋田园牧歌是田园诗人的特点，下列古代诗人能列入此类的是（　　）

①李商隐　②王维　③孟浩然　④陶渊明　⑤岑参

A. ②③④　　B. ①②③　　C. ②③⑤　　D. ①③⑤

12. 作为一个时代的主要文学表达形式，唐诗反映了唐朝历史的全景。下列诗句中反映安史之乱的是（　　）

A. 马嵬坡下泥土中，不见玉颜空死处。（白居易）

B. 长风破浪会有时，直挂云帆济沧海。（李白）

C. 稻米流脂粟米白，公私仓廪俱丰实。（杜甫）

D. 春风得意马蹄疾，一日看尽长安花。（孟郊）

13. 宋元时期，词曲兴盛的根本原因是（　　）

A. 丰富的都市生活　　B. 繁荣的商品经济

C. 文明的对外交往　　D. 宽松的文化氛围

14. 我国封建社会不同时期，主流文学形式各不相同，如唐诗、宋词、元曲、明清小说。其中诗歌在唐朝极度繁荣，为后世留下了三百多首著名的诗篇，其重要原因是（　　）

A. 唐玄宗时，诗赋成为进士科考试的主要内容

B. 李白的天赋和个人努力

C. 唐太宗扩充国学规模，培养了大批人才

D. 武则天大力提倡科举

15. 以《窦娥冤》作品为典型代表，具有综合性艺术特色的文学形式是（　　）

A. 楚辞　　B. 汉赋　　C. 元曲　　D. 宋词

16. 李清照是我国历史上杰出的女词人。她中年以后作品的突出特点是（　　）

A. 反映市民生活面貌，具有浓厚的市民气息

B. 着重表达豪迈奔放的思想感情

C. 怀念中原故土，渗透了忧伤的感情

D. 着重揭露封建统治的腐朽和黑暗

17. 下列明清小说中，以故事为线索，通过家族兴衰变化来揭示封建社会衰亡命运的是（　　）

A. 《水浒传》　　B. 《红楼梦》　　C. 《西游记》　　D. 《三国演义》

18. 下列文学作品中，不具有鲜明的反封建思想的是（　　）

A. 《三国演义》　　B. 《红楼梦》　　C. 《水浒传》　　D. 《西游记》

19. 清朝时形成的一个新剧种，体现了中国戏曲的精华，深受广大群众的喜爱，被誉为“国粹”之一。它是（　　）

A. 豫剧　　B. 昆曲　　C. 曲剧　　D. 京剧

20. 明清之际，随着工商业市镇和市民阶层的兴起，文学领域出现了（　　）

A. 图文并茂的农业科技著作　　B. 融合众多艺术手段的京剧

C. 适合平民欣赏趣味的小说　　D. 倡导平等民主的政治思潮

二、材料分析题

阅读材料，回答问题。

材料一　北冥有鱼，其名为鲲。鲲之大，不知其几千里也；化而为鸟，其名为鹏。鹏之背，不知其几千里也；怒而飞，其翼若垂天之云。是鸟也，海运则将徙于南冥；南冥者，天池也。

——摘自《逍遥游》

材料二　庄子著书十余万言，大抵寓言，人物土地，皆空言无事实，而其文则汪洋辟阖，仪态万方，晚周诸子之作，莫能先也。

——摘自鲁迅《汉文学史纲要》

（1）根据材料并结合所学知识体会庄子散文的特点是什么？

（2）孟子散文与庄子思想相比较有什么特点？

三、问答题

1. 宋、元时期文化繁荣的原因有哪些？

2. 明清（1840 年前）时期，我国文学艺术繁荣兴盛有哪些主要表现？

第十一章　中国近现代的先进思想

第一节　西学东渐

鸦片战争之后，在西方列强坚船利炮和西学东渐的冲击之下，中国传统文化与西方资本主义文化交汇、碰撞。一些先进知识分子开始冲破隔绝状态，逐渐踏上蜕变与新生的近代思想文化历程。

“开眼看世界”　鸦片战争前后，外国资本主义对中国的冲击日益加剧，同时，中国与西方世界的联系也不断加强。为更好了解西方以抵御外来侵略，一批满怀爱国热忱和经世之志的先进中国人开始冲破传统的“贵华夏，贱夷狄”的思想藩篱，以新的眼光审视世界。

林则徐是近代中国“开眼看世界的第一人”。他在广州主持禁烟斗争时，对当时官僚士大夫懵然不知“夷情”感到十分痛心，便开始注意了解和研究中国以外的世界的情况。他设立译馆，组织人员翻译外国传教士在澳门、广州等地办的报刊，又命人翻译瑞士人滑达尔著的《各国律例》的部分内容。他编译的《四洲志》一书，比较系统地介绍了世界五大洲30多个国家的地理分布及历史变迁概况，开了中国近代研究和学习西方的先河。

魏源也是开眼看世界的先行者。他受林则徐嘱托，依据《四洲志》的编译稿，广泛参考其他中外文献资料，于《南京条约》签订后不久编写成《海国图志》一书，并明确提出了“师夷长技以制夷”的思想主张。

以林则徐、魏源为先导，研究与介绍世界的经世思潮在知识界中蔚然成风，“开眼看世界”的思想发展成一股社会思潮。从此，为抵御外侮、谋求民族与国家独立自强而探究、学习西方的思潮，逐渐成为中国近代的思想主流。

体用之争　19世纪60—90年代，围绕是否要兼采西方文化以变革救世的问题，洋务派和顽固派展开了激烈的斗争。

洋务派继承和发展了“师夷长技以制夷”的思想，倡行“中学为体，西学为用”的思想主张。他们认为当时中国面临中西交汇的“千古变局”，仅仅依靠“祖宗之法”已难以自立，在维护固有的制度和纲常礼教的前提下，只有“力师西法”，采用西方的实用科技，才能“自强”“求富”。最早表达洋务派“中体西用”指导思想的是名士冯桂芬。1861年，他在《校邠庐抗议》一书中提出：“以中国之伦常名教为原本，辅以诸国富强之术。”其思想本质如后来鲁迅所概括的那样：“西哲的本领虽然要学，子曰诗云也要昌明，换句话说，便是学了外国本领，保存中国旧习，本领要新，思想要旧。”

顽固派则以传统文化的卫道者自居，坚守“夷夏之辨”，反对“西学为用”“师事夷人”，主张原封不动地维持既有的政治文化格局。他们视西方国家为“犬羊之国”“夷族蛮邦”，视西学为“异端邪说”，西方的“技艺”不过是败坏人心的“奇技淫巧”。他们不但反对在同文馆增设天文算学馆，还强烈反对修筑铁路、开矿山、兴电报、派遣留学生。

早期资产阶级维新派是洋务派和洋务运动的支持者。他们通过奏疏、著述进一步阐明中西文化的体用关系，斥责顽固派的守旧言行是抱残守缺、“愚昧误国之举”，热忱为学习西方拓展前进道路。他们中有的人加入洋务大吏的幕府，为洋务事业谋划奔走，有的以商贾身份直接参与洋务企业的经营管理。王韬、郑观应就是这一派的代表人物。社会上逐渐形成“皆以通达洋务为能事”的风气。

王韬，江苏苏州人。他曾经到英国游历，在香港集资创办《循环日报》，后任职于被誉为近代“三个输入西洋学术机构”之一的上海格致书院。他认为“商富即国富”，主张允许“民间自立公司”，兴办工矿交通事业。郑观应，广东香山县（今中山市）人，曾任上海机器织布局、轮船招商局的总办，与洋务派关系密切，主张与列强进行“商战”。

王韬（1827—1897 年）

郑观应（1842—1921 年）

洋务运动时期的中西体用之争，大体上局限于要不要学习西方物质文化的层面，但毕竟冲击了传统“夷夏之辨”的保守观念，为西学在中国的传播创造了良好的舆论环境。

维新思潮 中法战争的失败暴露出洋务运动的种种弊端，促使早期资产阶级维新派进行深刻反思。他们逐渐认识到西方的富强之本在于“通民情、参民政”，“上下同心”，洋务派热衷于造船、制器是“仅袭其皮毛”，无论怎样“竭蹶步趋”，也不可能救亡图强。他们中间的一些佼佼者进而提出改良政治、实行君主立宪制度的要求。这些新思想后来被人们称作早期维新思想，对当时知识分子把注意力从工商科技转移到政治制度方面起到了启蒙作用。

19 世纪 90 年代，随着民族危机日益加深以及民族工业的初步发展和民族资产阶级的形成，资产阶级维新思想进一步汇聚成一股维新思潮。其代表人物是康有为。康有为在广州设万木草堂，聚徒讲学，研究宣传维新改革理论。他把西学中的有关政治学说与儒家经史相融合，撰写出《新学伪经考》《孔子改制考》等重要著作。康有为借宣扬孔子托古改制来传播西学，为维新变法提供了合乎传统文化价值的理论依据，在当时的思想界产生了“大飓风”“火山大喷火”般的巨大影响。

梁启超及其所撰《变法通议》、谭嗣同及其所著《仁学》、严复及其编译的《天演论》，都有独到的贡献和建树，在维新思潮中起到了推动作用。

梁启超积极宣传民权思想，用进化论阐述君主立宪取代君主专制的必然性。他还强调："变法之本，在育人才；人才之兴，在开学校；学校之立，在变科举。"梁启超的文章"饱带情感，流利畅达"，使他名重一时，"上自通都大邑，下至僻壤穷陬，无不知有新会梁氏者"。

谭嗣同是冲击纲常礼教罗网的维新勇士。他以资产阶级自由、平等的观念，批判君权专制、宗法等制度及纲常礼教，倡导男女平等，发出了那个时代的最强音。

严复是系统地将近代西方文化介绍到中国来的第一人。严复在留学英国期间积累了深厚的西学修养，他借用进化论"物竞天择，适者生存"的原理，阐明了中国如能顺应"天演"的规律，实行变法维新，就会由弱变强，否则就将亡国灭种或被淘汰的道理。

据不完全统计，这一时期出版的译著共有 8 大类、25 种、533 册，其数量之巨、种类之多、范围之广，为自佛教东传后所罕见。

围绕着维新变法这一时代主题，维新派与顽固势力、洋务派进行了激烈的思想交锋。论战的内容主要集中在要不要维新变法，要不要兴民权、实行君主立宪制度，要不要废"八股"、提倡西学、改革教育制度等方面。这场论战使维新思想冲破重重阻挠，顽强地传播开来，形成一次影响深远的思想解放运动，为中国文化的发展开辟了一条新的道路。

练习题

一、选择题

1. 鸦片战争前后，有识之士为了扭转学问与现实脱节、空谈义理的风气，积极提倡(　　)

A. 经世致用　　B. 社会主义　　C. 师夷长技以制夷　　D. 维新变法

2. 19 世纪四五十年代新思想的基本特征之一是(　　)

A. 讲究工商皆本　　B. 提倡重农抑商　　C. 主张重新认识世界　　D. 主张维新变法

3. 开创仿造西方战船先河的著名人物是(　　)

A. 曾国藩　　B. 林则徐　　C. 左宗棠　　D. 李鸿章

4. 鸦片战争后出版的《海国图志》和《瀛环志略》对开阔人们眼界、重新认识世界起了积极作用。它们的主要内容是介绍(　　)

A. 东方各国政治制度　　B. 东方冷兵器制造知识

C. 西方历史地理知识　　D. 西方先进思想文化

5.《海国图志》一书的核心思想是(　　)

A. 师夷长技以求富　　B. 师夷长技以制夷　　C. 发展社会主义　　D. 发展封建主义

6. 我们称林则徐是近代中国"开眼看世界"的第一人，是因为(　　)

A. 林则徐最早代表清政府办理军事事务

B. 林则徐著书阐述了"师夷长技以自强"的思想

C. 林则徐最早了解了社会主义的政治制度

D. 林则徐率先倡导了解西方，学习其先进技术

7. 19 世纪 40 年代中国知识界萌发了"向西方学习"的新思想，其直接原因是(　　)

A. 西方无产阶级思想的传入　　B. 对西方先进军事技术的了解

C. 对东方封建主义制度的认识　　D. 主张程朱理学的思想

8. 洋务派举办洋务运动的根本目的是（　　）

A. 维新变法　　B. 发展社会主义

C. 抵制外国政治势力的扩张　　D. 利用西方先进的军事技术维护清朝统治

9. 洋务运动没有使中国走上富强道路的根本原因是（　　）

A. 保皇派的阻挠、破坏　　B. 洋务运动未彻底变革封建制度

C. 甲午中日战争中中国战败　　D. 引进了西方的先进政治制度

10. 洋务运动后期提出的口号是（　　）

A. 工商皆本　　B. 师夷长技以制夷　　C. 师夷长技以求富　　D. 社会主义

11. 洋务派与顽固派主要的分歧是（　　）

A. 要不要反对外来侵略　　B. 要不要师夷长技以自强

C. 要不要镇压太平天国革命　　D. 要不要维护清朝统治

12. 洋务派不主张进行政治变革，主要是由于（　　）

A. 看到了社会主义制度的先进性　　B. 认为富国强兵就可以改变封建制度

C. 其大多数靠镇压义和团运动起家　　D. 他们本身是封建大官僚、大地主

13. 下列各项中，与洋务运动无关的是（　　）

A. 引进西方一些近代生产技术　　B. 刺激了中国资本主义的发展

C. 建立近代化的国家政治制度　　D. 对外国经济侵略进行了一些抵制

14. 洋务派最初创办的一些民用工业，主要是为了（　　）

A. 辅助军事工业　　B. 赚取高额利润

C. 发展社会主义　　D. 抵制外来政治侵略

15. 康有为维新思想的特点是（　　）

A. 照搬西方资产阶级的政治学说　　B. 把西方资产阶级思想同儒家思想相结合

C. 附和东方佛教教义　　D. 依靠墨家思想，托古改制

16. 维新派与洋务派的主张有根本区别的是（　　）

A. 鼓励修建铁路　　B. 改革科举制度　　C. 改革政治制度　　D. 镇压农民起义

17. 戊戌变法的首要目标是（　　）

A. 救亡图存　　B. 革新政治　　C. 学习西方　　D. 夺取政权

18. 戊戌变法运动空前的历史功绩在于（　　）

A. 发展社会经济　　B. 推动政治改革　　C. 挽救民族危亡　　D. 促进思想启蒙

19. 1898 年，“戊戌六君子”被杀害于北京菜市口。其中，临刑时慷慨陈词：“有心杀贼，无力回天，死得其所，快哉快哉!”的人物是（　　）

A. 光绪帝　　B. 谭嗣同　　C. 梁启超　　D. 康有为

20. 严复是中国资产阶级启蒙思想家，翻译和介绍了很多西方社会学、经济学著作。他的译著提出了“物竞天择，适者生存”的观点，此译著是（　　）

A. 《海国图志》　　B. 《时务报》　　C. 《天演论》　　D. 《骆驼祥子》

二、材料分析题

阅读材料，回答问题。

曾国藩说：“今日和议既成，中外贸易有无交通，购买外洋器物，尤属名正言顺。购成

之后，访募覃思之士，智巧之匠，始而演习，继而试造，不过一二年，火轮船必为中外官民通行之物，可以剿发捻，可以勤远略。”

——曾国藩《复陈购买外洋船炮折》

材料中提出学习西方的具体内容是什么？为什么要向西方学习？

三、问答题

1. 洋务运动失败的原因是什么？
2. 维新变法运动的历史影响有哪些？

第二节　新文化运动

新文化运动是一次空前的思想解放运动。它沉重打击了统治中国 2 000 多年的传统礼教，启发了人们的民主觉悟，推动了现代科学在中国的发展，为马克思主义在中国的传播和五四爱国运动的爆发奠定了思想基础。

陈独秀与《新青年》　民国初年，帝国主义加紧侵略中国；袁世凯倒行逆施，掀起尊孔复古逆流，旧思想、旧道德卷土重来。与此同时，第一次世界大战期间，中国民族资本主义得到发展，西方启蒙思想进一步传入中国，资产阶级强烈要求在中国实行民主政治。一批激进的民主主义者认识到新制度难以建立在陈旧的思想文化基础上，在中国要实现真正的民主政治，不但要进行政治革命，还必须进行思想革命，由此掀起一场波澜壮阔的新文化运动。

进步知识分子认识到，如果听任陈腐的君主专制思想泛滥，必将导致“人格丧失，异议杜绝”，使“民德、民志、民气”扫地以尽，要防止君主复辟，真正走向共和，就必须对旧思想、旧文化展开猛烈的批判。

1915 年 9 月，陈独秀在上海创办《青年杂志》，标志着新文化运动的兴起（《青年杂志》从第二卷第一号起改名为《新青年》）。1917 年，陈独秀受聘为北京大学文科学长，《新青年》编辑部也从上海迁到北京。李大钊、胡适、钱玄同、鲁迅、刘半农等人相继参与《新青年》的编辑或撰稿工作。他们大多接受了西方的民主、平等思想和达尔文的进化论，大力宣传民主与科学思想，形成以《新青年》为核心的新文化阵营。

陈独秀认为中国人没有觉悟是“造成今日危殆之势”的根本原因，指出“吾国之维新也、复古也，共和也、帝制也，皆政府党与在野党之所主张抗斗，而国民若观对岸之火，熟视而无所动心”。因此，他主张首先在思想上进行启蒙，把人民从专制统治及其意识形态的束缚下解放出来。

《新青年》大力宣传民主与科学，猛烈抨击文化专制主义和旧纲常伦理，宣传“文学革命”，极大地解放了人们的思想，对唤起广大青年的觉悟起了巨大的作用。

《新青年》受到广大青年知识分子的普遍欢迎，被誉为“青年界之金针”和青年的“良师益友”，“青年得此，如清夜闻钟，如当头一棒”。《新青年》的发行量由创刊时的 1 000 余册猛增至 15 000 多册。

在《新青年》的带动下，宣传新文化的刊物如雨后春笋般出现。毛泽东等进步青年还成立了新民学会，研讨新知，探索救国救民的真理。

“德先生”与“赛先生” 民主（“德先生”）与科学（“赛先生”）是新文化运动的核心内容。在《青年杂志》创刊号上，陈独秀发表《敬告青年》一文，提出：“国人欲脱蒙昧时代，羞为浅陋化之民也，则急起直追，当以科学与人权并重。”

《新青年》

新文化人士宣传的民主思想，涵盖的范围较广，不仅指人民享有主权、政府由人民投票选举产生、权力制衡等政治民主，也包括反专制反特权的共和、宪政、人权、自由、平等、博爱等观念。

新文化人士认为科学与民主同等重要，必须以科学来反对迷信，启迪民智，使民众成为现代有智识的国民。当时提倡的科学，主要指与迷信、蒙昧无知相对立的科学思想、科学精神、科学的世界观与方法论以及具体的科学技术与科学知识，同时还包括反对迷信、反对偶像崇拜，宣传进化论、唯物论、无神论等内容。随着影响的扩大，科学知识逐渐得到普及，崇尚科学成为社会的主流思想。

“打倒孔家店”与批判旧礼教 新文化运动的倡导者们在提倡民主、科学，反对专制、迷信的同时，对以孔子和儒家学说为代表、维护专制制度的旧礼教和旧道德，发动了猛烈的攻击，树起了“打倒孔家店”的大旗。辛亥革命以后，袁世凯称帝，张勋复辟，以及其他帝制余孽的倒行逆施，都打着尊孔的旗号来蛊惑人心。新文化运动要反对专制，就必然要批判作为其精神支柱的孔子之道。

陈独秀连续发表《宪法与孔教》《孔子之道与现代生活》等文章，指出“孔教与帝制，有不可离散之因缘”，“非独不能以孔教为国教，定入未来之宪法，且应毁全国已有之孔庙而罢其祀”。“打倒孔家店”实质上是对统治中国几千年的意识形态、思想体系和文化传统的全面清算。

鲁迅对旧礼教、旧道德的抨击最为猛烈。他主要通过对现实生活的敏锐观察，利用文学作品深刻地揭露专制制度和纲常礼教的黑暗。《狂人日记》是鲁迅的第一篇白话小说，是中国现代小说的奠基之作，同时又是一篇声讨旧势力的战斗檄文。鲁迅借“狂人”之口揭露道：“我翻开历史一查，这历史没有年代，歪歪斜斜的每页上都写着‘仁义道德’几个字。我横竖睡不着，仔细看了半夜，才从字缝里看出字来，满本都写着两个字是‘吃人’!”

鲁迅还发表了《我之节烈观》一文，揭露“忠、教、节”伦理道德的危害性。陈独秀也撰文批判传统的贞节观念，指出这种观念与资产阶级的人格独立观是根本对立的。在新文化运动潮流的冲击下，传统的贞节观念逐渐受到越来越多人的怀疑。有的女学生已经开始觉悟，抵制学校开设的“烈女传”（修身课）。在操场的树荫下，在宿舍里，她们常常聚在一起，争得面红耳赤，后来由争论变为抗婚、逃婚，以实际行动反抗旧礼教，争取婚姻自由。

胡适与白话文 新文化运动是一场彻底清算旧文化的思想革命，其锋芒必然指向旧文学及其文体——文言文。新文化、新思想需要借助通俗易懂的文字，才能普及到大众中去。于是，新派人士开始做语言文字的改造工作，提倡白话文，开展文学革命。

1917 年，胡适在《新青年》上发表《文学改良刍议》一文，指出一个时代有一个时代的文学，文言文作为一种文学工具已经丧失了活力。中国文学要适应社会，就必须革新语体。为此，他系统地提出了文学改革的主张，即提倡白话文，反对文言文，提倡新文学，反对旧文学。

胡适的倡议得到了广泛的响应。陈独秀在《新青年》上发表《文学革命论》一文，不仅主张以白话文取代文言文，还主张推倒陈腐、雕琢、迂晦的旧文学，建设新鲜、平易、明了的新文学，从而使文学革命的旗帜更加鲜明。

文化平民化　民国初年，通俗教育和社会教育初步发展，这些教育活动主要是针对城市中下层民众，以提高其知识水平，改良其道德习惯，进而改进社会风气。在新文化运动的推动下，形成了平民教育思潮。

1919 年 3 月，北京大学学生邓中夏等发起成立平民教育讲演团，以“增进平民知识，唤起平民之自觉心”为宗旨。讲演团讲演的题目主要有：“平民教育之意义”“如何求幸福”“赌博之害”“改良家庭”“戒烟”“交友之益”“念书的利益”“家庭与社会”“利己与利他”等。这些讲题具有贴近群众日常生活、通俗易懂的特点，还包含一定的民主思想，易于被广大平民接受。

随着文学革命的深入发展，白话小说、散文大量涌现。这些白话文作品反映了当时流行的社会改造、妇女解放、劳工神圣、风土人情等内容，在形式上，出现了政论、杂文、随笔、游记、寓言、短评等体裁，体现出崭新的时代特色。在“诗体解放”的口号下，胡适、刘半农、周作人等积极尝试创作白话诗，这种新体诗摆脱了旧体诗的束缚，既注重内容的革新，反映现实生活，也注意形式创新，“自由成章而没有一定的格律，切自然的音节而不必拘音韵，贵质朴而不讲雕琢，以白话入行而不尚典雅”。从刘半农的《相隔一层纸》、胡适的《孔丘》中，可以一窥白话诗的风格。

新文化运动是辛亥革命在思想文化领域的延续，形成空前的思想解放潮流。它在政治上和思想上给专制主义以空前沉重的打击，动摇了传统礼教的思想统治地位，对促进中国人民，特别是青年知识分子的觉醒起了巨大的作用，成为民主主义的思想启蒙和文化革新运动。它促使人们追求真理、追求进步，从而为马克思主义在中国的传播创造了有利的条件，推动了五四运动的发生。

练习题

一、选择题

1. 新文化运动兴起的主要阵地是（　　）

A. 《国闻报》　B. 《新民丛报》　C. 《新青年》　D. 《时务报》

2. 前期新文化运动的发起者是（　　）

A. 鲁迅　B. 蔡元培　C. 胡适　D. 陈独秀

3. 前期新文化运动打出的旗帜是（　　）

A. 活泼、紧张　B. 法治、民主　C. 民主、科学　D. 民权、法治

4. 1917 年蔡元培任北京大学校长后，采用“兼容并包，思想自由”的办学方针，最主要的作用是使得（　　）

A. 北京大学成为自然科学研究重地　B. 北京大学成为新文化运动的摇篮

C. 北京大学没有任何思想斗争　D. 北京大学大师云集

5. 新文化运动把斗争矛头指向儒家传统道德，这主要是由于儒家思想（　　）

A. 是维护封建统治的理论基础　　B. 受到南京国民政府的推崇

C. 比封建阶级文化落后　　D. 阻碍了中国社会主义的发展

6. 在新文化运动中对封建礼教的攻击最为猛烈、把反封建礼教的内容同新文学的形式结合起来的是（　　）

A. 蔡元培　　B. 毛泽东　　C. 鲁迅　　D. 李大钊

7. 新文化运动后期，宣传马克思主义成为主流，其领军人物是（　　）

A. 蔡元培　　B. 李大钊　　C. 毛泽东　　D. 鲁迅

8. 前期新文化运动的主要历史功绩是（　　）

A. 动摇封建思想的统治地位　　B. 推动中国诗歌的发展

C. 为辛亥革命的爆发做了思想准备　　D. 推动自然科学的繁荣

9. “德先生和赛先生……我们现在认定只有这两先生，可以救治中国政治上、学术上、思想上一切的黑暗。”下列理解不正确的是（　　）

A. 有利于中国科技的发展　　B. 体现了中国近代资产阶级的愿望

C. 认为民主和科学是正确的救国理论　　D. 正确指明了社会主义的发展出路

10. 新文化运动中提出的“民主”与“科学”口号的进步意义体现在（　　）

①促进近代中国的富强　②促进中国共产主义思潮的研究　③反对封建专制制度　④学习西方的民主政治和科学思想

A. ①②　　B. ②③　　C. ③④　　D. ①②③④

11. 五四运动后，社会主义思想之所以在中国传播开来并成为新思潮的主流，直接原因是（　　）

A. 中国封建主义的进一步发展　　B. 前期新文化运动解放了人们的思想

C. 五四运动冲击了南京政府的统治　　D. 资产阶级队伍的不断壮大

12. 鲁迅在《狂人日记》中说：“将来容不得吃人的人，活在世上。”这表现了（　　）

A. 无产阶级的社会主义思想　　B. 资产阶级反对无产阶级的思想

C. 资产阶级的反封建意识　　D. 官僚阶级的反封建斗争

13. 新文化运动时期激进的民主主义者提倡思想解放，试图冲破旧的思想牢笼，当时他们普遍接受的观点和思想是（　　）

A. 封建主义　　B. 民主、科学思想　C. 虚无主义　　D. 社会主义

14. 陈独秀说：“文学革命之气运，酝酿已非一日。其首举义旗之急先锋，则为吾友胡适。”在他们的共同推动下，这场“革命”取得的重要成果是（　　）

A. 反映社会现实的小说开始出现　　B. 诗词逐渐被杂文和小说所代替

C. 使用白话文写作逐渐普及开来　　D. 建立了宣传马克思主义的团体

15. “以青春之我，创青春之家庭，青春之国家，青春之民族，青春之人类，青春之地球，青春之宇宙……”李大钊的这篇《青春》最初应发表在（　　）

A. 《时务报》　　B. 《新民丛报》　　C. 《新青年》　　D. 《南方日报》

16. “一只蝴蝶，两只蝴蝶。一只在东，一只在西。”这是胡适写的一首白话文小诗《蝴蝶》中的诗句。它直接反映了新文化运动的哪项内容（　　）

A. 抨击新道德　　B. 提倡团结　　C. 提倡法治　　D. 文学革命

17. 近代以来先进的中国人为了挽救民族危亡，先后提出了“师夷长技以自强”“君主立宪”“民主共和”“民主和科学”的思想，这反映出中国学习西方的历程是（　　）

A. 学道德→学军事→学科技　　B. 学思想→学制度→学技术

C. 学技术→学制度→学思想　　D. 学科技→学军事→学道德

18. 中国的近代化经历了一个由浅入深、由表及里的发展过程，反映了中国人民不懈的探索精神。下列社会阶层登上历史舞台的先后顺序是（　　）

①进步知识分子　②资产阶级改良派　③洋务派　④资产阶级革命派

A. ③②④①　B. ③①④②　C. ②③①④　D. ①③②④

19. 在鲁迅的小说中，深刻解剖了整个民族精神的弱点，成为批判国民性问题的经典之作是（　　）

A. 《茶馆》　B. 《雷雨》　C. 《阿Q正传》　D. 《庶民的胜利》

20. 新文化运动时期，以陈独秀为首的先进知识分子针对当时中国社会存在的积弊，提出了“民主与科学”的口号。当时中国社会的积弊是（　　）

A. 专制与愚昧　B. 封闭与野蛮　C. 落后与盲从　D. 迷信与野蛮

二、材料分析题

阅读材料，回答问题。

新文化运动是中国历史上一场很有影响的思想解放运动。运动中民主与科学旗帜的树立，使中国社会许多方面发生了巨大的变化，还造成了新思想、新理论广泛传播的大好机遇。马克思主义正是在这种情况下，乘着俄国革命胜利之风，在中国广泛传播，中国无产阶级登上历史舞台，由此开始了中国共产党领导新民主主义革命。

——《论新文化运动与马克思主义传播之间的关系》

（1）新文化运动开始的阵地是？兴起时的领袖是？

（2）新文化运动的口号是？在后期宣扬马克思主义的领导者是？

三、问答题

1. 新文化运动的主要内容是什么？

2. 新文化运动的开展有什么历史意义？

第三节　孙中山的民主追求

孙中山是伟大的民主革命的先行者。他在反清革命实践中汲取西方资产阶级革命理论，创立三民主义，引导中国人民建立了民主共和制的中华民国，实现了划时代的历史性巨变；继而又顺应时代潮流，实行“联俄、联共、扶助农工”三大政策，将三民主义发展成新三民主义，他的民主革命思想有力地推动了国民革命的发展。

三民主义的思想渊源　面对鸦片战争之后亡国灭种的危局，许多仁人志士提出各种变法救国的主张。实践表明，无论是“师夷长技以制夷”、“中体西用”、兴办洋务、发展实业开展“商战”，还是标榜“君主立宪”、变法维新，都以失败而告终。孙中山在上书李鸿章提出改革碰壁之后，终于认识到“和平之法，无可复施”，不推翻清政府的反动统治，只在原有框架下修补改良，根本不可能抵御侵略、挽救危机。1894 年，孙中山在檀香山创立兴中会，喊出了“振兴中华”的口号。

流亡海外期间，孙中山考察西方社会，学习西方资产阶级政治理论，丰富了民主革命思想。他把民族、民权和民生主义等同于法国的“自由、平等、博爱”，类比成美国的“民有、民治、民享”。孙中山曾经这样解释共和理论：“何为民国？美国总统林肯有言：‘民之所有，民之所治，民之所享。’此之谓民国也。何为民权？即近来瑞士国所行之制：民有选举官吏之权，民有罢免官吏之权，民有创制法案之权，民有复决法案之权。”

民生主义是孙中山民主革命思想中最富特色、最具创意的部分，其思想内涵受到中国传统思想的重要启迪。他曾经把民生主义归结为“节制资本”和“耕者有其田”，并对“天下为公”十分赞赏，把“大同”视作自己的“理想国”。

孙中山还信奉进化论，欣赏美国亨利·乔治的“单税社会主义”思想，盛赞马克思的《资本论》。这些都说明孙中山的思想，来源于多元的人类文化优秀遗产，并在民主革命实践中不断熔铸创新。

三民主义 1905 年 8 月，孙中山创建了第一个资产阶级革命政党——中国同盟会，提出“驱除鞑虏，恢复中华，创立民国，平均地权”的纲领，促进了资产阶级革命的发展。

1905 年 11 月，孙中山为同盟会的机关报《民报》撰写发刊词，首次提出“民族、民权、民生”三大主义，并在随后的各种演说中进行系统的阐述，形成了指导中国民主革命的三民主义理论。其中民族主义是反对民族压迫，反对满洲贵族的专制统治；民权主义是推翻君主专制政体，建立资产阶级民主共和国——中华民国，国民一律平等；民生主义是解决以土地为中心的财富重新分配问题，平均地权。

三民主义思想集中代表资产阶级的政治和经济利益，反映了中国人民要求民族独立、民主权利和发展经济的共同愿望，推动了资产阶级民主宪法——《中华民国临时约法》的诞生，对中国旧民主主义革命起到重大促进作用。

从旧三民主义到新三民主义 辛亥革命后，孙中山一度以为民族、民权主义已经实现，只需专注于民生主义。随后因袁世凯为首的北洋军阀的黑暗统治以及反袁、护国、护法斗争的相继失败，他认为需要“重新革命”，然而苦于革命党人对三民主义“信仰不笃、奉行不力”，革命无法重新开始。就在孙中山苦闷、彷徨之际，俄国十月革命的胜利和五四爱国运动的风暴给了他新的启示和希望，坚定了他“非以俄为师，断无成就”的信念。

1924 年 1 月 20 日，在共产国际和中国共产党的帮助下，中国国民党第一次全国代表大会在广州召开，大会通过了《中国国民党第一次全国代表大会宣言》，改组了国民党，确立了“联俄、联共、扶助农工”三大政策，重新解释了三民主义，使国民党明确了反帝反军阀的政治方向。毛泽东评价《中国国民党第一次全国代表大会宣言》时指出：“这篇宣言，区分了三民主义的两个历史时代。在这以前，三民主义是旧范畴的三民主义，是旧的半殖民地资产阶级民主革命的三民主义，是旧民主主义的三民主义，是旧三民主义；在这以后，三民主义是新范畴的三民主义，是新的半殖民地资产阶级民主革命的三民主义，是新民主主义的三民主义，是新三民主义。”

孙中山重新解释三民主义，为三大政策的实施提供了思想理论上的依据。其主要内容是：民族主义是对外反对帝国主义，谋求中华民族与世界其他民族的独立和平等，对内反对民族压迫，中国境内各民族一律平等，强调各民族的平等和自决；民权主义是授予一切反对帝国主义和封建军阀的个人与团体一切自由和权利；民生主义是平均地权，节制资本，实行“耕者有其田”，改善农民和工人的生活状况。

新三民主义是三民主义在20世纪20年代新的历史条件下的继续与发展，是指导新时期国民革命的思想理论体系，具有鲜明的反帝反封建的革命性，成为中国新民主主义革命时期的政治纲领，奠定了国共两党和各革命阶级统一战线的政治基础。

“联俄、联共、扶助农工”三大政策是孙中山新三民主义的核心，是依据和体现这一思想理论体系所确定的重要政策原则。孙中山实行新三民主义和三大政策，实现国共合作，有力地推动了国民革命的发展。

孙中山熔铸中西方思想文化精粹而创立的三民主义学说是其资产阶级民主革命思想的核心，既具有鲜明的资产阶级民主革命的时代内容，又具有浓厚的爱国主义的民族特色，并迅速成为当时中国先进政治思想的主流和近代中国人民进行反帝反封建及救亡图存革命斗争的纲领。

练习题

一、选择题

1. 同盟会的政治纲领中，在《民报》发刊词中被阐发为“三民主义”。其中“平均地权”属于（　　）

A. 民生主义　　B. 民主主义　　C. 民族主义　　D. 民权主义

2. 1905年，孙中山在《民报》发刊词中，将同盟会“驱除鞑虏，恢复中华”的纲领阐发为“民族主义”。这一思想（　　）

A. 完全不符合当时的中国国情　　B. 与保皇派的政治目标一致

C. 延续了中华人民共和国的精神　　D. 推动全国革命运动的发展

3. 1912年元旦，《申报》刊登了这样一条庆贺标语：“中华民圆万岁!”《申报》把“国”字改写为“圆”主要是为了体现（　　）

A. “三民主义”在中国已实现　　B. 民国建立，封建制度已终结

C. 中华民国主权在民的思想　　D. 人民仍完全处在专制统治之下

4. 口号往往反映一场运动的目的和诉求，具有鲜明的时代特征。“自强求富”“变法图强”“三民主义”“民主与科学”反映的时代特征是（　　）

A. 从国共合作到国共对峙　　B. 新民主主义革命的兴起

C. 中华民族的抗日救亡　　D. 中国近代化的探索

5. 1905年8月，孙中山在日本东京成立的第一个全国规模的、统一的资产阶级革命政党是（　　）

A. 兴中会　　B. 中国同盟会　　C. 华兴会　　D. 光复会

6. 中国第一个资产阶级革命团体是（　　）

A. 兴中会　　B. 日知会　　C. 华兴会　　D. 天地会

7. 兴中会的誓词是“驱除勒虏，恢复中国，创立合众政府”，同盟会的纲领是“驱除鞑虏，恢复中华，创立民国，平均地权”。两相比较，在同盟会纲领中，孙中山增加了（　　）

A. 民权革命内容　　B. 民生革命内容　　C. 民族革命内容　　D. 社会革命内容

8. 中国历史上有这么一群人，他们的实践活动主要有：成立同盟会、发动武昌起义、创建中华民国。这群人属于（　　）

A. 改良派　　B. 资产阶级维新派

C. 资产阶级激进派　　D. 资产阶级革命派

9.《中华民国临时约法》的颁布主要是限制（　　）

A. 袁世凯　　B. 蒋介石　　C. 毛泽东　　D. 汪精卫

10. 孙中山说："国民党在堕落中死亡，因此要救活它，就需要新鲜血液。"为此他采取的主要措施是（　　）

A. 以党内合作方式同共产党合作　　B. 重新解释三民主义

C. 接受中共反帝反封建的主张　　D. 建立黄埔军校，培养新式军事干部

11. 新三民主义与中共民主革命纲领的本质区别主要反映在（　　）

A. 中国民主革命道路问题上　　B. 民主革命胜利后的前途问题上

C. 对待工农革命的态度问题上　　D. 中国人民的民主权利问题上

12. 国民党一大召开后，国共两党在当时共同的奋斗目标是（　　）

A. 打倒列强，除军阀　　B. 外争主权、内除国贼

C. 打过长江去，解放全中国　　D. 起来！不愿做奴隶的人们

13. "废两千年帝制，首义归功先行者；积四十载经验，遗言启迪后来人。"这副对联的"先行者"是（　　）

A. 康有为　　B. 谭嗣同　　C. 孙中山　　D. 洪秀全

14. 国共两党第一次合作正式建立的标志是（　　）

A. 中国国民党一大的召开　　B. 南京国民政府的建立

C. 广州国民政府的建立　　D. 武汉国民政府的建立

15. 毛泽东在《新民主主义论》中指出："孙中山先生之所以伟大，不但因为他领导了伟大的辛亥革命，而且因为他能够'适乎世界之潮流，合乎人群之需要'……对三民主义作了新的解释，树立了三大政策的新三民主义。"这里的"三大政策"是指（　　）

①节制资本　②扶助农工　③联共　④联俄

A. ①②③　　B. ①②④　　C. ①③④　　D. ②③④

16. 国共两党在大革命时期，进行了北伐战争。其目的是（　　）

A. 推翻北洋军阀的统治，统一全国　　B. 推翻南京国民政府的统治，统一全国

C. 推翻中华民国的统治，统一全国　　D. 推翻武汉国民政府的统治，统一全国

17. 国共两党第一次合作的政治基础（　　）

A. 新三民主义　　B. 三大政策　　C. 三民主义　　D. 民主革命纲领

18. 新三民主义中民生主义主要增加了（　　）

A. 平均地权　　B. 人民主权　　C. 节制资本　　D. 民主法治

19. 第一次国共合作的时间是（　　）

A. 1921 年　　B. 1924 年　　C. 1927 年　　D. 1937 年

20. 新三民主义与旧三民主义相比较，新三民主义，民族主义增加的内容是（　　）

A. 各民族一律平等　　B. 平均地权

C. 打倒日本帝国主义　　D. 建立社会主义国家

二、材料分析题

毛泽东同志把三民主义纲领、统一战线政策、艰苦奋斗精神并称为孙中山先生“留给我们的最中心最本质最伟大的遗产”，是“对于中华民族最伟大的贡献”。

（1）三民主义具体是指？提出者是谁？
（2）三民主义提出的背景是什么？

三、问答题

1. 简述三民主义的主要内容。
2. 新三民主义与旧三民主义有何不同？

第四节　毛泽东思想与马克思主义的中国化

俄国十月革命胜利后，马克思主义传入中国。毛泽东等一批先进知识分子接受马克思主义，建立了中国共产党，并以马克思主义为指导开展革命斗争。实践证明，中国革命要成功，必须使马克思主义中国化，走有中国特色的革命道路。马克思主义与中国革命具体实践相结合，产生了毛泽东思想，它指导中国革命取得了胜利。

马克思主义传入中国　受俄国十月革命胜利的影响，中国的一些新文化人士开始介绍和宣传马克思主义。李大钊在1918年发表了《法俄革命之比较观》《庶民的胜利》等文章，是最早宣传马克思主义的代表人物之一。李大钊，字守常，河北乐亭人。他早年留学日本，接受了社会主义思想。1916年回国后，成为新文化运动的主要代表人物，在批判旧礼教与旧道德方面作出了重要贡献。俄国十月革命胜利后，他逐步接受了马克思主义。

新文化运动中后期，一批具有初步共产主义思想的知识分子翻译、出版了一些关于社会主义的著作，马克思主义得到进一步传播。1919年5月，《新青年》出版了《马克思主义研究专号》。李大钊于1919年9—11月发表《我的马克思主义观》，第一次较为系统地介绍了马克思主义学说。1920年，陈望道翻译并出版了《共产党宣言》。

青年时代的毛泽东在湖南组织新民学会，创办《湘江评论》，积极参加学生运动和驱逐军阀运动。1919年底，热心宣传新文化、寻找救国救民真理的毛泽东来到北京，很快就接受了马克思主义思想。毛泽东当时和陈独秀讨论的书籍，主要是《共产党宣言》等。他在读了这些著作后，牢牢记住了“阶级斗争”这一马克思主义的核心理论。

1921年，中国的先进分子以马克思主义为指导，建立了中国共产党，积极开展新民主主义革命。

毛泽东思想的形成与发展　在国民革命时期，共产国际和以陈独秀为代表的中共中央对蒋介石与汪精卫篡夺革命领导权、破坏革命的活动一再妥协退让，压制工农运动，放弃对革命的领导权，尤其是对革命武装的领导权，导致中国革命遭受重大损失。

1925年冬至1927年春，毛泽东针对陈独秀的右倾错误，先后发表《中国社会各阶级的分析》《湖南农民运动考察报告》等文章，阐明无产阶级领导权思想、农民问题的重要地位和无产阶级领导农民斗争的极端重要性。

国民革命失败后，毛泽东率领秋收起义部队建立了第一个农村根据地——井冈山革命根据地。在总结国民革命失败教训的基础上，毛泽东找到了中国革命的发展规律，探索出了工农武装割据，最后夺取全国政权的道路：将党的工作重点从敌人力量强大的城市转到敌人力量薄弱的农村，在农村开展游击战争，深入进行土地革命，建立红色政权；在农村积累发展革命力量，逐步削弱敌人的力量，以农村包围城市，最后夺取全国政权。

毛泽东相继写了《中国的红色政权为什么能够存在》《井冈山的斗争》《星星之火，可以燎原》等文章，在理论上论证了中国特色的革命道路。这条道路打破了以城市为中心进行武装起义夺取政权的俄国革命模式，是马列主义普遍原理同中国革命的具体实践相结合的创举，也是毛泽东思想产生和形成的主要标志。

从遵义会议到抗日战争时期，毛泽东逐渐确立了在全党的最高领导地位，毛泽东思想得到系统总结和多方面的展开。

1940 年 1 月，毛泽东发表《新民主主义论》，标志着马列主义同中国革命实践相结合的毛泽东思想的发展和成熟。它从中国革命的实际出发，确立了新民主主义革命总路线，解决了革命的领导阶级、革命目标、革命前途等一系列重大问题。中国革命有了这一正确路线的指引，从此加快了迈向胜利的步伐。在《新民主主义论》中，毛泽东系统阐述了新民主主义的政治、经济、文化三大纲领，指出新民主主义革命总路线即无产阶级领导的，人民大众的，反对帝国主义、封建主义和官僚资本主义的革命。

1945 年春，中国共产党第七次全国代表大会在延安召开，正式确立毛泽东思想为中国共产党的指导思想。1949 年春，在解放战争胜利前夕召开的中共七届二中全会上，毛泽东指出党的工作重心转移到城市，转移到恢复和发展生产方面，并提出革命胜利后由新民主主义转变为社会主义的总任务。

在毛泽东思想的正确指引下，中国革命最终取得胜利，于 1949 年 10 月 1 日建立了中华人民共和国。新中国成立以后，党中央按照毛泽东的建议，提出了过渡时期的总路线。在这条路线指引下，我国奠定了工业化的初步基础，开辟了一条适合中国国情的社会主义建设道路。

社会主义改造是根据中国特点，用国家资本主义的形式与和平赎买政策改造资本主义工商业，用逐步过渡的形式改造个体农业和个体手工业。这是以毛泽东为代表的中国共产党人的独特创造。在社会主义改造的过程中，社会生产力持续发展，人民生活水平得到提高。

毛泽东以苏联的经验教训为鉴戒，积极探索适合中国国情的社会主义建设道路。在 1956 年《论十大关系》的报告中，他提出了一系列重要的思想观点，为建设有中国特色的社会主义道路提供了宝贵的借鉴。

毛泽东主持召开的中共八大认为，国内主要矛盾已经不再是工人阶级和资产阶级之间的矛盾，而是人民对于建立先进工业国的要求同落后农业国的现实之间的矛盾，是人民对于经济文化迅速发展的需要同当前经济文化不能满足人民需要的状况之间的矛盾，全国人民的主要任务是集中力量发展社会生产力。在 1957 年《关于正确处理人民内部矛盾的问题》的报告中，毛泽东又提出了严格区分和正确处理两类不同性质的矛盾、团结全国各族人民发展经济和文化、建设社会主义强大国家的战略思想。这一系列思想丰富和发展了马克思主义建设社会主义的理论。

毛泽东思想是马克思主义在中国大地上生根发芽的结果，它以实事求是为基本原则，是马列主义和中国革命具体实践相结合的典范。毛泽东思想是中国共产党人集体智慧的结晶，在它形成的过程中，毛泽东作出了主要的贡献，党的其他领导人，如朱德、周恩来、刘少奇、任弼时等都为毛泽东思想的形成和发展作出了贡献。

1981 年中国共产党第十一届六中全会通过的《关于建国以来党的若干历史问题的决议》指出："毛泽东同志是伟大的马克思主义者，是伟大的无产阶级革命家、战略家和理论家。他虽然在'文化大革命'中犯了严重错误，但他的功绩是第一位的，错误是第二位的。他为我们党和中国人民解放军的创立和发展，为中国各族人民解放事业的胜利，为中华人民共和国的缔造和社会主义事业的发展，建立了永远不可磨灭的功勋。他为世界被压迫民族的解放和人类进步事业作出了重大的贡献。"

练习题

一、选择题

1. 1917 年俄国十月革命后，中国先进的知识分子开始主张向俄国学习。《共产党宣言》翻译出版，《布尔什维主义的胜利》《我的马克思主义观》等文章连续发表。这些说明当时（　　）

A. 出现宣传马克思主义的热潮　　B. 新文化运动开始兴起

C. 民主共和观念开始深入人心　　D. 民主与法治思想出现

2. 《我的马克思主义观》的作者是（　　）

A. 蔡元培　　B. 陈独秀　　C. 李大钊　　D. 鲁迅

3. 五四运动后，全国各地出版的刊物猛增至 400 余种，其中相当数量的刊物以介绍新思潮为己任，登了很多马克思、恩格斯和列宁著作的译文。这说明（　　）

A. 五四运动以宣传马克思主义为目标　　B. 《新青年》促进了人们思想解放

C. 五四运动改变了社会舆论导向　　D. 五四运动推动了马克思主义的传播

4. "一船红天下，万众跟党走。"中国共产党一经诞生就明确的最终奋斗目标是（　　）

A. 推翻帝国主义　　B. 实现共产主义

C. 推翻清政府　　D. 推翻南京国民政府

5. 纪录片《百年中国》："1921 年注定照耀史册，它虽然不是一个世纪的起点，但却是一个新时代的开始。""照耀史册"的历史事件是（　　）

A. 新文化运动　　B. 西安事变

C. 抗日战争　　D. 中国共产党诞生

6. 中国共产党在中国历史上第一次提出彻底的反帝反封建的民主革命纲领是在（　　）

A. 中国共产党第一次全国代表大会　　B. 中国共产党第二次全国代表大会

C. 国民党第一次全国代表大会　　D. 国民党第二次全国代表大会

7. 毛泽东提出"政权是由枪杆子中取得"的著名论断是在（　　）

A. 中共三大　　B. 八七会议

C. 洛川会议　　D. 中共七届二中全会

8. 1927 年，毛泽东说：长沙打不下来，那就不要去了。我们要到敌人管不着或难得管的地方去，养精蓄锐，发展我们的力量。基于这一认识的行动是（　　）

A. 发动黄花岗起义　　B. 谋划辛亥革命　　C. 进军井冈山　　D. 召开八七会议

9. 1929 年秋，毛泽东写下诗句："红旗越过汀江，直下龙岩上杭，收拾金瓯（金瓯指国土）一片，分田分地真忙。"诗句表明，"工农武装割据"局面得以形成的重要条件是（　　）

A. 发动秋收起义　　B. 遵义会议的召开

C. 长征的胜利　　D. 工人运动的开展

10. 毛泽东认为："脑袋长在自己肩上，文章要靠自己作，苏联红军的经验要学习，但这种学不是盲目的，要同中国革命的实际相结合。"符合这一认识的实践活动是（　　）

A. 中共三大的召开　　B. 遵义会议的召开

C. 南昌起义的发动　　D. 井冈山革命根据地的开辟

11. "弥天烽火，奋万里长征，革命成败攸关，系决此会；漫地凯歌，树千秋伟业，中华兴衰转折，重开纪元。"该对联反映的重大事件（　　）

A. 标志着中国共产党从幼年走向成熟

B. 确立了思想建党、政治建军的原则

C. 提出了"政权是由枪杆子中取得"的论断

D. 打响了武装反抗国民党反动统治的第一枪

12. "这次会议开始确立以毛泽东为主要代表的马克思主义正确路线在党中央的领导地位，是中国共产党历史上一个生死攸关的转折点。"材料中的"这次会议"（　　）

A. 宣告了抗日民族统一战线的成立　　B. 决定进行北伐战争

C. 指明中共战后发展方向　　D. 保证红军胜利结束长征

13. 中共七大"总结了我们民主革命二十多年曲折发展的历史经验，制定了正确的纲领和策略，克服了党内的错误思想，使全党的认识在马克思列宁主义、毛泽东思想的基础上统一起来，达到了全党的空前团结"。这次大会（　　）

A. 为中国共产党和中国人民指明了社会主义建设的奋斗方向

B. 确立毛泽东思想为中国共产党的指导思想

C. 总结了新中国成立以来的历史经验，制定了正确的纲领和策略

D. 为争取解放战争的最后胜利准备了条件

14. 中共七大上周恩来作《论统一战线》的长篇发言，对抗战期间的抗日民族统一战线的历史和经验教训做了回顾和总结……系统地阐述了中国共产党关于抗日民族统一战线的策略思想。由此可见，中共七大的意义在于（　　）

A. 确立王明在党中央领导地位　　B. 加速了国共两党合作的步伐

C. 为夺取抗战最终胜利准备了条件　　D. 为国共第二次合作带来曙光

15. 1949 年，提出党的工作重心由乡村转向城市的重要会议是（　　）

A. 中共七大　　B. 中共七届二中全会

C. 中共八大　　D. 中共十一届三中全会

16. 1949 年，提出中国革命由新民主主义革命向社会主义革命转变的会议是（　　）

A. 中共七大　　B. 中共八大

C. 中共七届二中全会　　D. 中共十一届三中全会

17. 1949 年 9 月，在中国人民政治协商会议第一届全体会议上，毛泽东说："占人类总数四分之一的中国人从此站起来了。"下列对"中国人从此站起来了"理解最准确的是（　　）

A. 中国实现了民族独立　　B. 中国全境获得了解放
C. 中国建立起社会主义制度　　D. 中国实现了国家富强

18. 我国实现了从生产资料私有制到社会主义公有制的转变的标志性事件是（　　）
A. 第一个五年计划的完成　　B. 三大改造的基本完成
C. 1954 年新宪法的颁布　　D. 人民公社化运动的实施

19. 1956 年社会主义制度在我国基本建立，其主要依据是（　　）
A. "一五"计划的实施　　B. 土地改革的完成
C. 公有制经济占主导地位　　D. 抗美援朝战争的胜利

20. 1956 年，中国共产党的某次重要会议指出："党和人民的主要任务是集中力量把我国尽快地从落后的农业国变为先进的工业国。"这次会议是（　　）
A. 八七会议　　B. 洛川会议　　C. 中共八大　　D. 庐山会议

二、材料分析题

八七会议确定了对国民党反动派实行武装反抗和土地革命的新方针。会后，武装起义在全国此起彼伏，连绵不断。据统计，仅在三个月内，爆发的秋收起义就有 22 次，但唯独湘赣边秋收起义获得了胜利结局，"代表了 1927 年大革命失败后中国革命战争的发展方向"。

——摘编自黄爱国、杨桂香等《试论秋收起义的意义与特点》

（1）八七会议的主要内容及其影响是什么？
（2）秋收起义中打出的旗号是什么？

三、问答题

1. 请简述遵义会议的主要内容及其历史意义。
2. 请简述中共七大的主要内容及其历史意义。

第十二章　新中国的科技、教育与文化

第一节　新中国的科技成就

新中国成立以后，党和政府大力发展科技事业，在原子能、火箭等领域取得重大突破。改革开放以来，杂交水稻、计算机和航天等高新技术迅速发展，相继跨入世界先进行列；以信息化带动工业化的战略，推动现代化建设事业取得了跨越式发展。

“两弹一星”　20 世纪中期，高新科技成果往往最先应用于军事领域，国防现代化程度集中反映了一个国家的科技发展水平和综合国力，影响其国际地位。新中国成立之初，在抗美援朝战争期间和台湾问题上，美国都曾威胁要使用原子弹。1954 年，毛泽东主席询问苏共第一书记赫鲁晓夫，能否援助中国研制核武器。赫鲁晓夫傲慢地回答：“搞核武器是很费电的，就是把中国所有的电力都投进去也不一定够用。我们苏联有核武器就行了，用不着大家都来搞它。”

为了反对核威胁，打破核垄断，中共中央作出发展原子弹、导弹，在一些尖端科学技术上取得突破的战略决策。在汲取国际相关科研成果的基础上，凭借科学有效的管理协调方式、严谨的科学态度以及科研人员艰苦创业、报效祖国的奉献精神，中国在包括原子弹、导弹在内的核武器研制领域，以最少的经费，创造了最快的发展速度。1964 年 10 月 16 日，我国第一颗原子弹试爆成功。中国由此跨入核国家行列。1967 年 6 月 17 日，第一颗氢弹试爆成功。

1964 年 6 月，中国发射第一枚中近程运载火箭。1966 年 10 月 27 日，导弹核武器试验成功。核弹头远距离精确命中目标，成功爆炸，中国从此拥有导弹和原子弹“两弹”结合的战略核导弹。1970 年 4 月 24 日，“长征一号”航天运载火箭顺利地将“东方红一号”人造地球卫星送入太空轨道。1975 年 11 月 26 日，中国又成功发射返回式遥感卫星，三天后按预定计划返回地面。中国在空间技术领域跻身于世界先进国家行列。

“东方魔稻”　袁隆平是我国研究与发展杂交水稻技术的开创者和带头人。他突破“水稻等自花授粉作物没有杂种优势”的经典遗传理论误区，大大丰富了作物遗传育种的理论和技术。1973 年，袁隆平培育出世界上第一个杂交水稻品种“南优 2 号”，此后又成功培育出“超级杂交稻”。自 20 世纪 70 年代中期到 2001 年，中国已累计种植杂交水稻 30 多亿亩，增产粮食 40 亿吨，创造经济效益 4 000 多亿元。

目前，世界上有20多个国家和地区正在推广杂交水稻。联合国粮食及农业组织把在全球范围内推广杂交水稻作为解决粮食短缺问题的一项战略计划，并聘请袁隆平为首席顾问。西方媒体因此称杂交水稻为“东方魔稻”“第二次绿色革命”。

“银河”系列计算机　在信息时代，一个国家的计算机技术至关重要。自20世纪70年代后期，中国在这方面奋起直追，并取得一定的成就。

中国巨型计算机研制工作开始于1978年。经过五年攻关，1983年，中国第一台每秒运算一亿次以上的巨型计算机——“银河－I”诞生。

巨型计算机的研究权威西孟·克雷曾经说：“搞巨型计算机研究，不殚精竭虑、呕心沥血是做不成的。”人类在宇宙航空、卫星遥感、激光武器、海洋工程以及空气动力学、流体力学、理论物理学等方面遇到了许多难题，急需运算速度快、存储容量大的巨型计算机。当时世界上的巨型计算机总共只有数百台，中国是少数拥有巨型计算机的国家之一。

1997年，每秒运算速度为130亿次的“银河－Ⅲ”巨型计算机研制成功，标志着我国高性能巨型计算机研制技术取得新的突破，中国在这个领域跨入了世界先进行列。20世纪80年代以来，计算机和网络技术日新月异。中国政府实行以信息化带动工业化的战略，在政治、经济、军事、科技、文化等领域产生了深远的影响，实现了科学技术和社会生产力的跨越式发展。

“神舟”号飞船　2003年10月15日，中国自行研制的“神舟五号”宇宙飞船发射成功，把宇航员杨利伟顺利地送上了太空。16日，杨利伟在完成预定任务后乘返回舱安全返回地球。中国成为第三个有能力独自把宇航员送入太空的国家，中国的航天科技步入发达国家行列。“神舟五号”的研制从一开始就处于航天技术前沿，使用了大量现代高科技，实现了技术大跨越，成为性能可与美、俄现代飞船相媲美的国际第三代飞船。美国和欧洲的一些航天专家和媒体纷纷对中国“神舟五号”的成功发射发表了积极的评论。

2005年10月12—17日，中国成功进行了第二次载人航天飞行，宇航员费俊龙、聂海胜乘坐“神舟六号”载人飞船在太空运行76圈，历时4天19小时33分，实现多人多天飞行并安全返回主着陆场。

2008年9月25日，中国成功进行了第三次载人航天飞行，航天员翟志刚、刘伯明、景海鹏乘坐“神舟七号”载人飞船在太空运行45圈，历时约68个小时。翟志刚首次在太空进行了太空行走，为日后中国建立空间站作出贡献。在飞行中，“神舟七号”还放出伴飞小卫星来拍摄“神舟七号”的图片。“神舟七号”最终于2008年9月28日下午成功在主着陆场回收。

中国载人飞船的三次成功发射，是继“两弹一星”之后我国科技发展史上又一个光辉的里程碑。中国的“载人航天工程”将在未来为中国带来上千亿元的经济效益，成为带动高新技术及相关领域发展的强大动力。

新时代的科技创新　据世界知识产权组织发布的《2022年全球创新指数报告》显示，中国最新排名从2012年的第34位跃升至2022年的第11位。中国科技事业在这十年中发生了历史性、整体性、格局性重大变化，成功进入创新型国家行列，走出了一条从人才强、科技强，到产业强、经济强、国家强的发展道路。科技创新成为引领中国发展的第一动力，正牵引着中国在高质量发展之路上，实现一个又一个新的突破。

中国航天领域从载人航天到北斗组网，从“嫦娥”探月到“祝融”探火，中国航天人在逐梦星辰大海、探索浩瀚宇宙的征途中勇攀高峰，铸就了中国航天的一个个高光时刻。中国航天打破了欧美国家长期对太空领域的技术封锁，自主研发建造的天宫号空间站，将在国际空间站退役后，成为太空中唯一的空间站。中国已经迈入航天强国的行列。

中国的基础设施建设在众多领域都走在世界前列。高速铁路总里程达到2.9万千米，高速公路里程突破14万千米，均居世界第一。中国自主研发的时速600千米高速磁浮交通系统在欧洲亮相，意味着中国高速磁浮交通系统已经领跑世界。世界港口吞吐量前10位里面中国占有7席。以“复兴号”为代表的新一代高铁技术、特高压输变电技术、“神威·太湖之光”超级计算机、单光子量子计算机、“蛟龙号”载人深潜器、国产民用大飞机C919、世界最大单口径射电望远镜FAST（天眼）等，都展示了中国自主研发和制造的实力。

天宫空间站

中国移动通信技术实现了4G同步、5G引领跨越的快速发展。得益于云计算、移动通信和卫星精准定位系统，中国移动支付走在世界前列，全球将近40%的网上交易发生在中国。

以港口机械装备全自动化、物流全自动分拣流水线等为代表的人工智能，助推中国在新一轮科技革命和产业变革中实现跨越式发展。

练习题

一、选择题

1. 标志着中国开始进入航天时代，同时也标志着中国正式加入了“太空俱乐部”的是（　　）

A. “东方红一号”发射成功　　B. “东方红二号”发射成功

C. “东方红三号”发射成功　　D. “嫦娥一号”发射成功

2. “民族百年航天愿，沧桑历尽神舟圆；广寒未见嫦娥面，银河探索现飞船。”该诗描写的科技成就（　　）

A. 打破了美苏两国的垄断　　B. 标志着中国进入了航天时代

C. 有利于解决世界性饥饿问题　　D. 增强了中国的综合国力

3. 我国的杂交水稻研究成果，为世界农业科技作出重大贡献。被国际农学界誉为“杂交水稻之父”的是（　　）

A. 杨利伟　　B. 邓稼先　　C. 袁隆平　　D. 钱学森

4. 回眸历史，“长征一号”运载火箭把中国第一颗人造地球卫星送入预定轨道是在（　　）

A. 1964年　　B. 1967年　　C. 1970年　　D. 1984年

5. 中国第一颗原子弹爆炸成功是在（　　）

A. 1964年　　B. 1967年　　C. 1970年　　D. 1984年

6. 中国第一颗氢弹爆炸成功是在（　　）

A. 1964年　　B. 1967年　　C. 1970年　　D. 1984年

7. 被誉为中国航天之父的是（　　）

A. 邓稼先　　B. 钱学森　　C. 袁隆平　　D. 杨利伟

8. 被誉为中国原子弹之父的是（　　）

A. 邓稼先　　B. 钱学森　　C. 袁隆平　　D. 杨利伟

9. 近年来，“直播带货”“线上拼单”等热词频出，这表明我国商业领域（　　）

A. 销售渠道单一　　B. 三大改造的完成

C. 信息技术发展　　D. 社会主义市场体制的形成

10. 他是中国首位进入太空并完成太空飞行的航天员。2003 年，他乘坐神舟五号飞船圆满完成飞行任务，被授予“航天英雄”称号。上述文字描述的人物是（　　）

A. 刘伯明　　B. 杨利伟　　C. 景海鹏　　D. 翟志刚

二、材料分析题

阅读材料，回答问题。

改革开放40年来，我国科技发展日新月异，特别是党的十八大以来，创新驱动发展战略全面实施，科技体制机制改革进一步深化，研发投入持续增加，创新活力竞相迸发，重大成果不断涌现，体系建设逐步完善，部分科技成果世界领先。

——摘编自《改革开放40年科技成就》

（1）根据材料指出我国科技发展的特点。

（2）根据材料，分析推动我国科技发展的原因。

（3）请列举一例科技成就，谈谈其给你的生活带来的影响。

第二节　国运兴衰，系于教育

“百年大计，教育为本”。教育事关国家、民族的前途和命运，在现代化建设中具有先导性、全局性作用。新中国教育事业取得的重大进展和曾经经历的逆转曲折都证明了一个道理：国运兴衰，系于教育。

扫盲教育　新中国成立后，扫盲工作成为教育工作的重中之重。1950 年，党和政府召开第一次全国工农教育会议，强调提高人民文化素养的重要性和紧迫性。这次会议确定，工农教育首先以识字教育为主，以“开展识字教育，逐步减少文盲”为宗旨。会议指出扫盲教育应配合国家各项生产建设的开展。随后政府开办了各种类型的补习学校，广大教育工作者把识字小黑板挂到了田间地头、车间厂房、休息场所，使扫盲工作取得了明显成效。

1982 年颁布的《中华人民共和国宪法》明确规定：“国家发展各种教育设施，扫除文盲。”1993 年，《中国教育改革和发展纲要》提出：在 20 世纪末，全国基本扫除青壮年文盲，使青壮年文盲率降到 5% 以下。2001 年 1 月 1 日，中国政府宣布：中国如期实现了基本扫除青壮年文盲的战略目标。新中国成立 50 多年来，共扫除文盲 2 亿多人，文盲数量和文盲率不断下降，摘掉了世界头号“文盲大国”的帽子。

义务教育　义务教育是国家普及青少年教育、扫除青少年文盲、提高人口素质、培养合格公民的重要手段，是国家的一项战略决策。1986 年，全国人大六届四次会议通过了《中华人民共和国义务教育法》。该法律规定："凡年满六周岁，不分性别、民族、种族，应当入学接受规定年限的义务教育。"20 世纪 90 年代以来，党和政府进一步把教育事业摆在优先发展的地位，提出了"科教兴国"的战略，加紧普及义务教育成为"科教兴国"的重要环节。

针对偏远贫困地区教育资金筹措困难的情况，国家实施了"贫困地区义务教育工程"，加大对这些地区的教育投资力度。中国青少年发展基金会发起"希望工程"，动员全社会援助贫困地区失学儿童，对普及九年义务教育作出了重大贡献。

2001 年 1 月 1 日，中国政府宣布：中国如期完成了向世界的庄严承诺，实现了基本普及九年义务教育的战略目标。联合国教科文组织认为，在一个占世界人口 1/5 的发展中国家能做到这一点，是一项史无前例的壮举，它改变了中国的命运。

高等教育的发展　新中国成立初期，中国基本参照苏联的高等教育模式，对高等院校进行改造和调整。1952 年，教育部对高等院校进行调整，裁撤和合并了一些大学及其专业，增设专科院校，为国家建设培养各种专业技术人才。但由于照搬苏联模式，忽视了中国的实际情况，因而出现了体制僵硬、培养目标过于狭窄等问题。

1958 年，伴随全国"大跃进"形势，中国开始实施"教育大革命"。"教育大革命"以教育与生产劳动结合为核心，涉及学制、学校领导体制、教学计划、教学内容、教学组织、教学方法以及招生分配制度等诸多方面。高校实行三类办学体制：全日制学校，半工半读学校、各种形式的业余学校，初步建立教学、生产劳动、科学研究三者相结合的教育体制。

"教育大革命"使中国的高等院校数目、高校招生人数、在校学生数量大大增加，教育与社会实践的结合也日益紧密。但这种教育上的"大跃进"也导致高校质量参差不齐，片面强调"突出政治"和过多参加体力劳动，打乱了正常的教学秩序，给教育界造成了很大混乱。

从 1961 年开始，根据中央"调整、巩固、充实、提高"的方针，教育部对高等教育进行全面调整，至 1963 年基本结束。中国高等教育事业步入稳定发展的轨道。

持续十年的"文化大革命"对高等教育造成了严重破坏。大学停止招生，大批专家、教授被诬为"反动学术权威"，遭到残酷批斗。"四人帮"一伙鼓吹"读书无用"，他们倒行逆施的做法，导致社会道德观念和青少年科学文化素质大幅滑坡。1973 年大学招生实行文化考查，被"四人帮"一伙攻击为"对教育革命的反动"，是"资产阶级的反扑"。此期间，国家至少少培养 200 万中专毕业生和 100 万大学毕业生。

"文化大革命"结束后，国家对教育工作进行拨乱反正。1977 年，恢复统一高考招生制度。该年冬季，报名参加高考的人多达 570 多万，当时物资匮乏，考试用纸一时供应不上。问题反映到邓小平那里，他当机立断，决定将印刷《毛泽东选集》第五卷的计划暂时搁置，调配相关纸张，先行印刷考卷，使高考得以顺利进行。

20 世纪 80 年代以来，中国高等教育迅速发展。大学的数量不断增加，资源配置，专业结构更趋合理，高校建立起学士—硕士—博士三级学位制度。一些具备条件的大学、科研单位和企业还设立了博士后流动站。大学的招生和分配制度加快了改革步伐，扩大了办学自主权。2001 年，中国高等学校招生 464 万人，是 1988 年的 3.4 倍；研究生招生 16.52 万人，是 1988 年的 5 倍。1999—2001 年普通高校招生数和在校生数都翻了一番。

中国高校教育政策逐步放宽，少数民族高等教育、成人高等教育和民办高等教育都得到长足发展，为中国经济建设培养了各类人才。

中共十八大以来，国家继续把教育放在优先发展的位置上，教育经费连年保持在占国内生产总值的4%，中国教育总体发展水平进入世界中上行列。

练习题

一、选择题

1. 1977 年冬天，全国有 570 多万考生参加了考试。考生年龄参差不齐，最小的只有十三四岁，最大的则有三十六七岁，多少人的命运由此改变。这改变主要得益于（　　）

A. 高考制度的恢复　　B.《九年制义务教育法》的制定

C. 扫盲教育的开展　　D. “希望工程”的启动

2. 2016 年，《国务院关于加快发展民族教育的决定》要求，保留并进一步完善边疆山区、牧区、少数民族聚居区少数民族考生高考加分优惠政策。该项规定（　　）

A. 是民族区域自治制度的直接体现

B. 有利于思想文化界的拨乱反正

C. 推动“211 工程”和“985 工程”计划开始实施

D. 体现教育公平和民族平等

3. 1952 年，中央教育部决定开展全国高等学校院系调整工作，大量专门学院从旧有综合性大学中独立出来。武汉大学和南昌大学的水利系、广西大学土木系的水利组，三者实现合并，在武汉成立独立的水利学院。中央这一做法的主要目的是（　　）

A. 培养工业建设专门人才　　B. 提高国民的身体素质

C. 全面借鉴俄罗斯教育经验　　D. 促进国家民主法治

4. 1977 年 10 月 21 日，《人民日报》头版头条刊登了“高等学校招生进行重大改革”的报道。这一“重大改革”是（　　）

A. 贯彻中共七届二中全会会议精神的行动

B. 教育领域拨乱反正的重要措施

C. 贯彻“四个现代化”方针的举措

D. 实施“依法治国”战略的成果

5. 1952 年，国家教育计划按照产业部门、行业甚至是按产品来设立学院、系科和专业（例如拖拉机学院、坦克系等），以及确定招生和学生分配。此举（　　）

A. 适应了经济发展的要求

B. 完善了国家政务部门新体系

C. 完成了教育的现代化

D. 服务于社会主义土地改革

6. 1977 年，在邓小平的直接干预下，关闭了 11 年的高考闸门终于再次开启。国家统一高考制度的恢复（　　）

A. 迈出对外开放的第一步

B. 结束了经济领域“左”的错误

C. 推动了高等教育的全民化

D. 为经济建设提供了人才保障

二、材料分析题

阅读材料，回答问题。

1951 年，哈尔滨工业大学（简称哈工大）被国家确定为中国高等教育学习苏联的两所院校之一，1952 哈工大学制改为 5 年，加强对学生的工程训练，使学生具备独立承担工程技术任务的能力，1954 年 10 月，高教部第一批确定 6 所高校为全国重点大学，哈工大成为京外唯一一所重点大学。1957 年，哈工大已发展到 7 个系 23 个专业，基本上建设成为新型多科性工业大学。

根据材料并结合所学知识，分析国家加快哈工大发展的主要原因有哪些?

第三节　百花齐放、百家争鸣

社会主义改造完成后，中共中央适时提出“百花齐放、百家争鸣”的方针，调动知识分子的积极性，促进了文艺和科学研究事业的繁荣。但由于“左”倾错误的持续发展，这一方针未能坚持执行。“文化大革命”时期，科学文化事业遭受沉重打击。改革开放以后，文学艺术和科学研究才真正迎来了发展的春天。

“双百”方针的提出　“百花齐放、百家争鸣”不仅是中国共产党领导文学艺术的基本方针，也是党领导科学研究工作的基本方针。它是 20 世纪 50 年代党在指导文艺工作和科学研究的实践中逐步提出来的，至今仍具有深远的指导意义。1956 年 4 月 28 日，毛泽东在中共中央政治局扩大会议上说：“百花齐放、百家争鸣，我看这应该成为我们的方针。艺术问题上百花齐放，学术问题上百家争鸣。”5 月 2 日，毛泽东在最高国务会议上正式提出实行“双百”方针。

“双百”方针符合中国文艺和学术发展的客观规律，对促进文艺繁荣、学术民主、科技兴旺有重要作用。“双百”方针在文艺界和科学界引起了强烈的反响。人们的眼界开阔了，思想活跃了，学术文化各部门都出现生机勃勃的景象。文学理论界思想活跃，文艺创作的题材、风格得到拓展，涌现出一大批人民喜闻乐见的作品。长篇小说有杨沫的《青春之歌》、梁斌的《红旗谱》、柳青的《创业史》等；在散文方面，杨朔、刘白羽、秦牧等创作了不少优秀作品；在诗歌方面，何其芳的《我们最伟大的节日》、贺敬之的《雷锋之歌》、郭小川的《将军三部曲》等有广泛影响；话剧有老舍的《茶馆》、郭沫若的《蔡文姬》《武则天》和田汉的《关汉卿》《文成公主》等；影片《中华儿女》《赵一曼》等相继拍摄完成，丰富了人民群众的文化生活。绘画、音乐、舞蹈等方面的学院和团体也相继成立，培养了大批艺术人才。

遭遇曲折　1957 年反右斗争扩大，“双百”方针的贯彻受到严重干扰和损害，许多文艺界、学术界人士被错误批判。这种政治批判扩展到哲学、经济学、历史学、教育学等学术领域，把学者的学术观点当作错误的政治主张，戴上“反党”的政治帽子，一些仅仅针对国家某些领域的不足进行“争鸣”的爱国知识分子被错划为右派，长期受到迫害。

新中国成立后，人口迅速增长，为此，著名经济学家、北京大学校长马寅初提出了控制人口的建议。1957 年 7 月他发表《新人口论》一文，呼吁节制生育，控制人口增长，体现了忧国忧民的爱国精神和高度的社会责任感。但是，他的见解被错误地当成“新马尔萨斯人口论”，康生甚至下令“要像批帝国主义分子艾奇逊那样批判马寅初”。随着批判升级，1960 年，马寅初被撤销北京大学校长的职务。对马寅初的错误批判是导致中国人口生育失去控制的原因之一，造成了极其严重的后果。

20 世纪 60 年代，中共中央开始纠正这一错误，但在“文化大革命”中，“双百”方针又受到严重破坏。“文革”期间盛行“阶级斗争”文艺，十年间有八个“样板戏”（京剧《红灯记》《沙家浜》《奇袭白虎团》《智取威虎山》《海港》，芭蕾舞剧《红色娘子军》《白毛女》和交响乐《沙家浜》）轮番演出，它们几乎独占戏剧舞台，文艺界呈现出“百花凋零”的局面。自然科学和社会科学领域的研究也几乎中止。

在“文化大革命”中一大批文化人士如邓拓、吴晗、老舍、田汉等被打成“黑帮”“反动权威”，受到残酷批斗，甚至被迫害致死。丰富多彩的中国传统戏剧被斥为宣扬“帝王将相”“才子佳人”“牛鬼蛇神”，勒令停演。1965 年以前拍摄的电影几乎都被认为有问题而停止放映，大批文化工作者被下放到干校劳动改造。“文化大革命”中，图书报刊的出版也受到巨大冲击，呈现出一片萧条的景象。“文化大革命”前的 1965 年，全国共出版图书 20 143种、杂志 790 种、报纸 343 种，到 1968 年下降为图书 3 694 种、杂志 22 种、报纸 42 种。

文学艺术的春天　粉碎“四人帮”后，特别是中共十一届三中全会以来，中共中央重新把“双百”方针当作中国社会主义科学文化事业的指导方针，科学文化领域再度迸发出勃勃生机。

1979 年 5 月至 7 月，《人民日报》连续发表了《批透极左路线，贯彻“双百”方针》《“放”和“争”——再谈批透极左路线，贯彻“双百”方针》《放开手脚，大胆去写——三谈批透极左路线，贯彻“双百”方针》《敢于突破，勇于创新——四谈批透极左路线，贯彻“双百”方针》《让文艺工作者如坐春风——五谈批透极左路线，贯彻“双百”方针》等评论员文章。同年 10 月，中国文学艺术工作者第四次代表大会在京召开，邓小平在会上强调：“我们要继续坚持毛泽东同志提出的文艺为最广大人民群众，首先为工农兵服务的方向，坚持百花齐放、推陈出新、洋为中用、古为今用的方针，在艺术创作上提倡不同形式和风格的自由发展，在艺术理论上提倡不同观点和学派的自由讨论。”

在“双百”方针指引下，中国文艺重现生机，作品数量大增，题材更加广泛。以“伤痕文学”“反思文学”为先锋的各类文艺流派交相引领风潮，小说、戏剧、诗歌、影视等争奇斗艳，呈现出一派繁荣景象。

十一届三中全会后，老作家重新焕发艺术青春，20 世纪七八十年代涌现出的文坛新秀成为异常活跃的生力军，创作出大批受广大群众欢迎的优秀作品。影响较大的有：刘心武的《班主任》、路遥的《人生》、古华的《芙蓉镇》等小说，贺敬之的《中国的十月》、李瑛的《一月的哀思》等诗歌。

优秀电影有《巴山夜雨》《牧马人》等，其中《老井》《红高粱》《孩子王》还先后获国际电影节大奖。《蹉跎岁月》《红楼梦》《西游记》《便衣警察》等电视剧，深受广大观众欢迎。到 20 世纪 90 年代末，影视艺术的发展突飞猛进，拍摄的电影有 3 000 多部。电视剧随着电视普及率的提高而迅速发展起来，人们足不出户，就可以欣赏到各种题材的电视剧。

戏剧舞台也彻底改变了“样板戏”一枝独秀的局面，除了“文革”中被禁演的传统剧目，如《十五贯》《李慧娘》《白蛇传》等重新与广大观众见面外，又涌现了大量戏曲和

《丹心谱》《天下第一楼》等大型话剧，极大地丰富了人民群众的文化生活。

学术、科技领域也不断创新和发展，理论界摆脱了“以阶级斗争为纲”的僵化思想束缚，提出了许多促进社会主义物质文明和精神文明建设的新见解，一度被撤销的社会学、伦理学、政治学、心理学等学科相继恢复，并发展了不少新的学科。从1996年开展至今的“三下乡”活动将文化、科技、卫生送到全国农村。随着世界学术的发展，中国人解放思想、努力探索、勇于创新，频繁和外国学者交流学术经验，不断将学术事业推向新的高度，迎来了百花齐放的学术春天。

2017年9月，在第十四届精神文明建设“五个一工程”表彰座谈会上，习近平总书记对新时代文艺工作作出了重要指示。他强调，文艺是时代前进的号角，希望广大文艺工作者坚持以人民为中心的创作导向，坚持“为人民服务、为社会主义服务”的“二为”方向，坚持“百花齐放、百家争鸣”的“双百”方针，坚持创造性转化、创新性发展，精益求精、潜心磨砺，以传世之心打造传世之作，不断创作生产优秀作品，书写和记录人民的伟大实践、时代的进步要求，唱响主旋律、传递正能量，塑造中国形象、弘扬中国精神，坚定人民信心、振奋人民精神，为实现“两个一百年”奋斗目标、实现中华民族伟大复兴的中国梦提供强大精神力量。

中共十八大以来，全国文化事业费年增速超过10%，老百姓有越来越多的文化获得感。文化产业持续发力，公共文化服务面向基层，均等化、标准化水平明显提升；文化创作弘扬中华优秀传统文化；电视剧数量和图书出版量稳居世界第一；电影票房连创新高；文学艺术唱响主旋律，媒体融合深度发展。中国文化加快了走出去的步伐，推动了文明互鉴，传播了中国声音。

练习题

一、选择题

1. 1956年毛泽东在中共中央政治局扩大会议上提出的文化艺术方针是（　　）

A. 四个现代化　　B. 改革开放　　C. “双百”方针　　D. 依法治国

2. 属于“双百”方针提出初期的作品是（　　）

A.《创业史》　　B.《红楼梦》　　C.《西游记》　　D.《沙家浜》

3. 不属于“双百”方针提出初期的作品是（　　）

A.《文成公主》　　B.《关汉卿》　　C.《中华儿女》　　D.《巴山夜雨》

4. 下列作品属于样板戏的是（　　）

A.《红旗谱》　　B.《关汉卿》　　C.《沙家浜》　　D.《芙蓉镇》

5. 下列作品属于改革开放新时期的是（　　）

A.《文成公主》　　B.《牧马人》　　C.《沙家浜》　　D.《茶馆》

二、材料分析题

阅读材料，回答问题。

百花齐放，百家争鸣，长期共存，互相监督，这几个口号是怎样提出来的呢？它是根据中国的具体情况提出来的，是在承认社会主义社会仍然存在着各种矛盾的基础上提出来的，是在国家需要迅速发展经济和文化的迫切要求上提出来的。……艺术上不同的形式和风格可以自由发展，科学上不同的学派可以自由争论。利用行政力量，强制推行一种风格，一种学派，禁止另一种风格，另一种学派，我们认为会有害于艺术和科学的发展。

——摘自毛泽东《关于正确处理人民内部矛盾的问题》

根据材料，试概括新中国成立初期建设科学文化事业的方针是什么？结合所学知识，分析该方针提出的时代背景。

参考文献

[1] 何新华著:《中国外交史》(上、下两册),北京:中国经济出版社 2017 年版。

[2] 钱穆著:《中国历代政治得失》,北京:九州出版社 2012 年版。

[3] 张帆著:《中国古代简史》,北京:北京大学出版社 2007 年版。

[4] 程裕祯著:《中国文化要略》,北京:外语教学与研究出版社 2017 年版。

[5] 陈辉主编:《中国文化史》,北京:科学出版社 2010 年版。

[6] 教育部组织编写:《中外历史纲要》(上、下两册),北京:人民教育出版社 2019 年版。

[7] 林增平著:《中国近代史》,长沙:湖南师范大学出版社 2018 年版。

[8] 齐鹏飞编著:《中华人民共和国史》,北京:中国人民大学出版社 2021 年版。

后　记

2000 年，我们编写了大学预科教材《历史》。此教材的出版，填补了国内大学预科历史教育的空白。2010 年，我们重新编写了这本教材。现在，我们又再次对这本《历史》进行了修订。

这次修订主要有几个大的变化。一是书名由《历史》改为《中国历史》。结合近十年的教学实践，根据我们的教学对象的特点和需求，本次修订删除了上一个版本中的世界历史的内容，增加了一些中国历史的内容。二是根据教学需要，我们在每一节正文后面增加了习题，以利于巩固所学知识。三是采纳了近年来得到公认的新的学术成果，对教材进行了知识更新。

本教材由唐景阳担任主编，崔英超担任副主编。教材编写的具体分工如下：

崔英超：第一章、第二章、第三章、第十章、第十一章、第十二章；

唐景阳：第四章、第五章、第六章、第七章、第八章、第九章。

本书习题部分由另外两位老师负责。具体分工如下：

程孟浩负责编写以下章节的习题：第一章、第二章、第三章、第十章、第十一章、第十二章；

林宝燕负责编写以下章节习题：第四章、第五章、第六章、第七章、第八章、第九章。

本教材在编写过程中，有幸请到了暨南大学古籍所的陈广恩教授、华南师范大学历史文化学院周永卫教授来给我们审稿。陈广恩教授和周永卫教授给了我们诸多的指导和帮助。暨南大学出版社的编辑也为本书的出版付出了辛勤的劳动。在此，我们一并表示衷心的感谢！

由于时间仓促，水平有限，书中的错漏在所难免，希望大家能提出宝贵意见和建议。

编者

2024 年 3 月